Helmer Ringgren

Die Religionen des Alten Orients

Helmer Ringgren

Die Religionen des Alten Orients

Evangelische Verlagsanstalt Berlin

GRUNDRISSE ZUM ALTEN TESTAMENT

Das Alte Testament Deutsch · Ergänzungsreihe

CIP-Kurztitelaufnahme:
Die Religionen des Alten Orients / von Helmer Ringgren. – 1. Aufl. – Berlin : Evangelische Verlagsanstalt, 1987. – 254 S. – (Grundrisse zum Alten Testament : Sonderband)

Berechtigte Übersetzung der Kapitel II, III und V
aus dem Schwedischen von Helmhart Klaus-Credé

ISBN 3-374-00036-3

Nur zum Vertrieb und Versand in der DDR
und im sozialistischen Ausland
Mit freundlicher Genehmigung des Verlages

ISBN 3-525-51662-2

1. Auflage
Evangelische Verlagsanstalt GmbH Berlin 1987
Lizenz 420.205-28-87. LSV 6000. H 5804
Schutzumschlag und Einband: Klaus Herrmann
Printed in the German Democratic Republic
Druck: Grafische Werke Zwickau
01080

Vorwort

Das Studium der Religionen des alten Vorderen Orients kann auf doppeltes Interesse rechnen – teils um seiner selbst willen, teils, weil es den Hintergrund des Alten Testaments berührt. Was letzteres anlangt, so ist wichtig, daß es nicht aus planlosem Suchen nach Parallelen zu alttestamentlichen Bräuchen und Vorstellungen besteht, sondern darin, die Gedanken des Vorderen Orients in ihrem Zusammenhang und ihrer Funktion innerhalb der Kultur zu studieren, zu der sie gehören.

Dieses Buch versucht, diesen beiden Aspekten Rechnung zu tragen: Es will die Religionen des Vorderen Orients in ihrem Zusammenhang darstellen; es will jedoch gleichzeitig bestimmte Elemente hervorheben, die für das Studium des Alten Testaments von besonderem Interesse sind. Es erhebt keinen Anspruch darauf, neue und originelle Forschungsergebnisse darzubieten. Es will eher die gegenwärtige Lage der Forschung zusammenfassen und darstellen.

Helmer Ringgren

INHALT

Verzeichnis der Abkürzungen

ÄA	Ägyptologische Abhandlungen. Wiesbaden
ÄF	Ägyptologische Forschungen. Glückstadt
AfO	Archiv für Orientforschung. Graz
AHAW	Abhandlungen der Heidelberger Akademie der Wissenschaften. Heidelberg
AAWLM	Abhandlungen der Akademie der Wissenschaften und der Literatur in Mainz. Mainz
AAeg	Analecta Aegyptiaca. Kopenhagen
ANET	J. B. Pritchard (Hg.), Ancient Near Eastern Texts Relating to the Old Testament, Princeton, N. J. ²1955. Mit Supplement ³1969
AnOr	Analecta Orientalia. Rom
AOAT	Alter Orient und Altes Testament. Kevelaer u. a.
AOT	Altorientalische Texte zum Alten Testament, hg. v. H. Greßmann, Tübingen u. a. 1909. ²1926
APAW	Abhandlungen der preußischen Akademie der Wissenschaften. Berlin
ArOr	Archiv Orientální. Prag
ATD	Altes Testament Deutsch. Göttingen
BIFAO	Bulletin de l'Institut Français d'Archéologie Orientale. Kairo
BiOr	Bibliotheca Orientalis. Leiden
B. M.	British Museum
BSOS	Bulletin of the School of Oriental (and African) Studies. London
CRAI	Comptes rendus de séances de l'Académie des Inscriptions et Belles Lettres. Paris
CT	The Egyptian Coffin Texts, ed. by A. de Buck – A. H. Gardiner. Oriental Institute Publications 34 ff. Chicago, Ill. 1935 ff.
CTBT	Cuneiform Texts from Babylonian Tablets in the British Museum. London
HO	Handbuch der Orientalistik. Leiden u. a. 1948 ff.
IEJ	Israel Exploration Journal. Jerusalem
JAOS	Journal of the American Oriental Society. Baltimore, Md. u. a.
JBL	Journal of Biblical Literature. Philadelphia, Pa.
JCS	Journal of Cuneiform Studies. New Haven, Conn.
JNES	Journal of Near Eastern Studies. Chicago, Ill.
JBL	Journal of Biblical Literature. Philadelphia, Pa.
KAI	Kanaanäische und aramäische Inschriften, hg. v. H. Donner – W. Röllig. Wiesbaden 1962–1964. ²1967–1969
LSSt	Leipziger semitistische Studien. Leipzig
MÄSt	Münchener ägyptologische Studien. Berlin
MVÄG	Mitteilungen der Vorderasiatisch (-Ägyptisch)en Gesellschaft. Leipzig u. a.
OLZ	Orientalistische Literaturzeitung. Berlin u. a.
Or.	Orientalia. Rom
PAPS	Proceedings of the American Philosophical Society. Philadelphia, Pa.
Pyr.	Pyramidentexte
RA	Revue d'Assyriologie et d'Archéologie Orientale. Paris
RÄRG	Reallexikon der ägyptischen Religionsgeschichte, hg. v. H. Bonnet. Berlin 1952
RHAs	Revue hittite et asianique. Paris
RHR	Revue de l'histoire des religions. Paris
RLA	Reallexikon der Assyriologie, hg. v. E. Ebeling – B. Meißner. Berlin u. a. 1928 ff.
RTAT	Religionsgeschichtliches Textbuch zum Alten Testament, hg. von W. Beyerlin, ATD-Ergänzungsreihe, Bd. 1. Göttingen 1975

SAHG	A. Falkenstein – W. von Soden, Sumerische und akkadische Hymnen und Gebete. Zürich, Stuttgart 1953
SBAW	Sitzungsberichte der bayrischen Akademie der Wissenschaften in München. München
UF	Ugarit-Forschungen. Neukirchen u. a.
VT	Vetus Testamentum. Leiden
WZKM	Wiener Zeitschrift für die Kunde des Morgenlandes. Wien
ZA	Zeitschrift für Assyriologie (1886–1942: und verwandte Gebiete) und vorderasiatische Archäologie. Leipzig u. a.
ZÄS	Zeitschrift für ägyptische Sprache und Altertumskunde. Berlin u. a.
ZAW	Zeitschrift für die alttestamentliche Wissenschaft und die Kunde des nachbiblischen Judentums. Berlin
ZDPV	Zeitschrift des Deutschen Palästina-Vereins. Wiesbaden u. a.

Transkriptionen

Für die semitischen Sprachen:

ʾ = *ʾalef*, Kehlkopfverschlußlaut
ʿ = *ʿajin*, ein besonderer Kehlkopflaut
ḥ = „emphatisches“, heiseres h, im Hebr. ach-Laut
ḫ = ung. ach-Laut
q = velares k
ṣ = emphatisches s
š = sch
ṯ (grob *th*) = th in engl. thing
w = engl. w
z = stimmhaftes s
ẓ = stimmhaftes emphatisches s

Für das Ägyptische:

ꜣ = *ʾalef*, meist als a gesprochen
ʿ = *ʿajin*, meist als a gesprochen
ḏ = ein besonderer d-Laut, meist als dj gesprochen
ḥ = wie im Semitischen
ḫ, *ẖ* = zwei Varianten des ach-Lauts
i = *ʾälef* oder j im Wortanfang, meist als i gesprochen
j = j, meist als i gesprochen
š = sch
ṯ = ein besonderer t-Laut, meist als tj gesprochen
w = engl. w, meist als u gesprochen

Im Hethitischen ist zu beachten, daß der nach dem Akkadischen als *š* umschriebene Laut als s gesprochen wurde.

I. Ägyptische Religion

Literatur: A. Erman, Die Religion der Ägypter, ihr Werden und Vergehen in vier Jahrtausenden, Berlin 1934. – J. Vandier, La religion égyptienne (Mana, introduction à l'histoire des religions I/1), Paris 1944. – H. Frankfort, Ancient Egyptian religion, an interpretation, New York 1948. – J. Sainte Fare Garnot, La vie religieuse dans l'ancienne Egypte (Mythes et religions), Paris 1948. – J. Černý, Ancient Egyptian religion, London 1952. – S. Morenz, Ägyptische Religion (Religionen der Menschheit 8), Stuttgart 1960. – H. Bonnet, Reallexikon der ägyptischen Religionsgeschichte, Berlin 1952.

Texte: RTAT, AOT, ANET. – G. Roeder, Urkunden zur Religion des alten Ägypten, Jena 1915. – A. Erman, Die Literatur der Ägypter, Leipzig 1923. – H. Kees, Ägypten (Religionsgeschichtliches Lesebuch, hg. v. A. Bertholet, 10), Tübingen 1928. – G. Roeder, Die ägyptische Religion in Texten und Bildern 1–4, Zürich 1959–61. – J. Assmann, Ägyptische Hymnen und Gebete, Zürich 1975. – M. Lichtheim, Ancient Egyptian literature 1–2, 1973–75.

Einleitung

Die ägyptische Kultur verdankt dem Nil ihre Entstehung. Das umgebende Gebiet ist wüstenartig, und nur das enge Niltal konnte infolge der jährlichen Überschwemmung des Nils urbar gemacht werden. In vorgeschichtlicher Zeit entstanden hier eine Anzahl Stadtstaaten, die allmählich zu zwei größeren Staatsbildungen vereinigt wurden: Oberägypten im Süden und Unterägypten im Norden. Bereits gegen Ende der vorgeschichtlichen Zeit gibt es Anzeichen für Beziehungen zu Mesopotamien.

Die geschichtliche Zeit beginnt mit der Vereinigung beider ägyptischer Staatsbildungen zu einem Reich unter der Führung eines oberägyptischen Fürsten, der in der Überlieferung den Namen Menes trägt (um 3000 v. Chr.). Im Anschluß an ein griechisch geschriebenes Geschichtswerk des ägyptischen Priesters Manetho (3. Jh. v. Chr.) pflegt man die Geschichte Ägyptens nach Dynastien, insgesamt 30 an der Zahl, einzuteilen. Andererseits unterscheidet man drei große Blüteperioden, die von Zeiten des Verfalls oder der Fremdherrschaft unterbrochen wurden: das Alte Reich (3.–6. Dyn., ca. 2770–2270 v. Chr.), das Mittlere Reich (11. und vor allem 12. Dyn., ca. 2060–1788) und das Neue Reich (18.–20. Dyn., 1580–1085).

Das Alte Reich war die Zeit der Errichtung der Pyramiden. Diese gewaltigen Königsgräber spiegeln die überragende Stellung des Königs wider und zeugen von der großen künstlerischen und technischen Leistungsfähigkeit ihrer Erbauer. Das Alte Reich endete in allgemeinen Wirren. Die Gaufürsten rissen immer mehr Macht an sich, so daß die zentrale Königsmacht schließlich keine Rolle mehr spielte. In der ersten Zwischenzeit geht der Glaube und das Vertrauen in eine alles umfassende Welt- und Wertordnung verloren. Die Folgen sind einerseits ein Überhandnehmen magischer Praktiken, andererseits der Abbau des hierarchischen Systems; die Großen des Landes beginnen, die königlichen Privilegien sowohl im Diesseits wie auch im Jenseits für sich zu beanspruchen.

Nach dieser Zeit der Unruhe gelang es den Herrschern der 12. Dynastie, die abwechselnd den Namen Amenemhet und Sesostris trugen, die Einheit des Reiches wiederherzustellen. Das Mittlere Reich, in dem sich eine starke Mittelschicht entwickelte, ist die klassische Zeit der ägyptischen Kultur und Religion. Es endet ebenfalls in innenpolitischen Streitigkeiten, die das Land schwächten. Seit ca. 1730 wurde Ägypten von asiatischen Eindringlingen, den Hyksos, beherrscht.

Die Epoche des Neuen Reiches wurde durch die kraftvollen Herrscher der 18. Dynastie eingeleitet. Ägypten entwickelte sich zu einem Weltreich. Im 14. Jahrhundert ergaben sich erneut innere Schwierigkeiten, besonders unter Amenhotep IV. (Echnaton 1370–1352), der sich durch seine religiösen Reformen sowohl mit den Beamten als auch mit den Priestern in so heftige Auseinandersetzungen verwickelte, daß die Verteidigung des Landes darunter litt. Unter den ersten Ramessiden (20. Dyn.: Ramses III.–IX., 1198–1085) sammelte sich in Ägypten auf Grund siegreicher Feldzüge ein ungeheurer Reichtum an. Gegen Ende der Epoche verarmte das Land und wurde wieder geteilt.

In der Folgezeit verlor Ägypten unter wechselnden, nicht immer einheimischen Dynastien immer mehr an weltgeschichtlicher Bedeutung und erlag schließlich den Persern unter Kambyses (525). Es wurde im Jahre 332 von Alexander dem Großen erobert und bildete nach seinem Tode das ptolemäische Reich, bis es im Jahre 30 v. Chr. zu einer römischen Provinz wurde. In kultureller und religiöser Hinsicht bedeutete diese sogenannte Spätzeit eine Restauration alten Gedankenguts; man griff bewußt auf die Tradition der ältesten Zeit zurück.

Die ägyptische Sprache ist mit den hamitischen Sprachen verwandt, weist aber zugleich gewisse semitische Züge auf. Die Hieroglyphenschrift war ursprünglich eine reine Bilderschrift. Sehr früh entwickelte sich aber auch eine phonetische Schreibweise mit Zeichen für jeden Sprachlaut. Das Ergebnis war eine Mischung der beiden Systeme. Da nur die Konsonanten bezeichnet wurden, ist die Vokalisation ägyptischer Wörter in der Regel unbekannt. Die hier gebrauchten Formen sind entweder mit Hilfe von keilschriftlichen oder griechischen Transkriptionen rekonstruiert worden oder sind rein konventionell.

Die Götterwelt

„Gott" heißt auf ägyptisch *nṯr*, ein Wort, dessen ursprüngliche Bedeutung noch nicht geklärt worden ist[1]. Einige haben es mit dem Wort für „Natron"

---

[1] Zur Diskussion Morenz 19f.; vgl. auch E. Hornung, Der Eine und die Vielen. Ägyptische Gottesvorstellungen, Darmstadt ²1973.

zusammengestellt und, da Natron als Seife gebraucht wurde, die Grundbedeutung „rein" herausgelesen. Diese Erklärung hat man aber jetzt aufgegeben. Dasselbe trifft für eine andere Deutung zu, die das Hieroglyphenzeichen für *nṯr* als eine Axt als Symbol der Macht deutet. Das Zeichen stellt eher eine Stange mit einem Tuch oder einer Fahne dar, die wahrscheinlich zum Abgrenzen eines heiligen Bezirks gedient hat und bezeichnet deshalb vielleicht den Gott als „heilig". Aus dem Wort *nṯr* kann demnach der Gottesbegriff nicht mit Sicherheit abgeleitet und bestimmt werden.

Versucht man statt dessen die Bedeutung des Wortes mit Hilfe seiner Synonyma zu bestimmen, bieten sich zunächst Wörter an wie *śḫm*, „Kraft, Macht", *ꜣḫ*, „Geist, Verklärter", und *bꜣ*, „Gestaltfähigkeit" (oft mit „Seele" übersetzt). Aufschlußreich ist eine Aussage in einem Totentext: „Ich wurde rein (heilig, *wꜥb*), ich wurde *ꜣḫ*, ich wurde stark (*wśr*), ich wurde *bꜣ*". Demnach scheint die Vorstellung von Macht und Stärke für den Gottesbegriff grundlegend gewesen zu sein[2].

Aus den Personennamen des Alten Reiches kann man die folgenden, für einen Gott kennzeichnenden Eigenschaften herleiten: Er „bleibt" und „erscheint" (wie die Sonne), er „lebt", ist „groß", „mächtig" und „stark", ferner „gut" (*nfr*, „schön"), „barmherzig", „erhaben" und „gerecht". Im Mittleren Reich kommen einige weitere Attribute hinzu, wie z.B. „süß" und „angenehm"[3]. In den Texten der Spätzeit findet man u.a. die folgenden Kennzeichen eines Gottes: Er ist einzigartig („es gibt nicht seinesgleichen"), allmächtig („was er sagt, das geschieht"), allwissend („der erkennt, was in den Herzen ist"), unerforschlich („nicht kennt man sein Wesen, bzw. seine Gestalt", „verborgen ist sein Wesen") und gerecht, mit der *maꜥat* (richtige Ordnung, „Wahrheit") verbunden. Man hat auch auf „die Lichthaftigkeit des Göttlichen" sowie auf die Zusammengehörigkeit von Licht und Leben aufmerksam gemacht[4]. Den Göttern werden also menschliche Eigenschaften in potenziertem Maße zugeschrieben.

Die ägyptische Götterwelt ist bunt und mannigfaltig. Rein äußerlich gesehen fällt die Tatsache auf, daß die meisten Götter als Menschen mit Tierkopf abgebildet werden. Daneben kommen auch Darstellungen in reiner Tiergestalt vor, und einige Götter treten nur in Menschengestalt auf. Es ist unmöglich, eine geschichtliche Entwicklung, die von der Tiergestalt zur Mischform führt, nachzuweisen, denn beide Formen kommen schon früh nebeneinander vor. Für Götter in Menschengestalt läßt sich keine Vorstufe in Tiergestalt nachweisen.

Was aber bedeutet die Tiergestaltigkeit (bzw. in einigen Fällen Pflanzengestaltigkeit)? Totemistische Vorstellungen scheinen nicht im Spiele zu sein. Frankfort wollte die Erklärung in der Unveränderlichkeit der Tierart suchen: Alle Individuen der Art sind einander gleich, und die Tiergestalt verkörpert

---

[2] Ringgren, Theol. Wörterb. des AT I, Stuttgart 1970, 286.
[3] Černy 54f.
[4] E. Otto, Gott und Mensch, AHAW Phil.-hist. Kl. 1, 1964, 47ff.

demnach die Beständigkeit und Unveränderlichkeit des Göttlichen[5]. Daß dies einen wesentlichen Aspekt der Götter trifft, ist offenbar und könnte für gewisse wilde Tiere zutreffen. Aber es ist unwahrscheinlich, daß der ägyptische Bauer die individuellen Merkmale seiner Haustiere nicht gekannt haben sollte. Es ist wahrscheinlicher, daß das Tier als Symbol aufgefaßt wurde und eine gewisse wesentliche Eigenschaft eines Gottes zum Ausdruck brachte. Der Stier symbolisiert Stärke und Zeugungskraft, der Löwe das Wilde und Unbekannte, der fliegende Falke ist der Himmel da oben oder die Sonne, die sich unter dem Himmel bewegt, die Kuh die gebärende Muttergöttin usw.[6]. Viele Zusammenhänge bleiben unserem Denken allerdings unerklärlich. Beachtenswert ist, daß geographische Verhältnisse gelegentlich mitgewirkt haben: Krokodilgötter werden am Nil verehrt, Löwengötter an Orten, wo Täler in die Wüste münden.

Auffallend ist auch, daß es sich bei den meisten ägyptischen Göttern um Lokalgötter handelte, die nur in ihrer jeweiligen Heimatstadt verehrt wurden. Jede Stadt hatte ihren Herrn oder ihre Herrin. In Buto verehrte man eine Gottheit in Schlangengestalt, in Mendes herrschte ein Gott, der sich als Bock manifestierte, in Heliopolis hatte Atum menschliche Gestalt. In Atfih gab es eine Göttin der Liebe, die als Frau mit Kuhohren dargestellt wurde, in Herakleopolis verehrte man einen Widder mit dem Namen Harsaphes. Der ibisköpfige Thoth war der Herr von Hermopolis, Horus von Edfu hatte einen Falken als sein heiliges Tier, und Chnum in Esne war hinwiederum ein Widder.

Die politische oder religionspolitische Entwicklung brachte gelegentlich die Anerkennung lokaler Gottheiten im ganzen Lande mit sich[7]. Der unbedeutende Ortsgott Amun in Theben wurde im Mittleren Reich zum Reichsgott. Thoth von Hermopolis wurde in ganz Ägypten als Gott der Weisheit anerkannt. Ptah in Memphis, der u.a. als Schöpfer galt, wurde der Gott der Handwerker. In manchen Fällen ging die Anerkennung auf eine Identifizierung der siegreichen Götter mit lokalen Göttern zurück, in anderen traten sie an die Stelle älterer Gottheiten. Allgemeine Anerkennung kommt auch gewissen kosmischen Gottheiten zu: so der Himmelsgöttin, dem Sonnengott oder Naturerscheinungen wie dem Nil, Hapi.

Die oben angedeutete geschichtliche Entwicklung hat u.a. zur Folge, daß von einem ägyptischen Pantheon im eigentlichen Sinn kaum die Rede sein kann. Dagegen bilden lokale Gottheiten oft Triaden von Vater, Mutter und Kind, wie z.B. Ptah, Sachmet und Nefertem in Memphis oder Amun, Mut und Chonsu in Theben.

Bei der Identifizierung von Gottheiten miteinander und in der Entwicklung der theologischen Gedanken überhaupt ist zu beachten, daß die Ägypter im allgemeinen ältere Vorstellungen nicht abstreiften und durch neue ersetzten, sondern meistens die alten neben den neuen bestehen ließen, ohne daß ein

---

[5] Frankfort, Religion 8ff.
[6] Vgl. Kees, Götterglaube 4ff.
[7] Vgl. Kees, Götterglaube 119ff.

gedanklicher Ausgleich stattfand oder versucht wurde. Der Himmel kann ein Dach sein, das auf vier Stützen oder Bergen ruht, eine Frau, die sich über die Erde beugt, und eine Kuh, an deren Bauch die Sterne sitzen. Die Sonne wird als ein Käfer mit seiner Mistkugel, als fliegender Falke oder als König in der Sonnenbarke dargestellt. Offenbar wird der Widerspruch nicht empfunden. Jedes mythologische Bild drückt nach Meinung der Ägypter eine Seite der Wirklichkeit aus. Frankfort hat das einmal als „multiplicity of approaches" bezeichnet[8].

Aussagen über Gottheiten enthalten oft mythologische Anspielungen, die auf einer Wortähnlichkeit beruhen. So wird z.B. erzählt, daß der Urgott Atum (dessen Name übrigens als „Alles" oder „Nichts" gedeutet wird) ausgespien und gespuckt habe und daß dadurch die Gottheiten Schu und Tefnut entstanden seien. „Speien" heißt *išš*, „spucken" *tfn*, aber diese Deutung war den Ägyptern mehr als ein Wortspiel: Sie fanden in der Lautähnlichkeit eine tiefe Wahrheit ausgedrückt.

Wenn wir unsere Darstellung der ägyptischen Götterwelt mit den himmlischen Gottheiten beginnen, finden wir zunächst die Himmelsgöttin Nut *(Nwt)*[9], die Gattin des Erdgottes, die über ihn gebeugt steht und im Grabkult durch die Deckel des Sarges dargestellt wird. Daneben findet sich die Vorstellung von der Himmelskuh, die jeden Abend die Sonne verschluckt, um sie jeden Morgen neu als Kalb zu gebären. Ihr Name *Mḥt-wrt*, „die große Flut", spielt auf eine andere Vorstellung vom Himmel an: ein großes Wasser, auf dem die Gestirne in Schiffen fahren.

Der Falkengott Horus *(Ḥr)*[10] tritt in vielen lokalen Ausgestaltungen auf, die vielleicht ursprünglich selbständige Götter gewesen sind. Es gibt Anzeichen dafür, daß Horus eigentlich ein Himmelsgott ist. In Letopolis heißt er *Mḫntj-irtj*, „dessen Gesicht zwei Augen hat", und *Mḫntj-n-irtj*, „dessen Gesicht keine Augen hat", Namen, die auf Sonne und Mond als Augen des Himmelsgottes hinweisen[11].

> Sein heiliges Bild ist die Gestalt des Horizontischen,
> *Ḫntj-n-irtj*, in seiner Gestalt als Mumie,
> im trocknen Gebiet *Ḫntj-irtj*,
> wenn Sonne und Mond in seinem Gesicht sind:
> Sein rechtes und linkes Auge sind die Gestirne des Tages und der Nacht;
> seine beiden göttlichen Augen verbreiten morgens und abends Licht.

---

[8] Als Vielfalt der Betrachtungsweisen. Frankfort, Religion 4.

[9] RÄRG 537ff.; A. Rusch, Die Entwicklung der Himmelsgöttin Nut zu einer Totengottheit, MVÄG 27/1, 1922.

[10] RÄRG 307ff.; S. Mercer, Horus, royal god of Egypt, Grafton 1942.

[11] H. Junker, Der sehende und blinde Gott, SBAW 1942/7.

Horus hat aber besondere Beziehungen zur Sonne und wird deshalb oft mit dem Sonnengott unter dem Namen Re-Horachte identifiziert (*Ḥr ꜣḫtj* heißt „Horus am Horizont"). In dieser Eigenschaft wird er oft in Menschengestalt mit einem von der Sonne gekrönten Falkenkopf dargestellt; Horus von Edfu wird jedoch durch die geflügelte Sonnenscheibe symbolisiert.

Schon in den Pyramidentexten findet sich eine andere Zusammenstellung, nämlich vom großen Himmelsgott Haroëris (*Ḥr-wr*, „Horus, der Große") mit einem anderen Horusgott, der als Sohn der Göttin Isis galt und deshalb Harsiesis (*Ḥr sꜣ iśt*, „Horus, Sohn der Isis") oder Harpokrates (*Ḥr pꜣ ẖrd*, „Horus, das Kind") genannt wurde.

Horus hat offenbar eine wichtige Rolle bei der ersten Einigung Ägyptens gespielt. Seitdem wird er als der Gott des Herrschers betrachtet. Jeder Pharao war eine Inkarnation des Horus, sozusagen „ein Horus im Palast".

In den Pyramidentexten ist oft von Horus' Kämpfen gegen Seth die Rede[12]. In diesen grausamen Kämpfen, in denen es um die Herrschaft über ganz Ägypten geht, verliert Horus sein Auge (den Mond) und Seth seine Testikel. Thoth versöhnt die beiden Gegner und heilt sie, und beide verkörpern sich dann im König, der einen Titel als „die beiden Herren" erhält. Dadurch vertritt er das Gleichgewicht zwischen den beiden Kräften, die sich im Kosmos und im Leben des Landes bekämpfen. Der Mythus vom Horusauge, das verschwunden oder beschädigt war, aber durch Thoth wiederhergestellt wurde, spielte auch sonst eine wichtige Rolle. Dahinter steckt natürlich der Wechsel der Mondphasen.

Um Horus und Seth geht es teilweise auch in dem erst spät belegten, aber sicher alte Motive widerspiegelnden Mythus von der geflügelten Sonnenscheibe[13]. Re-Horachte beauftragt Horus, einen Aufstand feindlicher Mächte niederzukämpfen. Er besiegt die Aufrührerischen, aber die Überlebenden verwandeln sich in Krokodile und Nilpferde und nehmen den Kampf wieder auf. Nachdem Horus sie noch einmal besiegt hat, tritt plötzlich Seth als Hauptgegner auf. Nach heftigen Kämpfen an verschiedenen Orten gewinnt Horus den Sieg, und Re-Horachte ordnet an, daß die geflügelte Sonnenscheibe künftig an allen Tempeln angebracht werden solle, um jedweden Feind abzuwehren. In dieser Form kommt die ätiologische, d.h. begründende Ausrichtung des Mythus deutlich zum Ausdruck. Inwieweit sich dahinter geschichtliche Tatsachen verbergen, ist umstritten.

Seth (*śtḫ*) ist eine der rätselhaftesten Gestalten des ägyptischen Pantheons[14]. Seit ältester Zeit wird er in der Gestalt eines Tieres dargestellt, dessen zoologische Art man nicht hat bestimmen können. Entweder handelt es sich um ein Fabelwesen, oder die ursprüngliche Tierart ist so stilisiert, daß sie sich jeder Identifizierung entzieht. In späterer Zeit tritt er auch als Esel auf.

---

[12] H. Kees, Horus und Seth als Götterpaar, MVÄG 28/1, 1912, 29/1, 1924; J. G. Griffiths, The conflict of Horus and Seth, Liverpool 1960; H. W. Fairman, The triumph of Horus, London 1974. Text aus einem Papyrus der 12. Dyn. ANET 14ff.

[13] Roeder, Urkunden 120ff.

[14] H. de Velde, Seth, god of confusion, Leiden 1967.

Sein Charakter läßt sich nicht eindeutig bestimmen. Ein Epitheton wie „Herr des Himmels“ deutet gewisse Beziehungen zu himmlischen Regionen an. Er ist „groß an Kraft“, und kämpfende Herrscher vergleichen sich gern mit Seth, „wenn er wütet“. Er ist „Herr des Gewittersturmes“ und steht allgemein mit Sturm und Unwetter in Verbindung. Man hat deshalb die Gegenüberstellung von Seth und Horus damit erklärt, daß Seth den getrübten, Horus aber den klaren Himmel darstellt. Andererseits ist Seth der Gott der Wüste und Herr der Katastrophen.

Seth hat aber auch eine positive Funktion. Mit Horus versöhnt, ist er einer der „beiden Herren“, die sich im Königtum verkörpern. Oft steht er in der Barke des Sonnengottes und wehrt die feindliche Apophisschlange ab. Unter der Hyksosherrschaft wurde er mit dem Gott der Eroberer identifiziert und als vornehmster Gott verehrt.

Nach der Vertreibung des Hyksos steigerte der Fremdenhaß die negative Wertung des Gottes. Dazu trug die Tatsache bei, daß er seit alters als Feind und Mörder des Osiris galt. So wurde er immer mehr zum bösen Gott schlechthin, den die Griechen als Typhon identifizierten.

Eine der beiden Grundkomponenten der ägyptischen Religion ist die Verehrung der Sonne (die andere ist der Osirisglaube). Der Kult der Sonne beruht auf ihrem regelmäßigen Lauf und ihrer lebenspendenden Kraft. Als Gestirn heißt sie *reʿ*, und das ist auch der übliche Name des Sonnengottes (Re). Er hat aber auch andere Namen. Die aufgehende Sonne wird oft Chepri genannt, ein Name, der teils an *ḫpr*, „entstehen“ („der Entstehende“), teils an *ḫprr*, „Käfer“, „Skarabäus“, anklingt. Er ist also der von selbst entstandene Ur- und Schöpfergott und wird durch den Käfer, der die Sonne vor sich über den Himmel rollt, symbolisiert. Als Schöpfergott heißt er häufiger Atum, ursprünglich wohl ein Schöpfergott in Heliopolis, der früh mit dem Sonnengott identifiziert wurde. Der Name *(itmw)* wird mit *tm* in den beiden Bedeutungen „nichts“ und „all“ / „vollständig“ zusammengestellt: Er ist also sowohl das Nichts am Anfang der Schöpfung als auch das durch ihn entstandene All. Als Urgott ist er aus Nun, dem Urozean, hervorgegangen und auf dem Urhügel, der sich aus Nun erhob, erschienen. In Heliopolis verehrte man den Urhügel in einem heiligen Stein, Benben. Später sah man in der Spitze des Obelisken den Urhügel. Besonders im Neuen Reich wird Re oft mit dem falkenköpfigen Horachte identifiziert.

Häufig wird dargestellt, wie Re in einer Barke über den Himmel fährt. In der Nacht fährt er in einer anderen Barke durch die Unterwelt. Am Morgen überwindet er die Schlange Apophis, die ihm den Weg versperrt – sie repräsentiert die Mächte der Finsternis –, und erscheint strahlend und Leben spendend. Dadurch erneuert er die Schöpfung[15].

Ein Lied an die Morgensonne aus dem Totenbuch illustriert die Stimmung:

> Heil dir, wenn du als Chepri kommst,
> Denn Chepri ist der Schöpfer der Götter!

[15] K. Sethe, APAW 1929, 259ff.; H. Schäfer, ZÄS 71, 1971, 15ff.

Wenn du aufgehst oder strahlst und deine Mutter bescheinst,
Indem du als König der Götter erglänzest,
So streckt deine Mutter Nut dir Wasser sprengend die Arme aus...
O all ihr Götter...
Betet ihn an in seiner schönen Gestalt
Bei seinem Erscheinen in der Morgenbarke:
Dich verehren die Oberen, dich verehren die Unteren.
Thoth schreibt dir täglich auf die Wahrheit.
Dein Feind ist dem Feuer überantwortet,
Und deine Gegner sind niedergefallen;
Seine Arme sind gefesselt,
Seine Schritte hat Re gebunden...
Die Götter jauchzen, wenn sie Re bei seinem Erscheinen sehen
Und seine Strahlen die Länder überfluten.
Die Majestät dieses ehrwürdigen Gottes schreitet weiter
Und vereinigt sich mit der Erde am Westberg;
Allmorgendlich wird er geboren,
Wenn er seine Stelle von gestern erreicht hat [16].

Oder:

Heil dir, der du herrlich bist, Atum, Horachte!
Wenn du im Himmelshorizont erscheinst,
Schallt dir Verehrung entgegen aus dem Munde der Menschheit.
Du bist schön und jugendfrisch als Aton in deiner Mutter Hathor.
Erscheinst du an irgendeinem Platze,
So ist jedes Herz froh in Ewigkeit.
Die beiden Landeskapellen kommen sich verneigend zu dir
Und erweisen deinem Aufgang Verehrung,
Wenn du am Himmelshorizont erscheinst.
Bestrahlst du die beiden Länder mit Malachitglanz:
Das ist Re Horachte, der göttliche Jüngling,
Der Erbe der Ewigkeit, der sich selbst erzeugt und sich selbst gebiert...
Lebender Gott, Herr der Liebe:
Jedermann lebt, wenn du strahlst,
Indem du als König der Götter erscheinst.
Nut sprengt dir Wasser,
Maat umarmt dich zu jeder Zeit;

---

[16] Aus dem Totenbuch des Ani, Roeder, Urkunden 1f.

Dein Gefolge jauchzt dir zu,
Und man singt auf der Erde bei deinem Nahen,
Herr des Himmels, König der Ordnung,
Herr der Ewigkeit, Herrscher der Unendlichkeit,
Fürst aller Götter, lebender Gott, der die Ewigkeit machte,
Der den Himmel schuf und sich in ihm feststellte.
Die Götterschaft jubelt bei deinem Aufgang,
Und die Erde freut sich bei dem Anblick deiner Strahlen.
Die Menschheit zieht jauchzend täglich hinaus,
Um deine Schönheit zu schauen,
Wenn du den Himmel alle Tage befährst.
Deine Mutter Nut gibt dir Wohlbefinden,
Wenn du frohen Herzens über den Himmel ziehst[17].

Der Hauptkultort des Sonnengottes war seit alters Heliopolis (*iwnt*, hebr. On). Hier wurde eine ausführliche Sonnentheologie entwickelt, die sich schon im Alten Reich allgemeine Geltung verschaffte. Unter der 5. Dynastie erreichte die Sonnenverehrung einen Höhepunkt. Die Könige nannten sich „Sohn des Re" und bauten große Sonnentempel. Allmählich wurden mehrere Lokalgötter mit Re identifiziert und als Offenbarungsformen des Sonnengottes aufgefaßt, z.B. Chnum-Re, Month-Re, Sobk-Re.

Im Mittleren Reich wurde Theben die Hauptstadt des Reiches. Ein Lokalgott Amun *(imn)*, dessen Ursprung dunkel ist – er tritt gelegentlich unter den acht Urgöttern von Hermopolis auf und scheint mit dem Wind verbunden zu sein[18] –, wurde jetzt mit Re identifiziert und als Sonnengott verehrt. In Theben wurde Amon-Re als Hauptgott, als Gott des Reiches und der Dynastie verehrt; sonst behielt Re seine Selbständigkeit.

In langen, schönen Hymnen wurde eine Amon-Re-Theologie entwickelt, die ihn als vornehmsten Gott feierte. Wir können hier nur einen Auszug aus dem großen Amonhymnus bieten, dessen Text sich jetzt im Museum von Kairo befindet.

Preis dir, Amon-Re, der Herr von Karnak,
Du Erster in Theben,
Du Stier deiner Mutter,
Der der erste auf seinem Felde ist!
... Der Herr der Ordnung, der Vater der Götter;
Der die Menschen machte und die Tiere schuf;
Der Herr dessen, was ist; der den Fruchtbaum schafft,
Der das Kraut macht und das Vieh ernährt ...,

[17] Aus dem Totenbuch des Ani, Roeder, Urkunden 2f.; andere Sonnenhymnen A. Scharff, Ägyptische Sonnenlieder, Berlin 1922; J. Assmann, Liturgische Lieder an den Sonnengott (MÄSt 19), 1969.

[18] K. Sethe, Amun und die acht Urgötter von Hermopolis, APAW 1929/4.

Das Oberhaupt der beiden Länder,
Der Kraftreiche, der Herr der Macht,
Der Oberste, der das gesamte Land gemacht hat ...
Guter Hirte, der in der weißen Krone erscheint,
Herr der Strahlen, der das Licht schafft,
Dem die Götter Lob spenden ...
Heil dir, Re, der Herr der Ordnung,
Dessen Schrein verborgen ist, der Herr der Götter,
Chepri in seiner Barke, der befahl, und die Götter entstanden,
Atum, der die Menschen schuf,
Der ihre Arten unterschied und machte, daß sie leben können,
Der die Hautfarben unterschied, eine von der anderen,
Der das Gebet des Gefangenen hört,
Barmherzig, wenn man zu ihm ruft,
Der den Scheuen rettet vor dem Gewalttätigen,
Der Recht spricht dem Schwachen und dem Verletzten ...
Du bist der Einzige, der schuf, was ist,
Der Allereinzige, der machte, was existierte ...,
Der das Kraut für die Herde schuf
Und den Fruchtbaum für die Menschen,
Der macht, wovon die Fische im Strom leben
Und die Vögel unter dem Himmel,
Der dem Wesen im Ei Luft gibt
Und das Junge der Schlangen ernährt,
Der macht, wovon die Mücken leben
Und die Würmer und die Flöhe ebenso,
Der macht, was die Mäuse in ihren Löchern brauchen,
Und ernährt das, was fliegt, in jedem Baum ...
Jubel für dich, weil du dich mit uns abmühst,
Verehrung dir, weil du uns geschaffen hast!
Heil dir wegen alles Viehs,
Jubel dir wegen aller fremden Länder,
Bis zur Höhe des Himmels und bis zur Weite der Erde und bis zur Tiefe des Meeres[19]!

Schöpfung und Fürsorge stehen hier stärker im Vordergrund als das Sonnen- und Lichtmotiv. Zu einer besonderen Ausgestaltung des Sonnenglaubens kam es in der Aton-Religion des Pharao Echnaton (1370–1352). Er, dessen ursprünglicher Name Amenhotep IV. („Amun ist zufrieden") war, lehnte den Amun-Kultus ab und erhob die Sonnenscheibe, Aton *(itn)*, zum einzigen Gott und nahm den Namen Echnaton *(ꜣh n itn)*, „der dem Aton nützlich ist", an.

[19] Vgl. RTAT 40ff.

Die Amun-Verehrer wurden verfolgt. Eine neue Hauptstadt wurde gebaut. In der monotheistischen Religion Echnatons wurde der Sonnengott als Lebenspender und Fürsorger verehrt. Aton wurde als Sonnenscheibe dargestellt. Ihre Strahlen enden in Händen, die das Lebenszeichen tragen: die Sonne, Spender allen Lebens. In schönen Hymnen, unter welchen der große Atonhymnus[20] auffallende Ähnlichkeit mit Ps. 104 in der Bibel zeigt, wurde Atons Güte und Macht besungen, und der König als derjenige, der ihn kennt und offenbart, dargestellt. Diese Hymnen sind nicht gänzlich neuartig; sie erinnern zum Teil an die schon erwähnten Amun-Lieder[21].

Dem Mond wurde nur in geringem Ausmaß Verehrung zuteil. Dagegen werden gewisse Götter, wie z.B. Chonsu und Thoth, mit dem Mond in Verbindung gebracht.

Der Erdgott heißt Geb *(gb, gbb)*. In der heliopolitanischen Kosmogonie spielt er eine Rolle als Gatte der Himmelsgöttin. Mit ihr war er anfangs vereinigt, wurde aber durch den Luftgott Schu *(šw)* von ihr getrennt. Sonst verkörpert Geb die Erde schlechthin ohne besondere Betonung des Fruchtbarkeitsaspekts. Er gilt als Fürst der Götter, spielt aber, z.B. in der Namengebung, keine besondere Rolle. Ein lokaler Erdgott ist Ta-Tenen in Memphis, der „das sich erhebende Land" darstellt: Ebenso wie die Hügel beim Absinken der Nilüberschwemmung sichtbar werden, hat sich am Anfang ein Urhügel aus dem Nun erhoben.

Auch der Nil wird als Gott verehrt; er heißt Hapi *(ḥʿpj)* und wird als Spender der Nahrung gefeiert. Oft wird er mit dem Urwasser, Nun, als Quelle des Lebens verbunden[22].

Von den verschiedenen Lokalgöttern, die je einen Ort oder ein Gebiet beherrschen, können hier nur einige als Beispiele erwähnt werden. In Elephantine und Esne ist der Widdergott Chnum zu Hause, der auf der Töpferscheibe die Menschen formt[23]. In Ombos finden wir den Krokodilgott Sobk (*sbk*, griech. Suchos), der schon früh mit dem Sonnengott identifiziert wurde; es gibt aber auch andere Krokodilkultorte[24]. Die Geiergöttin Nechbet aus Necheb (Eileithyiaspolis) wurde zur Landes- und Königsgöttin, der Herrin der oberägyptischen weißen Königskrone[25]; neben sich hat sie in dieser Eigenschaft die unter-ägyptische Uto (Uadjet, *wꜣḏ.t* „die Grüne"), eine Schlangengöttin, die zur Papyruspflanze Beziehungen hat und die rote Krone repräsentiert[26]. Neith *(nt)* in Saïs ist eine Kriegsgöttin; ihr Symbol sind zwei gekreuzte

---

[20] Siehe RTAT 43ff. mit weiteren Literaturhinweisen.

[21] Über Echnaton: C. Aldred, Akhenaten, Pharaoh of Egypt—a new study, London 1968; F.S. Giles, Ikhnaton – legend and history, London 1970.

[22] RÄRG 525ff.; Ch. Palanque, Le Nil à l'époque pharaonique (Bibl. École des Hautes Études 144), Paris 1903.

[23] A. Badawi, Der Gott Chnum, Diss. Berlin 1937.

[24] RÄRG 755ff.

[25] RÄRG 507f.; J. Capart, Quelques observations sur la déesse d'Elkab, Brüssel 1946.

[26] RÄRG 853f.

Pfeile. Sie galt auch als Urgöttin und wurde später mit Chnum in Esne verbunden. In dieser Eigenschaft ruft sie durch sieben schöpferische Worte die Welt ins Dasein[27]. Die Geiergöttin Mut gilt als Gattin des Amun in Theben. Bastet hat Katzengestalt, Sachmet ist eine wilde Löwin. Onuris (*in ḥrt*, „der die Ferne [zurück] bringt"), der Gott von This, scheint ein alter Helfer des Sonnengottes gewesen zu sein. Sein Name wird mit dem Mythus vom verschwundenen Sonnenauge verbunden, und er gilt als der Gott, der das zürnende Auge zurückbrachte. Später wird er mit dem Luftgott Schu – und auch mit Thoth – identifiziert[28].

Ein eigenartiger Gott ist Min in Koptos. Er hat immer menschliche Gestalt und wird ithyphallisch (mit steifem Glied) abgebildet, um seine Zeugungskraft hervorzuheben. Er gilt als Herr der Felder und Vegetationsgott; sein „Fest der Treppe" ist u.a. ein Erntefest, wobei der König die Ähren von einer Garbe abschneidet.

Wie schon erwähnt, haben einige Lokalgottheiten aus verschiedenen Gründen eine allgemeinere Geltung erreicht, vor allem Hathor, Thoth und Ptah.

Der Name der Hathor[30] (*Ḥt Ḥr*, „Haus des Horus") bezeichnet sie als die Himmelskuh, die Mutter des Falkengottes oder der Sonne. Das ist vielleicht eine sekundäre Bezeichnung theologischer Art, aber auf jeden Fall tritt sie oft in Kuhgestalt oder als Frau mit Kuhhörnern auf. Daneben hat sie nahe Beziehungen zu einem Baum, der Sykomore. In Edfu ist sie die Gattin des Horus, in Dendera dagegen herrscht sie allein. Im Mythus vom Sonnenauge ist Hathor bzw. Tefnut die Tochter des Sonnengottes, das Sonnenauge, das sich, über die Menschen erzürnt, als wilde Löwin in die nubische Wüste zurückzieht. Thoth bzw. Schu unternehmen es, sie zu besänftigen. Unter Musik, Tanz und Weintrinken kehrt die Göttin zurück, und wird nun die Göttin der Liebe und der Freude.

Hathor ist eng mit dem Königtum verbunden. Sie ist bei der Geburt des königlichen Kindes behilflich und säugt das Kind. Sie beschützt auch fernerhin den König und vor allem die Königin. Überhaupt beschützt sie alle weiblichen Tätigkeiten. In ihrem Kult spielen Tanz und Musik eine große Rolle. Ihr besonderes Instrument ist das Sistrum, eine Rassel aus Metall oder Fayence.

Hathor tritt auch als Beschützerin der Toten auf, einerseits als Kuh, die aus dem westlichen Gebirge heraustritt und den Gestorbenen entgegennimmt und sein Leben erneuert, ebenso wie der Westen die Sonne empfängt und der östliche Himmel sie wieder aufgehen läßt, andererseits als Baumgöttin, die Schatten und Wasser, d.h. Leben, spendet.

Neben Isis erscheint Hathor als die wichtigste Göttin der alten Ägypter.

---

[27] RÄRG 512ff.; C.J. Bleeker, The Egyptian goddess Neith, Festschr. f. G. Scholem, Jerusalem 1967, 41ff.

[28] H. Junker, Die Onurislegende, Denkschr. d. Ak. d. Wiss. Wien 59, 1917.

[29] H. Gauthier, Les fêtes du dieu Min, Paris 1931; C.J. Bleeker, Die Geburt eines Gottes, Leiden 1956.

[30] S. Allam, Beiträge zum Hathorkult (MÄSt 4), 1963; C.J. Bleeker, Hathor and Thoth, Leiden 1973; Ph. Dérchain, Hathor quadrifons, Leiden 1972.

Thoth *(Ḏḥwtj)*[31] ist vor allem der Gott von Hermopolis. Er tritt in der Gestalt eines Ibisvogels und als Pavian auf. Außerdem hat er gewisse Beziehungen zum Mond, obwohl er eher als Gott des Mondes denn als der Mond selbst gilt. Er heilt das beschädigte Mondauge des Horus (siehe oben) und führt das zürnende Sonnenauge aus der Ferne zurück. So wird er zum Gott, der die Harmonie des Kosmos verteidigt und wiederherstellt. Er ist der Friedensstifter, der zusammen mit Horus „die beiden Länder (d.h. Reichshälften) vereinigt"; das Ergebnis ist *ḥtp*, „Zufriedenheit, Friede".

Thoth gilt als der weise Gott, der Schreibkunst und Wissenschaften beschützt. Als Schreiber hat er es auch mit Gerichtsverhandlungen zu tun. Beim Totengericht zeichnet er das Ergebnis der Prüfung auf.

Einige Thoth-Hymnen tragen ein auffallend persönliches Gepräge.

O Thoth, setze mich nach Hermopolis,
In deine Stadt, wo man angenehm lebt!
Gib mir, was ich brauche an Brot und Bier,
Und behüte meinen Mund beim Reden!
Ach, hätte ich doch morgens Thoth hinter mir!
Komm zu mir, o göttliches Wort,
Wenn ich eintrete vor die Herren (der Wahrheit)
Und gerechtfertigt herausgehe ...
Du, der du Wasser hinführst an einen fernen Ort,
Komm, rette mich, den Schweigenden,
Thoth, du süßer Brunnen für einen, der in der Wüste
durstet.
Er ist verschlossen für den, der redet,
Und ist geöffnet für den, der schweigt.
Kommt der Schweigende, so findet er den Brunnen ...[32]

Ein anderer Thoth-Hymnus besingt den Gott mehr traditionell:

Gelobt seist du.
Herr der göttlichen Worte,
Oberster der Geheimnisse,
Die im Himmel und auf Erden sind,
Guter Gott von Ewigkeit her,
Der die Sprache und die Schrift gibt,
Der die Häuser gedeihen läßt,
Der die Tempel einrichtet,
Der die Götter wissen läßt, was ihnen zukommt,
Jedem Beruf, was ihm gehört,
Und die Länder die Grenzen der Felder,
Was sie sind[33].

---

[31] P. Boylan, Thoth, the Hermes of Egypt, Oxford 1922; C. J. Bleeker, Hathor and Thoth, Leiden 1973, 106ff.

[32] Erman, Literatur 377f.

[33] B. A. Turajeff, ZÄS 33, 1895, 123.

In Memphis, wo das Nildelta anfängt, wurde seit ältester Zeit der chthonische Ur- und Schöpfergott Ta-tenen, „das sich erhebende Land", verehrt. In der Nähe von Memphis war auch der falkengestaltige Totengott Sokaris zu Hause. Schon im Alten Reich traten beide hinter einem anderen Gott, Ptah[34], zurück und wurden mit ihm identifiziert. Dieser gehört zu den wenigen Gottheiten, die immer als Mensch dargestellt werden, genauer gesagt, als Mumie. Sein Ursprung ist dunkel; möglicherweise ist er eine Schöpfung der Theologie. Der Schabaka-Text, der auf ein altes Original zurückgeht, berichtet, wie Ptah durch seinen Gedanken und sein Wort die Welt erschuf. Demgemäß wird er mit der Zeit zum Beschützer aller, die etwas schaffen, d.h. der Handwerker und Künstler. Als kosmischer Gott wird er im Neuen Reich mit der Sonnenscheibe auf dem Kopf dargestellt. Ein Hymnus preist ihn als den, der mit seinen Augen die Welt erhellt[34a].

Ptahs Gattin war die furchtbare Löwengöttin Sachmet – in Memphis gab es ein besonderes Ritual, um sie „zu befriedigen" –, und ihr gemeinsamer Sohn war Nefertem, der durch die Lotusblume symbolisiert wurde[35]. Ptah ist schon früh mit einem heiligen Stier verbunden, der unter dem Namen Apis als „Herold des Ptah" oder „erhobener Ba (d.h. Offenbarungsform oder Gestaltung) des Ptah" galt.

Als Totengott hat der Schakalgott Anubis *(inpw)*[36] von Kynopolis allgemeinere Bedeutung erlangt. Er ist Herr der Nekropole und tritt als Mithelfer bei der Balsamierung und anderen Begräbnisriten auf. In den Darstellungen des Totengerichts finden wir ihn neben Thoth. In gewissen Fällen scheint er Beziehungen zum Mond zu haben, so z.B. in der Darstellung der Geburt des Königskindes. Offenbar handelt es sich um die Erneuerung des Lebens des Kindes. Gelegentlich wird er mit Upuaut *(wp wꜣwt)*, „dem Wegöffner", der auch als Schakal oder Wolf auftritt, zusammengestellt. Dieser ist sonst ein Königsgott, der dem König in Festprozessionen vorangeht.

Der eigentliche Totengott ist Osiris *(wsir)*[37], vielleicht der berühmteste der ägyptischen Götter und zugleich einer der rätselhaftesten. Er tritt stets in Menschengestalt auf und gilt als ein guter König. Seine Macht offenbart sich u.a. im wachsenden Getreide, in den überflutenden Wassern des Nils und in der Erde, aus der die Pflanzen hervorsprießen. Das alles läßt an einen Fruchtbarkeitsgott denken. Zwei Texte aus dem Neuen Reich illustrieren diese Seiten seines Wesens. Ersterer stellt eine pantheistische Osiris-Lehre dar.

---

[34] M. Sandman-Holmberg, The god Ptah, Lund 1946.

[34a] Kees, Lesebuch 12.

[35] Zu Sachmet: S.-E. Hoenes, Untersuchungen zu Wesen und Kult der Göttin Sachmet, Bonn 1976; zu Nefertem: S. Morenz–J. Schubert, Der Gott auf der Blume, Ascona 1954.

[36] RÄRG 40ff.

[37] RÄRG 568ff. mit Lit.; E. Lefébvre, Le mythe Osirien, Paris 1874–75; E.W.W.-Budge, Osiris and the Egyptian resurrection, London 1911; J.G. Griffiths, The origins of Osiris (MÄSt 9), Berlin 1966.

(Ramses IV. spricht:)
Ich fand, daß ...
Dein ganzes Wesen geheimnisvoller ist als [die Götter] ...
Siehe, du bist der Mond in der Höhe,
Du verjüngst dich nach Belieben,
Und du alterst auch, wie du wünschest.
Gehst du heraus und vertreibst die Finsternis,
So bist du gesalbt und gekleidet für die (Götter-)Neunheit.
Du bist der Nil,
Hoch auf den Ufern am Anfang der Jahreszeit;
Götter und Menschen leben von den Ausflüssen aus dir.
Ich fand deine Majestät auch als König der Unterwelt ...
Wenn Re täglich erscheint und zur Unterwelt gelangt,
Um dieses Land und auch die Länder zu lenken,
Da sitzt du auch gleich dabei ...
Die Majestät des Thot steht zu eurer Seite,
Um die Befehle, die aus eurem Munde kommen, aufzuschreiben[38].

In einem anderen Hymnus wird Osiris mit dem chthonischen Gott Sokaris in Memphis gleichgesetzt:

Re-Chepri leuchtet über deiner Brust,
Wenn du als Sokaris schlafend liegst,
Damit er die Finsternis über dir verscheuche
Und deinen Augen Licht bringe ...
Der Erdboden liegt auf deiner Schulter,
Und seine Ecken auf dir bis hin zu den vier Stützen des Himmels.
Regst du dich, so schwankt die Erde ...
Mein Vater, der du bist,
Aus dem Schweiß deiner Hände kommt der Nil hervor.
Du stößest die Luft aus deiner Kehle in die Nasen der Menschen.
Wie göttlich ist das, wovon man lebt!
Es ist da in deinen Nasenlöchern gesammelt vorhanden:
Der Baum und sein Laub, Rohr und Gras,
Gerste, Spelz und der Fruchtbaum ...
Du bist Vater und Mutter der Menschen,
Sie leben von deinem Atem,
Sie essen von dem Fleisch deines Leibes[39].

[38] Kees, Lesebuch 21f.
[39] Kees, Lesebuch 14f.

Den Osiris-Mythus kennen wir in zusammenhängender Form nur durch die späte Darstellung des Plutarch in De Iside et Osiride. Aber schon in den Pyramidentexten finden sich zahlreiche Anspielungen, die zwar in Einzelheiten von Plutarch abweichen, aber im großen und ganzen dasselbe Bild ergeben. Osiris ist von seinem Bruder Seth angegriffen worden und ist sterbend in Nedit, in der Nähe von Abydos, zu Boden gesunken (Pyr. 754, 1256); nach einer anderen (memphitischen) Überlieferung ist er ins Wasser gefallen (B.M. Stele 797, 19. 62). Seine Gattin Isis und ihre Genossin Nephthys, die Gattin des Seth, finden die Leiche auf dem Kampfplatz (Pyr. § 1280–1282, 2144–2145) bzw. im Wasser, ziehen sie ans Land (B.M. Nr. 797) und halten die Totenwache. Nach Pyr. § 632 und 1636 und dem großen Osirishymnus aus dem Mittleren Reich läßt sich die zauberkundige Isis durch ihren verstorbenen Gatten befruchten. Danach begraben die beiden Göttinnen den toten Gott. Isis wird von Seth verfolgt, aber sie findet in den Papyrusdickichten des Deltas Zuflucht. Dort gebiert sie ihren Sohn Horus (Harpokrates, „Horus, das Kind"). Als Erwachsener wird dieser vom Gericht der Götterneunheit in der Halle des Geb in seine Rechte eingesetzt; er wird also der Nachfolger seines Vaters auf dem Thron. Da der Mörder die Entscheidung nicht hinnehmen will, muß man ihm die Macht mit Gewalt abnehmen (Pyr. Spr. 670). Er wird besiegt und bestraft; über die Art der Strafe schwanken die Angaben: Entweder zwingt Thoth ihn, sein Opfer Osiris zu tragen, d.h. sich ihm zu unterwerfen (Pyr. § 626–627, 651–652, 1699), oder er wird gebunden dem Henker ausgeliefert und zerstückelt (Pyr. § 1035, Spr. 543, 580). Osiris ersteht wieder (Pyr. Spr. 670), tritt aber nicht wieder in seine alte Königswürde ein (Pyr. § 316–318), sondern sein Sohn Horus bleibt sein Nachfolger. Statt dessen zieht sich Osiris ins Totenreich zurück und wird Herrscher der Verstorbenen (B.M. Nr. 797)[40]. Allmählich entstand die Vorstellung, daß die Leiche des Osiris zerstückelt wurde, und die vierzehn Stücke an verschiedenen Orten begraben wurden. Vierzehn Orte beanspruchten nach einer in Dendera bewahrten Liste, Osirisreliquien zu besitzen. Darüber hinaus sind andere lokale Abweichungen von der klassischen Erzählung bekannt. Plutarch versucht die verschiedenen Versionen zu harmonisieren und führt auch einige neue Züge ein[41]. Nach seinem Bericht war Osiris ein guter und milder König, dem sein Bruder Typhon (d.h. Seth) nachstellte. Nach einem gemeinsamen Mahl überlistete dieser Osiris, in einen Kasten zu steigen, worauf er schnell den Deckel auflegte. Der Kasten wurde dann ins Wasser geworfen. Isis irrte klagend umher und suchte ihren Gatten. Der Kasten wurde in Byblos ans Land geworfen, ein Baum wuchs auf und umschloß den Kasten. Hier fand Isis schließlich den Kasten und führte ihn zurück nach Ägypten. Typhon entdeckte die Leiche, zerstückelte sie in vierzehn Teile und verstreute sie. Isis suchte und fand die Teile und errichtete für jedes ein Grab. Typhon wurde in schweren Kämpfen von Horus überwunden, und endlich „gebar Isis von Osiris, der ihr nach sei-

[40] Sainte Fare Garnot, Vie religieuse 51 f.

[41] Vgl. Roeder, Urkunden 15 ff.

nem Tode beiwohnte", den Harpokrates. – Wie sich in dieser Erzählung Horus und Harpokrates zueinander verhalten, bleibt unklar. Ägyptische Texte nennen sonst Horus, den Sohn der Isis, als „Rächer" oder „Beschützer seines Vaters" *(nḏ itf)*.

Osiris ist von alters her im östlichen Delta verehrt worden. Eine Verbindung mit den Fruchtbarkeitskulten Vorderasiens (Baal, Adonis, Tammuz) läßt sich nicht ausschließen. Osiris war ein Vegetationsgott, während Seth als Gott des Kampfes und der unfruchtbaren Wüste galt. Der Streit zwischen Osiris und Seth ist dann im Alten Reich mit dem Mythos von Horus und Seth kombiniert worden und der Osiriskult drang nach Oberägypten vor. Abydos wurde der Hauptkultort des Osiris. Seine große Bedeutung gewann Osiris als Herr der Totenwelt: Schließlich hoffte jeder Ägypter, nach dem Tode ein Osiris zu werden und, teilhabend an den Kräften der Natur, zu neuem Leben wiedergeboren zu werden. Osiris war außerdem der Richter der Unterwelt, vor dessen Gericht jeder Tote erscheinen mußte. Der Mythus bildete ebenfalls die Grundlage der Königsideologie: Jeder verstorbene König wird ein Osiris, sein Nachfolger ist Horus, der nach dem Tod seines Vaters in seine Rechte eingesetzt wird. So ist Osiris derjenige, „der die Ordnung *(maʿat)* auf den beiden Ufern fest aufrichtet, der den Sohn auf den Thron seines Vaters setzt"[42]. Die Leichenklagen der Isis und der Nephthys wurden kultisch dargestellt[43]; ebenso wurde die Auferstehung des Gottes an den vierzehn Osirisgräbern gefeiert. Ein Beispiel der Totenklage liefert der folgende Text:

Komm zu deinem Hause, komm zu deinem Hause, o Gott On!
Komm zu deinem Hause, du, der du keine Feinde hast.
O schöner Jüngling, komm zu deinem Hause, daß du mich sehest.
Ich bin deine Schwester, die du liebst:
Du sollst nicht von mir weichen.
O schöner Knabe, komm zu deinem Hause …
Ich sehe dich nicht, und doch bangt mein Herz nach dir und meine Augen begehren dich …
Komm zu der, die dich liebt, Wennofre (= Osiris), du Seliger!
Komm zu deiner Schwester, komm zu deinem Weibe,
Zu deinem Weibe, du, dessen Herz stillesteht.
Komm zu deiner Hausfrau.
Ich bin deine Schwester, von der gleichen Mutter,
Du sollst nicht fern von mir sein.
Die Götter und die Menschen haben ihr Gesicht zu dir gewandt

[42] Aus dem unten angeführten Osiris-Hymnus, Roeder, Urkunden 23; Erman, Literatur 189.

[43] H. Junker, Die Stundenwachen in den Osirismysterien, Denkschr. d. Akad. d. Wiss. Wien 54, 1910; Roeder, Urkunden 34ff.

Und beweinen dich zusammen ...
Ich rufe nach dir und weine, daß man es bis zum Himmel hört,
Aber du hörst meine Stimme nicht,
Und ich bin doch deine Schwester, die du auf Erden liebtest;
Du liebtest keine außer mir, mein Bruder, mein Bruder[44]!

Die genannten Kulte galten als Geheimkulte oder Mysterien, und man erwartete von ihnen Erneuerung des Lebens sowohl der Natur als auch der Menschen. Ein Osirishymnus aus der 18. Dynastie erzählt den Mythus und preist den Gott folgendermaßen:

Heil dir, Osiris, Herr der Ewigkeit, König der Götter ...
Er ist der Große, der erst(geboren)e von seinen Brüdern, der älteste der Götterschaft ...
Geb vererbte (ihm) das Königtum der beiden Länder,
Da er seine Trefflichkeit sah,
Er übertrug ihm, die Länder in vorzüglicher Weise zu leiten.
Er vertraute ihm das Land an,
Sein Wasser, seine Luft, seine Kräuter, alle seine Herden,
Alle Vögel und alles Geflügel,
Schlangen, das Wild der Wüste, wurden dem Sohn der Nut überantwortet.
Die beiden Länder waren erfreut darüber,
Daß er auf dem Thron seines Vaters erschienen war,
Wie Re, wenn er am Horizont aufgeht und Licht spendet nach der Finsternis ...
Seine Schwester war sein Schutz, die die Feinde fernhielt,
Die die Anschläge des Unheilsstifters mit den Sprüchen ihres Mundes zuschanden werden ließ,
Die mit sicherer Zunge, deren Wort nicht fehlgeht, die mit wirksamem Befehl,
Isis, die nützliche, die ihrem Bruder half,
Die ihn suchte, ohne zu ermatten,
Die dieses Land wehklagend durchzog,
Ohne daß sie haltmachte, bevor sie ihn gefunden hatte,
Die mit ihren Schwingen Schatten machte und mit ihren Flügeln Luft entstehen ließ,
Die lobpries und ihren Bruder ans Land brachte,
Die die Regungslosigkeit des Starren löste,
Seinen Samen empfing und den Erben hervorbrachte,
Die das Kind in der Einsamkeit aufzog, man weiß nicht wo,
Sie führte ihn ein, als sein Arm erstarkt war, in den Palast des Geb.

---

[44] Erman, Religion 73.

Die Götterschaft jauchzte: „Willkommen, Horus, Sohn des Osiris, Tapferer, Triumphierender,
Sohn der Isis, Erbe des Osiris!"
Die Richterschaft des Rechtes trat für ihn zusammen ...
Die Rede des Horus wurde richtig befunden
Und das Amt seines Vaters ihm gegeben.
Mit dem Diadem geschmückt zog er hinaus nach dem Befehl des Geb;
Er hatte die Herrschaft der beiden Länder empfangen, und die Krone saß auf seinem Haupte.
Er rechnete das Land als sein Besitztum,
Himmel und Erde waren ihm untertan ...
Jedermann ist froh, die Herzen sind glücklich und die Sinne freudig,
Alle Welt jubelt, und die Leute beten seine Schönheit an:
Wie gütig ist seine Liebe zu uns!
Seine Macht durchzieht die Herzen und groß ist die Liebe zu ihm in jedem Leibe,
Wenn sie dem Sohne der Isis richtig geopfert haben.
Sein Gegner ist gefallen wegen seines Verbrechens;
Der Böses tat, auf ihn kehrt seine Tat zurück,
Böses wird getan dem, der Unheil anstiftete.
Der Sohn des Isis hat seinen Vater gerächt,
Und er ist zufrieden, und sein Name ist trefflich.
Dein Herz ist froh, Wennofre (= Osiris)!
Der Sohn der Isis hat die Krone ergriffen,
Und das Amt seines Vaters ist ihm in dem Palaste des Geb überwiesen.
Re hat es gesagt, und Thot hat es aufgeschrieben, und die Richterschaft war damit zufrieden.
Dein Vater Geb hat (es) dir anbefohlen,
Und man tat, wie er es gesagt hatte[45].

Isis (*ꜣst*)[46], die Gattin des Osiris, haben wir schon kennengelernt. Ihr Ursprung ist dunkel. Ihr Name wird mit dem Bilde eines Thrones geschrieben, und man hat sie deshalb als eine Personifikation des Königsthrons verstehen wollen. Das scheint weniger wahrscheinlich zu sein. Es gibt Anzeichen, die auf eine Himmelsgöttin deuten. Als Gattin des Osiris wurde sie als Inkarnation der treuen ehelichen Liebe betrachtet. Sie ist aber auch die Mutter, die ihr Kind beschützt. Isis-Darstellungen dieser Art haben vielleicht die christlichen Madonnenbilder inspiriert.

Ihre Verbindung mit Osiris macht sie vor allem zu einer Totengöttin. Zusammen mit Nephthys tritt sie als Klagefrau in den Begräbniszeremonien auf.

[45] Erman, Literatur 187ff.; Roeder, Urkunden 22ff.; Auszug Kees 28f.
[46] RÄRG 326ff.

So werden Isis und Nephthys an den Seiten der Särge in den thebanischen Gräbern dargestellt. Außerdem gilt Isis als die zauberkundige, die bei allerlei magischen Handlungen zu Hilfe gerufen wird. Sie ist auch mit dem Königtum verbunden: Als Mutter des neuen Königs, Horus, wird sie als Königmacherin gefeiert. Isis kann mit den meisten anderen Göttinnen identifiziert werden. In der Spätzeit wetteifert sie mit Hathor um den Rang als vornehmste Göttin.

In der hellenistischen Zeit erlangte Isis auch außerhalb Ägyptens große Bedeutung, vor allem in den sogenannten Isismysterien. In der hellenistischen Isisreligion spielen u.a. die sogenannten Aretalogien, d.h. Aufzählungen der Machtäußerungen der Göttin in Ich-Form, eine wichtige Rolle. Als Vorstadium solcher Selbstvorstellungen sei eine Isisprädikation aus Esne angeführt:

> Ich bin Isis, *śḫt*, Herrin des Feldes *(śḫt)*, die Herrliche, die Wohltäterin in Upe in meinem Namen Nebtun.
> Ich bin die Herrscherin der Götter an der Spitze des Goldhauses, die Herrin der Menschen an der Spitze des Lebenshauses.
> Ich bin Seschat, die Große, an der Spitze des Buchhauses, die große an Zauberkraft, Herrscherin des Königshauses.
> Ich bin die Fürstin von Ägypten, und ich habe die Fremdländer schon im Ei(?) erobert,
> Ich bin die Königsmutter, die Mutter des Gottes Horus, die Königsgemahlin, die königliche Schwester des Wennofre, des Herrn.
> Ich gebe dir alle Flachländer und alle Gebirgsländer, o mein göttlicher Sohn, Pharao, von mir geliebt.
> Dir gehört das Herrschaftssymbol, die Erbschaft der ganzen Erde, das ganze Besitztum, gesichert durch den Triumph.
> Dir gehören die vier Enden der Erde auf ihren Stützen, ein sehr langes Königtum und viele Jahre in Frieden, für die Dauer der Ewigkeit und Unvergänglichkeit[47].

Mythologie: Kosmogonien, Göttergeschichten

Die vorhandenen religiösen Texte enthalten fast keine zusammenhängenden Mythen. In den meisten Fällen müssen die Mythen aus zahlreichen Anspielungen, vor allem in den Totentexten, aber auch in Hymnen und Wanddarstellungen, rekonstruiert werden. Wie oben gezeigt wurde, existiert ein vollständiger Osirismythus nur in griechischem Gewand bei Plutarch. Auch die Vorstellungen von der Weltschöpfung müssen aus verschiedenen Quellen zusammengetragen werden.

Es gab in Ägypten mehrere Orte, deren Gottheiten den Anspruch erhoben, Urgott und Schöpfer zu sein. Wir kennen drei Haupttypen von Kosmogonien, die heliopolitanische, die memphitische und die hermopolitanisch-thebanische[48].

---

[47] J. Bergman, Ich bin Isis, Uppsala 1968, 227.

[48] Zu den Schöpfungsvorstellungen s. S. Sauneron–J. Yoyotte, La naissance du monde selon l'Égypte Ancienne, Sources Orientales 1, Paris 1959, 18–91.

In Heliopolis galt Atum oder Chepri als Urgott. Beide wurden früh als Namen oder Gestalten des Sonnengottes aufgefaßt. Pyr. § 1587 sagt: „Gruß dir, Atum; Gruß dir, Chepri, Selbstentstandener. Du bist hoch in diesem deinem Namen: ‚Hügel'. Du entstehst in diesem deinem Namen ‚Entstehender' (Chepri)." Hier wird auf die Vorstellung vom Urhügel angespielt, d.h. das erste Land, das sich aus dem Urwasser (Urozean, Nun) erhob. Man glaubte also, daß der Urgott entweder mit dem Hügel identisch oder auf ihm erschienen sei. Es ist ferner wichtig, daß der Urgott von selbst entstanden ist; darauf wird mit dem Namen Chepri (*ḫprj*, vgl. *ḫpr*, „entstehen") angespielt. Von der Entstehung des ersten Götterpaares aus dem Urgott gibt es zwei Versionen. Nach der einen ist Atum „zum Selbstbefriediger geworden in Heliopolis, er nahm seinen Phallus in seine Faust, um damit Lust zu erregen: ein Geschwisterpaar wurde erzeugt, Schu und Tefnut" (Pyr. § 1248). Schu ist die Luft, Tefnut die Feuchtigkeit. Eine andere Version findet sich in Pyr § 1652: „Atum-Chepri, du warst hoch als Hügel. Du warst erschienen als Benben im Benbenhaus in Heliopolis. Du spiest aus als Schu und warfst Speichel als Tefnut. Du legtest deine Arme um sie mit dem Ka, damit dein Ka in ihnen sei."[49] Benben ist der heilige Stein in Heliopolis, der den Urhügel kultisch repräsentiert. Die Worte für „ausspeien" und „spucken" erinnern in ihrer Lautgestalt an die Namen Schu und Tefnut (siehe oben). In diesem Wortspiel findet der Ägypter den Ausdruck einer theologischen Wahrheit. Der Ka repräsentiert das Wesen des Schöpfers; das Umarmen spielt auf das Hieroglyphenzeichen für „Ka", die beiden Arme, an. Das Ganze will besagen, daß das Wesen des Schöpfers in seine Kinder übergeht.

Über das Verhältnis von Atum und Schu hat man viel spekuliert. Schu ist ja die Luft, die man einatmet und die Leben schenkt. So entsteht ein eigentümliches Verhältnis zwischen Vater und Sohn: Der Vater lebt vom Sohn und der Sohn ist im Vater.

Als nächstes Götterpaar entstanden Geb und Nut, Erde und Himmel. Es wird angedeutet, daß sie anfangs vereinigt waren, aber durch Schu voneinander getrennt wurden. Auf Bilddarstellungen steht Nut oft über Geb gebeugt, während Schu mit beiden Händen ihren Körper stützt.

So entstand nach heliopolitanischer Auffassung die Welt. Die fünf ersten Götter bildeten den Kern des heliopolitanischen Götterkreises. Später wurden die vier Gottheiten des Osirisglaubens, Osiris, Isis, Seth und Nephthys, mit ihnen verbunden. Dadurch ergab sich die heliopolitanische Enneade, d.h. Götterneunheit *(psḏt)*.

Die memphitische Theologie mit ihrer eigenartigen Kosmogonie ist auf dem sogenannten Schabakastein erhalten[50]. Der Text, der nur in einer späten Abschrift bewahrt worden ist, stammt wahrscheinlich aus dem Alten Reich. Die Kosmogonie scheint die heliopolitanische Lehre vorauszusetzen, bemüht

[49] Kees, Lesebuch 1. Andere Texte zur heliopolitanischen Kosmogonie AOT 1ff. = Roeder, Urkunden 110f.; ANET 3f. = Roeder, Urkunden 239f.

[50] H. Junker, Die Götterlehre von Memphis, APAW 1939/23; RTAT 31f.; ANET 4ff.

sich aber, Ptah als den ersten und vornehmsten der Götter hervorzuheben. Hier findet sich zunächst eine Theorie vom schöpferischen Wort des Gottes: Ein Gedanke entsteht im Herzen, dieser wird mit der Zunge ausgesprochen: „Es entstand ja jedes Gotteswort durch das, was vom Herzen erdacht und von der Zunge befohlen wurde.“ Was Ptah also erdenkt und ausspricht, wird in der Schöpfung Wirklichkeit. Um den Vorrang des Ptah zu behaupten, wird nun aber ein neues Moment eingeführt: „Die Götterneunheit ist die Zähne und die Lippen in diesem Munde, der den Namen aller Dinge nannte, aus dem Schu und Tefnut hervorgegangen sind, der die Neunheit geschaffen hat.“ Ptah ist der Urgott, der das schöpferische Wort ausspricht. Die neun heliopolitanischen Götter sind aber als Zähne und Lippen dabei – sie dienen ihm als Mittel für das Aussprechen des Wortes. „So wurden alle Götter geschaffen ... So wurden alle *ka*'s und *ḥmśwt*[51] bestimmt, die alle Nahrung und alle Speise machen ... So wurden alle Arbeiten verrichtet und alle Künste, das Tun der Hände und das Gehen der Füße ... Und so war Ptah zufrieden, nachdem er alle Dinge und alle Gottesworte gemacht hatte.“ Abschließend wird erzählt, wie Ptah die Götter an ihren Kultorten einsetzt, ihre Verehrung ordnet und wie die Götter „in ihren Leib aus Holz und allerlei Material eintreten“, d.h. in ihren Kultbildern Gestalt annehmen.

Eine ganz andersartige Kosmogonie findet sich in einer Gruppe thebanischer Texte aus der Spätzeit[52]. Anspielungen in den Sargtexten lassen erkennen, daß sie schon früher bekannt war und aus Hermopolis stammte. Am Anfang steht hier eine Ogdoade oder Götterachtheit. Es sind vier männliche und vier weibliche Gottheiten, die als Frösche bzw. Schlangen dargestellt werden. Nach Anthes stellen sie eine Weiterentwicklung der acht *ḥḥ*-Gottheiten dar, die die Beine der Himmelskuh stützen[53]. In den thebanischen Texten erscheinen sie jedoch als die ersten Lebewesen auf der Flammeninsel (sie galt als Geburtsstätte des Sonnengottes und repräsentiert wahrscheinlich die Morgenröte). Die Namen der acht Gottheiten stellen Paare von abstrakten Begriffen dar: Nun und Naunet, der Urozean, Huh und Hauhet, die Unendlichkeit, Kuk und Kauket, die Finsternis; über das vierte Paar herrscht eine gewisse Unsicherheit: die späten Texte nennen Amun und Amaunet, das Unsichtbare, die Luft, andere Texte bieten Niau und Niaut, das Nichts. Der Amun des letzten Paares wird mit dem späteren Nationalgott identifiziert, der als Nachfolger des Sonnengottes als Urgott gefeiert wurde. Die Rolle des Amun ist nicht eindeutig. Er wird teils als Schöpfer der acht Gottheiten, teils als einer von ihnen aufgefaßt und übernimmt die Rolle des heliopolitanischen Urgottes. Außerdem erscheint die Vorstellung von einem Urei, „dem Ei des großen Schnatterers“ (Geb?), aus dem Amun als Urgott in Gestalt einer Gans hervorgegangen sein soll.

---

[51] *ḥmśwt* sind die weiblichen Entsprechungen der *ka*'s.

[52] Vgl. K. Sethe, Amun und die acht Urgötter, APAW 1929/4.

[53] R. Anthes in: Mythologies of the ancient world, hg. v. S.N. Kramer, Garden City 1961, 60ff.

Den Osirismythus haben wir bereits oben erwähnt, ebenso den Mythus vom Sonnenauge und den Mythus vom Kampf zwischen Horus und Seth. Erstere sind insofern echte Mythen, als sie auch rituellen Handlungen zugrunde lagen oder jedenfalls bei der Deutung kultischer Akte ausgewertet wurden. In anderen Fällen ist die rituelle Verknüpfung unsicher oder fehlt. Einige erzählende Texte sind eher als Göttergeschichten denn als Mythen zu beurteilen.

Das „Buch von der Himmelskuh“[54], das in vier Abschriften in thebanischen Königsgräbern erhalten ist, erzählt, wie sich die Menschen gegen den alternden Sonnengott empörten. Re beschloß auf Anraten der Götter, sein Auge in der Gestalt der wilden Göttin Hathor-Sachmet zu ihnen zu senden, um sie zu bestrafen. Als die Göttin, nachdem sie viele Menschen getötet hatte, zurückkehrte, empfand der Sonnengott Reue und wollte den Rest der Menschheit schonen. Er ließ rotes Bier brauen und goß es nachts über die Felder aus; als die Göttin kam, um ihr Werk fortzusetzen, trank sie es in der Meinung, es sei Menschenblut. Sie wurde betrunken und „erkannte die Menschen nicht mehr“. Der Erzähler fügt hinzu, daß dies der Grund ist, warum man für die Hathorfeste einen Rauschtrank bereitet. Dann erzählt er weiter, wie Re der Menschen müde wurde und sich auf den Rücken der Kuh Nut setzte. Als es tagte und die Menschen einander mit Pfeilen beschossen, erhob sich die Kuh und wurde der Himmel. Re war „zufrieden“ *(ḥtp)* und wollte grünes Gras *(iꜣr)* im Himmel pflanzen – so entstanden das Friedens- oder Opfergefilde *(sḫt ḥtp)* und das Earu- oder Binsengefilde *(sḫt iꜣrw)*, Namen, die das Jenseitsideal des Bauern ausdrücken. Der Kuh wurde schwindelig und sie wollte Stützen haben; so entstanden die Trägergötter *(ḥḥ)*, die ihre Beine stützen sollen.

Diese Erzählung, die man gelegentlich mit der biblischen Sintfluterzählung verglichen hat, enthält einerseits ein ätiologisches Element: Sie will das im Hathorkult gefeierte Fest der Trunkenheit begründen. Andererseits deutet sie mit den üblichen Wortspielen die Entstehung gewisser mythischer Erscheinungen an. Die Verbindung mit dem Mythus vom entwichenen Sonnenauge ergibt weitere Ideenassoziationen. Dagegen ist es zweifelhaft, ob die Erzählung, wie oft angenommen, „Ereignisse revolutionärer Umwälzungen am Ende der 5. und 6. Dynastie in die Götterwelt [überträgt]“.

Vom gealterten Sonnengott spricht auch die Geschichte von Re und Isis[55]. Der Gott ist alt und kraftlos. Er wird von einer Giftschlange gebissen und klagt den Göttern seine Not. Um ihm zu helfen, veranlaßt Isis ihn, seinen geheimen Namen zu offenbaren, spricht eine Zauberformel aus und heilt ihn. Die Geschichte wird als Schlangenzauber verwendet.

Mythologischen Stoff verwertet auch die Erzählung von den zwei Brüdern[56]. Sie wird meist als Märchen beurteilt. Die beiden Hauptpersonen tra-

[54] RTAT 35 ff.; ANET 10; E. Brunner-Traut, Altägyptische Märchen, Düsseldorf ³1973, Nr. 69.

[55] Roeder, Urkunden 138 ff.; ANET 12 ff.; Erman, Religion 301 ff.

[56] Erman, Literatur 197 ff.; ANET 23 ff.

gen Götternamen: Anubis ist der wohlbekannte Totengott, Bata ist ein unbedeutender Ortsgott. Was von ihnen erzählt wird, stimmt jedoch nicht mit dem, was wir sonst von diesen Göttern wissen, überein. Bata ist der jüngere Bruder des Anubis, der in dessen Haus wohnt und ihm wertvolle Dienste leistet. Die Frau des Anubis will Bata verführen, aber dieser weigert sich. Sie klagt ihn bei ihrem Mann der Vergewaltigung an, und Bata muß vor dem Zorn seines Bruders fliehen. Die Geschichte erinnert stark an 1. Mose 39 (Josef und die Frau des Potiphar). Bata nimmt seine Zuflucht im „Zederntal", wo Re-Horachte ihm eine schöne Frau schenkt. Die Frau wird aber vom Meer nach Ägypten entführt, wo sie am Hofe des Pharao gegen ihren Mann intrigiert. Bata hat sein Herz im Gipfel der Zeder aufbewahrt; sie läßt die Zeder fällen und das Herz suchen. Bata verwandelt sich in einen Stier, der schließlich nach Ägypten geführt wird, um geopfert zu werden. Aus zwei Tropfen seines Blutes erwachsen zwei schöne Bäume. Als man diese fällt, um Möbel zu machen, fliegt ein Splitter in den Mund seiner Frau, sie wird schwanger und gebiert einen Sohn, der schließlich König von Ägypten wird. Was vom Leben des Bata und seiner Frau im Zederntal und von den Verwandlungen des Bata erzählt wird, hat auffallende Ähnlichkeit mit dem, was Plutarch über Osiris berichtet. Zwar spielt Batas Frau im Vergleich mit der treuen Gattin Isis eine umgekehrte Rolle, aber das Motiv des unzerstörbaren Lebens stimmt mit der allgemeinen Tendenz der Osirisgeschichte wohl überein. Offenbar stellt das Märchen eine Umwandlung mythologischer Motive dar.

Der Kult

Die Tempel

Der Kult fand in den Tempeln statt. Der ägyptische Tempel war jedoch kein Ort, an dem sich die Verehrer des Gottes zum Gottesdienst versammelten, sondern sie war die Wohnung der Gottheit. Daraus ergibt sich, daß der Tempel grundsätzlich nach dem Plan eines Wohnhauses gebaut war – dasselbe trifft übrigens auch für die Gräber zu, die als Wohnungen der Verstorbenen galten[57].

Die ältesten Tempel waren – wie man aus alten Abbildungen und Schriftzeichen erschließen kann – einfache Hütten, in denen die Götterbilder standen. Von ihnen ist nichts mehr erhalten. Die Tempel der historischen Zeit waren oft großartige Anlagen. Zum Tempel führte ein „Gottesweg", der auf beiden Seiten mit Statuen heiliger Tiere besetzt war. Der Tempelbezirk war von einer hohen Ziegelmauer umgeben. Den Eingang bildete ein von zwei hohen Türmen flankiertes Tor, der sogenannte Pylon. Hinter diesem Tor lag ein von Säulengängen umschlossener offener Hof, in dem sich meistens der Altar befand. Daran schloß sich ein von Säulen getragener Saal an, in dem

[57] Černy 112ff.; Erman, Religion 166ff.; E. Drioton, Le temple égyptien, Kairo 1942.

bestimmte Zeremonien stattfanden. Dahinter lag das Allerheiligste, die Kammer, in der das Götterbild stand. Hier herrschte völliges Dunkel; nur der Priester hatte Zutritt zur Götterstatue. Die Wände und Säulen des Tempels waren mit bunten Reliefs und Inschriften geschmückt. Die Sonnentempel der 5. Dynastie wichen von diesem Grundtypus ab. Sie bestanden aus offenen großen Höfen, in deren Hintergrund der Obelisk stand, der als der Sitz des Gottes galt und wie der Benben-Stein in Heliopolis den Urhügel darstellte, auf dem der Urgott erschien.

Auch sonst wird dem Tempel und seinen Teilen kosmische Bedeutung zugeschrieben. Das Dach versinnbildlicht das Himmelsgewölbe und wird demgemäß mit Sternen geschmückt. Das Allerheiligste stellt den östlichen Horizont oder den Urhügel, den Erscheinungsort des Sonnengottes, dar. Der Teich, der Wasser für die Reinigungen enthält, wird dem Nun gleichgesetzt, usw.

Die Gründung eines Tempels wurde durch eine Zeremonie eingeleitet, die „das Ausstrecken der Meßschnur" genannt wurde. Grundsätzlich wurde sie vom König verrichtet. An den vier Ecken des Tempelbezirks wurden Pfähle eingeschlagen, zwischen diesen wurde eine Schnur gespannt, um das Tempelgebiet zu umgrenzen. Der König machte eigenhändig vier Ziegelsteine für die Ecken des Bezirks. Opfer wurden dargebracht, und an den vier Seiten des Tempels wurde ein Graben ausgehoben; schließlich wurden die Ecksteine niedergelegt[58].

War das Gebäude fertig, wurde es vom König getüncht und dem Gott übergeben. Der letztere Ritus wurde jedes Neujahr wiederholt; Kerzen wurden angezündet und „das Haus wurde seinem Herrn übergeben". Eine andere Zeremonie, die sogenannte Mundöffnung, übertrug den Statuen des Tempels Leben, das dann Tag für Tag im Kult erneuert wurde.

Die Priester

In der Theorie soll jede Kulthandlung vom König verrichtet werden – und so wird es auch auf den Bildern der Tempelwände dargestellt. In Wirklichkeit wurden aber Priester mit verschiedenen kultischen Funktionen beauftragt.

Es gab mehrere Priesterklassen[59]. Jeder Tempel hatte einen Hohenpriester *(ḥm-nṯr tpj)*, den die Griechen als „ersten Propheten" bezeichneten. Unter ihm standen die „Gottesdiener" *(ḥmw nṯr)*, eine Bezeichnung, die im Griechischen mit „Prophet" wiedergegeben wurde, was sie vielleicht als Ausleger des göttlichen Willens bezeichnen soll. Eine niedrigere Klasse bildeten „die Reinen" *(wʿb)*, die im Griechischen *hiereus*, also Priester, genannt wurden. Die „Gottesdiener" waren die Berufspriester, die „Reinen" Laien, die bestimmte kultische Funktionen ausübten. Außerdem gab es Spezialisten ver-

---

58 Černy 114.

59 S. Sauneron, Les prêtres de l'ancienne Egypte, Paris 1957, 541ff.; RÄRG 596ff.; H. Kees, Das Priestertum im ägyptischen Staat, Leiden 1953; M. I. Moursi, Die Hohenpriester des Sonnengottes (MÄSt 26), 1972.

schiedener Art, wie Sänger, Musiker, Vorlesepriester (die auch „Schreiber des Gottesbuches" hießen) usw.

Frauen hatten im Gottesdienst eine besondere Funktion als Sängerinnen und Tänzerinnen. Sie wurden oft aus den vornehmsten Familien ausgewählt und galten als „die Haremsdamen" des Gottes. Die vornehmste unter ihnen wurde als Gattin des Gottes betrachtet. In Theben war die Königin zugleich „Gottesweib" des Amun; später dienten Prinzessinnen als „Anbeterinnen des Gottes".

Die Priester galten also als besonders „rein". Um diese Reinheit zu erzielen, pflegten sie Waschungen und andere Reinigungsriten vorzunehmen. Zur Priesterweihe gehörte auch die Beschneidung. Der Priester hatte ferner gewisse Speisen zu meiden, und während seiner Dienstzeit im Tempel war er zu sexueller Enthaltsamkeit verpflichtet. Ein Text aus dem Tempel in Edfu illustriert die an einen Priester gestellten Forderungen:

O, ihr Propheten, ihr reine Priester,
Ihr Bewahrer des Geheimnisses, reine Priester des Gottes,
Ihr alle, die ihr vor den Gott eintretet,
Ihr Vorlesepriester im Tempel!
Ihr alle, Richter, Bezirksverwalter, Aufseher,
Die [ihr] in eurem (Dienst-) Monat seid ...
Wendet eure Blicke zu dieser Wohnung,
In der Seine göttliche Majestät euch gestellt hat!
Wenn er am Himmel fährt, blickt er herunter,
Und er ist zufrieden, wenn man sein Gesetz einhält.
Stellt euch nicht dar im Zustand der Sünde!
Tretet nicht ein im Zustand der Befleckung!
Sprecht keine Lüge in seiner Wohnung!
Nehmt nichts weg von den Vorräten,
Erhebt nicht Steuer von den Kleinen dem Mächtigen zugute!
Fügt nichts zu Gewicht und Maß, sondern vermindert es für sie!
Plündert nicht mit dem Scheffel!
Offenbart nicht, was ihr seht, von allem Geheimen im Heiligtum!
Strecket nicht eure Hand aus nach irgend etwas in seiner Wohnung,
Und steht nicht vor euren Herrn, indem ihr einen schändlichen Gedanken hegt!

Ein Bild vom guten Priester entwirft ein anderer Text aus demselben Tempel:

Wie glücklich ist derjenige, der deine Majestät feiert, o großer Gott,

Und der dir unaufhaltsam im Tempel dient.
Wer deine Macht erhöht, deine Größe erhebt,
Der sein Herz mit dir füllt ...
Der auf deinem Weg geht und für deine Pläne sorgt,
Der deine Seele anbetet, wie es einem Gott gebührt,
Und dein Ritual hersagt ...
Der den täglichen Dienst und den Dienst der Feste ohne Unwissenheit ausführt ...
Ihr, die ihr den Weg des Re in seinem Tempel betretet,
Die in seiner Wohnung wachet und seine Feste feiert,
Seine Opfer darbringt, ohne Aufenthalt,
Tretet ein in Frieden, geht hinaus in Frieden, gehet in Glück!
Denn das Leben ist in seiner Hand,
Das Glück ist in seiner Faust,
Alles Gute ist da, wo er sich befindet:
Das sind die Gerichte, die von seinem Tisch übrig sind.
Das ist die Nahrung dessen, der seine Opfer ißt.
Es gibt kein Unheil für den, der von seinen Gütern lebt,
Keine Verdammnis für den, der ihm dient,
Denn sein Schutz erstreckt sich zum Himmel und seine Sicherheit zur Erde,
Sein Schutz ist größer als der aller Götter[60].

Aus dem letzten Text geht auch hervor, daß die Priester von den Opfergaben essen durften, nachdem die Götter sich daran „zufriedengestellt" hatten.

Der tägliche Gottesdienst

Der tägliche Kult in den ägyptischen Tempeln scheint im großen und ganzen nach demselben Ritual vor sich gegangen zu sein. Dieses Ritual ist uns in drei Versionen erhalten, erstens in einer Reihe von Wandreliefs im Osiristempel zu Abydos, zweitens in einem Papyrus aus der 22. Dynastie, der sich auf den Kult von Amun bezieht, und drittens in Darstellungen des Horustempels in Edfu[61]. Die beiden ersten enthalten nur das Ritual für den morgendlichen Dienst, der letzte bietet außerdem Beschreibungen des Mittags- und des Abenddienstes.

Der Gang des Morgenrituals ist der folgende. Nachdem der Priester sich im heiligen Teich gereinigt hat, tritt er an die Götterkapelle heran, zerbricht

[60] Sauneron, Les prêtres 21f. nach M. Alliot, Le culte d'Horus à Edfou au temps des Ptolémées I (Bibl. d'étude 20), Paris 1949, 184f. (beide Texte).

[61] A. Moret, Le rituel du culte divin journalier en Egypte, Paris 1902; Alliot, Le culte d'Horus; vgl. Sainte Fare Garnot, Vie religieuse 69ff.; Erman, Religion 173ff. Übers. ANET 325f.

das Tonsiegel, das während der Nacht die Tür geschützt hat, löst den Riegel und öffnet die Tür. Alle diese Handlungen werden von Sprüchen begleitet, die die Handlungen symbolisch-mythologisch deuten. Nun steht der Priester vor dem Angesicht des Gottes. Er wirft sich vor ihn nieder und grüßt den Gott:

> Erwache, o großer Gott, in Frieden!
> Erwache, du bist zufrieden!

Der Chor stimmt ein:

> Du bist erwacht, du bist zufrieden,
> erwache schön in Frieden,
> erwache, du Gott dieser Stadt, im Leben!
> Die Götter sind früh auf, um deine Seele zu ehren,
> o heilige geflügelte Scheibe,
> die sich erhebt beim Austreten aus seiner Mutter Nut!
> Du brichst das Tongefängnis
> und verbreitest auf der Erde deinen goldenen Staub,
> du, der du im Osten geboren wirst,
> und dann im Westen untergehst
> und in deinem Tempel schläfst jeden Tag ...[62]

Der Priester umarmt die Statue und „gibt ihr ihre Seele". Dann wiederholt er viermal die Formel:

> Ich verehre dich, deine Majestät, mit ausgewählten Worten,
> mit Gebeten, die dein Ansehen erhöhen, in deinen großen Namen
> und in deinen heiligen Gestalten, in denen du am ersten Tag der Welt erschienst[63].

Jetzt werden Opfer von Weihrauch und Honig dargebracht, außerdem wird ein Bild der Göttin Maat dargereicht, d.h. die Ordnung der Welt wird durch das Opfer aufrechterhalten. Die Opferspeisen werden auf den Altar gelegt, und nachdem der Gott sie in „geistiger" Weise genossen hat, dienen sie den Priestern zur Nahrung[64].

Der Priester nimmt die Statue aus der Kapelle heraus, zieht ihr die alten Kleider aus, wäscht und salbt sie, kleidet sie wieder an und schminkt sie. Das alles erneuert sozusagen das Leben des Gottes und befähigt ihn, seine Rolle als Erhalter der kosmischen Ordnung zu spielen. Danach wird die Kapelle

---

[62] Sauneron, Les prêtres 80f.

[63] Ebenda 82.

[64] Zum Opfer vgl. W.Barta, Aufbau und Bedeutung der altägyptischen Opferformel (ÄF 24), 1962.

durch Besprengung mit Wasser usw. gereinigt, die Tür geschlossen, und der Priester entfernt sich unter Räucherung und verwischt seine Spuren mit einem Besen.

Der Mittagsdienst war viel kürzer. Die Tür wurde nicht geöffnet, kein Mahl wurde angeboten. Es galt vor allem, den Zeitpunkt auszuzeichnen, an dem die Sonne den höchsten Punkt des Himmels passiert und beginnt herabzusteigen. Das Ritual bestand im allgemeinen aus Wasserbesprengung und Räucherung.

Das Abendritual ist wieder umfassender. Im großen und ganzen ist es eine Wiederholung der Morgenzeremonie mit Reinigungen, Weihrauch, Darbringen von Speisen usw.; nur wird die Kapelle nicht geöffnet.

Großes Gewicht wurde darauf gelegt, daß die Zeremonien genau nach dem Ritual ausgeführt wurden. Zu bemerken ist, daß die ganze Zeremonie im Prinzip Sache des Königs war: Der Priester verrichtete sie in seinem Auftrag. Das Volk war nicht beteiligt.

Feste

An bestimmten Festtagen wurde das Gottesbild auf einer Barke in die Stadt getragen und der Öffentlichkeit gezeigt. Dies wurde „Auszug" *(pr.t)* oder „Erscheinung" *(ḫ'j)* genannt. Letzteres Wort bezeichnet auch die Erscheinung des Sonnen- oder Urgottes am Weltbeginn oder jeden Morgen wie auch das Erscheinen des Königs nach seiner Thronbesteigung. Es bezeichnet also den Sieg über feindliche Mächte und die Machtentfaltung des Gottes. Jedem Fest liegt ein mythisch-rituelles Muster zugrunde. Mythologische Vorgänge werden in den Festprozessionen durch symbolische Handlungen veranschaulicht und dadurch wieder aktualisiert. Zugleich ist das Fest eine Offenbarung eines göttlichen Geheimnisses und der Gott wird mit großer Freude vom anwesenden Volk begrüßt.

Festkalender in mehreren Tempeln geben über die verschiedenen Feste Aufschluß, aber über den Verlauf der Feste im einzelnen sind wir oft schlecht unterrichtet. Bilddarstellungen zeigen in gewissen Fällen die wichtigsten Riten eines Festes, aber die begleitenden Texte ergeben nicht immer ein vollständiges Bild.

Das Erntefest von Min ist im Tempel von Medinet Habu dargestellt[65]. Die Statue des Gottes wird in einer Prozession getragen; eine Gruppe von Priestern trägt Lattichbündel, die heilige Pflanze des Gottes. Auch ein weißer Stier wird in der Prozession mitgeführt. Der Gott wird auf seiner „Treppe" inthronisiert und Opfer werden dargebracht. Eine Garbe wird dem König gereicht, und er schneidet sie mit einer Sichel ab, eine Ähre davon wird dem König gegeben. Offenbar handelt es sich um einen Ernteritus, um die neue Ernte zu segnen und das in der Vegetation verkörperte Leben zu erneuern. Gleichzeitig wird die Macht des Königs gestärkt und durch die Entsendung von vier Vögeln in die vier Himmelsrichtungen aller Welt verkündigt.

---

[65] H. Gauthier, Les fêtes du dieu Min, Paris 1931; C. J. Bleeker, Die Geburt eines Gottes, Leiden 1956.

Zwei Amun-Feste in Theben waren besonders berühmt. Das Fest von Opet[66], das 27 Tage dauerte, bestand hauptsächlich aus einer Reise der Götterbilder auf dem Nil. Amun, Mut und Chonsu verließen ihre Tempel in Karnak und wurden auf Schiffen nach Luxor (äg. Opet) und zurück geführt. Während der Reise wurde Weihrauch verbrannt, Opfer wurden dargebracht, und das Volk feierte die Gottheiten mit Gesang und Tanz. Was sich im Tempel von Luxor abspielte, ist leider unbekannt.

Am schönen Fest des Wüstentales[67] überquerte Amun in seiner Barke den Nil und besuchte die Totentempel der Könige am westlichen Nilufer, „um Wasser auszugießen für die Könige". Das Ziel der Reise war das Tal von Deir el-Bahri mit dem Totentempel der Königin Hatschepsut, der auch ein Hathortempel war. Dabei gab es u.a. Tanz und Vorführungen von Akrobaten.

Zu Ehren der Hathor ist ein Fest der Trunkenheit bezeugt, wobei tüchtig Wein getrunken wurde. Der Rausch wurde offenbar als eine Erhöhung der Lebenskraft und ein Ausdruck göttlicher Begeisterung aufgefaßt. Außerdem war der Wein ein Mittel, den Zorn der Göttin zu beschwichtigen. Vom näheren Verlauf des Festes wissen wir sehr wenig.

Besser bekannt ist Hathors Besuch in Edfu, wo sie Horus begegnet. Die Reise und die Ankunft der Göttin werden im Edfutempel dargestellt, aber der Verlauf und der Zweck des zentralen Ritus werden nicht näher beschrieben. Das Fest wird *ḥb n sḫn (nfr)*, „Fest der schönen Vereinigung (Umarmung?)", genannt, und Fairman betrachtet es deshalb als eine heilige Hochzeit, die außerdem mit Ernteriten und Ahnenkultus verbunden ist[68]. Diese Auffassung findet jedoch keine Stütze in den Texten. Dagegen wird Hathor als das zu seinem Vater zurückkehrende Sonnenauge gedeutet; es handelt sich also eher um eine Erneuerung der Macht des Sonnengottes. Ferner wird wiederholt auf den Sieg des Horus über seine Feinde Bezug genommen. Die Thronbesteigung des Königs Horus wird durch die Entsendung von vier Gänsen in die vier Himmelsrichtungen der ganzen Welt verkündet. Pfeile werden in die vier Himmelsrichtungen geschossen, um die Feinde des Gottes zu vernichten. Ein aus Wachs verfertigtes Nilpferd wird mit den Namen der Feinde beschrieben und vernichtet, Fische werden auf die Erde geworfen und zerschnitten, um die Feinde zu vernichten.

Aus der Spätzeit kennen wir durch Darstellungen im Tempel von Edfu ein Siegesfest des Horus, der seine Feinde besiegt und seinen Thron bestiegen hat. Der Gott wird als siegreicher König begrüßt:

> Kommet jauchzend, ihr Götter aus dem Lande!
> Kommet jubelnd, Menschen und Volk!
> Kommet preisend mit freudigem Herzen!
> Horus hat seinen Thron in Besitz genommen ...

[66] W. Wolf, Das schöne Fest von Opet, Leipzig 1931.

[67] S. Schott, Das schöne Fest vom Wüstentale, AWLM 1952/11.

[68] Diskussion bei C. J. Bleeker, Hathor und Thoth 95 f.

Er wird besiedeln, was wüst gelegen hat,
Er wird Freude in die betrübten Herzen geben,
Er wird alle Menschen retten.
Seht doch den Horus, wie er die Krone trägt...
Weit schreitet er und frei auf diesem Lande,
Und die Neunheit (der Götter) küßt vor ihm den Boden...
Sehet doch den Horus, ihr Götter und ihr Menschen,
Und jauchzet über seine Krone ...,
Er hat den Kopf seiner Feinde zerschmettert...
Er ist wie ein Löwe mit eiligem Lauf,
Er verschlingt seine Feinde.
Er ist wie ein Raubvogel, wenn er seine Gegner packt,
Er reißt die Herzen der Bösewichter aus...
Er ist der König und sein Leben währet ewig[69].

Der dramatische Charakter der Festriten wird besonders deutlich im Osiriskult. Über die Osirismysterien[70] in Abydos ist wenig bekannt. Was wir wissen, leitet sich hauptsächlich vom Bericht des Schatzmeisters Ichernofret her, der von Sesostris III. nach Abydos gesandt wurde, um den Kult zu ordnen[71]. Am ersten Tag des Festes zog der schakalköpfige Upuaut aus, um „seinen Vater zu schützen". Osiris wurde auf seiner Barke getragen. Aus den Kämpfen, die um die Barke ausgetragen wurden, ging die Osirispartei siegreich hervor. Bei einem zweiten „großen Auszug" fand der Tod des Osiris statt, aber von diesem Hauptmoment des kultischen Geschehens schweigt der Bericht. Vielleicht wurde der Tod des Gottes im Geheimen dargestellt. Dann folgten mehrere Tage der Trauer. Das Osirisbild wurde für das Begräbnis ausgestattet und später zu seinem Grabe in Peker geführt. Dann wurde ein zweiter Kampf ausgefochten, „die Feinde des Osiris wurden besiegt und alle auf dem Gewässer von Nedit niedergeworfen". Der Gott „stieg in die große Barke ein, und sie trug seine Schönheit". Unter dem Frohlocken des Volkes wurde er wieder zu seinem Palast gebracht. Hier wurde also der Mythus gespielt, um das Leben des Gottes – und der Natur – zu erneuern.

Ähnliche Zeremonien wurden in der letzten Hälfte des Monats Choiak überall in Ägypten gefeiert[72]. Ein ausgehöhltes goldenes Bild des Osiris wurde mit Gerste und Sand gefüllt und in ein flaches Steinbecken gelegt. Es wurde täglich begossen. Neun Tage später wurden Gerste und Sand aus dem Bilde herausgenommen und durch Myrrhe ersetzt. Vier Tage wurde das Bild am Sonnenuntergang der Sonne ausgesetzt, dann wurde es ins „Haus des Sokar" gesetzt. Am 22. Choiak wurde das Osirisbild auf eine zeremonielle Reise, wahrscheinlich auf dem Teich des Tempels, geleitet; es wurde von 34 Gott-

[69] Erman, Religion 372.

[70] H. Schäfer, Die Mysterien des Osiris Abydos (Untersuchungen z. Geschichte und Altertumskunde Ägyptens 4), Leipzig 1905.

[71] Text: Roeder, Urkunden 28ff.

[72] A. M. Blackman in: Myth and ritual, hg. v. S. H. Hooke, London 1933, 19ff.

heiten in 34 Booten, die mit 365 Kerzen beleuchtet wurden, begleitet. Am 24. Tag des Monats wurde das Bild in eine Holzkiste gelegt und in eine Kammer gebracht. Das alte Bild vom vorhergehenden Jahr wurde während der Nacht entfernt. Am letzten Tag des Monats fand schließlich das Aufrichten des Djed-Pfeilers statt. Dieser Pfeiler, der ursprünglich ein Schilfbündel darstellte, war das Symbol des Lebens des Osiris. Das Aufrichten des Pfeilers repräsentierte die Belebung des Gottes, aber merkwürdigerweise wurde am selben Tag das Bild des Gottes bis auf das nächste Jahr in sein Grab gelegt. Die Auferstehung des Gottes ist also nicht die Wiederbelebung eines jungen und kräftigen Vegetationsgottes, sondern eher die eines toten Königs, der im Grabe zu einer schwächeren Form seines früheren Lebens gerufen wird.

Am folgenden Tag, am ersten Tag des fünften Monats scheint die Thronbesteigung des Königs gefeiert worden zu sein. In Edfu wurde an diesem Tag die Thronbesteigung des Horus gefeiert. Das ist auch der Tag des sogenannten Sed-Festes.

Das Sed-Fest[73] war ausschließlich ein Fest des Königs. Man weiß, daß einige Könige das Fest in ihrem dreißigsten Regierungsjahr gefeiert haben, andere haben es gefeiert, ohne dreißig Jahre regiert zu haben. Der Hauptinhalt des Festes war eine Erneuerung der Vereinigung von Ober- und Unterägypten. Die Götter (d.h. Götterbilder) des ganzen Landes nahmen an den Zeremonien teil. Der König huldigte den lokalen Gottheiten und bestieg den doppelten Thron, womit er seine Thronbesteigung wiederholte. Der wichtigste Ritus war ein Opfertanz, der „das Geben (Widmen) des Feldes" genannt wurde[73] und offenbar die erneuerte Inbesitznahme des Landes durch den König symbolisierte. Abschließend schoß er vier Siegespfeile in die vier Himmelsrichtungen, um alle Feinde zu vernichten.

Orakel und Wahrsagekunst[74]

Bei dem Auszug des Gottesbildes wurden Orakel eingeholt. Man stellte Fragen an den Gott, entweder mündlich oder schriftlich, indem man zwei alternative Antworten vorlegte, und der Gott antwortete, indem er die Träger des Bildes veranlaßte, entweder in die Richtung der positiven oder negativen Antwort zu gehen. Der Gott konnte auch selbst die Initiative ergreifen.

Das älteste Beispiel eines solchen Orakels stammt aus der Zeit des Neuen Reichs. König Thutmosis III. berichtet in einer Inschrift, wie der Gott bei einer Prozession ihn erblickte, haltmachte und ihn zur „Stätte des Königs" führte und dadurch zum König bestimmte.

Die Orakelbefragungen dienten nicht dazu, etwas über die Zukunft zu erfahren, sondern sie sollten dem Fragenden helfen, nach dem Willen des Gottes zu handeln. Man ersuchte also um ein göttliches Urteil in Fragen von Schuld

---

[72] C. J. Bleeker, Egyptian festivals, Leiden 1967, 69ff.

[73] Erman, Religion 372.

[74] Černy 74ff.; Sauneron, Les prêtres 93ff. Verschiedene Texte: ANET 446ff.; Prophezeiungen: AOT 48ff.

oder Unschuld, bei wichtigen politischen Entscheidungen, bei der Berufung von Priestern usw.

Es gibt aber auch Beispiele von Orakeln, die durch hörbare Worte kundgegeben wurden. So wird z. B. von Königin Hatschepsut berichtet, daß sie vor der Entsendung einer Expedition nach Punt ein Orakel empfing: „Ein Befehl wurde gehört von dem hohen Sitz, ein Orakel des Gottes selbst." Wie dies Reden des Gottes zustande kam, wissen wir nicht.

Literarische Quellen scheinen vorauszusetzen, daß gelegentlich auch göttlich inspirierte Personen die Zukunft enthüllen konnten. So wird z. B. in einem Werk, das wahrscheinlich aus der 12. Dynastie stammt, erzählt, daß ein Priester Neferti (früher falsch Nefer-rohu gelesen) unter König Snefru (4. Dyn.) kommendes Unheil vorhergesagt hat[75]. Der König läßt den Priester zu sich kommen, um von ihm die Ereignisse der Zukunft zu erfahren. Neferti schildert einen totalen sozialen Umbruch und beschreibt das Land in Not und Elend:

> Dieses Land wird verderbt; keiner sorgt sich mehr um es, keiner redet darüber und keiner weint darüber ... Die Sonne ist verhüllt und leuchtet nicht, daß die Menschen sehen könnten ... Der Fluß von Ägypten ist leer, man kann zu Fuß durchgehen ... Alles Gute ist vergangen und das Land wird hingestreckt aus Elend ... Feinde sind in Osten entstanden, Asiaten sind nach Ägypten herabgezogen ... kein Helfer hört. Man wird in die Häuser dringen ... Ich zeige dir das Land in Jammer und Leid; was nie früher geschehen ist, ist geschehen ... Der mit schwachem Arm hat einen Arm. Das Untere ist nach oben gekehrt ... Der Arme wird Schätze erwerben.

Dann aber bricht eine neue Zeit herein:

> Ein König wird von Süden kommen, der Ameni heißt ... er wird die weiße Krone nehmen und wird die rote Krone tragen (d. h. König von ganz Ägypten sein) ... Freuet euch ihr Menschen seiner Zeit! Die Böses tun wollen und Feindliches erdenken, die wagen aus Furcht vor ihm nicht mehr zu reden. Die Asiaten werden vor seinem Gemetzel fallen ... Das Recht wird wieder an seine Stelle kommen, und das Unrecht ist hinausgejagt. Es freue sich, wer dies sehen wird und wer dann dem Könige dienen wird.

Der Text ist offenbar ein vaticinium ex eventu. Beschrieben wird die Unordnung der ersten Zwischenzeit; dann folgt die Wiederherstellung geordneter Verhältnisse durch Amenemhet I. (12. Dyn.). Die Weissagung des Neferti stellt also eine politische Tendenzschrift dar, aber sie setzt zugleich voraus, daß man an die Möglichkeit solcher Prophezeiungen glaubte.

---

[75] Erman, Literatur 151 ff.; AOT 46 ff.; ANET 444 f.; H. Goedicke, The protocol of Neferyt, Baltimore 1975.

Eine ähnliche Stimmung beherrscht die sogenannten Mahnworte des Ipuwer[76]. Hier spricht ein weiser Mann zu einem König (dem letzten König des Alten Reiches?) und weissagt eine Zeit des Unglücks und der Unruhe ohnegleichen. Einige ausgewählte Sätze mögen den Inhalt illustrieren.

> Der Nil flutet über, aber man pflügt nicht für ihn. Die Frauen sind unfruchtbar und empfangen nicht mehr. Geringe besitzen Kostbarkeiten. Die Vornehmen sind in Trauer, und die Geringen freuen sich. Der Fluß ist Blut. Der König wird fortgenommen von armen Leuten. Das Land wird des Königtums beraubt. Die Residenz stürzt in einer Stunde zusammen. Die Kleider besaßen, sind jetzt in Lumpen. Wer kein Eigentum hatte, besitzt jetzt Schätze usw.

Leider sind Anfang und Ende des Textes zerstört; im erhaltenen Teil fehlt jeder Hinweis auf eine Wiederherstellung. Wahrscheinlich bezieht sich auch hier die Unheilsschilderung auf die erste Zwischenzeit.

Eine Inschrift aus ptolemäischer Zeit[77] erzählt, wie unter König Zoser eine siebenjährige Hungersnot eingetreten ist:

> Der Nil ist während der Dauer von sieben Jahren nicht gekommen. Es gibt wenig Feldfrüchte, es mangelt an Kräutern, es fehlt an allem Eßbaren. Jedermann bestiehlt seinen Nächsten ... Die Kinder weinen, die jungen Leute schleichen einher ... Die Hofleute sind ratlos. Die Vorratskammern wurden aufgemacht, aber ... und alles, was da gewesen, ist aufgezehrt.

Der König bat den weisen Imhotep um Auskunft über den „Ort der Geburt des Nils“, und dieser ging, um die heiligen Bücher einzusehen, und kehrte zurück mit einem Bericht über die Lage von Elephantine, wo der Nil „aus den beiden Löchern entspringt“, und über die Götter, die man dort verehrt. Dann erscheint der Gott Chnum dem König im Traum und verspricht ihm, den Nil wieder überfluten zu lassen. In Dankbarkeit gibt der König dem Gott das Landgebiet um Elephantine. Es ist unsicher, ob dieser Text wirklich auf eine alte Überlieferung zurückgeht. Daß Traditionen über das Ausbleiben der Nilüberschwemmung vorlagen, ist an und für sich wahrscheinlich, aber zeitlich kann die hier vorliegende Erzählung nichts mit der Josephsgeschichte des Alten Testaments zu tun haben. Jedenfalls zeigt sie, daß Träume als Offenbarungen des göttlichen Willens galten und daß man auf verschiedene Weisen versuchte, den Willen der Götter festzustellen.

---

[76] Erman,„ Literatur 130ff.; AOTAT 51ff.; ANET 441ff. G. Fecht, Der Vorwurf an Gott in den „Mahnsprüchen des Ipu-wer“, AHAW 1972/1.

[77] Roeder, Urkunden 177ff.; AOT 79; ANET 31f.; P. Barguet, La stèle de famine à Séhel (BIFAO 24), 1953.

Magie und Zauberei[78]

Die geheimnisvolle Kraft, durch die die Götter ihre übermenschlichen Handlungen ausführen können, wird Hike *(ḥkꜣ)*, „Magie", „übernatürliche Kraft", genannt. Die Ägypter haben offenbar nicht so scharfe Grenzen zwischen „Religion" und „Magie" gezogen, wie wir es manchmal tun. In magischen Texten werden Götter angerufen, und Göttermythen dienen als Grundlage für die Beschwörungen. Die Totentexte, von den Pyramidentexten bis zum Totenbuch, sind reich an magisch wirksamen Sprüchen, durch welche der Verstorbene die Gefahren des Jenseits bezwingen kann. Es gilt z.B., den Namen der Feinde zu kennen, um sie abwehren zu können. Oder es gilt, sich durch eine Formel in einen Gott zu verwandeln und über dessen Kräfte zu verfügen. Wieder gehen also „Religion" und „Magie" neben- und ineinander.

Als Schutzmittel gegen Krankheit wurden oft Bilder von einem Horus, der triumphierend auf einem Krokodil steht, gebraucht. Mehrere Beispiele für solche Texte enthält die sogenannte Metternichstele[79]. Die Stele ist mit allerlei Beschwörungstexten beschrieben, nach denen jeder, der von einem Skorpion oder einer Schlange gebissen worden ist, ebenso geheilt werden soll, wie Horus durch die Zaubersprüche der Götter geheilt wurde. Man sucht Hilfe bei einem Gott, der im Mythus selbst etwas Ähnliches wie der Kranke erlitten hat. Ein Spruch gegen Skorpionenstiche z.B. beruft sich auf die heilige Katze, d.h. die Göttin Bastet:

> O Re, komm zu deiner Tochter, die ein Skorpion gebissen hat auf einem einsamen Wege! Ihr Geschrei dringt bis zum Himmel ... Gift drang in ihre Glieder und durchläuft ihr Fleisch ... Komm doch mit deiner Macht!
> [Re antwortet:] Fürchte dich nicht, fürchte dich nicht, meine herrliche Tochter, siehe, ich stehe hinter dir. Ich, ich werfe das Gift nieder, das in allen Gliedern dieser Katze ist[80].

Gegen Krokodile beruft man sich auf Osiris, der selbst aus dem Wasser gerettet wurde:

> Osiris liegt im Wasser, und das Horusauge (als Symbol der Gesundheit) ist bei ihm; der große Käfer (die Sonne) schwebt über ihm ... Der im Wasser liegt, kommt heil hervor; wer sich dem im Wasser naht, der naht dem Horusauge. Zurück, ihr Wassertiere! Euer Mund wird von Re verschlossen, eure Kehle wird von Sachmet verstopft, eure Zunge wird von Thoth abgeschnitten, eure Augen werden vom Gott Hike (Zauber) geblendet. Das sind diese vier Götter, die den,

[78] Fr. Lexa, La magie dans l'Égypte ancienne 1–3, Paris 1925; J.F. Borghouts, The magical texts of Pap. Leiden I 340, Leiden 1971; S. Sauneron, Le papyrus magique illustré de Brooklyn, New York 1970.

[79] Roeder, Urkunden 82ff.

[80] Roeder, Urkunden 84; Erman, Religion 297f.

der im Wasser liegt, schützen, alle Menschen und alle Tiere, die im Wasser liegen – heute[81]!

Die Ereignisse des Mythus sollen also durch den Zauberspruch wieder Wirklichkeit werden, die Heilung des Gottes vollzieht sich jetzt („heute") noch einmal am Menschen.

Im sogenannten Apophisbuch sind alte religiöse Lieder vom Sieg des Sonnengottes über die Schlange Apophis bearbeitet und ihre Anwendung für magische Zwecke beschrieben worden. Der Sieg der Sonne über die Gewitterwolken wird als der Sieg eines Königs über seine Feinde dargestellt, und es wird vorgeschrieben, diese Sprüche über einen aus Wachs oder Papyrus verfertigten Apophis zu rezitieren, um Gewitter, Feuer und ähnliche Gefahren abzuwehren[82].

Es gibt auch andere Zauberbücher, die „Kraft und Stärke gegen die Feinde verleihen und Entsetzen verbreiten; wenn man nach ihren Angaben Götter- und Menschenfiguren aus Wachs verfertigt und diese in die Wohnung des Gegners hineinschmuggelt, so lähmen sie dort die Hand des Menschen"[83].

Analogiezauber liegt auch in den sogenannten Ächtungstexten vor[84]. Die Namen feindlicher Völker werden auf einen Topf geschrieben, der dann zerbrochen wird. Die Vernichtung des Topfes führt die Vernichtung der Feinde herbei.

Das Königtum[85]

In einem Dekret an Ptah sagt Ramses II.: „Ich bin dein Sohn, den du auf den Thron gesetzt hast; du hast mir dein Königtum übergeben, du hast mich erzeugt nach deinem Bild, du hast mich erben lassen, was du geschaffen hast."[86] Der ägyptische König ist der Sohn, der Nachfolger und der Erbe eines Gottes. Der Sonnengott Re war der erste König; der Pharao (*pr ˁ3*, eig. „großes Haus, Palast") heißt „Sohn des Re", und in ihm verkörpert sich der Gott Horus. Seine Verbindung mit der göttlichen Welt kommt auch in seiner Titulatur zum Ausdruck: Bei seiner Thronbesteigung erhält er fünf königliche Namen, die das sogenannte Königsprotokoll (*nḫb*) ausmachen und ihn als Horus, als Schützling der beiden Krongöttinnen (*nb.tj*), als „goldener Horus", als König von Ober- und Unterägypten und als Sohn des Re bezeichnen[87]. Mit

---

[81] Roeder, Urkunden 87; Erman, Religion 298.

[82] Roeder, Urkunden 98ff.; ANET 6f.

[83] Erman, Religion 305. Andere magische Texte: ANET 326, 378 (= Roeder, Urkunden 116f.).

[84] Erman, Religion 306; ANET 329f.

[85] A. Moret, Du caractère religieux de la royauté pharaonique, Paris 1902; H. Frankfort, Kingship and the gods, Chicago 1948; E. Posener, De la divinité du Pharaon, Paris 1960; W. Barta, Untersuchungen zur Göttlichkeit des regierenden Königs (MÄSt 32), 1975. Texte: Kees, Lesebuch 40ff.

[86] Moret, Caractère 5.

[87] Moret, Caractère 37f.; Frankfort, Kingship 46f.

dem Titel „Horus“ wird der König also als lebendige Inkarnation des Himmels- und Königsgottes, aber zugleich auch als „der junge Horus“, als Sohn und rechtmäßiger Erbe des alten, zu Osiris gewordenen Königs bezeichnet. Es geht hier um seine Legitimation als Herrscher. Durch den Titel „Sohn des Re“ wird dagegen seine göttliche Abstammung betont.

Von der göttlichen Zeugung und Geburt des Königs[88] besitzen wir bildliche Darstellungen mit begleitenden Texten, in Deir el-Bahri für Königin Hatschepsut und in Luxor für Amenophis III. Hier erfahren wir, wie Amun (der ja mit Re identifiziert wird) die Gestalt des regierenden Königs annimmt und die Königin aufsucht:

> Er fand sie, wie sie ruhte im Innersten ihres Palastes. Sie erwachte wegen des Gottesduftes, sie lachte Seiner Majestät entgegen. Er ging sogleich zu ihr; er gab sein Herz zu ihr hin, er ließ sich in seiner Gottesgestalt sie sehen ..., so daß sie jubelte beim Anblick seiner Vollkommenheit; seine Liebe, sie ging in ihren Leib.

Die Königin antwortet:

> Mein Herr, wie groß sind deine Ba's! Herrlich ist es, dein Antlitz zu sehen. Du hast meine Majestät mit deinem Glanz umfangen, dein Duft ist in all meinen Gliedern.

Dann erfolgt das göttliche Geburtsorakel:

> N.N. ist der Name dieses deines Sohnes, den ich in deinen Leib gelegt habe, gemäß dieser Knüpfung von Worten, die aus deinem Munde gekommen ist. Er (bzw. sie) wird dieses wohltätige Königtum in diesem ganzen Lande ausüben. Mein Ba gehört ihm, mein Ansehen gehört ihm, meine weiße Krone gehört ihm, er ist es, der die beiden Länder beherrschen wird wie Re ewiglich[89].

Hier findet also die Zeugung durch den Gott statt, die Geburt wird angekündigt, der Name des Kindes wird genannt, und die Zukunft des neuen Herrschers vorhergesagt (vgl. Jes. 7,14–16). In den folgenden Szenen wird u.a. dargestellt, wie Chnum das königliche Kind auf seiner Töpferscheibe formt, wie das Kind geboren wird, wie Amun es auf seinen Schoß nimmt und es küßt, wie es von Göttinnen gestillt wird und schließlich von den Göttern gereinigt und anerkannt wird.

Daß die beiden genannten Darstellungen sich nicht auf Ausnahmefälle beziehen, wird durch eine alte märchenhafte Erzählung von der Geburt der Könige der 5. Dynastie wahrscheinlich gemacht. Hier verkündet nämlich ein Zauberer dem König, daß die Frau eines Sonnenpriesters mit drei Söhnen des Re schwanger gehe, und fährt fort:

---

[88] Moret, Caractère 39ff.; H. Brunner, Die Geburt des Gottkönigs (ÄA 10), 1964.
[89] Kees, Lesebuch 40f.; Auszug RTAT 56.

> Er (Re) hat zu ihr gesagt, daß sie dieses treffliche Amt in diesem ganzen Lande ausüben werden und daß der älteste von ihnen Hoherpriester in Heliopolis sein wird[90].

Der König will wie Herodes die neuen Könige besuchen, aber der Zauberer rät es ihm ab. Etwas später wird die Geburt der Königskinder geschildert, wobei von Re entsandte Götter helfend eingreifen und den Kindern in Gerste verborgene Königsdiademe schenken (vgl. 1. Mose 44, 1 f.?). Hier bricht leider die Erzählung ab, aber die Ankündigung der Geburt und die göttliche Hilfe bei der Geburt zeigen eine auffallende Ähnlichkeit mit biblischen Texten.

Die Krönung[91] enthält drei Hauptmomente: 1) Der König wird durch die Verleihung der beiden Kronen, die die beiden Reichshälften symbolisieren, zum König über Ober- und Unterägypten eingesetzt. 2) Die Vereinigung der beiden Reichshälften unter dem neuen König wird durch eine Zeremonie symbolisiert, in der Horus und Thoth eine Lotuspflanze als Symbol von Oberägypten und eine Papyrusstaude als Symbol von Unterägypten zusammenbinden (*sm tꜣ.wj*, „Vereinigung der beiden Länder"). 3) Ein „Umzug um die Mauer" (*pḫr ḥꜣ inbw*) findet statt; dabei werden die Götter der Hauptstadt in ihren Kapellen besucht. – Außerdem gab es ein „Feststellen der Annalen", wobei die Prognose für die kommende Herrschaft „gemäß dem, was aus dem Munde des Re kam", gestellt wird: „Jahre der Ewigkeit in allem Leben und allem Glück". Am Vorabend des Krönungstags fand die Aufrichtung des Djed-Pfeilers statt (Osiris-Symbol), die das Vertrauen auf den Sieg und die Dauer der neuen Regierung zum Ausdruck brachte. Nach der Krönung schoß der König je einen Pfeil in die vier Himmelsrichtungen, um den Sieg über alle Feinde und die Sicherung seiner Herrschaft bis an die Enden der Erde zu symbolisieren. Außerdem wurden vier Vögel ausgesandt, um den Regierungsantritt aller Welt zu verkünden.

Wir besitzen auch ein Festspiel in 46 Bildern[92], das in den Städten, die der König nach der Krönung besuchte, aufgeführt wurde. Die erhaltene Niederschrift stammt von Sesostris I., das Spiel wurzelt aber in alter Tradition. Im Mittelpunkt stehen der tote, Osiris gewordene Herrscher und seine Beisetzung als erster Regierungsakt des neuen Königs und vor allem die Krönung und die Huldigung des neuen Königs durch die Großen des Landes.

Als Horus ist der ägyptische König rechtmäßiger Herrscher, genauso wie Horus der legitime Inhaber des Thrones seines Vaters Osiris ist. Als Sohn des Re ist er göttlichen Ursprungs und der irdische Vertreter des Sonnengottes. Schon bei seiner Zeugung wird er zum König designiert. Man kann es auch so ausdrücken, daß er „schon im Ei herrscht", also zum Herrscher vorherbestimmt ist.

---

[90] Erman, Literatur 72.

[91] Moret, Caractère 75 ff.; Frankfort, Kingship 105 ff.

[92] Frankfort, Kingship 123 ff.

Die Aufgabe des Königs ist, „das Land gedeihen zu lassen wie in der Urzeit durch die Pläne der Maʿat". Maʿat, die richtige kosmische und gesellschaftliche Ordnung, entstand durch die urzeitliche Tätigkeit des Schöpfergottes (z.B. Re-Atum). Es herrscht eine gewisse Parallelität zwischen dem Sonnengott-Urgott und dem König. Der König soll als Sohn und Vertreter des Re die Maʿat aufrechterhalten. So wie der Urgott am Anfang erschienen *(ḫʿj)* ist und die geordnete Welt geschaffen hat und so wie Re jeden Morgen erscheint *(ḫʿj)*, so erscheint der König auf seinem Thron und schafft Ordnung im Lande. Hu (Ausspruch, Befehl) und Sia (Erkennen, Weisheit) sind personifizierte Funktionen des Sonnengottes. Maʿat wird auch als seine Tochter personifiziert. Vom König heißt es: „Hu ist in deinem Mund. Sia ist in deinem Herz. Dein Reden ist der Schrein der Maʿat."[93] Wenn der König seine Feinde niederschlägt, tut er es nach der Theorie allein, ebenso wie der Urgott am Weltanfang allein war. Im Bericht über die Schlacht von Kadesch gegen die Hethiter wird erzählt, wie Ramses II. von seinen Offizieren und Truppen im Stich gelassen wird und den Kampf allein ausfechten muß. Man sagt von ihm: „Das ist kein Mensch, der unter uns ist, das ist [ein Gott]. Menschentaten sind es nicht, was er tut." Und nachher sagt der König: „Ihr seht meinen Sieg, da ich allein bin ... Alles Böse, das in diesem Lande war, ist beseitigt. Jedes ferne Land ließ ich meinen Sieg und meine Kraft sehen, während ich allein war."[94] So vertritt also der König den Urgott in seinem Sieg über die bösen Mächte.

Der König ist der Hirt seines Volkes. Er soll für es sorgen wie der Hirt für seine Herde. In der Lehre von Sehetep-ib-Re heißt es von ihm:

> Er erleuchtet die beiden Länder mehr als die Sonne.
> Er läßt das Land mehr grünen als ein hoher Nil.
> Er hat die beiden Länder mit Kraft und Leben erfüllt.
> Er gibt Lebenskräfte denen, die ihm dienen,
> Und mit Speise versieht er den, der seinem Wege folgt.
> Die Lebenskraft (Ka) ist der König,
> Und Überfluß ist sein Mund.
> Er ist es, der schafft den, der sein wird.
> Er ist Chnum (der Bildner) für alle Leiber,
> Der Erzeuger, der die Leute erzeugt[95].

Die Verantwortung des Königs erstreckt sich nicht nur auf soziale Gerechtigkeit und Ordnung im Lande; sie gilt auch der Fruchtbarkeit der Natur. In der Lehre des Königs Amenemhet heißt es: „Ich war einer, der Gerste schuf und den der Korngott liebte. Der Nil grüßte mich auf jedem Hohlweg. Man hungerte nicht in meinen Jahren, und man durstete nicht darin. Man saß (in Ruhe) durch das, was ich tat ... Alles, was ich befahl, war in Ordnung."[96]

---

[93] Vgl. H. Ringgren, Word and Wisdom, Lund 1947, 22.
[94] Erman, Literatur 331.
[95] Erman, Literatur 120f.
[96] Erman, Literatur 108.

Natürlich kann der König „Korn schaffen" durch kluge Regelung des Ackerbaus, aber er ist auch irgendwie für die Überschwemmung des Nils und die Fruchtbarkeit im Lande verantwortlich. Entsprechend heißt es in einem Lied zur Thronbesteigung des Merneptah:

Freue dich, du ganzes Land,
die schöne Zeit ist gekommen.
Ein Herr wurde in alle Länder gesetzt ...
O alle Gerechten, kommt und schaut:
Die Wahrheit *(maᶜat)* hat die Lüge geschlagen,
Die Sünder sind auf ihr Antlitz gefallen,
Alle Gierigen sind zurückgesetzt.
Das Wasser steht und versiegt nicht,
Der Nil trägt eine hohe Flut.
Die Tage sind lang, die Nächte haben Stunden,
Die Monate kommen richtig.
Die Götter sind zufrieden und froh,
Und man lebt in Lachen und Staunen[97].

Die Thronbesteigung des neuen Königs macht der Unordnung ein Ende und leitet eine neue, glückliche Zeit ein. Ähnliche, fast „messianische" Klänge finden wir in einem Lied auf Ramses IV.:

Welch schöner Tag! Himmel und Erde freuen sich,
Denn du bist der große Herr von Ägypten.
Die geflohen waren, sind wieder zu ihren Städten gekommen,
Und die verborgen waren, sind wieder hervorgekommen.
Die da hungerten, sind gesättigt und fröhlich,
Und die da dursteten, sind trunken.
Die nackt waren, sind in feines Leinen gekleidet,
Und die da schmutzig waren, haben weiße Kleider.
Die in Gefängnissen waren, sind freigelassen,
Und wer gebunden war, ist voll Freude.
Die da stritten in diesem Land, sind friedlich geworden.
Große Nile sind aus ihren Quellen gekommen,
Daß sie das Herz der andern erfrischen[98].

Gott und Mensch. Frömmigkeit und Moral

Die uns erhaltenen Dokumente ägyptischer Religion sind vorwiegend offizieller Art. Sie geben uns Auskunft über den vom König geleiteten Kult, über

[97] Erman, Literatur 346f.; vgl. auch das große Loblied auf Merneptah („Israelstele"), Erman, Literatur 341ff.; AOT 20ff.

[98] Erman, Literatur 347; AOT 25.

die theologischen Systeme der verschiedenen Kultorte und andeutungsweise über die mythologischen Gedanken, die dem Kult zugrunde liegen. Persönliche religiöse Dokumente gibt es dagegen sehr wenig. Dies kann kaum reiner Zufall sein. Es scheint sich tatsächlich so zu verhalten, daß in der ägyptischen Religion das Individuum kaum von Belang war. Der Einzelne hatte sich in das Ganze einzufügen. Die religiöse Erfahrung erwuchs ihm aus der Teilnahme am öffentlichen Kult. Der König war für das religiöse Leben des Volkes verantwortlich; der Einzelne fand nur als Mitglied des Volksganzen Ausdruck für seine religiöse Überzeugung.

Was der König durch seine Erfüllung der kultischen Pflichten für sein Land und sein Volk zu erreichen hatte, geht aus einem Gebet von Ramses IV. an Osiris hervor[99]. Hier finden wir zunächst „Gesundheit, Leben und hohes Alter, eine lange Regierung und Stärke in allen Gliedern, Gesicht für die Augen, Gehör für die Ohren und ständiges Vergnügen im Herzen". Ferner wünscht er reichliches Essen und Trinken und Erhörung aller Bitten. Dies soll sich in reichlichen Nilüberschwemmungen auswirken, damit die Götter ihre Opfer bekommen können und das Volk am Leben erhalten wird. „Denn du hast sie alle gemacht, du kannst sie nicht verlassen, um einen anderen Plan für sie zu verfolgen, denn das würde nicht recht sein." Der Schöpfergott ist also für die Menschen verantwortlich, aber das hängt wiederum von der Erfüllung der religiösen Pflichten durch die Menschen und vor allem durch den König ab.

Nun heißt das aber nicht, daß Zeugnisse eines persönlichen Verhältnisses zu den Göttern fehlen[100]. Eine Quelle zur Kenntnis persönlicher Religiosität dürfte in den Personennamen vorliegen. Junker[101] hat einige Beispiele aus der ältesten Zeit zusammengestellt, um zu zeigen, wie das Verhältnis zwischen Gott und Mensch aufgefaßt wurde. Hier finden wir, daß der Gott als der gütige und gnädige erscheint, der das Leben erhält, den Menschen schützt und ihm alles Gute schenkt. Er leitet die Menschen, er „kommt" zu ihnen und er liebt sie. Der Mensch kann als Diener oder Knecht des Gottes bezeichnet werden oder durch das Adjektiv der Zugehörigkeit *(nj)* als sein „Gehöriger" dargestellt werden. Späteres Material bestätigt diese Beobachtungen.

Auf eine andere Quelle persönlicher Religiosität hat uns Drioton aufmerksam gemacht[102]. Es sind die beschrifteten Skarabäen aus der 19. und 20. Dynastie. Hier finden sich Aussagen wie die folgenden: „Alle guten Geschicke sind in der Hand Gottes", „Amun ist mein Schutz", „Amun ist hinter mir, ich fürchte nichts", „Amun beschützt den, der seinen Namen anbetet", „Ptah gibt

---

99 Černy 53f.

100 G. Fecht, Literarische Zeugnisse zur „persönlichen Frömmigkeit" im alten Ägypten, AHAW 1965/1; F. Daumas, Amour de la vie et sens du divin, Études Carmélitaines 1952, 92–141.

101 H. Junker, Pyramidenzeit, Einsiedeln 1949, 26ff.

102 E. Drioton, Une nouvelle source d'information sur la religion égyptienne, Kairo 1951; RTAT 67ff.

das Leben", „Amun schenkt Leben dem, der ihn liebt", „Wer Gerechtigkeit *(maʿat)* übt, den begünstigt Gott", „Der Günstling Gottes ist, wer ihn preist", „Amun vergibt dem, der ihn liebt", „Mein Ruhm ist es, Amun zu dienen", „Mein Glück ist im Tempel des Lebendigen", „Gott ist es, der auf den Lebensweg führt", „Glücklich, wer Amun täglich sieht". Einerseits wird also die Abhängigkeit des Menschen von Gott betont, andererseits das Glück, unter seinem Schutz zu stehen. Letzteres hängt natürlich mit der Verwendung der Skarabäen als schützende Amulette zusammen.

Ähnliche Aussagen finden sich gelegentlich auch in anderen Texten. Daß die Gottheit den Menschen leitet, wird auch in einem Amunhymnus gesagt: „Er leitet die Leute" und „Er ist es, der die Leute auf jedem Wege leitet"[103]. Diese Leitung besteht einerseits darin, daß die Gottheit das Schicksal (*šʿj* oder *šʿw*) des Menschen bestimmt; nur vereinzelt finden sich Aussagen wie: „Sein Schicksal ließ seinen Tod herannahen." Sonst heißt es von Amun: „Er verlängert die Lebenszeit und er verkürzt sie" und „Er gibt Zusatz zum Schicksal (d.h. der vorherbestimmten Lebenszeit) dessen, den er liebgewonnen hat"[104]. Andererseits leitet die Gottheit durch Eingebung; sie gibt die Gedanken ins Herz: „Gott gibt es in sein Herz, so zu tun." Aber „das Herz ist es, das seinen Besitzer zu einem werden läßt, der hört oder der nicht hört", m.a.W.: Der Mensch kann entweder gehorchen oder den Gehorsam verweigern[105]. In einem Sargtext heißt es: „Ich gebot ihnen nicht, daß sie Übles taten, sondern ihre Herzen waren es, die mein Wort übertraten."[106] Der Mensch besitzt also die Freiheit des Willens. Der Gehorsam hat gute Folgen. In der Lehre für Merikare heißt es: „Tue das Rechte, damit du lange auf Erden bleibst." Und in einer biographischen Inschrift des Alten Reiches lesen wir: (Ich tat Gutes,) „da ich wollte, daß es mir gut gehe bei (dem großen) Gott"[107].

Was heißt aber „Gutes tun"? Drei Gruppen von Quellen geben darüber Auskunft: die Idealbiographien, die Weisheitslehren und die Totentexte.

Biographische Texte finden sich in Grabinschriften, auf Gedenkstelen (in Abydos) und (seit der 18. Dyn.) auf Statuen. Sie sind dem Verstorbenen selbst in den Mund gelegt und enthalten teils wirklich biographische Daten, teils eine einleitende „Idealbiographie", in der allgemeine Lebensregeln formuliert werden, die der Redende befolgt zu haben behauptet. Es sind Sätze wie: „Ich sagte die Wahrheit und übte Gerechtigkeit." „Niemals verging ich mich gegen die Habe irgendeines." „Ich habe keinen schlecht gemacht." „Ich setzte den Fährlosen über." „Ich begrub die Alten." „Ich gab Brot den Hungrigen, Kleider dem Nackten." „Ich tat, was die Menschen lobten." „Ich rettete den Schwachen vor dem, der mächtiger war als er."[108] Es handelt sich also vor allem um „das Verhalten zu den Mitmenschen", um „die sozialen Pflichten der gehobenen Schichten"[109].

---

[103] Morenz 60.
[104] Morenz 74.
[105] Morenz 67ff.
[106] RTAT 34f.; Morenz 59.
[107] Morenz 62.
[108] HO I/2, 153f.; Morenz 141.
[109] HO I/2, 153.

Weisheitslehren gibt es seit dem Alten Reich und bis in die Spätzeit. Es sind Sammlungen von Lebensregeln, die meist als Unterweisungen eines Vaters an seinen Sohn abgefaßt sind.

Äußerlich gesehen enthalten die Weisheitsbücher Ratschläge, wie ein Beamter oder ein König verfahren soll, um Erfolg zu haben. Die Lebensregeln werden auch manchmal rein utilitaristisch begründet, indem sie die guten oder schlechten Folgen des Handelns darlegen. Daneben finden sich aber Begründungen wie: „Denn das ist Gottes Wille" bzw. „das ist ein Abscheu Gottes". In der Tat handelt es sich immer um die konkrete Verwirklichung des Prinzips der *ma'at,* d.h. der gottgesetzten Ordnung der Welt und der Gesellschaft. Der Zweck der Lehren ist also, den Schüler zu unterrichten, wie er sich in diese Ordnung einfügen soll[110].

In der Lehre des Ptahhotep[111] aus dem Alten Reich werden kasuistische Verhaltensregeln für verschiedene Lebenslagen gegeben. Es geht um „das Benehmen gegen Höhergestellte und Vorgesetzte ... Tischsitten, Betragen gegen Frauen, Warnung vor Stolz auf Erfolge und Kinderreichtum u.a."[112]. „Der Törichte, der nicht hört, der kann nichts ausrichten."[113] Dahinter steht die Überzeugung, daß die *ma'at* der letztgültige Wert ist:

> Die Wahrheit ist trefflich und ihre Tüchtigkeit dauert, und seit der Zeit ihres Schöpfers wird sie nicht gestört, während man den, der ihre Gesetze übertritt, bestraft[114].

Die Lehre für König Merikare[115] und die Lehre des Königs Amenemhet[116] sprechen beide von den Pflichten des Königs. Sie erscheinen formal als Belehrung eines königlichen Vaters für seinen Sohn, sind aber in der Tat in der Zeit des letzteren entstanden und als Rechtfertigung der politischen Maßnahmen des jeweils neuen Königs zu verstehen[117]. Besonders in der Lehre für Merikare finden sich jedoch auch allgemeine Aussagen wie die folgenden:

> Beruhige den Weinenden, unterdrücke keine Witwe und verdränge keinen vom Besitz seines Vaters ... Sei auf der Hut davor, ungerecht zu strafen[118].

---

110 Frankfort, Religion 59ff.; H. Gese, Lehre und Wirklichkeit in der alten Weisheit, Tübingen 1958; vgl. auch HO I/2, 93ff.

111 Erman, Literatur 86ff.; AOT 33; ANET 412ff.; HO I/2, 98f.

112 HO I/2, 98.

113 Erman, Literatur 97.

114 Erman, Literatur 89.

115 Erman, Literatur 109ff.; AOT 34ff.; RTAT 70ff.; ANET 414ff.; HO I/2, 100ff.

116 Erman, Literatur 106ff.; ANET 418f.; HO I/2, 102f.

117 A. Volten, Zwei altägyptische politische Schriften (AAeg 4), 1945.

118 Erman, Literatur 111f.

> Das gute Verhalten des Rechtschaffenen wird lieber angenommen als der (als Opfer dargebrachte) Ochse des Bösen [119].
> Wohl versorgt sind die Menschen, das Vieh Gottes. Er hat geschaffen Himmel und Erde um ihretwillen [120].

In den noch späteren Lehren des Anii [121] und des Amenemope [122], von denen die letztere eine auffallende Parallele im Alten Testament hat (Spr. 22,17–23, 11), tritt als Ideal die Selbstbeherrschung oder, wie es wörtlich heißt, das Schweigen hervor. Der Schweigende ist der Mann, der sich nicht erhitzt, sondern sich immer ruhig, zufrieden und mildtätig verhält, während der Heißsporn, der sich aufregt und aggressiv wird, in Unglück gerät. Die Rache, sagt Anii, soll man Gott überlassen und nicht versuchen, sie selbst zu üben: „Wenn du Geduld hast, wirst du sehen, wie er den schädigt, der dich geschädigt hat" [123]. Und Amenemope:

> Der Hitzige im Tempel, er ist wie ein Baum, der im Innern wächst. Einen Augenblick nur bringt er junges Grün hervor. Sein Ende findet er im Kanal, er treibt weit fort von seiner Heimat, oder Flamme wird sein Begräbnis.
> Der wahre Schweiger aber hält sich abseits. Er ist wie ein Baum, der im Sonnenlicht wächst. Er grünt und verdoppelt seine Früchte, er steht im Angesicht seines Herrn, seine Früchte sind süß, sein Schatten ist angenehm, und sein Ende findet er als Statue [124].

Betont wird auch die Abhängigkeit des Menschen von der göttlichen Bestimmung:

> Der Mensch weiß nicht, wie das Morgen wird. Der Gott wird immer in seinem Erfolg sein, während der Mensch immer in seinem Versagen sein wird. Ein Ding sind die Worte (= Gedanken), die der Mensch sagt, ein ander Ding ist, was der Gott tut [125].

Der Mensch soll sich dem göttlichen Willen unterordnen:

> Hänge nicht dein Herz an Schätze! Es gibt keinen, der Bestimmung und Geschick kennt. Wirf dein Herz nicht hinter Äußerlichkeiten her!

---

[119] Erman, Literatur 118.

[120] Erman, Literatur 118.

[121] Erman, Literatur 294ff.; AOT 37f.; ANET 429f.; HO I/2 104f.

[122] AOT 38ff.; RTAT 75ff.; ANET 421ff.; HO I/2, 106f.; I. Grumach-Shirun, Untersuchungen zur Lebenslehre des Amenope (MÄSt 23), 1972.

[123] HO I/2, 105; vgl. Erman, Literatur 300.

[124] HO I/2, 105; vgl. Erman, Literatur 300.

[124] RTAT 77f.

[125] RTAT 84.

> Jedermann hat seine (ihm bestimmte) Stunde.
> Maße dir nicht selbst die Macht Gottes an, als ob es Bestimmung und Geschick nicht gäbe[126].

Es fällt auf, daß in diesen Texten jede Spur von Sündenbewußtsein in unserem Sinne des Wortes fehlt. Man kann es unterlassen, sich in die Ordnung der *ma'at* einzufügen; das hat zwar unglückliche Folgen, aber verursacht kein Schuldgefühl. Nur ausnahmsweise heißt es bei Amenemope: „Sage nicht: Ich habe keine Sünde! Strebe (auch) nicht nach Unordnung. Die Sünde gehört dem Gott, sie ist mit seinem Finger besiegelt. Es gibt nichts Vollkommenes in der Hand Gottes, es gibt aber auch kein Versagen vor ihm."[127] M.a.W.: Wer in Gottes Hand ist, braucht sich nicht über Erfolg oder Mißerfolg als Folgen seines Handelns zu kümmern, er lebt in der göttlichen Ordnung.

Sündenbekenntnisse sind in der ägyptischen Literatur äußerst selten. Eine Ausnahme bilden die Inschriften der Handwerker in der thebanischen Gräberstadt aus dem Neuen Reich. So sagt z.B. einer dieser Arbeiter:

> Ein unwissender Mann, ein törichter weiß nicht von gut und böse. Ich beging die Tat der Sünde gegen die Bergspitze (Göttin), und sie bestrafte mich.

Er hat seine Sünde bekannt und Vergebung erhalten:

> So rief ich zu meiner Herrin, fand, daß sie zu mir gekommen war als erquickende Luft. Sie ward mir gnädig. Sie hatte mich ihre Hand sehen lassen, und jetzt wandte sie sich wieder mir zu in Gnade[128].

Ein anderer Mann bittet: „Strafe nicht an mir meine vielen Sünden, denn ich bin einer, der sich selbst nicht kennt, ich bin ein törichter Mensch."[129] Es scheint sich eher um Unwissenheit als um Schuld zu handeln.

Wenden wir uns nun an die dritte Quelle zur Ethik der alten Ägypter, an die Totentexte, so finden wir zunächst die Unschuldsbeteuerungen des 125. Kapitels des Totenbuches. Einige Sätze dürften genügen, um zu zeigen, worum es sich handelt: Der Verstorbene tritt vor das Gericht des Osiris in der Unterwelt und beteuert:

> Ich habe kein Unrecht gegen Menschen begangen. Ich habe das Vieh (Gottes, d.h. die Menschen) nicht in Not gebracht. Ich habe keine Unzucht getrieben an der Stätte der Wahrheit ... Ich habe nicht Gott gelästert. Ich habe mich nicht an einem Armen vergriffen. Ich habe nicht das Tabu eines Gottes gebrochen. Ich habe keinen Diener bei

---

[126] RTAT 80.
[127] RTAT 84.
[128] RTAT 61.
[129] Morenz 140.

> seinem Vorgesetzten angeschwärzt. Ich habe nicht krank gemacht. Ich habe nicht weinen gemacht. Ich habe nicht getötet ... Ich habe nicht das Leiden irgendwelcher Leute verursacht. Ich habe nicht die Speisen in den Tempeln geschmälert. Ich habe nicht die Opferbrote der Götter geschädigt. Ich habe nicht die Opferkuchen der Toten geraubt ... Ich habe nichts zugefügt noch vermindert am Scheffel ...[130]

Ein ähnliches „negatives Bekenntnis" findet sich in der zweiten Hälfte des Kapitels, wo für jeden der 42 Beisitzer des Gerichts eine nicht-begangene Sünde genannt wird. Die sozialen Pflichten sind dieselben wie in der Weisheitsliteratur. Zwischen ethischen und kultischen Pflichten wird kein Unterschied gemacht. Ohne Zweifel wird hier ein religiös begründetes ethisches Ideal beschrieben.

Vorstufen dieser Bekenntnisreihen finden sich schon in den Idealbiographien des Alten Reiches. Wirkliche Reihen sind aus der 12. Dynastie[131] und aus dem Neuen Reich[132] belegt. Die Vorstellung vom Totengericht ist jedenfalls in der Lehre des Merikare bezeugt. Bei näherer Analyse stellt sich heraus, daß das 125. Kapitel des Totenbuchs auch eine Einleitung und einen Schlußabschnitt hat, die beide magischer Art sind: Der Verstorbene kennt die Namen der Richter und kann also über sie verfügen, wenn sie ihn nicht freisprechen. Es hilft also wenig, wenn im Zusammenhang mit dem Bekenntnis das Herz des Verstorbenen auf einer Waage gegen ein Bild der *maʿat* abgewogen wird. Auch dafür gibt es magische Formeln: Das Herz wird richtig wägen und der Verstorbene die Probe bestehen. Hier besteht also eine Spannung zwischen dem ethischen Ideal und der Überzeugung von einem unbestechlichen Richter einerseits und dem Streben, dem Gericht durch magische Mittel zu entgehen, andererseits. Vielleicht ist das negative Bekenntnis weniger eine Leugnung der Sündhaftigkeit als vielmehr ein Bekenntnis zur göttlichen Ordnung: Die *maʿat* zu leugnen, würde bedeuten, sich außerhalb des göttlichen Wirkens zu stellen.

Die hier besprochene Lebenshaltung ist grundsätzlich optimistisch. Es herrscht in der Welt eine göttliche Ordnung, und der Mensch *kann* sich in sie einfügen und Erfolg haben sowohl in diesem Leben wie auch im Gericht des Jenseits. Dieser Glaube setzt geordnete Verhältnisse im Land voraus, die dem ägyptischen Ideal des Bestehenden, Altererbten und Dauerhaften entsprechen. Ägypten hat aber auch andere Zeiten erlebt, wo die Ordnung gestört worden ist und man sich auf nichts hat verlassen können. Aus solchen Zeiten, z.B. aus der Zeit zwischen dem Alten und Mittleren Reich, stammen literarische Werke pessimistischer Art, in der die Unsicherheit alles Menschlichen dargestellt wird. In solchen Zeiten hat man auch zur Magie Zuflucht genommen.

---

[130] RTAT 89ff.; AOT 9ff.; ANET 34ff.

[131] BM 581 aus Abydos, s. Histoire des religions, hg. v. M. Brillant–R. Aigrain, 3, Tournai 1955, 120f.

[132] Kees, Lesebuch 45, Nr. 76.

Solchen Strömungen sind wir schon in den Mahnsprüchen des Ipuwer und in den Prophezeiungen des Neferti begegnet. Zu Beginn des Mittleren Reiches finden wir im Streitgespräch eines Lebensmüden mit seiner Seele[133] wieder diese Stimmung. Hier spricht ein unglücklicher Mann mit seiner „Seele" *(ba)* und klagt ihr seine Not. Die Seele mahnt ihn: „Folge dem frohen Tag, und vergiß die Sorge." Aber er findet hier nichts, was er genießen könnte, und will sich das Leben nehmen.

> Siehe, mein Name ist anrüchig,
> Siehe, mehr als der Geruch von Vogelmist
> Am Sumpfversteck im Röhricht, wo die Wasservögel wohnen.
>
> Zu wem soll ich heute noch sprechen?
> Als ein Bösewicht erweist sich der Vertraute,
> Der Bruder, mit dem man lebte, ist zum Feinde geworden.
>
> Zu wem soll ich heute noch sprechen?
> Man erinnert sich nicht mehr an gestern,
> Man tut nichts für den, der (Gutes) getan hat.

Die gerechte Ordnung ist also völlig gestört. Der Tod kommt dem Menschen als ein großes Glück vor:

> Der Tod steht heute vor mir,
> Wie das Genesen von einer Krankheit,
> Wie wenn man ins Freie tritt nach einem Siechtum.
>
> Der Tod steht heute vor mir,
> Wie man sich sehnt, die Heimat wiederzusehen,
> Nachdem man lange Jahre in Gefangenschaft zugebracht hat.

Denn:

> Wer dort ist,
> Wird ein lebender Gott sein
> Und wird die Sünde strafen an dem, der sie tut.
>
> Wer dort ist,
> Wird ein weiser Mann sein, dem keine Schranken gesetzt sind,
> Und er wird bei Re Gehör finden, so oft er spricht.

---

[133] Erman, Literatur 122ff.; HO I/2, 162f.; vgl. J.A.Wilson, in: The intellectual adventure of ancient man, hg. v. H.A.Frankfort, Chicago 1946, 102ff.; Frankfort, Religion 142f.; W.Barta, Das Gespräch eines Mannes mit seinem BA (MÄSt 18), 1969.

Schließlich willigt die Seele ein:

> Wenn du den Westen erreichst (d.h. tot bist),
> Lasse ich mich nieder, nachdem du ruhst.
> Laß uns eine Stätte zusammen haben.

In den sogenannten Harfnerliedern [134] herrscht eine ähnliche Stimmung. Die alten Werte sind zusammengebrochen, es bleibt nur, das Leben zu genießen.

> Die Generationen gehen vorüber,
> Und andere kommen an ihre Stelle seit der Zeit der Vorfahren ...
> Die Häuser bauten, deren Stätten sind nicht mehr.
> – Was hat man mit ihnen getan?
> Ich habe die Reden [der alten Weisen] gehört,
> Mit deren Worten man überall redet
> – Was sind jetzt ihre Stätten?
> Ihre Mauern sind zerstört, ihre Stätten sind nicht mehr,
> Als ob sie nie gewesen wären.
> Keiner kommt von dort,
> Daß er künde, wie es um sie steht,
> Daß er sage, wie es ihnen geht,
> Daß er unser Grübeln ende,
> Bis daß wir eilen, wohin sie gegangen ...
> Mache dir einen guten Tag und werde dessen nicht müde!
> Siehe, niemand kann seine Habe mit sich nehmen.
> Siehe, niemand, der dahingegangen ist, wird wieder zurückkehren [135].

Eine spätere Zeit hat wieder eine höhere Schätzung der alten Weisen:

> Diese haben sich keine Pyramiden aus Erz erbaut noch Denksteine aus Eisen. Sie konnten keine Erben hinterlassen in Gestalt von Kindern ... Doch haben sie sich Erben geschaffen in Gestalt von Büchern und Lehren, die sie verfaßt haben ... Nützlicher ist ein Buch als ein Grabstein mit Inschrift ... sie schaffen sich Gräber und Pyramiden im Herzen dessen, der ihren Namen nennt ... Sie sind dahingegangen und ihre Namen wären längst vergessen – aber ihre Schriften halten ihr Andenken wach [136].

---

[134] M. Lichtheim, The songs of the harpers, JNES 4, 1945, 178ff.; vgl. Wilson, a.a.O. 104; HO I/2, 161.

[135] Sog. Maneroslied, Erman, Literatur 177f., vgl. 314f.

[136] P. Chester Beatty IV Rs. 2,7–3,11; HO I/2 110; Wilson, a.a.O. 118.

So hat der ägyptische Geist sein Gleichgewicht wiedergewonnen. Im Bestehenden und Beständigen, im Erbe der alten Zeit hat er das wirklich Wertvolle gefunden. Die ägyptische Spätzeit wird die Zeit der archaisierenden Wiederherstellung des alten Glaubens.

Totenglaube und Jenseitsvorstellungen [137]

Kein Aspekt der ägyptischen Religion tritt in den Dokumenten so stark hervor wie der Jenseitsglaube. Aus allen Zeiten der Geschichte Ägyptens besitzen wir ausführliche Totentexte [138]. Diese Texte verteilen sich auf vier Gruppen:

1. Die Pyramidentexte [139], die sich im Inneren der Königsgräber des Alten Reiches finden, die ältesten in der Pyramide des Uni, des letzten Königs der 5. Dynastie. Sie sind Kompilationen von älterem Material und enthalten allerlei Darstellungen des Jenseitsdaseins mit eingestreuten Ritualtexten, hymnischen Partien und zahlreichen mythischen Anspielungen [140].

2. Die Sargtexte [141], mit Kursivhieroglyphen an die Innenwände der Särge geschrieben. Die älteste Kompilation stammt aus der 9., die jüngste aus der 17. Dynastie. Eine Mehrzahl der Texte enthält ein starkes magisches Element.

3. Das Totenbuch [142], auf Papyrus geschrieben und somit ein wirkliches Buch bildend, tritt in der 18. Dynastie an die Stelle der Sargtexte. In mehreren unterschiedlichen Redaktionen wird es bis in die letzte Zeit der ägyptischen Geschichte fortgeführt.

4. Jenseitsführer [143], dargestellt in verschiedenen Königsgräbern des Neuen Reiches: das Höhlenbuch, das Pfortenbuch und das Am-Duat (Buch von „dem, was in der Unterwelt ist“). Zu diesen gesellen sich das in einigen Särgen des Mittleren Reiches vorhandene Zweiwegebuch und das in einem späten Papyrus erhaltene „Buch für das Durchwandeln der Ewigkeit“. Alle beschrei-

---

[137] H. Kees, Totenglauben und Jenseitsvorstellungen der alten Ägypter, Berlin ²1956; A. Gardiner, The attitude of the ancient Egyptians to death and the dead, Cambridge 1935; C. E. Sander-Hansen, Der Begriff des Todes im alten Ägypten, Kopenhagen 1942; J. A. Zandee, Death as an enemy according to ancient Egyptian conceptions, Leiden 1960.

[138] HO I/2, 30 ff.

[139] K. Sethe, Die altägyptischen Pyramidentexte, 1908–1910; R. O. Faulkner, The ancient Egyptian Pyramid texts, Oxford 1969.

[140] W. M. Davis, The ascension myth in the Pyramid texts, JNES 36, 1977, 161 ff.; J. Spiegel, Das Auferstehungsritual der Unas-Pyramide (ÄA 23), 1971.

[141] A. de Buck, The Egyptian Coffin texts 1–8, Chicago 1935–1961; engl. Übers. R. O. Faulkner, The ancient Egyptian Coffin texts 1–3, Warminster, 1973–1978.

[142] R. O. Faulkner, The Book of the Dead, New York 1972; Th. G. Allen, The Book of the Dead, Chicago 1974; G. Kolpaktchy, Ägyptisches Totenbuch, 1955. Auswahl: Roeder, Urkunden 224 ff.

[143] HO I/2, 47 ff. mit weiteren Hinweisen.

ben Orte und Wege der Totenwelt und sind als Hilfsmittel für den Verstorbenen gedacht.

Den Vorstellungen von einem Dasein nach dem Tode liegt das ägyptische Menschenbild zugrunde. Beim lebenden Menschen rechnet man mit zwei nicht-körperlichen Bestandteilen, die jedoch kaum mit unseren modernen Denkkategorien einzufangen sind.

Der Ka[144] ist einerseits der Doppelgänger, der zusammen mit dem neugeborenen Kind vom Gott Chnum auf der Drehscheibe geformt wird, andererseits ist Ka die Lebenskraft des Menschen, die sich auch als „Lebensmittel, Nahrung" konkretisieren läßt. Der Ka lebt weiter im Grabe, die Grabopfer werden dem Ka angeboten, „zu seinem Ka gehen" heißt sterben. Das Weiterleben des Ka setzt aber eine körperliche Grundlage voraus; deshalb ist die Bewahrung des Leichnams durch Einbalsamieren nötig, aber auch eine Statue des Verstorbenen kann diesen Dienst leisten.

Ba[145] oder Bai wird meist mit „Seele" übersetzt, wodurch in vielerlei Hinsicht falschen Assoziationen Vorschub geleistet wird. Ba ist neuerdings als „Gestaltfähigkeit" und daraus folgend als „Verkörperung", „Erscheinungsbild" definiert worden. Ursprünglich scheint es die göttliche Fähigkeit zu erscheinen bezeichnet zu haben. Oft bezeichnet Ba die Erscheinungsform eines Gottes. Ganz allgemein kann es als „Fähigkeit, Kraft" verstanden werden. Der menschliche Ba verläßt im Augenblick des Todes den Menschen in Gestalt eines Vogels. Dieser Vogel vermittelt dann die Verbindung zwischen dem Verstorbenen im Grab und den Lebenden. Dabei kann der Ba auch andere Gestalten annehmen. So heißt es in einem Text aus dem Grab von Seti I.:

> Du wirst dich in einen lebendigen Ba verwandeln, und er wird die Fähigkeit haben, Brot, Wasser und Luft zu erlangen; und du wirst Gestalt nehmen als Reiher oder Schwalbe, Falke oder Rohrdommel, nach deinem Wunsch.
>
> Du wirst in der Fähre überqueren und nicht zurückkehren, du wirst auf dem Wasser der Flut segeln, und dein Leben wird aufs Neue anfangen. Dein Ba wird deinen Körper nicht verlassen, und dein Ba wird göttlich werden mit den verklärten Toten[146].

Einerseits wird der Verstorbene also als Ba existieren und verschiedene Gestalten annehmen, andererseits wird der Ba mit dem Körper zusammenleben und göttliche Kräfte haben.

---

144 L. Greven, Der Ka in Theologie und Königskult der Ägypter des Alten Reiches (ÄF 17), 1952; U. Schweitzer, Das Wesen des KA im Diesseits und Jenseits der alten Ägypter (ÄF 19), 1956.

145 E. M. Wolf-Brinkmann, Versuch einer Deutung des Begriffes ‚bꜣ' anhand der Überlieferung der Frühzeit und des Alten Reiches, Freiburg i. Br. 1968; L. V. Žabkar, A study of the BA concept in ancient Egyptian texts, Chicago 1968.

146 Gardiner, Attitude 29f.

Schließlich wird der Tote durch die Riten des Begräbnisses ein Ach *(ꜣḫ)*[147], ein Verklärter, und als solcher führt er ein seliges Dasein im Jenseits, man könnte fast sagen: im Paradies. „Der Ach zum Himmel, der Leichnam in die Erde", heißt es in den Pyramidentexten (474a). Zunächst lebt also der Verstorbene im Grab. Dort nimmt er die Gaben der Lebenden an; in der Tat ist seine weitere Existenz von diesen Grabopfern abhängig. Beigaben, die er mit ins Grab bekommt, sollen seine Existenz sichern und sein Leben erleichtern. Aber zugleich lebt er als Ach in den Gegenden der göttlichen Verklärten.

In den Vorstellungen vom Leben der Verklärten im Jenseits mischen sich Züge verschiedener Herkunft. Uns erscheinen diese Vorstellungen manchmal widerspruchsvoll, ja sogar unvereinbar. Die alten Ägypter haben aber ruhig neue Gedanken zu den alten hinzugefügt, ohne den Widerspruch zu erkennen, ja, sie haben sogar die Mannigfaltigkeit der Vorstellungen als eine Bereicherung empfunden (Frankfort: „multiplicity of approaches"). Da sind zunächst die alten Vorstellungen vom Verstorbenen, der ein Stern wird und sich zu den nie untergehenden Zirkumpolarsternen gesellt, um somit ewig zu leben, so wie es Pyr. 878 heißt: „Du sehr großer unter jenen unvergänglichen Sternen, du gehst nicht unter ewiglich."

Vor allem aber sind es zwei Vorstellungskreise, die für die Entwicklung des Totenglaubens maßgebend gewesen sind: die Sonnentheologie und der Osirisglaube.

In der 5. Dynastie erlebte die Sonnenverehrung einen Aufschwung. Der König galt jetzt als der Sohn des Re, und so erhoffte er auch, sich nach dem Tode mit seinem göttlichen Vater zu vereinigen. Wichtig ist vor allem die Mitfahrt in der Sonnenbarke im Kreise des Hofstaates des Gottes: „Steige doch ein in dieses Boot des Re, zu dem die Götter emporzusteigen wünschen, in dem Re zum Horizont fährt. Steige in es ein, NN, als Re. Setze dich doch auf diesen Thron des Re, damit du den Göttern Befehle erteilest. Du bist ja Re, der aus der Nut hervorging, die den Re täglich gebiert" (Pyr. 1687f.). Oder: „Dieser NN setzt sich auf deinen Sessel, damit er am Himmel in deinem Schiff, o Re, umherfahre ... Wenn du am Horizonte emporsteigst, hält er ein Zepter in seiner Hand und rudert dein Schiff, o Re, umher" (Pyr. 368). Dadurch hat er am sich ständig erneuernden Leben des Sonnengottes teil: „NN geht zum Leben ein im Westen, ihn geleiten die Bewohner der Dat (d.h. die Sterne), NN erstrahlt erneut im Osten" (Pyr. 306). „Du gehst auf und gehst unter, du gehst unter mit Re, der in der Dämmerung mit Nedit untergeht, du gehst auf und gehst unter, du gehst auf mit Re und steigst empor mit dem großen Schilfboot" (Pyr. 207f.).

In den Unruhen der ersten Zwischenzeit beginnen auch andere Leute, das Privileg der Könige zu beanspruchen und wünschen, „einzutreten und auszutreten durch das östliche Tor des Himmels im Gefolge des Re"[148].

---

[147] G. Englund, Akh – une notion religieuse dans l'Égypte pharaonique, Uppsala 1978.

[148] Sargtext, s. Frankfort, Religion 106.

Auch der Osirisglaube ist schon in den Pyramidentexten ein wesentlicher Teil der Jenseitsvorstellungen. Der tote König, in späterer Zeit jeder Mensch, wird nach dem Tode mit Osiris identifiziert und erhält in dieser Eigenschaft neues Leben. Wie sich das Pflanzenleben jedes Jahr erneuert, so erneuert sich auch das Leben des Osiris und damit auch das des zum Osiris gewordenen Toten: „Ich lebe, ich sterbe, ich bin Osiris ... Ich lebe, ich sterbe, ich bin die Gerste; nicht vergehe ich", heißt es in einem Sargtext[149]. Wie Osiris nach seinem Tode gerecht gesprochen wurde und sein Recht als König in der Unterwelt erhielt, so wird der gestorbene König „gerechtfertigt" *(mꜣꜥ ḫrw)* und sein Nachfolger tritt als sein rechtmäßiger Erbe Horus ein. Später wird jeder Verstorbene ein Osiris und erhält das Epitheton „gerechtfertigt". „Du bist auf dem Thron des Osiris, als Stellvertreter des ‚Ersten der Westlichen' (d.h. Osiris). Nimm dir seine Macht, empfange seine Krone" (Pyr. 2021).

Bisweilen spürt man eine Spannung zwischen Re und Osiris. In einem Pyramidentext heißt es: „Er (Re) hat ihn (den toten König) nicht dem Osiris überlassen, denn er soll nicht des Todes sterben, sondern im Lichtland verklärt sein und im Dauerland dauern" (Pyr. 350)[150]. Aber meistens findet ein Ausgleich statt: „Ich beschere dir, daß du mit der Sonne aufgehst, dich wie der Mond verjüngst, Leben wiederholst wie die Flut des Nils."[151] Es geht vor allem darum, sein Leben zu erneuern, und es ist belanglos, welches mythologische Bild man dafür wählt: Sonne, Mond, Nil, Osiris.

Das Reich des Osiris liegt im Westen (Amentet). Als Aufenthaltsort der seligen Toten werden teils der Himmel, teils das Binsengefilde *(iꜣrw)* oder Opfergefilde genannt[152]. Im Totenbuch Kap. 109 heißt es u.a. „Ich kenne jenes Binsengefilde des Re. Die Mauer, die darum ist, ist aus Erz. Die Höhe seiner unterägyptischen Gerste beträgt 4 Ellen, 1 Elle ihre Ähre, 3 Ellen ihr Halm ... Die Ostbewohner ernten dort, jeder 9 Ellen groß ...". Hier tritt uns sozusagen „das Jenseitsideal des ägyptischen Bauern"[153] entgegen. Wo das Binsengefilde liegt, wird eigentlich nie gesagt.

Das Totenreich wird aber auch in die Unterwelt verlegt, die die Sonne in der Nachtzeit durchschreitet. Hier lauern allerlei Gefahren, und es ist der Zweck der Totentexte, dem Verstorbenen zu helfen, diesen zu entgehen oder sie zu überwinden. Es gibt Irrwege, die man meiden muß, Ströme, die man mit Hilfe eines Fährmanns überqueren muß, schreckliche Ungeheuer, die man mit Hilfe magischer Formeln überwinden muß, usw. Dabei gilt es z.B. den Namen des Ungeheuers zu kennen, um Macht über es zu bekommen, oder sich mit dem einen oder anderen mächtigen Gott zu identifizieren, um siegreich davonzukommen. Offenbar spielen hier magische Vorstellungen eine große Rolle.

---

[149] CT IV, Spr. 330; HO VIII/1, 1, 43.
[150] HO VIII/1, 1, 46.
[151] Frankfort, Religion 107.
[152] R. Weill, Le champ des roseaux et le champ des offrandes, Paris 1936.
[153] Kees, Lesebuch 52.

Streng genommen gehört auch das Totengericht des Osiris[154] zu diesen Gefahren. Wenn der Tote vor den Richter Osiris und seine 42 Beisitzer tritt, gilt es nämlich, das rechte negative Bekenntnis abzulegen und sich dadurch „von seiner Sünde abzutrennen", wie die Überschrift lautet.

So mischen sich in den ägyptischen Jenseitsvorstellungen Furcht und Hoffnung ebenso wie religiöses Vertrauen und magische Praktiken, um ein glückliches Dasein im Jenseits zu sichern. Logisch unvereinbare Vorstellungen sind zu einer unauflösbaren Einheit zusammengeschmolzen und werden als Aspekte einer schwer zu beschreibenden Realität empfunden.

---

[154] J. Spiegel, Die Idee des Totengerichts in der ägyptischen Religion, Glückstadt 1935; R. Grieshammer, Das Jenseitsgericht in den Sargtexten (ÄA 20), 1970.

II. Sumerische Religion

Allgemeine Literatur: C. F. Jean, La religion sumérienne, Paris 1931. – S. N. Kramer, Sumerian mythology, Philadelphia 1944; revised edition New York 1961. – Ders., Geschichte beginnt mit Sumer, München 1959. – Ders., The Sumerians, Chicago 1963. – Th. Jacobsen, Treasures of darkness. A history of Mesopotamian religion, New Haven 1976. – D. Schmandt-Besseret (Hg.), The legacy of Sumer, Undena 1977.

Texte: RTAT, ANET. A. Falkenstein – W. von Soden, Sumerische und akkadische Hymnen und Gebete, Zürich-Stuttgart 1953.

Die Arbeiten von Kramer und Jacobsen enthalten zahlreiche Auszüge aus religiösen Texten.

Einleitung

Die Religionsgeschichte des alten Zweistromlandes stellt keineswegs eine ruhige und einheitliche Entwicklung dar. Die politische Geschichte des Landes, die wir durch drei Jahrtausende hindurch verfolgen können, ist stürmisch und wechselvoll und hat sowohl Kämpfe unter den Einwohnern des Landes selbst als auch feindliche Invasionen und Fremdherrschaft aufzuweisen.

Vor allem sind es zwei Volksgruppen, die der kulturellen Entwicklung des Zweistromlandes ihr Gepräge gegeben haben: die Sumerer und die semitischen Stämme der Babylonier und Assyrer. Aber es ist nicht einfach so, daß erstere die Ureinwohner des Landes waren, die allmählich von einwandernden Semiten verdrängt wurden. Vielmehr deuten alle Anzeichen darauf hin, daß die frühesten Einwohner des Landes weder Sumerer noch Semiten waren und daß die Sumerer sich dort im Laufe von Jahrhunderten – höchstwahrscheinlich vor 3000 v. Chr. – festgesetzt haben und daß sie schon damals, zumindest zeitweise, engen Kontakt mit semitischen Stämmen hatten.

Woher die Sumerer kamen, wissen wir nicht, aber vieles spricht dafür, daß sie von Osten oder Nordosten gekommen sind. Ihre Sprache konnte bisher mit keinem bekannten Sprachstamm in Verbindung gebracht werden. Die frühesten Dokumente (etwa 3000 v. Chr.) sind in einer sehr primitiven Bilderschrift geschrieben, die sich erst allmählich zu der Keilschrift entwickelte, mit der dann sowohl das Sumerische als auch die semitischen Dialekte geschrieben werden sollten.

Die Sumerer waren in Stadtstaaten organisiert, die aus einer Stadt und den umliegenden Dörfern und Ländereien bestanden. Das interessante Dokument, das die Bezeichnung „Sumerische Königsliste“ trägt, spricht von acht Königen in fünf verschiedenen Städten mit einer Regierungszeit von insgesamt 241000 Jahren. Zum Schluß heißt es: „(Dann) strömte die Flut über (die Erde) ..."[1]. Diese Angaben sind natürlich ganz legendär, erinnern jedoch in sehr auffälliger Weise an die Angaben der biblischen Geschichte über das hohe Alter der Menschen vor der Sintflut.

In der ersten Zeit nach der Flut hat – nach der Königsliste – jeweils eine Stadt die Vorherrschaft über das ganze Land besessen, doch haben in Wirklichkeit wohl mehrere Dynastien gleichzeitig bestanden. Unter den ersten Herrschern werden Etana, Gilgamesch und Dumuzi genannt, die später in Mythen und Legenden auftauchen.

Festere Umrisse erhält die sumerische Geschichte von etwa 2600 v.Chr. an, als die Stadt Lagasch die Vorherrschaft ausübte unter Königen wie Urnansche, Eannatum (dessen Siegesdenkmal, die sogenannte Geierstele, wohlbekannt ist); ferner Entemena, Urukagina (bekannt als Sozialreformer) und Lugalzaggesi. Letzterer unterlag um 2340 v.Chr. beim Einfall eines semitischen Fürsten namens Sargon, der ein mächtiges Reich begründete und seine Hauptstadt in Akkad (Agade) erbaute. Zu seiner Dynastie gehörte auch der kraftvolle Naramsin (etwa 2260–2223), der sich „König der vier Himmelsgegenden" und „der mächtige Gott von Akkad" nannte.

Das akkadische Reich ging durch eine Invasion aus dem Norden etwa 2200 v.Chr. unter. Es waren die Gutäer, „das Volk von Gutium", das mit barbarischer Zerstörungswut das Land überzog und damit für alle Zukunft als Prototyp eines „Feindvolkes" in die Geschichte einging. Ein interessanter historischer Text, der sogenannte „Fluch über Akkad" deutet dieses Ereignis: Die Göttin Inanna verließ ihre Stadt und ihren Tempel auf Grund einer Verfehlung, die Naramsin begangen hatte, – ein interessantes Beispiel für eine religiös intendierte Geschichtsdeutung.

Die Gutäer scheinen sich allmählich assimiliert zu haben, und um 2150 gelang es Lagasch, seine Selbständigkeit wiederzuerlangen, u.a. unter dem Herrscher Gudea, der besonders durch seinen großen Tempelbau bekannt ist. Die Inschrift, in der er berichtet, wie er nach Anleitung der Göttin Baba den Tempel der Stadt wiederherstellen ließ, ist *die* klassische Urkunde der sumerischen Sprache und ein wichtiges religiöses Dokument. Etwas später kam die Dritte Dynastie in Ur an die Macht, und unter Fürsten wie Urnammu, Schulgi, Schusin und Ibbisin erlebte die sumerische Kultur eine neue Blüte. Aber jetzt traten andere Völker, Amoriter und Elamiter, auf: Urs Macht schwand dahin, und um 2000 v.Chr. wurde die Stadt von den Elamitern eingenommen und zerstört – ein Ereignis, das in einem großartigen Klagelied überliefert worden ist.

Noch ein paar Jahrhunderte lang blieb die sumerische Kultur erhalten, aber es war die Zeit eines Nachklangs. Das Zentrum lag jetzt in Isin (Ischmedagan, Lipitischtar) und in Larsa (u.a. Rimsin). Die Herrscher vermochten jedoch nicht, das Reich zusammenzuhalten; die Stadtstaaten erlangten in großem Umfang ihre Selbständigkeit zurück. Die semitischen Volksgruppen machten

---

[1] RTAT 114.

sich mehr und mehr bemerkbar, und es ist bezeichnend, daß die Herrscher von Isin und Larsa semitische Namen trugen – ein Hinweis darauf, daß die sumerische Sprache begann, als lebende Sprache auszusterben.

In Mari am oberen Euphrat hatte ein amoritisches (westsemitisches) Reich seine Hauptstadt, und um Ninive herum wuchs das assyrische Reich empor. Die Führung wurde jedoch bald von Babylon unter einer amoritischen Dynastie übernommen, deren berühmtester Herrscher, der große Gesetzgeber Hammurabi (1792–1750), das ganze Land seiner Herrschaft unterwarf.

Damit war das selbständige Dasein der sumerischen Kultur zu Ende. Aber es ist bemerkenswert, daß ein großer Teil der sumerischen Werke gerade im Laufe dieser letzten Jahrhunderte niedergeschrieben worden ist[2]. Es ist indessen anzunehmen, daß ein Teil auf ältere Vorlagen zurückgeht – und neue Textfunde haben das in jüngster Zeit bestätigt[3] –, während ein anderer Teil in mündlicher Form überliefert worden sein dürfte. Alles in allem darf man vermuten, daß sumerische Gelehrte, als sie den Rückgang der alten Sprache im Volk beobachteten, der Nachwelt so viel wie möglich von ihrem literarischen Erbe erhalten wollten.

Als Quellen für unsere Kenntnis der sumerischen Religion steht uns also ein reicher Schatz von Mythen, Epen, Hymnen, Klageliedern, Sprichwörtern und „Weisheitstexten" zur Verfügung. Zum allergrößten Teil ist dieses Material, das teilweise schon von Ausgrabungen um die Jahrhundertwende stammt, während der letzten Jahrzehnte bekannt, zusammengestellt und bearbeitet worden. Unter denen, die sich um diese Arbeit große Verdienste erworben haben, ist an erster Stelle S.N. Kramer in Philadelphia zu nennen, dem es durch unermüdliche Arbeit in den Keilschriftsammlungen verschiedener Museen gelang, eine große Anzahl sumerischer Texte verschiedener Art zu rekonstruieren. Andere hervorragende Sumerologen, unter ihnen der 1968 in Heidelberg verstorbene Adam Falkenstein und Th. Jacobsen in Amerika, haben vor allem zur Deutung der Texte beigetragen. Aber noch bleibt viel Arbeit zu tun, bis das Bild der sumerischen Religion vollständig ist.

Bedeutend schlechter steht es um die Religion der ältesten Epochen. Da sind wir fast ganz auf das Zeugnis der Archäologie angewiesen. Aus vorsumerischer Zeit gibt es fast nur weibliche Figuren ein und desselben Typs, der über große Teile der Welt verbreitet ist und von dem man annimmt, daß er eine Muttergottheit darstellt.

Während der frühesten sumerischen Zeit kann man in den südlichen Teilen des Landes beobachten, daß die Tempel paarweise zusammenliegen. Dies könnte darauf hindeuten, daß man ein Götterpaar verehrt hat – wahrscheinlich die Muttergöttin und ihren Partner –, das später unter dem Namen Inanna und Dumuzi bekannt ist.

Eine wichtige Quelle bilden die sogenannten Rollsiegel. Dabei handelt es sich um aus Stein oder Ton gefertigte Zylinder, die, auf weichem Ton abge-

---

[2] SAHG 12f.

[3] R.D.Biggs, JCS 20, 1966, 78ff.

rollt, als Siegel des Eigentümers galten. Sie sind zum großen Teil mit mythologischen Bildern versehen, vielleicht, um den versiegelten Inhalt auf diese Weise unter den Schutz der Götter zu stellen. Häufig wiederkehrende Szenen sind zwei einander gegenüberstehende Tiere – wahrscheinlich ein Symbol für die befruchtende Tätigkeit des Gottes Dumuzi – oder zwei Tiere zu beiden Seiten einer männlichen Figur, was von vielen Forschern ebenfalls mit dem Dumuzi-Kult in Verbindung gebracht worden ist. Die Muttergöttin und ihre Symbole kommen ebenfalls ziemlich oft vor, desgleichen rituelle und kultische Szenen.

Besonders interessant ist eine meterhohe Alabastervase aus Uruk mit verschiedenen Kultszenen, u.a. einer Frau, die vor zwei Muttergöttin-Symbolen steht und einem Mann entgegensieht, hinter dem Opfergaben hergetragen werden. Ist dies der König, der zu Inannas Tempel kommt, um die heilige Hochzeit zu feiern? Ein großer Trog zeigt eine andere kultische Szene: eine Hütte mit dem Symbol der Muttergöttin. Sie steht wahrscheinlich in Verbindung mit Riten, die die Fruchtbarkeit der Viehherden erhöhen sollten.

Das Gesagte gilt jedoch in erster Linie vom Südteil des Landes, wo sich sehr früh eine Stadtkultur ausgebildet hatte. Im Norden dauerte diese Entwicklung länger, und die Religion scheint teilweise andere Formen angenommen zu haben. U.a. sind die Tempel hier nicht paarweise angeordnet, sondern alles deutet darauf hin, daß man hier mehrere Götter verehrt hat, die zu einem Pantheon zusammengefaßt waren. Diese Vorstellung breitete sich im Lauf der Zeit über das ganze Land aus.

Die Götterwelt

In der klassischen sumerischen Literatur treten die Götter (sum. *dingir*, von unsicherer Herkunft), wie S.N. Kramer sagt, als „unsichtbare, menschengestaltete und gleichzeitig übermenschliche und unsterbliche Wesen" auf, die die Welt ordnen und in Gang halten – so daß sie nicht in ein Chaos verwandelt wird. Th. Jacobsen meint feststellen zu können, daß es nicht immer so gewesen sei, sondern daß die Götter im Anfang sozusagen das aktive Prinzip oder die Kraft in gewissen Erscheinungen und Situationen waren: Es gibt eine Göttin des Schilfs, eine Göttin des Biers usw., und sie alle sind mehr oder weniger an das Phänomen gebunden, das sie vertreten. Dasselbe gilt von den „großen" Göttern: Utu ist die Sonne und die Sonnenkraft, Nanna ist der Mond und die Mondkraft, An ist der Himmel und der Himmelsgott. Erst später, so meint Jacobsen, hätten sich die Götter von ihrer Gebundenheit an die Erscheinungen freigemacht und hätten menschliche Gestalt angenommen[4].

---

[4] T. Jacobsen in: The Bible and the Ancient Near East, hg. v. G.E. Wright (Festschr. W.F. Albright), London 1961, 268f.; ders., PAPS 107, 474.

Es ist nicht leicht, zu Jacobsens These Stellung zu nehmen. Sie scheint teils von bestimmten religionsgeschichtlichen Theorien abzuhängen, teils auf konkretem Material aufgebaut zu sein, das aber recht schwierig zu beurteilen ist. Soviel läßt sich aber doch sagen, daß in der Religion der klassischen Zeit nur sehr wenige Götter auf ein einziges Phänomen begrenzt sind. Vielmehr haben die meisten ein recht vielseitiges Betätigungsfeld (was andererseits natürlich auch auf Synkretismus beruhen kann).

Klar und deutlich belegt ist dagegen der Gedanke, daß jede Erscheinung von einer ihr innewohnenden göttlichen Kraft *(me)* gelenkt wird, die ihr Wesen und ihre Natur bestimmt[5]. Es gibt einen Mythus, der erzählt, wie es der Göttin Inanna gelang, dem Gott Enki in Eridu alle diese *me* abzulocken und sie in ihre Stadt Uruk zu überführen. In diesem Zusammenhang werden ungefähr hundert Kulturelemente aufgeführt, deren *me* die Göttin an sich brachte – u.a. die Göttlichkeit, der Königsthron, verschiedene Priesterämter, die Flut, der Geschlechtsverkehr, Kunst, Musik, Heldentum, Macht, Zerstörung von Städten, Klage, Schmiedekunst, Baukunst, Weisheit, Furcht, Frieden, Müdigkeit. Man könnte fast von einer Art Ideenlehre sprechen. Die Hauptsache ist jedoch, daß in diesem Falle Inanna, in anderen Fällen der eine oder andere Gott als Herr über diese *me* gepriesen werden. Es handelt sich mit anderen Worten um die der betreffenden Erscheinung innewohnenden Gesetze, so wie diese von den Göttern bestimmt worden sind.

Wir kennen die Namen von Hunderten von sumerischen Gottheiten durch Listen, die in Schulen zusammengestellt wurden, durch Opferlisten und durch Personennamen, in denen Götternamen enthalten sind („theophore Namen"). Viele dieser Gottheiten sind wohl theoretische Erfindungen gelehrter Theologen, die die Götter mit Kindern, Dienern usw. umgeben wollten. Andere Namen sind wahrscheinlich schmückende Beiworte (Epitheta) für bekannte Gottheiten, die wir jetzt nicht mehr identifizieren können.

Die Sumerer dachten sich, daß die Götter nach dem Muster einer Ratsversammlung organisiert waren, mit einem König an der Spitze. Am allerwichtigsten waren diejenigen Götter, „welche die Schicksale bestimmen", sowie eine Gruppe von fünfzig, die „die großen Götter" genannt wurden. Man unterschied auch zwischen schöpferischen und nicht-schöpferischen Gottheiten; zu den ersten gehörten in erster Linie die Götter des Himmels, der Erde, des Meeres und der Luft.

An erster Stelle in den Götterlisten stehen in der Regel vier Gottheiten: der Himmelsgott An, der Gott der Atmosphäre Enlil, der Wassergott Enki und die Muttergöttin Ninchursag.

An, der Himmelsgott, ist aus ältester sumerischer Zeit bekannt und gilt theoretisch als der höchste Gott, aber er spielt in Mythen, Hymnen und im Kult keine entsprechende Rolle. Sein Name wird mit demselben Zeichen (einem Stern) geschrieben, das auch „Himmel" und „Gott" im allgemeinen bedeutet. Es sieht so aus, als ob An – ebenso wie viele andere Himmelsgötter –

[5] Vgl. K. Oberhuber, Der numinose Begriff ME im Sumerischen, Innsbruck 1963; dazu J. van Dijk, OLZ 62, 1967, 229ff.

gewissermaßen ein deus otiosus, ein Gott des Nichtstuns, geworden ist. Sein wichtigster Kultort war Uruk.

Enlil ist der Gott der Atmosphäre und insbesondere des Windes. Er ist der aktive Gott und in vieler Hinsicht der vornehmste im sumerischen Pantheon. Er ist der „Göttervater", der „König Himmels und der Erde" und „König aller Länder". Er erhält oft das Beiwort „der große Berg", was wohl entweder seine Stärke hervorheben oder ihn in Verbindung mit dem kosmischen Berg bringen will, aus dem Himmel und Erde einmal hervorgegangen sind. Nach einem Mythus[6] war gerade er es, der Himmel und Erde trennte, was ja für einen Gott der Atmosphäre naheliegend ist. Er ließ Samen wachsen und brachte all das hervor, was notwendig war, schuf den Tag und bestimmte das Schicksal der Welt. So schuf er auch die Hacke, die er den Menschen, den „Schwarzköpfigen", wie die Sumerer sich selbst nannten, gab, damit sie ihnen beim Ackerbau und Bauhandwerk behilflich sein konnte. Im Streitgespräch zwischen Sommer und Winter begegnen wir Enlil als dem, der Bäume und Getreide hervorbrachte, der Überfluß und Wohlstand im Lande schuf und den Winter einsetzte. Er ist „der Landwirt der Götter" und hat die Aufsicht über das lebenspendende Wasser und alles, was wächst. Enlil ist also ein Wohltäter der Menschheit. Er ist es auch, der den Königen Autorität verleiht und sie in Krieg und Frieden zum Erfolg führt.

Andererseits hat Enlil auch eine furchterregende Seite: Er ist der Gott des verheerenden Sturmes und des Unwetters, und oft wird geschildert, wie sein „Wort" auf Erden daherfährt, Bäume zerbricht und alles zerstört, was ihm in den Weg kommt.

Diese Züge treten auch in den recht zahlreichen Hymnen an Enlil hervor, z. B. im folgenden Auszug:

„Enlil – sein Spruch ist weithin der höchste, sein Wort ist heilig,
Was aus seinem Munde kommt, ist unabänderlich, setzt Geschick für ferne (Tage),
Wenn er seinen Blick erhebt, bringt er alle Bergländer in Unruhe.
Sein Licht steigt auf, schaut mitten ins Bergland.
Der Vater Enlil sitzt mächtig auf dem heiligen Hochsitz, dem „höchsten Hochsitz",
Er, Nunamnir, dessen Herrscherkraft (und) Fürstlichkeit in höchstem Maße vollendet ist.
Die Götter der Erde beugten sich von selbst vor ihm,
Die Anunna-Götter eilten alle zu ihm …
… ungerades Wort,
Feindseliges Wort, Feindschaft und Ungeziemliches,

[6] S. unten S. 82,

... Böses, Unterdrückung,
(Falsches) Augenverdrehen, Gewalttat, verleumderische Worte sprechen,
Anmaßung, (gegebenes) Wort brechen, ... –
Die Stadt läßt ihm (solchen) Greuel nicht hineinkommen ...
Kein Böser (und) Schlechter entgeht seiner Hand ...
Ohne den ‚Großen Berg', Enlil,
Wird keine Stadt gebaut, keine Siedlung gegründet,
Keine Rinderhürde gebaut, auch kein Schafpferch geschaffen,
Kein König inthronisiert, kein *en*-Priester geschaffen, ...
Die Fische des tiefen Wassers laichen nicht in ihrem Schilfdickicht,
Die Vögel des Himmels (bauen) auf der weiten Erde keine Nester.
In der Steppe (wächst) deren Stolz, Gras (und Kräuter) nicht (lang),
In den Gärten (tragen) die breiten Bäume des Berglandes keine Frucht [7].

Die Starken wirfst du nieder, an die Himmelstür trittst du,
Den Riegel des Himmels faßt du,
Das Schloß des Himmels reißt du ab,
Den Verschluß des Himmels entfernst du.
Das Land, das sich nicht fügt, wirfst du in Haufen hin,
Das aufsässige Land, das sich nicht fügt, läßt du nicht wiedererstehen.
Herr, wie lange noch wirst du vom Lande, das du eines Sinnes gemacht hast, nicht ablassen,
Wer kann dein zürnendes Herz besänftigen?
Der Ausspruch deines Mundes wird nicht gebeugt –
Wer könnte sich dagegen auflehnen? [8]

Den königlichen Hochsitz hat er fest gegründet,
Ur hat er strahlend erstehen lassen,
Den Hirt Urnammu hat er mit schrecklichem Glanz bekleidet,
Den König des Landes Sumer hat er stolz das Haupt zum Himmel erheben lassen.
So ist es ihm von seinem König Enlil besch[ert] worden [9].

---

7 A. Falkenstein (Hg.), Sumerische Götterlieder, AHAW 1959/1, Nr. 1.
8 SAHG Nr. 12; RTAT 124ff.
9 SAHG Nr. 17.

Enki sollte dem Namen nach „Herr der Erde" sein, aber er ist in Wirklichkeit Herr über Abzu, den unterirdischen Süßwasserozean: Es ist dieses Wasser, das in Quellen zutage tritt und der Erde Fruchtbarkeit verleiht. Aber Enki ist auch der Gott der Weisheit und der Beschwörungskunst. In verschiedenen Zusammenhängen tritt er auf als der, der im Anfang die Welt nach seinem weisen Plan ordnet oder der Anweisungen zur Erschaffung des Menschen gibt. In beiden Fällen tut sich seine Weisheit kund.

Ein gutes Bild von Enkis Charakter gibt folgender einleitender Abschnitt eines Gebetshymnus:

> Herr, voll hohen Sinnes, der festen Bescheid kennt, dessen Wille unerforschlich ist, der alles weiß,
> Enki, voll weiten Verstandes, höchster Herrscher der Anunna-Götter,
> Kluger, der den Spruch fällt, der das (rechte) Wort verleiht, der die Entscheidung schaut,
> Der das Urteil findet, der von Sonnenaufgang bis Sonnenuntergang Rat spendet:
> Enki, Herr allen wahren Wortes, dich will ich immerdar preisen[10]!

In der Einleitung zu dem langen Mythus von Enki und der Weltordnung (siehe unten) tritt er als der hervor, der alle *me* in seiner Hand hält (mit anderen Worten: der die Normen für die Seinsweise aller Dinge setzt) und der die Handwerkskunst auf die Erde bringt. Er ist „aller Länder Ohr und Verstand", der mit Enlil die Schicksale „im Berge der Weisheit" und „auf dem Platz des Sonnenaufgangs" bestimmt. Enkis wichtigster Kultort ist Eridu, das nach der Königsliste die älteste Stadt Sumers sein soll.

Ninchursag, auch Ninmach genannt, „die hohe Herrscherin", oder Nintu, die Göttin der Geburt, ist die Muttergöttin, die Mutter aller Lebewesen. Sie spielt bei der Erschaffung des Menschen eine wichtige Rolle (siehe unten). Die Könige rühmten sich oft damit, daß sie „ständig von ihrer Milch ernährt" würden.

Zu diesen vier „schöpferischen" Gottheiten kommen drei astrale Göttergestalten: der Mondgott Nanna, der Sonnengott Utu und die Göttin Inanna.

Daß Nanna (manchmal auch Su'en) der Gott des Mondes ist, ist fast das einzig Sichere, das sich von seinem Wesen sagen läßt. Fast alle denkbaren göttlichen Eigenschaften werden ihm in den Hymnen beigelegt. Diese sind kürzlich von Å. Sjöberg herausgegeben worden, und ein französischer Forscher hat sie folgendermaßen eingeteilt: „Su'ens fruchtbares Leben" (er fördert das Wohlergehen des Viehs), „Der Herr der Schicksale" (er hat die allerhöchsten *me*-Kräfte erhalten), „Nanna, Urs Reichtum" (er hat Ur als seine Stadt auserwählt, macht Menschen und Tiere zahlreich), „Nanna, die Herr-

---

[10] SAHG Nr. 22.

lichkeit des Himmels" (der glänzende Himmelskörper) und „Nanna, der Allherr". Damit sind im großen und ganzen seine Eigenschaften und Funktionen angegeben.

Utu, der Gott der Sonne, wurde als Sohn des Mondgottes angesehen. Am Morgen steigt er zwischen den Bergen im Osten empor, am Abend geht er im Meer unter.

Siegelbilder aus altakkadischer Zeit zeigen, wie der Sonnengott, von dessen Rücken Strahlen ausgehen, den Fuß auf einen Berg setzt, während ihm zwei Götter das Himmelstor öffnen. In der Hand hält er ein Gerät, das einer Säge ähnlich sieht. Das Ganze ist ein Bild für den Sonnenaufgang[11].

Schon in ältester Zeit haben wir Belege dafür, daß Utu als Richter bezeichnet wurde, und in einem Hymnus wird er als Gott der Gerechtigkeit gepriesen, der die Ordnung in der Welt reguliert und überwacht[12].

Utu scheint in der sumerischen Religion jedoch nicht im entferntesten die gleiche Bedeutung gehabt zu haben, wie sie der spätere akkadische Sonnengott erhielt. Eine ganz besonders eigentümliche Art von Gebet oder „Beschwörung bei Utu"[13] scheint so spät aufzutreten, daß es auf semitischen Einfluß zurückgehen muß.

Inanna oder Innin (die ursprüngliche Namensform ist umstritten[14]; manchmal kommt auch die Variante Ninanna, „Herrscherin des Himmels", vor) ist vielleicht die wichtigste Göttin im sumerischen Götterkreis – aber ohne Zweifel auch die, welche am schwierigsten zu erfassen ist. In dem Bild, das unsere Texte von ihr geben, sind allem Anschein nach mehrere verschiedene Überlieferungen enthalten. Bald ist sie Ans Tochter, bald Nannas – ja, auch Enlil tritt manchmal als ihr Vater auf. Als Gestirngottheit stellt Inanna den Planeten Venus dar, den Morgen- und Abendstern.

Am Abend ist sie der „fremdartige" Stern (der Venusstern),
Der den heiligen Himmel mit vollem Licht [erfüllt].
Auf sie, die Herrin des Abends, die He[ldin, die allein] vom
    Himmel kommt,
[Richten] die Menschen in allen Ländern den Blick.
Die Männer reinigen sich, die Frauen [schmücken sich],
Der Stier im Joche (hebt) den Kopf nach ihr,
Die Schafe im Pferch (lagern) sich auf die Erde.
Das zahlreiche Getier Schakans, die Lebewesen der Steppe,
Alle Vierfüßler unter dem weiten Himmel,
Obstpflanzung und Garten, Beet und grünendes Röhricht,

---

11 H.W.F.Saggs, Mesopotamien, Zürich 1966, 533.

12 S.N.Kramer in: The Bible and the Ancient Near East (o. Anm.4) 225 mit Anm.59.

13 SAHG Nr.42, 43.

14 T.Jacobsen, ZA NF 18, 1957, 108, Anm.34; ders., PAPS 107, 476 Anm.6 deutet den Namen als „Herrscherin der Dattelrispen" (AN: *sissinnu*). I.J.Gelb, JNES 19, 1960, 72ff. plädiert für die Form „Innin".

Die Fische des Teiches, die Vögel des Himmels,
Alles wartet auf meine Herrin, wo es (des Nachts) ruht,
Die Lebewesen alle, die zahlreichen Menschen beugen vor ihr das Knie.
Der Herrin bringen die Berufenen, die Alten,
Zu üppiger Speise und Trank reichliche Gaben,
Meiner Herrin beruhigt sich alles in ihrem Lande,
Tänze führt man im Lande (wie) bei Festen auf,
Der junge Mann freut sich mit der Gattin.
Meine Herrin schaut vom Inneren des Himmels freundlich darauf herab –
Zur heiligen Inanna treten sie alle [15].

Mit Inannas astraler Form hängen oft ihre kriegerischen Funktionen zusammen. In Hymnen tritt sie als die Starke und Furchterregende auf, die jeden Widerstand niederschlägt.

Mein Vater hat mir den Himmel gegeben, hat mir die Erde gegeben: Die Himmelsherrin bin ich.
Mißt sich einer, ein Gott, mit mir?
...
Die Herrschaft hat er mir gegeben, die Herrinnenschaft hat er mir gegeben,
Die Schlacht hat er mir gegeben, das K[ampfgetümmel] hat er mir gegeben,
Den Orkan hat er mir gegeben, den Wirbelwind hat er mir gegeben.
Den Himmel hat er mir als Krone aufs Haupt gesetzt,
Die Erde als Sandale an meinen Fuß gelegt,
Den leuchtenden Göttermantel hat er mir umgetan,
Das strahlende Zepter in die Hand gegeben [16].

In einem Mythus, der vielleicht einen Nachklang von siegreichen Kriegszügen im Norden und Nordosten enthält, wird geschildert, wie der personifizierte Berg Ebech, der das Land der Sumerer bedrohte und es mit Schrecken erfüllte, von Inanna angegriffen wird:

Den Speer will ich gegen Ebech schwingen,
Den Bumerang, die Waffe gegen ihn richten,
Die Wälder um ihn herum will ich in Brand stecken,

---

[15] SAHG Nr. 18.

[16] SAHG Nr. 7. Vgl. auch die Hymnen ZA NF 18, 1957, 18ff.; ZA NF 31, 1975, 161ff. und W. Hallo–J. van Dijk, The exaltation of Inanna, New Haven 1968 = ANET Suppl. 143f.

Gegen die bösen (Menschen) dort will ich die Streitaxt
schwingen,
Die Fluten will ich austrocknen als der reine Gibil.
Als Stadt, die An verflucht hat, soll sie nicht mehr erstehen,
Als eine Stadt, auf die Enlil voll Zorn geschaut hat, soll sie
sich nicht mehr erheben[17].

Am bekanntesten ist Inanna als Göttin der Liebe und der Fruchtbarkeit. Als solche tritt sie in der Regel in Verbindung mit dem Gott Dumuzi auf, einer Gestalt, die erst in letzter Zeit angefangen hat, schärfere Umrisse anzunehmen. Man rechnete lange damit, daß Dumuzi ein typischer Vertreter für denjenigen Typ von Göttern sei, den wir als „sterbende und auferstehende Fruchtbarkeits- und Wachstumsgötter" zu bezeichnen pflegen – und man hat ihn ohne weiteres mit dem ägyptischen Gott Osiris, mit dem phönizisch-griechischen Adonis und dem kanaanäischen Baal zusammengestellt. Dabei baute man jedoch auf recht spätes und ungleichartiges Material. Spätere Funde haben gezeigt, daß es notwendig ist, ein sehr viel differenzierteres Bild von Dumuzi und seinem Kult zu zeichnen.

Dumu-zi bedeutet ungefähr „getreuer (guter) Sohn"[18], aber der Gott ist auch unter anderen Beinamen bekannt, wie Ama-uschumgal-anna, was vielleicht bedeutet „die Mutter ist der Himmelsdrache"[19], oder Damu „Kind". In den ältesten Quellen tritt er zumeist als Hirte auf, der das Vieh beschützt; in späteren Texten bekommt er auch mit der Saat und dem Wachstum zu tun. Dies könnte auf eine Entwicklung und Anpassung von Dumuzi als Herr des Lebensunterhaltes und der Lebenskraft zurückzuführen sein, aber es ist auch denkbar, daß eine Verschmelzung von ursprünglich verschiedenen Göttergestalten stattgefunden hat.

Für die älteste Zeit hat Moortgat[20] versucht, Rollsiegel und andere Bilddarstellungen auszuwerten, und glaubte, dabei drei Motive zu finden, die an Dumuzi anknüpfen. Das erste ist ein Mann, der auf eine besonders stilisierte symbolische Weise dem Vieh Futter darreicht, und da Dumuzi der oberste Hirte ist, müßte es entweder er oder sein kultischer Repräsentant – der König – sein, der abgebildet ist.

Das andere Motiv stellt einen Mann dar, der zwischen zwei symmetrisch angeordneten wilden Tieren steht, die ihn angreifen wollen; dies müßte Moortgat zufolge Dumuzi sein, der den Angriff der Wildtiere auf die Herden abwehrt. Diese Identifikation ist jedoch zweifelhaft, da sie in den Texten keine

---

[17] Kramer, Mythology 82f. dazu A. Falkenstein, BiOr 5, 1948, 166; A. Falkenstein, in: Comptes rendus des rencontres assyriologiques 2, Paris 1951, 15.

[18] So aufgefaßt im Akk. *māru kēnu*. Jacobsen: „der den Jungen Leben gibt".

[19] So Falkenstein, Saggs 563 (nach Jacobsen: „Die große Quelle der Dattelbüschel").

[20] A. Moortgat, Tammuz, Berlin 1949.

Stütze hat. Seit langem hat man den Mann zwischen den Wildtieren auch als Gilgamesch identifiziert[21].

Das dritte Motiv zeigt einen Gott, der mit einer „Säge“ in der Hand aus einem Berg emporsteigt, was Moortgat als einen Hinweis auf Dumuzis Auferstehung von den Toten deutet. Man hat es im allgemeinen als den Aufstieg des Sonnengottes hinter den Bergen im Osten aufgefaßt, und da bisher keine Andeutungen über eine solche Situation in den Texten von Dumuzi anzutreffen waren, verhalten sich die meisten Forscher dieser Deutung gegenüber skeptisch[22].

Die Mythen von Dumuzi handeln entweder von seinem Liebesverhältnis zu Inanna oder von seinem Tode. In dem „Streitgespräch zwischen dem Hirten Dumuzi und dem Bauern Enkimdu“[23] treten diese beiden als Inannas Freier auf und heben ihre Vorzüge hervor. Die Göttin ist zuerst geneigt, den Bauern vorzuziehen, wählt aber auf Anraten des Sonnengottes schließlich den Dumuzi. Ein anderer leider recht fragmentarischer Text[24] spricht davon, wie Dumuzi mit Gaben von Fett, Milch und Öl zu Inannas Haus kommt und eingelassen wird, nachdem die Göttin ihre Mutter um Rat gefragt hat, und der Text schildert weiter Inannas Vorbereitungen und ihr Zusammensein. Dieser Text[25] hat offenbar einen kultischen Hintergrund in der „Heiligen Hochzeit“ (hieros gamos), auf die wir noch zurückkommen werden.

Die Erzählung vom Tode des Gottes ist in mehreren etwas unterschiedlichen Versionen bekannt, von denen die eine in deutlichem Zusammenhang mit einem Mythus vom „Abstieg Inannas in die Unterwelt“ steht[26]. Der Inhalt dieses Zyklus ist folgender: Inanna beschließt, in die Unterwelt hinabzusteigen, um sich zu ihrer Herrscherin zu machen. Sie kleidet sich dazu in all ihre Pracht und macht sich bereit. Sie gibt ihrem Wesir Ninschubur Anweisung, was er tun soll, wenn sie nicht zurückkehrt, und tritt ihre Fahrt in das Land ohne Wiederkehr an, wo ihre Schwester Ereschkigal herrscht.

Sie geht durch die sieben Tore der Unterwelt, und bei jedem muß sie ein Kleidungsstück oder ein Schmuckstück ablegen, bis sie schließlich nackt vor Ereschkigal hintritt. Diese und der Richter der Unterwelt richten einen tödlichen Blick auf sie, so daß sie stirbt, worauf die Leiche an einem Pfahl aufgehängt wird. Nachdem drei Tage und Nächte verstrichen sind, wird Ninschubur mißtrauisch und beginnt, die Maßnahmen zu ergreifen, die die Göttin angeordnet hat. Enki erschafft zwei Lebewesen, die geschlechtslos sind; deshalb können sie ins Totenreich eingelassen werden. Sie erhalten Zugang zu Inannas Leiche und machen sie wieder lebendig. Aber die Göttin darf nicht

---

[21] Aber auch dies ist unsicher.

[22] Kritik von Kraus in: Comptes rendus des rencontres assyriologiques 3, Leiden 1954, 69 ff.

[23] J. J. van Dijk, La sagesse suméro-accadienne, Leiden 1953, 65 ff.; S. N. Kramer, JCS 2, 1948, 60 ff.

[24] S. N. Kramer, PAPS 107, 497 ff.

[25] Außerdem drei Texte dieses Typs in PAPS 107, 493 ff.

[26] Kramer, Sumerians 153 ff.

zurückkehren, ohne einen Ersatzmann gestellt zu haben. Begleitet von einer Anzahl *galla*-Dämonen wird sie auf die Erde zurückgeschickt, um einen zu suchen.

Als die Suche sie zu Dumuzi, Inannas Mann, führt, der König in Kullab ist, ist er gerade dabei, ein Freudenfest zu feiern. Inanna wird von Zorn ergriffen und bestimmt ihn dazu, dem Totenreich geopfert zu werden. Dumuzi wendet sich an den Sonnengott Utu mit der Bitte um Hilfe gegen die *galla*-Dämonen, und es gelingt ihm auch, ihnen zweimal zu entkommen. Aber beim dritten Mal wird er in einer Schafhürde überrascht und getötet.

Eine andere Version, „Dumuzis Tod" genannt[27], spricht von den bösen Träumen, die Dumuzis Tod voraussagen, und gibt eine etwas abweichende Schilderung vom Angriff der *galla*-Dämonen. Dumuzis Tod wird mit folgenden Worten geschildert:

> Der erste *galla* kommt in die Hürde hinein;
> Er schlägt Dumuzi mit einem scharfen Nagel auf die Wange.
> Der zweite kommt in die Hürde hinein;
> Er schlägt Dumuzi mit dem Hirtenstab auf die Wange.
> Der dritte kommt in die Hürde hinein;
> Das Gestell des heiligen Butterfasses wird fortgenommen.
> Der vierte kommt in die Hürde hinein;
> Der Becher, der an einem Haken hängt, fällt von seinem Haken.
> Der fünfte kommt in die Hürde hinein;
> Das heilige Butterfaß liegt da, keine Milch ist darin.
> Der Becher liegt da, Dumuzi lebt nicht mehr,
> Die Hürde wird dem Winde überlassen.

Es ist schwierig, mit den Hilfsmitteln, die uns bis jetzt zur Verfügung stehen, ein vollständiges und zuverlässiges Bild von Dumuzis Charakter und seiner Bedeutung zu zeichnen. Ein großer Teil des Textmaterials ist noch unbearbeitet, anderes liegt nur in veralteten und unzureichenden Bearbeitungen vor. Falkenstein, der bei einem Assyriologentreffen 1952 seine Ansicht über das literarische Material darlegte, vertrat die Auffassung, daß Dumuzi ursprünglich ein König gewesen sei, der aus dem einen oder anderen Grunde im Laufe der Zeit als Gott angesehen wurde[28]. Jacobsen, der sich lange mit dem Dumuzi-Problem befaßt hat, hat bisher nur eine für einen größeren Leserkreis bestimmte Zusammenfassung vorgelegt[29], in der bloß ein Bruchteil des Materials dargeboten wird. Er sieht in der Gestalt des Dumuzi aus historischer Zeit vier Komponenten, die ursprünglich selbständige Gottheiten gewesen sind:

1. Ama-uschumgal-anna ist eigentlich die Lebenskraft in der Dattelpalme. Mit ihm gehören die Riten der Heiligen Hochzeit (hieros gamos) zusammen,

---

[27] Kramer, Sumerians 156ff.; B. Alster, Dumuzi's dreams, Kopenhagen 1972.

[28] A. Falkenstein in: Comptes rendus des recontres assyriologiques 3, 41ff.

[29] T. Jacobsen, History of religions 1, 1961–1962, 189ff.; ders., Treasures 25ff.

und es ist das Liebesglück und die Geborgenheit, die seinen Kult beherrschen.

2. Dumuzi, der Hirt, manifestiert sich von allem in der Milch, und mit ihm gehört der Gedanke an Tod, Trauer und Klage zusammen. Die Klage der Mutter in der Wüste über seinen Tod ist ein grundlegendes Motiv.

3. Ein anderer Dumuzi tritt im Getreide hervor; die Ernte und das Mahlen des Getreides bedeuten den Tod des Gottes, und in den Texten treten Schuldgefühle zu Tage.

4. Damu, „das Kind“[30], bedeutet schließlich das aufsteigende Wasser des Frühlings – und vor allem den Saft in Bäumen und Büschen. Es gibt eine ganze Anzahl von Texten, die davon reden, wie man den toten Gott beklagt, wie ihn seine Mutter zwischen Bäumen und Schilfrohr und in der Wüste sucht und wie er schließlich gefunden wird und im Triumph „aus dem Fluß“ zurückkehrt[31].

Dieser letztgenannte Kult soll nach Jacobsen ursprünglich in den südlichsten Teil des Landes mit seiner Gartenbaukultur gehören, sich dann nach Norden ausgebreitet haben und mit der Verehrung des Hirten Dumuzi verschmolzen sein. Diese Kombination tritt u.a. in einem Text „Im frühen Grase“ hervor, der von einer Klage über den Tod des Gottes spricht und davon, wie ihn die Mutter im Schilf und in der Wüste sucht – wobei sie erzählt, wie er von den *galla*-Dämonen entrückt wurde. Schließlich sucht sie ihn im Totenreich; auch hier scheint es sich um seine Rückkehr zu handeln[32].

Es ist nicht leicht, ein Urteil über diese Deutung abzugeben, solange das Material, auf das es sich stützt, nicht vollständig zugänglich ist. Es ist offenkundig, daß die konsequent naturmythologische Auffassung, die Jacobsen vertritt, nicht die ganze Wahrheit bilden kann. Es ist auch nicht sicher, ob wir eher von vier ursprünglich selbständigen Gottheiten oder von vier Aspekten oder Manifestationen ein und desselben Gottes sprechen sollen.

Wie dem auch sei – Jacobsen weist selbst darauf hin, daß das Todesmotiv nicht nur mit Dumuzi verknüpft ist. Im Mythus von Enlil und Ninlil („Die Geburt des Mondgottes“) wird Enlil zur Strafe für eine sexuelle Übertretung in die Unterwelt verwiesen, und ein anderer Mythus spricht vom Verschwinden des Gottes Ischkur in der Unterwelt und seiner Errettung daraus[33]. Daß wir hier verschiedene mythische Ausdrücke für das Absterben des Lebens während des heißen und dürren Sommers vor uns haben, ist kaum zu bezweifeln, und daß diese Mythen ihren Platz in damit zusammenhängenden Riten gehabt haben, ist jedenfalls höchstwahrscheinlich. Unterschiedliche wirtschaftliche Verhältnisse haben später die weitere Ausbildung des Motivs zur Folge: Viehzucht, Getreideanbau und Obstbau – jedes von ihnen erhält seine eigene Dumuzi-Gestalt.

Man hat in jüngster Zeit verneint, daß die Texte etwas von Dumuzis „Auferstehung“ enthalten sollen. Im Lichte dessen, was hier von Damu gesagt

---

[30] Damu ist auch Heilgott, s. E. Bergmann, ZA NF 22, 1964, 34. 36.

[31] T. Jacobsen, PAPS 107, 406.

[32] PAPS 107, 478f., Anm. 16; Jacobsen, Treasures 63ff.

[33] PAPS 107, 476, Anm. 7. Vgl. auch den Text vom Leiden des Lillu, AOT 272f.

wurde, müssen wir dies als eine Übertreibung ansehen. Tatsächlich gibt es auch einen Text, der sagt:

> Du (Dumuzi) ein halbes Jahr, deine Schwester ein halbes Jahr –

was im Zusammenhang bedeutet, daß Dumuzi während eines halben Jahres auf Erden leben durfte, während seine Schwester Geschtinanna in der Unterwelt war[34].

In den Klagelitaneien wird Dumuzi oft mit anderen Göttergestalten gleichgesetzt[35], unter ihnen Ningischzida, „der Herr des guten Baumes". Dies ist ein erdgebundener (chthonischer) Gott, der z.B. auch im babylonischen Adapa-Mythus zusammen mit Tammuz (= Dumuzi) auftritt. Ferner wird in den Liturgien eine lange Reihe von toten Königen mit Dumuzi gleichgesetzt, was wohl als eine Folge der Vorstellung vom König als dem Inbegriff der Fruchtbarkeitskräfte zu verstehen ist. Bei der Feier der Heiligen Hochzeit spielte ja auch jeder König die Rolle des Dumuzi. Es sieht so aus, als hätten wir hier das Verbindungsglied zwischen dem König Dumuzi und dem Gott gleichen Namens, eine Kombination, die Falkenstein ganz besonders aufgefallen ist.

Typisch für die Dumuzi-Liturgien ist der sozusagen sentimentale Einschlag: Der Ausdruck von Sympathie und Mitleid, Trauer und Schmerz[36]. Die Verzweiflung und die Sehnsucht der Mutter oder der Ehegattin erhält einen ergreifenden Ausdruck. Dumuzis bemitleidenswerte Lage wird ausführlich geschildert: Er ist gebunden und gefesselt, geschlagen und blutig liegt er da. Im Zusammenhang damit wird betont, wie das Leben im Lande gleichsam stillsteht, wenn er fort ist – der Acker gibt kein Korn und keinen Flachs, der Garten keinen Wein und keinen Honig, keinen Salat und keine Kresse; der Wald liefert kein Wildbret, der Fluß füllt sich nicht mit Fischen, und im Palast ist das Leben des Königs in Gefahr[37]

Einige kurze Zitate können eine Vorstellung vom Charakter der Klagelieder vermitteln:

> O weh, ihr Gemahl! O weh, ihr Sohn!
> O weh, ihr Haus! O weh, ihre Stadt!
> Ihr gefangener Gatte, ihr gefangener Sohn,
> Ihr toter Gatte, ihr toter Sohn,
> Ihr Gatte, für Uruk verloren in Gefangenschaft,
> Verloren für Uruk und Kullab im Tode,
> Er, der nicht mehr in Eridu badet,
> Der sich nicht mehr in Erub mit Seife abreibt,
> Der von keiner Schutzgottheit mehr mütterlich betreut wird,
> Der die Arbeit der Mädchen in der Stadt nicht mehr versüßt,

---

[34] Å. Sjöberg, Svensk exegetisk årsbok 31, 1966, 137.
[35] PAPS 107, 476f., Anm. 8.
[36] T. Jacobsen, History of religions 1, 192f. 203f.
[37] CTBT XV, 26 nach PAPS 107, 477f.

Der sich nicht mehr mit den Jungen in der Stadt schlägt,
Der sein Schwert nicht mehr unter den Wächtern der Stadt schwingt,
Der Kamerad, der nicht mehr geehrt wird[38].

... Mein Gemahl wohnt nicht mehr (hier),
Der Hirt, der Herr Dumuzi wohnt nicht mehr (hier),
Der Herr des Stalles wohnt nicht länger (hier),
Er, der die Gewächse im Lande erschafft, wohnt nicht mehr (hier),
Der Herr der Kraft wohnt nicht mehr (hier).
Wenn er da liegt, ruhen auch Schaf und Lamm,
Wenn er da liegt, ruhen auch Ziege und Zicklein.
Ich, auf die Wohnung der Tiefe will ich achten,
Auf die Wohnung des Kraftvollen will ich achten ...
Der Kraftvolle, im Berg ist er eingeschlossen,
Der Kraftvolle, im Berg ist er besiegt.
Um des Kraftvollen, des Herrn willen
Esse ich keine Speise, um des Herrn willen,
Trinke ich kein Wasser, um des Herrn willen ...[39]

Rohrflöte der Klage! Mein Herz spielt die Rohrflöte der Klage für ihn in der Wüste,
Ich, Eannas Herrscherin, die des Feindes Land verheert,
Ich, Ninsun, die Mutter des Herrn,
Ich, Geschtinanna, die Schwiegertochter des Himmels.
Mein Herz spielt die Rohrflöte der Klage für ihn in der Wüste,
Spielt dort, wo der Jüngling weilte,
Spielt dort, wo Dumuzi weilte,
Unter der Erde, auf dem Hirtenhügel.
Mein Herz spielt die Rohrflöte der Klage für ihn in der Wüste,
Dort, wo der Jüngling weilte, er, der gefangen ist,
Dort, wo Dumuzi weilte, er, der gefangen ist,
Dort, wo das Mutterschaf mir das Lamm gab[40].

Ninurta („Herr der Erde") galt als Enlils Sohn und wurde zusammen mit ihm in Nippur verehrt. In den Hymnen wird er dafür gepriesen, daß er den Herden Gedeihen verleiht, den Äckern Fruchtbarkeit und den Gewässern Fischreichtum. Er wird „Bauer seines Vaters Enlil" genannt, und in einem Weisheitstext[41] gibt er seinem Sohn Anweisung, wie man den Acker pflügen

[38] Jacobsen, History of religions 1, 193f.
[39] H. Zimmern, Sumerische und babylonische Tamuzlieder, Leipzig 1907, Nr. 5.
[40] Jacobsen, History of religions 1, 199f.; vgl. SAHG Nr. 35.
[41] „Farmer's almanac", Kramer, Sumerians 340ff.

soll. Aber er hat auch typisch kriegerische Züge: Er kämpft gegen das „aufrührerische“ Feindesland, das Sumer bedroht, besonders gegen die Bergvölker. Ein großer Gedichtzyklus, den Kramer „Ninurtas Taten“ genannt hat[42], spricht u.a. von seinem Kampf gegen den Dämonen Asag oben im Bergland. Nachdem der Dämon getötet ist, kommt jedoch Hungersnot über das Land, und Ninurta häuft Steine auf, um die schädlichen Wassermassen fernzuhalten und um das Süßwasser Leben hervorbringen zu lassen.

Die Schilderung wird ab und zu von hymnischen Partien unterbrochen; sie endet mit einem Fluch über die Steine, die Ninurta behindert haben, und mit einem Segen über die Steine, die ihm dienten.

Über die Deutung des Mythus herrschen geteilte Meinungen: Kramer sieht ihn als einen Kampf gegen die Mächte der Unterwelt an, andere denken an historische Feinde im Bergland[43], während Jacobsen ihn als einen Naturmythus deutet, der auf die Frühjahrsgewitter anspielt – wobei Asag die Winterkälte und Ninurta die Frühlingskräfte sein sollen. Da eine vollständige moderne Ausgabe fehlt, ist es schwierig, eine Entscheidung zu treffen.

In Lagasch scheint Ninurta unter dem Namen Ningirsu („Herr des Stadtteils Girsu“) verehrt worden zu sein. Auch dieser tritt unter zwei Aspekten auf, nämlich teils als Fruchtbarkeits- und Vegetationsgott mit dem Beiwort „Herr des Ackerlandes“, „Enlils oberster Pächter“ und „der, welcher Feld und Kanal in Ordnung hält“ – teils auch als kriegerischer Gott, der den fremden Ländern Schrecken einjagt[44]. Im Tempelbau-Hymnus Gudeas tritt er auch als Gott auf, der Rechtsprechung übt. Er zeigt sich dem Gudea in Träumen „mit Flügeln wie der Vogel Imdugud, mit einem Unterleib wie ein Orkan“. Der Adler Imdugud mit einem Löwenhaupt ist sein Symboltier und Emblem. Der Gudea-Hymnus spielt darauf an, wie er eine Reihe von mythischen Wesen bezwungen hat, u.a. „das Wildschaf mit sechs Köpfen“, „den Löwen mit sieben Köpfen“, „den guten Drachen“ und „den Löwen, der die Götter erschreckt“. Es ist auch die Rede von seiner heiligen Hochzeit mit der Stadtgöttin Baba (oder Bau).

Das sumerische Pantheon kennt noch eine große Anzahl von anderen Gottheiten. Ischkur ist der Gott des Sturmes und des Gewitters, der hauptsächlich in seinem zerstörerischen Aspekt als Herr des Hagels und der Überschwemmung verehrt wird. Nerigal ist der Gott der Unterwelt, hat aber auch mit der brennenden Sonnenhitze, mit Schilfbränden und Fiebererkrankungen zu tun; seine Gemahlin ist Ereschkigal. Gibil ist der Gott des Feuers in doppeltem Sinne, teils Lichtbringer, teils Urheber von Feuersbrünsten und Schilfbränden. Als sein Vater gilt Nusku, der auch ein Feuer- und Lichtgott ist. Ninazu ist ein Gott der Unterwelt, der aber auch als Gott der Heilkunst verehrt wird. Andere Gottheiten mit ähnlicher Funktion sind die Göttinnen Gula und Nininsina.

---

42 Kramer, Mythology 80ff.; ders., Sumerians 151ff.; s. auch Jacobsen, Treasures 129ff. Ältere Ausgabe: S. Geller, Altorientalische Texte und Untersuchungen 1/4, 1917.

43 Wörterbuch der Mythologie I, 115.

44 SAHG Nr. 32, IX–X.

Nisaba ist die Göttin des Getreides und der Schreibkunst. Nansche (Nazi) ist eine Göttin, die in einem Hymnus als Hüterin des Rechtes besungen wird (siehe unten).

Von besonderem Interesse ist der persönliche Schutzgott, den in jedem Fall der König, aber vielleicht auch alle anderen Menschen haben sollen. Er kann eine der untergeordneten Gottheiten oder ein ganz spezieller Gott sein. Man spricht von ihm als „mein Gott“ und erwartet, daß er bei Bedarf für seinen Schützling vor den großen Göttern Partei ergreift und Fürbitte für ihn einlegt. Bilder zeigen, wie er den Betreffenden bei der Hand nimmt und zu einem der großen Götter hinführt.

Ein Gedicht, das „der sumerische Hiob“ genannt worden ist, spricht geradezu davon, wie ein leidender Mann durch inständiges Gebet zu „seinem Gott“ schließlich Hilfe erlangt und aufgerichtet wird. Jacobsen meint, daß diese persönliche Schutzgottheit ursprünglich eine Personifikation des menschlichen Glücks gewesen sei – seiner Fähigkeit, zu denken und zu handeln –, die erst allmählich mit einem der kleineren Götter im Pantheon identifiziert worden sei[45]. Wenn das vielleicht auch nicht zu beweisen ist, so steht doch fest, daß es sich um einen besonderen Schutzgott des einzelnen Menschen und der Familie handelt. „Einen Gott zu erwerben“ ist eine Redensart, die angewandt wird, um einen auffallenden Erfolg zu bezeichnen.

Es heißt auch, daß der Mensch ohne einen (persönlichen) Gott nicht sein tägliches Brot erwerben oder tapfer im Streit sein kann[46], wie auch:

> Wenn du im voraus planst, ist dein Gott dein,
> Wenn du nicht planst, ist dein Gott nicht dein[47].

Mythologie

Die sumerische Literatur ist besonders reich an mythologischem Material. Leider ist vorerst nur ein kleinerer Teil davon vollständig veröffentlicht – für das übrige müssen wir uns bis auf weiteres mit den Inhaltsübersichten von S.N. Kramer begnügen[48], die teilweise der Kritik anderer Forscher ausgesetzt waren[49].

Kramer meint, daß die sumerischen Mythen nicht als Ritualtexte anzusehen sind. „Praktisch alle sumerischen Mythen sind ihrer Art nach literarisch und ätiologisch.“ Es wird jedoch nicht deutlich, worauf er dieses Urteil gründet –

---

[45] PAPS 107, 482; Jacobsen, Treasures 155ff.

[46] E. Chiera, Sumerian texts of varied contents, Chicago 1934, I/1, 15–18.

[47] RA 17, 1920, 122, III und IV, 5–8. Beide zitiert: The intellectual adventure of ancient man, hg. v. H. Frankfort, Chicago 1946, 204.

[48] Kramer, Mythology; ders., Geschichte; ders., Mythologies of the ancient world; ders., Sumerians.

[49] T. Jacobsen, JNES 5, 1946, 128ff.; M. Lambert–R. Tournay, RA 43, 1949, 105ff.

abgesehen von der Behauptung, daß die Mythen oft fälschlicherweise als gesprochener Teil eines Ritus angesehen worden sind. Daß die Mythen ätiologisch sind, d.h. darauf abzielen, die Ursache oder den Ursprung einer wichtigen Erscheinung zu erklären, ist kein Argument gegen ihre rituelle Funktion, denn umgekehrt ist es kennzeichnend für den kultischen Mythus, daß er von dem Geschehen der Urzeit berichtet, das der Erscheinung zugrunde liegt, die der Ritus fördern will. Für eine kultische Verwendung zumindest bestimmter Mythen spricht die Tatsache, daß sie durch hymnische Partien eingeleitet und (bzw. oder) damit abgeschlossen werden.

Was „Ninurtas Heldentaten" anbelangt, hat bereits Geller in seiner sehr fragmentarischen Ausgabe vom Jahre 1917[50] eine rituelle Funktion angenommen, aber das gleiche gilt z.B. auch von „Enki und der Weltordnung". Daß die sogenannten Streitgespräche, bei denen zwei mythologische Figuren miteinander wetteifern, indem sie ihre eigenen Vorzüge hervorheben, zum Neujahrsfest gehörten und nach der hieros-gamos-Feier ihren Platz hatten, das ist von van Dijk bewiesen worden. Damit soll nicht verneint werden, daß ein Teil der sumerischen Mythen den Eindruck macht, mehr literarisch als kultisch zu sein. Aber in den meisten Fällen dürfte es sich um Bearbeitungen ursprünglicher Kultmythen handeln.

Eigentümlicherweise kennen wir keinen eigentlichen Schöpfungsmythus aus sumerischer Zeit. Dagegen enthalten andere mythologische Texte Anspielungen, die es ermöglichen, die Vorstellungen der Sumerer von der Entstehung der Welt in gewissem Umfang zu rekonstruieren. So spielt z.B. die Geschichte von „Gilgamesch, Enkidu und der Unterwelt" auf die Zeit an, da Himmel und Erde voneinander getrennt wurden – offenbar von Enlil, dem Gott des Windes und der Atmosphäre. Ähnliche Gedanken finden sich übrigens in der ägyptischen Mythologie.

Ein anderer Text spricht deutlich davon, wie sich Himmel und Erde in einer kosmischen Hochzeit vereinen und wie die Erde infolgedessen Kräuter, Wein und Honig hervorbringt. Auf die Frage, wie Himmel und Erde entstanden sind, wird dagegen keine bestimmte Antwort gegeben. Eine Götterliste gibt die Göttin Nammu als Mutter an, die Himmel und Erde geboren hat. Diese Göttin stellt allem Anschein nach den Süßwasserozean dar, vielleicht noch konkreter die Sumpflandschaft an der Euphrat- und Tigrismündung, wo ständig neues Land durch die Ablagerungen der Flüsse entsteht[51].

J. van Dijk, der dieser Frage eine besondere Untersuchung gewidmet hat[52], meint das Vorkommen von zwei ursprünglich ganz verschiedenen Schöpfungsvorstellungen feststellen zu können. Nach der einen, die in der Hirtenkultur im Norden zu Hause war, gab es zuerst ein embryonales Weltall (manchmal offensichtlich als Berg aufgefaßt), aus dem sich der Himmel An erhob; der Himmel vereinigte sich mit der Erde in einer kosmischen Hochzeit und trennte sich dann von ihr – während Götter und Menschen als eine Frucht dieser

[50] Altorient. Texte und Untersuchungen, hg. v. B. Meissner, I/4, Leiden 1917, 307ff.
[51] Jacobsen, JNES 5, 1946, 138ff.
[52] Acta Orientalia 28, 1964, 1ff.

Hochzeit aufwuchsen. Bei dem zweiten Grundtyp, der im Süden in Eridu zu Hause ist, ist es Abzus Wasser oder Nammu oder die Mutter Erde, die den Ursprung des Lebens und der Welt bilden. Hier wird der Mensch aus Erde geformt. Beide Vorstellungen haben sich im Lauf der Zeit miteinander vermischt.

Betrachten wir die übrigen sumerischen Mythen, so ist auffallend, daß zwei Motivkomplexe stark hervortreten, nämlich das Ordnen der Welt und der Kampf gegen böse Mächte. Der Mythus von „Enki und der Weltordnung" ist ein gutes Beispiel für die erste Kategorie[53].

Ein einleitender hymnischer Abschnitt preist Enki als den Gott, der über die ganze Welt wacht, und der für die Fruchtbarkeit des Ackers sowie für das Wohlergehen des Viehs verantwortlich ist. Er hebt hervor, wie sein Wort dazu imstande ist, Wohlstand und Überfluß hervorzubringen, und betont, daß er es ist, der alle *me* (göttliche Gesetze oder Kräfte) lenkt. Nachdem bestimmte Riten im Heiligtum des Gottes besprochen worden sind, hören wir, wie Enki alles in Sumer in rechter Weise ordnet, wie er dessen *me*-Kräfte erhöht und Urs Schicksal bestimmt. Danach ordnet er auch andere Länder und gibt einem jeden seine natürlichen Reichtümer und seinen Charakter, füllt den Tigris mit Wasser, bringt die Sumpfgebiete hervor und versieht sie mit Fischen und Schilf. Er bringt den Regen hervor, schaut nach den Äckern, beschafft die Geräte für den Ackerbau und gibt den Hochebenen ihre Vegetation und ihr Vieh. Jede Erscheinung vertraut er einem Gott an, der die Verantwortung dafür trägt. Er steckt die Grenzen auf Erden ab und setzt den Sonnengott Utu „über das ganze Universum" (die Schlußpartie ist etwas dunkel: Sie zeigt Inannas Mißvergnügen mit ihrer Rolle und teilt ihr bestimmte weitere Aufgaben zu). Warum dieser Mythus keine Verankerung im Kult haben sollte, ist schwer einzusehen.

Von der Erschaffung des Menschen handelt der Mythus von „Enki und Ninmach"[54]. Er beginnt damit, daß die Götter darüber klagen, wie schwer sie es haben, sich Nahrung zu verschaffen. Man erwartet Hilfe von Enki, aber der liegt und schläft. Seine Mutter Nammu weckt ihn auf und bittet ihn, aufzustehen und den Göttern Diener zu beschaffen. Enki entschließt sich, ihrer Bitte zu entsprechen und erwidert:

> O meine Mutter, das Geschöpf, dessen Namen du genannt
> hast, existiert.
> Binde das Abbild der Götter darauf,
> Vermische das Herz mit dem Schlamm, der über dem Ozean
> ist.
> Die guten und fürstlichen Schöpfer sollen den Schlamm steif
> werden lassen –
> Laß du die Glieder dazu kommen!
> Ninmach soll an dir arbeiten.

[53] I. Bernhardt–S. N. Kramer, WZ Jena 9, 1959–60, 251 ff.; A. Falkenstein, ZA NF 22, 1964, 44 ff.

[54] Kramer, Geschichte 111.

Die Geburtsgöttinnen sollen dabei sein, wenn du formst.
O Mutter, bestimme du sein Schicksal,
Ninmach soll das Abbild der Götter darauf befestigen;
Das ist der Mensch.

Das Gedicht fährt fort mit der Beschreibung, wie Ninmach gewisse mißgestaltete und minderwertige Menschentypen erschafft, deren „Schicksal" ebenfalls bestimmt wird, d.h. sie erhalten ihre Aufgabe und ihre Versorgung. Es scheint, als ob gerade dieses letzte Moment der Kern des Mythus ist, zugleich beschreibt er eine Version der Vorstellung von der Erschaffung und Bestimmung des Menschen.

Eine andere Version liegt im einleitenden Abschnitt zum „Lehrgedicht von der Hacke" vor. Da heißt es, daß Enlil nach der Trennung von Himmel und Erde die Hacke erschuf und damit ein Loch in die Erde machte, aus dem die Menschen hervorwuchsen. In einer Hymne an Enkis Tempel in Eridu begegnen wir einem ähnlichen Gedanken:

Als allem Gezeugten sein Schicksal bestimmt war,
Als die Menschen in einem Jahr des Überflusses, das An geschaffen,
wie Gras die Erde durchbrochen hatten,
da baute Enki, der Herr des Abzu, ... sein Haus[55].

In anderen Mythen wird das Motiv von der Einführung verschiedener Kulturelemente anders ausgeführt. Im Mythus von „Inanna und Enki"[56] verlockt die Göttin den Gott, sich zu berauschen, und raubt ihm in seiner Trunkenheit alle *me,* um sie in ihre Stadt Uruk zu bringen. Als Enki zur Besinnung kommt, versucht er, die Göttin daran zu hindern, mit ihrem Raub nach Hause zu kommen – doch vergeblich. Den Schwerpunkt bildet hier offenbar die Organisation der Kultur in Uruk. Von besonderem Interesse ist dieser Text deswegen, weil er alle *me* aufzählt, die geraubt wurden (siehe oben S. 68).

Das eben erwähnte „Gedicht von der Hacke" erzählt, wie am Anfang der Zeiten dieses Gerät, das für das Pflügen der Erde und das Ziegelstreichen so wichtig ist, durch einen göttlichen Akt zustande gekommen ist. Das „Streitgespräch zwischen dem Vieh und dem Getreide" blickt zurück auf eine Zeit, in der zwei wichtige Nahrungsquellen auf göttliche Veranlassung entstanden sind. Es gab einmal eine Zeit, so heißt es, da noch keine Schafe oder Ziegen ihre Jungen ernährten, da noch kein Korn wuchs und die Götter den Gebrauch von Kleidern noch nicht kannten, sondern Gras aßen und Wasser tranken wie wilde Tiere. Da wurden Lachar und Aschnan geschaffen, die Gottheiten des Viehs und des Getreides, und Viehzucht und Ackerbau entstanden. Die Einleitung zu dem „Streitgespräch zwischen Sommer und Winter" erzählt, wie die

[55] SAHG Nr. 31.

[56] Kramer, Mythology 64ff.; G. Farber-Flügge, Der Mythos „Inanna und Enki", Studia Pohl 10, 1973; B. Alster, ZA NF 30, 1974, 20ff.

Götter der beiden Jahreszeiten eine Reihe von nützlichen und notwendigen Dingen im Bereich der Natur veranlaßt haben.

Hinter all diesen „Mythen" liegt die Überzeugung, daß jede Naturerscheinung und jedes Kulturelement sein ihm innewohnendes Gesetz *(me)* hat, seine gegebene Funktion im Haushalt des Ganzen, und daß dies das Ergebnis einer göttlichen Ordnung ist.

Zu dieser Gruppe von Mythen dürfen wir vielleicht auch den sogenannten „Mythus von Dilmun" rechnen, der oft als der Paradiesmythus der Sumerer bezeichnet worden ist. Er beginnt nach Kramers Deutung[57] mit der Beschreibung des glücklichen Zustandes im Lande Dilmun, wo keine Raubtiere wüten und wo es keine Krankheit gibt. Aber das Wasser fehlt, und da ohne dies kein Leben bestehen kann, läßt der Sonnengott auf Enkis Begehren Quellen aus der Erde hervorsprudeln. So wird Dilmun zu einem fruchtbaren Garten mit üppigem Wachstum und reichen Früchten.

In diesem Paradies läßt nun die Göttin Ninchursag acht Gewächse hervorsprießen (hier ist ein verwickelter Geburtsvorgang mit mehreren Generationen vorausgesetzt), aber trotz des Verbots ißt Enki alle acht auf. Die Göttin wird zornig, spricht eine Verwünschung über Enki aus und verschwindet. Aber die Verwünschung wirkt weiter: Acht von Enkis Organen werden von Krankheit ergriffen, und die Götter trauern. Schließlich gelingt es ihnen, den Raben zu überreden, die Göttin zurückzuholen, die nun – um den leidenden Gott zu heilen – acht Heilsgottheiten hervorbringt.

Es ist klar, daß zwischen diesem Mythus und der biblischen Paradiesvorstellung gewisse Ähnlichkeiten bestehen. Das Wasser, das aus dem Lande aufsteigt, um die Erde zu bewässern, finden wir in 1. Mose 2,6 – und das Essen verbotener Gewächse erinnert entfernt an den Baum der Erkenntnis im Garten Eden. Es handelt sich sozusagen um den allgemeinen Hintergrund des Mythus. Aber der hier vorliegende Text hat offenbar einen ganz anderen Zweck als der biblische: Er zielt auf die Erschaffung der acht Heilsgötter ab, und es wäre nicht verwunderlich, wenn er einem magisch-medizinischen Zweck gedient hätte. Es ist nämlich durchaus nicht ungewöhnlich, daß bei Beschwörungen gegen Krankheiten auf ein mythisches Ereignis zurückgegriffen wird, das als Vorbild für die gewünschte Heilung gelten kann.

Es ist auch zu erwähnen, daß zwei französische Forscher[58] mit aller Bestimmtheit erklärt haben, daß der Mythus von Dilmun aus einer Mehrzahl von Stücken verschiedener Herkunft zusammengesetzt ist und daß das Einleitungsstück (in dem die Übersetzung verschiedener Worte unsicher ist) am ehesten einen Urzustand im allgemeinen schildert – einen Zustand, ehe es noch irgend etwas gab oder bevor noch irgendeine Aktivität stattfand. In dieser Weise beginnen Urzeit-Mythen ja häufig.

Dagegen kommt der Gedanke an ein goldenes Zeitalter in einem ganz anderen Zusammenhang vor. In einem epischen Text von König Enmerkar und

---

[57] Kramer, Geschichte 111ff.; ders., Sumerians 146ff. 282f.

[58] Lambert–Tournay, RA 43, 1949, 105ff.

dem Lande Aratta findet sich ein Abschnitt, der von einer Zeit spricht, da es keine Schlangen oder Skorpione, keine Hyänen, Löwen und Wölfe gab, da der Mensch ohne Furcht lebte und einmütig Enki pries[59]. Es scheint so, als ob Enki diesem glücklichen Zustand aus Zorn oder Neid ein Ende gemacht hätte. (Nach Alster handelt es sich dagegen um eine Zukunftsvision[60].)

Dem Kampfmotiv sind wir bereits in dem Mythus von Ninurtas Taten begegnet. Es ist jedoch zu bemerken, daß dieser Mythus auch Elemente einer Schöpfung oder – vielleicht richtiger gesagt – einer Ordnung der Welt enthält: Der Gott spricht über bestimmte Steinarten Sätze aus, durch die sie ihren Charakter und ihre Natur erhalten[61].

Ein hymnenartiger Mythus erzählt von „Inannas Kampf und Sieg über den Berggott Ebech“[62]. Man hat vermutet, daß der Text geschichtliche Ereignisse widerspiegelt, nämlich die Vertreibung Utuchegals durch die Gutäer – ein Ereignis, das übrigens auch in einem (vielleicht späten) Gedicht vom Sieg über „den Drachen des Berglandes, den Feind der Götter“ ausdrücklich besungen wird.

Ein anderer Kampfmythus, den Kramer den „ersten St. Georg“ genannt hat, behandelt den Kampf des Helden Gilgamesch gegen den „Drachen“ Chuwawa im Zedernwald. Es ist jedoch zweifelhaft, ob er als ein Mythus zu betrachten ist; eher ist es eine Heldensage.

Interessant ist der Mythus von „Inanna und dem Gärtner Schukalletuda“[63]. Es wird erzählt, daß dieser die Göttin in einem Zustand der Erschöpfung fand, die Gelegenheit nutzte und intimen Umgang mit ihr hatte. Zur Strafe sandte die Göttin drei Katastrophen über Sumer: Zuerst verwandelte sie das Wasser der Quellen in Blut (vgl. 2. Mose 7,14–15), dann sandte sie vernichtende Stürme über das Land und schließlich ein Unglück, dessen Art auf Grund des fragmentarischen Textzustandes dunkel bleibt. Trotzdem gelingt es dem Sünder zu entkommen. Leider bricht der Text gerade an der Stelle ab, wo die Göttin Enki um Rat bittet, was sie jetzt tun solle.

Von einem gottgesandten Unglück handelt auch der sogenannte Sintflutmythus[64]. Leider ist er nur in Bruchstücken erhalten, so daß der Zusammenhang nicht völlig klar wird. Wir hören jedenfalls von einem Götterbeschluß, das Menschengeschlecht durch eine Überschwemmung zu vernichten, und von einem frommen und gottesfürchtigen Mann Ziusudra, der von einer göttlichen Stimme gewarnt wird. Es ist offenkundig, daß Ziusudra daraufhin ein Boot gebaut hat, um sich zu retten – aber in dem erhaltenen Text lesen wir nur von

---

59 Kramer, Sumerians 285; Falkenstein, Comptes rendus des rencontres assyriologiques 2, 16.

60 Alster, RA 67, 1973, 101 ff.

61 A. L. Oppenheim, Ancient Mesopotamia, Chicago 1964, 203.

62 Kramer, Mythology 82 f.; ders., Sumerians 171; vgl. Falkenstein, Comptes rendus des rencontres assyriologiques 2, 15 f.

63 Kramer, Geschichte 63 ff.; ders., Sumerians 162; RTAT 122 f.

64 Kramer, Sumerians 163 f.; ANET 42 ff. Ferner: W. G. Lambert – A. R. Millard, Atraḫasis, Oxford 1969.

einer Flut, die sieben Tage und sieben Nächte lang dauert, und vom Opfer des Helden an den Sonnengott, nachdem die Flut vorüber ist. Die letzten Zeilen sprechen davon, wie Ziusudra „Leben als ein Gott erhält“ und im Lande des Sonnenaufgangs wohnen darf.

Schließlich soll hier ein Mythus erwähnt werden, der davon handelt, wie der Schutzgott der semitischen Beduinen Martu eine Frau gewinnen will[65]. Durch eine Heldentat erweckt er die Bewunderung des sumerischen Gottes Numuschda, so daß dieser ihm reiche Belohnung verspricht. Er will aber keinen anderen Lohn als die Tochter des Gottes, die er auch erhält, obwohl die Freundinnen der Tochter ihr davon abraten, einen solchen Barbaren zu heiraten. Es ist klar, daß sich in diesem Hymnus historisch-politische Verhältnisse widerspiegeln, und es ist die Frage, ob er überhaupt als ein wirklicher Kultmythus zu verstehen ist.

Der Kult

Der Tempel

Nach sumerischer Auffassung ist der Mensch geschaffen, um den Göttern zu dienen. Daß dieser Dienst für die Götter peinlich genau und gewissenhaft ausgeführt würde, war deshalb von größter Bedeutung. Darüber, wie der einzelne dieser Pflicht genügte, wissen wir leider nur sehr wenig. Unsere Dokumente sprechen dagegen von dem Kult, den das Volk durch seine Tempelbeamten ausübte.

Der Mittelpunkt für das kultische Handeln war der Tempel[66]. Wir kennen durch Ausgrabungen eine große Anzahl von sumerischen Tempeln, angefangen von kleinen primitiven Gebäuden bis hin zu riesigen Prachtanlagen. Allen gemeinsam ist ein innerer Raum mit einer Nische für das Wahrzeichen oder die Statue des Gottes und einen Opferaltar. Schon bald begann man, Tempel auf einer Terrasse oder einer Plattform zu errichten. In den meisten größeren Städten gab es außerdem treppenartig geformte Tempeltürme, die Zikkurats. Ihre Funktion ist nicht klar; wahrscheinlich lag oben auf der Spitze ein kleines Heiligtum, und es ist möglich, daß der Turm den kosmischen Berg darstellen sollte, aber auch, daß man damit ein Verbindungsglied zwischen Himmel und Erde herstellen wollte.

Von einer kosmischen Symbolik zeugt eine Zeile in einem Hymnus an den Ekur-Tempel, wo es heißt, daß „der wohlriechende Zedern-Berg in seiner Mitte ist“. Der Zedernberg ist der Berg, wo die Sonne aufgeht, und der ganze Tempelkomplex ist also sozusagen eine Kopie dieses kosmischen Berges[67].

---

[65] Kramer, Mythology 98ff.; ders., Sumerians 164; vgl. Falkenstein, Comptes rendus des rencontres assyriologiques 2, 17.

[66] Über den Tempel s. H.J. Lenzen, ZA NF 17, 1955, 1ff.; R.R. Kraus, Cahiers d'histoire mondiale 1, 1963–54, 518ff.

[67] Å. Sjöberg–E. Bergmann, The collection of the Sumerian temple hymns, Locust Valley, N.Y. 1969, Nr. 2.

Die Tempel waren nicht in erster Linie Gebäude für den Gottesdienst in unserem Sinne, sondern eher die Wohnung des Gottes, wo man ihn in besonderer Weise unter den Menschen anwesend glaubte. Es war der Platz, an dem man den Dienst für den Gott, der die erste Pflicht des Menschen war, ausführen konnte.

Davon, wie ein Tempel errichtet wurde, erhalten wir eine Vorstellung in dem Bericht, den König Gudea von Lagasch von seinem Tempelbau gegeben hat. In einem Traum zeigte sich der Gott Ningirsu dem König als ein riesiger Mann mit einer Götterkrone auf dem Haupt, mit Schwingen wie ein Vogel und einem Unterleib „wie ein Orkan". Er befahl Gudea, ihm einen Tempel zu bauen. In der Vision trat u.a. auch ein Mann auf, der auf einer Tafel eine Skizze des zu bauenden Tempels zeichnete. Nachdem ihm der Traum erklärt worden war, ging Gudea ans Werk. Zuerst mußten die Stadt und ihre Einwohner gereinigt werden; keine Beschwerden, Anklagen oder Bestrafungen durften vorkommen. Die Gunst der Götter mußte man durch reichliche Opfer gewinnen. Zuletzt stand Ningirsus Tempel fertig da. Neue Reinigungsriten folgten, und Opfer wurden dargebracht. Tempelbeamte wurden eingesetzt. Danach vereinigten sich Ningirsu und seine Gemahlin Baba in einer „Heiligen Hochzeit". Ein Fest von sieben Tagen wurde gefeiert, das mit einem Festmahl für die großen Götter seinen Abschluß fand.

In den Tempeln waren Priester mit verschiedenen Fachkenntnissen angestellt. Wir kennen eine ganze Reihe von Priestertiteln, aber von ihren Aufgaben wissen wir recht wenig. Die höchste geistliche Würde hatte ein *en*-Priester inne, während ein *sanga* die Verwaltung in den Händen hatte. Der Priester, der *ischib* genannt wurde, scheint die Trankopfer und Reinigungen besorgt zu haben; der *gala*-Priester scheint Sänger und Dichter gewesen zu sein. Andere Priesterklassen hießen *guda, mach* und *nindingir*, aber ihre Aufgaben lassen sich z.Zt. noch nicht feststellen.

In Inannas Tempel gab es Eunuchen und Hierodulen (Tempeldirnen), die am Kult der Liebesgöttin teilnahmen. Alte Bilddarstellungen zeigen, daß die Priester ihren Dienst oft nackt ausübten. Rituelle Nacktheit ist auch von anderen Völkern bekannt, aber wie sie zu deuten ist, weiß man nicht mit Sicherheit.

Den Tagesablauf im Tempel kennen wir nicht im einzelnen. Wir müssen mit täglichen Opfern von Tieren und Früchten rechnen, mit Trankopfern von Wein und Bier sowie auch mit Weihrauchopfern. Die Tempelabrechnungen geben uns noch heute eine Vorstellung von den Lieferungen und dem Verbrauch.

Feste

Wir kennen die Namen einer großen Anzahl von größeren Festen, die je nach den Kultzentren verschieden waren. Leider sind wir in der Regel über Einzelheiten des Rituals recht schlecht unterrichtet, aber über das wichtigste der Feste, das Neujahrsfest, wissen wir doch ziemlich viel[68]. Offenbar war der Mittelpunkt des Festes ein hieros-gamos-Ritus, eine „heilige Hochzeit“ zwischen dem König und der Stadtgöttin, die von einer Priesterin dargestellt wurde. Die Texte lassen klar erkennen, daß bedeutende örtliche Verschiedenheiten vorhanden waren, aber im großen und ganzen ist der Gang des Festes klar.

Das Fest wurde eingeleitet durch eine Prozession mit einem Boot oder einem Wagen, die hinauf zum Tempel führte. Dabei herrschte allgemeiner Jubel in der Stadt. Es folgte ein Opfer von Stieren, Schafen oder Ziegen, das offenbar als eine Art Gabe in natura für den Hochzeitstag bestimmt war. So heißt es in einem Text aus der Zeit des Königs Schulgi (2093–2046):

> Der rechte Hirte, Schulgi, der geliebte, kleidete sich in das *Ma*-Kleid;
> Krone und Pracht des Gewandes strahlte auf seinem Haupt.
> Inanna war entzückt darüber;
> Aus ihrer Bewegung wallte ein Gedicht hervor;
> Sie stimmte einen Gesang an[69].

In heilige Gewänder gekleidet, nahte sich also der König dem Heiligtum der Göttin. Im Tempel hatte sich die Göttin schon lange auf die heilige Hochzeit vorbereitet, hatte sich gebadet, sich mit wohlduftenden Ölen eingerieben, sich in die Festtracht gekleidet und eine glänzende Krone aufgesetzt. Dies alles wird in einem anderen Text in folgender Weise beschrieben:

> Im Palaste ...
> Haben die „Schwarzköpfigen“, die Menschen insgesamt,
> Der „Herrin des Palastes“ einen Hochsitz errichtet.
> Der König, der Gott, weilt dort mit ihr.
> Daß sie das Schicksal der Länder entscheide ...
> Bereitete man am Neujahrstage, dem Tage der Kultfeiern,
> Meiner Herrin das Lager,
> Reinigte es mit Zweigen ..., von Zedern,
> Machte es meiner Herrin zum Lager,
> Legte ihr als Geschenk ein ... -Kleid zurecht.
> Daß sie sich in dem ...-Kleid von Herzen freue, das Lager genieße,
> Badet man meine Herrin für den heiligen Schoß,
> Badet sie für den Schoß des Königs,
> Badet sie für den Schoß Iddindagans ...
> Besprengt den Boden mit duftendem Zedernharz[70].

---

[68] J. van Dijk, BiOr 11, 1954, 83ff.; H. Ringgren, Religion och Bibel 18, 1959, 37ff.; S. N. Kramer, The Sacred Marriage rite, Bloomington 1969.

[69] BiOr 11, 1954, 86.

[70] SAHG Nr. 18, S. 96f.; vgl. D. Reisman, JCS 25, 1973, 185ff.

Wenn sich der König dem Tempel nähert, folgt der Liebesgesang, mit dem die Göttin, d.h. ihre Priesterin, den Bräutigam-König begrüßt. Wir zitieren wieder aus dem Schulgi-Text:

Als ich mich für den König, für den Herrn gebadet habe,
Als ich mich für den Hirten, den treuen Sohn, gebadet habe,
Wenn mein ... geschmückt ist,
Und wenn mein Angesicht von Ambra glänzt,
Wenn Augenschminke auf meine Augen gelegt ist,
Wenn sich in seiner lieblichen Hand
Meine Taille beugt,
Wenn der Herr, der bei der heiligen Inanna liegt,
Der Hirt Dumuzi, gesagt hat:
„Ich will den Schoß öffnen ..."
Wenn er mich auf dem Bett liebkost hat,
Dann werde auch ich Liebkosungen für den Herrn haben,
Ein gutes Schicksal werde ich ihm bestimmen.
Ich will seine Taille streicheln,
Ich will als sein Schicksal bestimmen,
Der Hirte der Länder zu sein ...[71]

Ein anderer derartiger Gesang lautet:

Wie üppig ist er doch: Er ist das Grün des Gartens, erfrischt vom Tau des Himmels!
Du bist mein Fruchtgarten, der den Pflückerinnen Schatten gibt, die Freude deiner Mutter,
Meine Saat, voller Lockungen in deinen Furchen, Grün des Gartens, vom Himmelstau erfrischt,
Mein ausgesuchter Granatbaum, umrahmt von Laubwerk, Grün des Gartens, erfrischt vom Tau des Himmels!
Der Honigmann, der Honigmann breitet seine Lieblichkeit über mich,
Mein ausgesuchter Granatbaum, umrahmt von Laubwerk,
Grün des Gartens erfrischt vom Tau des Himmels!
Der Honigmann, der Honigmann breitet seine Lieblichkeit über mich,
Mein *en*-Priester, der Honigmann, er ist ein Gott, die Freude seiner Mutter;
Seine Hände sind Honig, seine Füße sind Honig; er breitet seine Lieblichkeit über mich;
Du, der du mein bist, der Nabel, nachdem du ganz und gar lieblich bist, die Freude deiner Mutter,

[71] BiOr 11, 1954, 86.

Wenn du meine Scham erfreust, und der Arm herniedergeführt wird über ...
Des Gartens Freude, erfrischt vom Tau des Himmels[72].

Wir haben mehrere andere Beispiele für solche Lieder, die auffallende Ähnlichkeit mit der Poesie des biblischen Hohen Liedes haben[73]. Manchmal weitet sich der Begrüßungsgesang der Priesterin zu einem Zwiegespräch zwischen ihr und dem König aus. Hier folgt noch ein Beispiel für einen solchen Liebesgesang:

Bräutigam, lieb für mein Herz,
Anmutig ist deine Schönheit, du honigsüßer!
Löwe, lieb für mein Herz,
Anmutig ist deine Schönheit, du honigsüßer!
Du hast mich gefangen, laß mich bebend vor dir stehen,
Bräutigam, ich will von dir ins Schlafgemach geführt werden.
Du hast mich gefangen, laß mich bebend vor dir stehen,
Löwe, ich will von dir ins Schlafgemach geführt werden.
Bräutigam, laß mich dich liebkosen,
Meine kostbare Liebkosung ist süßer als Honig.
Im Schlafgemach, wenn der Honig hat fließen dürfen,
Laß uns deine herrliche Schönheit genießen!
Löwe, laß mich dich liebkosen,
Meine kostbare Liebkosung ist lieblicher als Honig ...
Dein Geist, ich weiß, wo dein Geist sich vergnügt,
Bräutigam, schlaf bis an den Morgen in unserem Hause!
Dein Herz, ich weiß, wo dein Herz sich erfreut,
Löwe, schlaf bis zum Morgen in unserem Haus[74]!

Danach folgte der eigentliche Hochzeitsritus. An diesem Punkte sind die meisten Texte recht verschwiegen, aber in einem Fall haben wir doch eine recht ausführliche Schilderung:

Der König geht stolz erhobenen Hauptes zum heiligen Schoß,
Geht stolz erhobenen Hauptes zum Schoße Inannas.
Ama-uschumgal-anna liegt bei ihr,
Liebkost ihren heiligen Leib ...
Ihren geliebten Gemahl umarmt sie,
Umarmt die heilige Inanna,
erstrahlt auf dem Thron, dem großen Hochsitz, wie der Tag.

---

[72] J. van Dijk, Orientalia Biblica Lovaniensia 1, 1957, 14.
[73] Kramer, PAPS 107, 501ff.
[74] Kramer, Sumerians 254.

Der König, leuchtend wie die Sonne, nimmt ihr zur Seite auf
dem Throne Platz.
In Überfluß, in Wonne und Freude tritt er vor sie,
Rüstet ihr ein Festmahl.
Die „Schwarzköpfigen" treten vor sie ...
Der König tut sich gütlich an Speise und Trank ...
Der Palast ist (wie) ein Fest, der König voller Freude,
Das Volk verbringt den Tag im Überfluß[75].

Aus den angeführten Texten geht hervor, daß der König die Rolle Dumuzis, des Fruchtbarkeitsgottes, spielte und daß die Priesterin die Göttin Inanna darstellte. Es dürfte daher berechtigt sein, mit diesem Ritus eine Reihe von mythischen Texten zu verbinden, die von der Liebe dieser beiden Gottheiten handelt. Einer dieser Texte berichtet, wie sich die beiden begegnen und Inanna in Liebe zu Dumuzi entbrennt; sie bittet ihren Vater um Hilfe, er soll ihr Haus herrichten, damit sie ihren Geliebten dorthin führen kann, damit er „seine Hand in meine Hand legen und sein Herz an mein Herz legen kann". In einem anderen Text kommt Dumuzi auf Besuch zur Göttin, die von ihrer Mutter den Rat erhält, ihm ihr Haus zu öffnen; dann ist davon die Rede, daß er sie „ins Haus seines Gottes führt". Ein dritter Text spricht davon, wie die beiden Liebenden ihre Mutter hinters Licht führen müssen, um zusammen sein zu können. Welche rituelle Funktion diese Texte gehabt haben könnten, ist zur Zeit noch nicht klar.

Alle Quellen sind sich jedoch darüber einig, daß der Hochzeitsritus darauf hinausläuft, daß die Göttin dem König „ein gutes Schicksal bestimmt". Was darin eingeschlossen ist, wird ganz deutlich: Die Texte sprechen von glücklicher Regierung, gutem Wachstum, reichlichem Wohlstand, von Sieg und Erfolg. Zweifellos überwiegen die Ausdrücke, die mit Fruchtbarkeit verbunden sind, und wir müssen mit einem Analogiedenken rechnen, in dem das Geschehen des Ritus mit dem gleichgesetzt wird, was man durch ihn zu erhalten wünscht. Mit anderen Worten: Durch seine Vereinigung mit der lebenspendenden Göttin der Liebe sichert der König seinem Lande Leben und Fruchtbarkeit. Aber es ist doch deutlich, daß „ein gutes Schicksal" auch noch viel mehr umfaßt – nämlich alles, was man von einer guten Regierung erwartete.

Auf den eigentlichen Hochzeitsritus folgte ein Festmahl, bei dem der König und die Priesterin als Repräsentanten für den Gott und die Göttin den Vorsitz führten. Dabei gab es auch Musik und allerlei Belustigungen. In diesen Zusammenhang gehört eine Gruppe von Texten, die auf sumerisch *adaman-du-ga* genannt werden. Es ist eine Art von Wortgefechten oder Streitgesprächen, z.B. zwischen Sommer und Winter, zwischen Bauer und Hirte, zwischen Kupfer und Erz oder zwischen Hacke und Pflug – und das Ganze läuft darauf hinaus, daß jeder Teil seine eigenen Verdienste möglichst hervorhebt und den Wert des Gegners zu mindern sucht. Diese Gedichte bestehen im allgemeinen aus zwei

---

75 SAHG Nr. 18, S. 97f.

Hauptteilen: 1. einer Rahmenerzählung, die eine mythologische Vorgeschichte, oft weit zurück bis in die Urzeit, gibt und den göttlichen Richterspruch enthält, der den Zwist entscheidet, und 2. dem Gespräch selbst. Wahrscheinlich wurden diese Streitgespräche nach Art eines Dramas aufgeführt. Sie scheinen indessen keinen wesentlichen und zentralen Teil des eigentlichen hieros-gamos-Ritus auszumachen. Vielleicht haben sie mehr zur Unterhaltung gedient[76].

Es ist bemerkenswert, daß all die ausfürlichen Texte, die von der Heiligen Hochzeit reden, aus einer einzigen Periode stammen, und zwar gerade der Periode, in der die Könige ihre Namen durchgängig mit dem Zeichen (Determinativ) für „Gott" versahen. Man nimmt daher an, daß das Feiern einer Götterhochzeit in irgendeiner Weise mit dieser Göttlichkeit des Königs zusammenhing. Andererseits ist die Heilige Hochzeit offenbar auch in den anderen Zeitabschnitten der sumerischen Geschichte gefeiert worden.

Es gibt aber auch einen interessanten Text, der das Neujahrsfest und die Schicksalsbestimmung in Zusammenhang mit der Darbringung von Erstlingsopfern bringt. Er beschreibt, wie der König Erstlingsopfer zu Nannas Tempel bringt, und wie sich der Gott darüber freut:

> Enlil freute sich über die Mahlzeit und bestimmte ihm ein gutes Geschick;
> Die Mutter, die ihn zur Welt gebracht hatte, die große Königin Ninlil, begrüßte ihn.
> Su'en redete mit Enlil und Ninlil;
> Er bat sie, Siniddinams Schicksal für eine ferne Zukunft zu bestimmen:
> Möge das Leben des demütigen Hirten durch eure rechten Worte verlängert werden,
> Möge ein Leben für immer als sein rechtmäßiges Schicksal bestimmt werden,
> Möge ihm ein Los ewigen Lebens gegeben werden ...
> Möge er den Namen dieses Jahres groß machen ...
> Jahre von Macht, Tage von Leben, Monate von Frieden laßt uns für ihn bestimmen,
> In seinem Palast sollst du ihm Freude des Leibes und Herzens im Überfluß bereiten[77].

Wir kennen die Namen von verschiedenen anderen Festen, und wir haben Listen über die Opfer, die dabei dargebracht wurden. Aber wir haben keine ins einzelne gehenden Auskünfte über ihren genauen Inhalt. Monatsnamen wie „Monat des Gazellenessens" oder „Monat, da man Ningirsus Korn ißt", „Mo-

[76] van Dijk, Sagesse suméro-accadienne 31ff.
[77] J. van Dijk, JCS 19, 1965, 21f.

nat, da Baba in ihren Tempel zog", „Monat des Schafschur-Hauses" geben gewisse Andeutungen, aber leider nicht mehr[78]. Es gibt auch Notizen darüber, daß der Neumond mit einem Fest von drei Tagen gefeiert wurde und daß man bei Vollmond ein besonderes Opfer darbrachte.

Den Mythus von Dumuzis Tod und seine Rückkehr zum Leben haben wir bereits erwähnt. Wir haben allen Grund anzunehmen, daß die Texte, die davon handeln, in Wirklichkeit Rituale für ein jährliches Fest sind, dessen Hauptinhalt die Klage über den Tod des Gottes, das Suchen der Göttin nach dem verschwundenen Gott und die Freude über seine schließliche Rückkehr gewesen ist. Manche Zeichen deuten darauf hin, daß ähnliche Motive auch mit anderen Göttern verbunden waren (jedenfalls mit Enlil und Ischkur) und daß diese Riten im Sommer ausgeführt wurden, wo es wenig Wasser gab und das Leben der Natur sozusagen eine kritische Periode durchmachte[79]. Jacobsen weist darauf hin, daß jedenfalls viele sumerische Könige nach ihrem Tode mit Dumuzi identifiziert wurden und daß die Litaneien oft ein besonderes Interesse für den Platz bekunden, an dem der tote Gott „liegt", d.h. sein Grab hat. Er zieht daraus den Schluß, daß wir es hier mit der Vorstellung vom Herrscher als einer magischen Quelle der Fruchtbarkeit zu tun haben, dessen Kräfte noch nach seinem Tode aus seinem Grabe hervorströmten[80].

Es gibt aber eine andere Gruppe von Klageliedern, die manchmal den Dumuzi-Gesängen gleichgestellt worden sind und deshalb hier behandelt werden müssen. Es handelt sich um die Klage darüber, daß eine Gottheit ihr Heiligtum und ihren Tempel verlassen hat und die Stadt daraufhin zerstört worden ist.

Der ausführlichste dieser Texte ist die „Klage über Urs Zerstörung"[81]. Sie spricht in verzweifelten Ausdrücken von der Katastrophe, die über die Stadt hereingebrochen ist: Der Mondgott hat seinen Tempel verlassen, die Stadt ist von Feinden (Elamitern) zerstört worden, die Bevölkerung klagt bitter, und Ningal, die Gemahlin des Mondgottes, beweint die Zerstörung des Tempels, die durch Ans und Enlils Verwünschung ausgelöst wurde. Wie kannst du noch leben, so fragt sie der Dichter, wenn deine Stadt in Ruinen liegt, keine Opfer in deinem Tempel mehr dargebracht und keine Feste dir zu Ehren gefeiert werden? Deine Stadt klagt vor dir. Du hast dein Haus verlassen. Wie lange willst du noch abseits stehen? Mögen An und Enlil bald bestimmen, daß du in deine Stadt zurückkehren darfst.

Ein anderer Text aus der Zeit des Königs Ibbisin (ca. 2027–2003) schildert die Verödung, die Sumer durch den Zorn der Götter getroffen hat: Alle Ordnung ist aufgehoben, der Feind richtet Verwüstungen an, und Vieh und Saaten gedeihen nicht[82].

---

[78] Kramer, Sumerians 140; B. Landsberger, Der kultische Kalender der Babylonier und Assyrer (LSSt 6), 1915, passim.

[79] PAPS 107, 476, Anm. 7.

[80] PAPS 107, 477, Anm. 8.

[81] Kramer, Sumerians 142f.; ANET 455ff.; SAHG Nr. 38.

[82] SAHG Nr. 37; vgl. S. N. Kramer, Iraq 25, 1963, 171f.

Eine Klage über Nippur schließt in einem hoffnungsvolleren Ton mit dem Wiederaufbau der Stadt durch Ischmedagan (ca. 1953–1935)[83].

Eine Weiterentwicklung dieser Kategorie bildet der Text, der den Titel „Fluch über Akkad" trägt[84]. Hier wird zunächst das reiche und glückliche Leben in Akkad geschildert, während die Stadt unter Inannas Schutz stand. Dann ereignete sich die Katastrophe: Die heilige Inanna ließ ihre Gaben unberührt, die Stadt wurde von Furcht ergriffen, und schließlich verließ die Göttin ihre Stadt und ihren Tempel, „ging davon, wie ein Mädchen ihr Zimmer verläßt" – und griff schließlich die Stadt mit feindlichen Waffen an. Die Ursache wird den Verfehlungen König Naramsins gegenüber Enlil zugeschrieben.

Man könnte vermuten, daß diese Gesänge bei besonderen Klagezeremonien vorgetragen wurden, die durch historische Ereignisse ausgelöst wurden. Wenn dies zutrifft, so ist die Akkad-Klage von großem Interesse, da sie zeigt, wie historische Katastrophen als eine Folge göttlichen Zornes gedeutet wurden[85].

Für alle angeführten Beispiele ist bezeichnend, daß das Gedeihen der Stadt im engen Zusammenhang mit der Anwesenheit des Gottes in seinem Tempel steht. Deshalb ist die Zerstörung des Tempels ein so großes Unglück. Aber es besteht eine Neigung zu feststehenden Wendungen in der Klage, und man hat deshalb gefragt, ob die Vernichtung der Stadt und des Tempels in gewissen Fällen von symbolischer und ritueller Art sei. Das ist besonders der Fall, wenn die Klage in erster Linie dem Verschwinden des Gottes gilt – seine Rückkehr würde dann die Wiederherstellung der glückbringenden Ordnung bedeuten. Dieser Gesichtspunkt war besonders ausschlaggebend für Witzel, als er eine große Anzahl solcher Gesänge in die Rubrik Tammuz-Liturgien einordnete[86]. In einer Mehrzahl von Fällen begegnen wir hier Schilderungen, wie Enlils Wort (Sturm, Unwetter) zur Vernichtung führt. Nach Witzels Theorie soll also diese Vernichtung jedes Jahr im Kult symbolisch dargestellt worden sein, und regelmäßig sollte ihr dann die Wiederherstellung normaler Verhältnisse im Tempel gefolgt sein. Da aber die Übersetzungen, auf die er baut, unsicher und in vielen Fällen ganz gewiß falsch sind, dürfte es klug sein, in dieser Frage kommende Untersuchungen abzuwarten. Die längeren Texte, von denen wir hier gesprochen haben, werden von Kramer und Falkenstein jedenfalls als Anspielungen auf historische Ereignisse betrachtet[87].

---

[83] Kramer, Sumerians 208.

[84] Ebenda 72ff.; A. Falkenstein, ZA NF 23, 1965, 43ff.

[85] Falkenstein a. a. O. 48f. hebt hervor, daß die Gutäer ein ständig wiederkehrender Topos in solchen Klageliedern geworden seien und daß jedenfalls der Akkad-Fluch nicht direkt eine historische Wirklichkeit widerspiegele. Er ist gegen Akkad gerichtet, und Inanna wird für dessen Zerstörung gepriesen.

[86] M. Witzel, Tammuzliturgien und Verwandtes (AnOr 10), Rom 1935.

[87] Vgl. Landsberger, Der kultische Kalender 5f.: Die Abwesenheit des Gottes ist eine „Fiktion". Ein Teil dieser Klagefeste beruht auf historischer Tradition. Das Problem ist neuerdings behandelt von J. Krecher in der Einleitung zu seiner Sumerischen Kultlyrik,

Hymnen

Zum Kult gehörten Gesang und Musik. Eine große Anzahl von Hymnen mit wechselnder Form und wechselndem Inhalt sind erhalten geblieben und bilden vielleicht unsere beste Quelle für die Kenntnis der sumerischen Religion. Der Stil ist für unseren Geschmack mit seinen vielen Wiederholungen in der Regel etwas langatmig; doch dürfte das auf den liturgischen Gebrauch zurückzuführen sein.

Die Sumerer selbst unterschieden mehrere Arten von Hymnen und Psalmen, allem Anschein nach je nach der Art der Ausführung oder nach den Musikinstrumenten, die bei der Begleitung des Vortrags Verwendung fanden (vgl. die Psalmenüberschriften des Alten Testaments). Wir sind vielleicht mehr an einer inhaltlichen Gruppierung der Hymnen interessiert. Die weitaus größte Gruppe besingt die verschiedenen Götter und ihre Eigenschaften. Im vorhergehenden sind bereits Auszüge aus mehreren solcher Hymnen angeführt. In manchen Fällen ist dem Hymnus ein Gebet für den regierenden König beigefügt. Das Erhöhen der Eigenschaften des betreffenden Gottes bildet also den Hintergrund für ein Gebet um bestimmte milde Gaben – vor allem um Kraft für eine gute Regierung.

Eine andere Gruppe von Hymnen richtet sich an bestimmte Tempel. Hier wird die Pracht des Gebäudes, die Schönheit des Tempeldienstes und die Größe des Gottes besungen. Wir kennen eine Mehrzahl solcher Hymnen, ein Teil von ihnen ist von bedeutender Länge. Besonders iinteressant ist eine Sammlung von kurzen Hymnen an alle wichtigen Tempel in Sumer und Akkad[88]. Der früher erwähnte Text vom Tempelbau Gudeas gehört eigentlich auch hierher. Als Beispiel seien hier einige Zeilen aus einem Hymnus an Enkis Tempel in Eridu angeführt:

> ... In Silber und Lapislazuli, die wie der Tag leuchten,
> Ist das Haus im Abzu mit aller Schönheit geziert,
> Ragt seine helle, kunstvolle Form aus dem Abzu auf:
> Alle (Götter) gehen zum Herrn Nudimmud.
> Aus Silber hat er das Haus gebaut, es mit Lapislazuli geziert,
> Es großartig mit Gold überzogen,
> In Eridu hat er das Haus ans Ufer (des Meeres) gebaut ...
> Eridu, dein Schatten breitet sich bis über die Mitte des Meeres,
> Tobende See, die keinen Widerpart hat,
> Breiter Strom, der (dem Feinde) Furcht einflößt,
> das Land beruhigt! ...

Wiesbaden 1966, bes. 46ff., jedoch ohne daß bestimmte Schlußfolgerungen gezogen werden.

[88] Å. W. Sjöberg–E. Bergmann, The collection of Sumerian temple hymns, Locust Valley 1969.

Zur Seite liegt das Röhricht,
In seinem grünenden Garten, der reiche Früchte trägt,
Brüten die Vögel.
Dort bringen die Barsche die junge Brut hervor,
Bewegen die Karpfen im niedrigen Rohr den langen Schwanz.
Wenn Enki sich erhebt, erheben sich zu ihm die Fische in ...
Zu aller Staunen tritt Enki zum Abzu,
Bringt den Ozean in Freude.
Auf dem Meer liegt die Furcht vor ihm,
Dem Strom erscheint er in schrecklichem Glanze,
Der Euphrat steigt vor ihm (wie vor) einem starken Südsturm ...
Dafür, daß er für Eridu das Haus aus Silber gebaut hat,
Sei dem Vater Enki Preis[89]!

Es gibt eine bedeutende Gruppe von Hymnen, die sich mit dem König beschäftigen. Er kann entweder in der dritten Person besungen werden, und dann wird er oft in Redewendungen gepriesen, die ebenso gut auf einen Gott passen können. Oder der König kann sich selbst in den überschwenglichsten Ausdrükken preisen. Wir werden auf die Königshymnen im Zusammenhang mit der Königsideologie noch zurückkommen; hier geben wir nur ein Beispiel, um diesen „Ich-Stil" zu beleuchten.

Ich, der König, bin von Mutterleib an ein Held,
Ich, Schulgi, bin von Geburt an der mächtige Mann.
Ich bin ein Löwe mit wildem Blick, vom Drachen geboren,
Bin der König der vier Weltgegenden,
Bin der Hüter, der Hirte der „Schwarzköpfigen",
Bin der Held, der Gott aller Länder.
Das Kind, das Ninsuna geboren hat,
Der, den der heilige An ins Herz berufen,
Dem Enlil das Schicksal bestimmt hat,
Schulgi, der Geliebte der Ninlil, bin ich.
Der weise Schreiber der Nisaba bin ich,
Gleich meiner Heldenhaftigkeit, gleich meiner Kraft,
Ist mein Wissen vollendet,
Wetteifere ich mit seinem feststehenden Wort.
Das Rechte liebe ich,
Das Böse verachte ich,
Feindseliges Wort hasse ich:
Ich, Schulgi, bin der mächtige König, der allem vorangeht[90].

---

[89] SAHG Nr. 81.
[90] SAHG Nr. 24.

Wie weit die Königshymnen einen Platz im Kult gehabt haben, ist ungewiß. Falkenstein meint beweisen zu können, daß sie nicht im eigentlichen Sinne kultisch waren, und für die Selbstpreisung findet er das ganz selbstverständlich[91]. Andererseits haben wir keinerlei Berichte darüber, welche Funktion sie sonst gehabt haben könnten.

Beschwörungen

Schließlich sollen hier auch einige Worte über die Beschwörungen gesagt werden. Sie gehören zwar eher zur Magie als zur Religion, aber man muß bedenken, daß sich die Unterscheidung zwischen Religion und Magie streng genommen nur auf dem Papier aufrechterhalten läßt und daß die sumerischen Beschwörungen in der Regel die Hilfe der Götter anrufen. Die Handlungen, die den Beschwörungen folgen, kann man also vielleicht nicht kultisch nennen, aber es sind doch Riten, durch die man sich des Beistandes der Götter versichern will, und die Beschwörungspriester handeln in göttlichem Auftrag. Die Grenze zwischen Religion und Magie wird also ziemlich fließend.

Die Beschwörungstexte können in mehrere Haupttypen eingeteilt werden. Ein Texttyp soll die Sicherheit des Beschwörers gewährleisten, während er sein schweres Gewerbe ausführt; es handelt sich sozusagen um seine Legitimation. In etwas verkürzter Form kann er so aussehen:

> Böser Udug, des Landes mächtiger Totengeist,
> Böser Udug, der im Lande herumfährt,
> Böser Udug, der das Land wie zu Mehl zermahlt...
> Böser Udug, der das Land plagt,
> Böser Udug, der das Vieh fängt usw.
> Ich bin der Beschwörungspriester, Enkis Oberpriester.
> Der Herr hat mich gesandt.
> Hinter mir sollst du nicht brüllen,
> Hinter mir sollst du nicht schreien,
> Du sollst mich nicht von einem bösen Menschen greifen lassen,
> Du sollst mich nicht von einem bösen Udug greifen lassen.
> Beim Himmel sei er beschworen, bei der Erde sei er beschworen[92]!

Ein anderer Typ zielt darauf ab, den Menschen gegen die Dämonen zu schützen. In den meisten Fällen handelt es sich um Krankheit, die, wie man meint, von bösen Geistern verursacht wird. Hier beginnt die Beschwörung mit

---

[91] SAHG 26.

[92] A. Falkenstein, Die Haupttypen der sumerischen Beschwörung (LSSt NF 1), 1931, 83ff.

einer Beschreibung der Verheerungen, die die Dämonen anrichten, und der Krankheit, die sie verursacht haben. Danach erfahren wir, daß der Gott Asariluchi sich an seinen Vater Enki wendet, „der das Lebenskraut und das Lebenswasser kennt", und ihn um Rat bittet. Enki gibt Anweisung, wie man verfahren soll, und das leitet zu einer Beschreibung des Rituals über, die ihrerseits in die eigentliche Beschwörung ausmündet – mit dem Wunsche, der Dämon solle machtlos werden und untergehen. Hier ist ein etwas verkürztes Beispiel:

> Der böse Udug, der die einsamen Wege schwer passierbar macht,
> Der im Verborgenen vorgeht, die Wege bedeckt,
> Der böse Geist, der in der Steppe los ist,
> Der Räuber, den man nicht zurückzwingt ...
> Sie haben den Wandersmann wie im Sturm niedergeschlagen,
> Haben ihn in Galle getaucht.
> Dieser Mann geht umher „auf der anderen Seite des Lebens".
> Asariluchi sah das, ging zu seinem Vater Enki ins Haus hinein und redete mit ihm:
> „Mein Vater! Der böse Udug ... (der Bericht wird wiederholt).
> Was ich in diesem Falle tun soll, weiß ich nicht.
> Was kann (den Kranken) beruhigen?"
> Enki antwortete seinem Sohne Asariluchi:
> „Mein Sohn! Was weißt du nicht?
> Geh, mein Sohn Asariluchi:
> Gieße Wasser in einen Krug,
> Leg darein einen Zweig von Tamariske und ...
> Und besprenge damit diesen Mann,
> Stell ein Weihrauchgefäß auf und eine Fackel.
> Dann wird der Schicksalsdämon, der im Körper des Mannes ist, hinausgehen ...
> Der böse Udug, der böse Ala möge hinausgehen,
> Der böse Todesgeist, der böse Geist möge hinausgehen ...
> (Allerlei Krankheiten) mögen hinausgehen.
> Alle großen Götter haben dich beschworen. Du sollst fortgehen[93].

Handlung und Formel zusammen aktivieren also die göttliche Kraft, die den Dämon bezwingen kann. Es ist interessant, daß die Riten im allgemeinen den Charakter von Reinigungsriten haben. Der von Dämonen geplagte Mensch galt also als unrein und befleckt und mußte gereinigt werden, in der Regel mit

---

[93] Ebenda 92ff.

Wasser. Oft wurde beim Ritual auch ein Bild des Kranken verwendet. Man meinte, daß die Dämonen den Kranken verlassen und statt dessen in das Bild eingehen sollten, und wenn man später das Bild zerstöre, würde der Dämon unschädlich gemacht werden.

Das sakrale Königtum

Es besteht kein Zweifel daran, daß das sumerische Königtum in historischer Zeit eine religiöse Verankerung und religiöse Funktionen hatte. Dagegen sind die Meinungen geteilt, wie diese Institution entstanden ist. Jacobsen meint, daß Mythen und Epen eine Zeit widerspiegeln, in der eine „primitive Demokratie" herrschte. Die entscheidende Macht im Stadtstaat wurde von der Volksversammlung ausgeübt, während ein *ensi* für Organisation und Verwaltung der landwirtschaftlich genutzten Fläche verantwortlich war. Bei besonders kritischen Anlässen konnte man einen besonderen Führer wählen, der *en* („Herr") genannt wurde, wenn es sich um wirtschaftlich-administrative oder kultische Angelegenheiten handelte. *lugal* („großer Mensch" = König) wurde er genannt, wenn ein militärisches Unternehmen bevorstand. Diese Ämter sollen dann im Lauf der Zeit zu ständigen Einrichtungen geworden sein[94].

Es zeigt sich jedoch, daß die Verhältnisse keineswegs so eindeutig waren[95]. So kann z.B. ein *en* auch einem weltlichen Machtbereich vorstehen oder sich mit militärischen Angelegenheiten befassen, die also keineswegs auf den *lugal* beschränkt gewesen sind. Sicher dürfte sein, daß sowohl *en* wie *lugal* ihre Macht über ein größeres Gebiet ausübten, das mehrere Städte umfaßte, während der Machtbereich des *ensi* auf eine einzige Stadt begrenzt war. Nach Falkenstein ist *ensi* im allgemeinen der Titel für den sakralen Herrscher eines sumerischen Stadtstaates[96]. Doch wie dem auch sei, in den Königshymnen wird ausdrücklich betont, daß der König in seinem Amt die Würde eines *en* und die eines *lugal* miteinander vereinigt[97].

Wir halten uns im Folgenden an die historisch belegten Verhältnisse.

Grundlegend ist, daß man vom König glaubte, er habe sein Amt vom Gott oder den Göttern des Staates erhalten. Die „sumerische Königsliste" erzählt, daß das Königtum „vom Himmel herabkam". Mehrere Königsinschriften versichern, daß es Inanna, Ningirsu, Baba usw. waren, die dem betreffenden König seine Würde verliehen haben[98]. Wir hören oft davon, daß der König von den Göttern auserwählt worden ist und die Königsinsignien von ihnen bekommen hat:

---

94 T. Jacobsen, ZA NF 18, 1957, 91ff.

95 D.O. Edzard, ZA NF 19, 1959, 23.

96 A. Falkenstein, Cahiers d'histoire mondiale 1, 1953–1954, 795.

97 W.O.P. Römer, Sumerische Königshymnen der Isinzeit, Leiden 1965, 153. Über Königshymnen im allgemeinen s. auch W.W. Hallo, JCS 17, 1963, 112ff.

98 E. Sollberger, ZA NF 16, 1952, 15.

Der weise Gott, der Herr, der das Schicksal bestimmt,
Hat treu zu ihm gesprochen, An zu Urninurta,
Im Lande Sumer hat er ihn zum höchsten . . . gemacht.
Einen Königsthron auf ewig festem Fundament,
Den höchsten Hirtenstab, der alle *me* im Lande Sumer sammelt,
Ein gerechtes Zepter, das die vielen Menschen bewacht,
Hat er Urninurta geschenkt[99].

In einer Reihe von Fällen ist davon die Rede, daß der Gott den König „aus der Menge" hervorsuchte; dabei könnte es sich vielleicht um Usurpatoren handeln, die kein Erbrecht auf den Thron hatten[100]. Ihnen hätte besonders daran gelegen sein können, ihre göttliche Erwählung hervorzuheben.

Aber man geht noch weiter und bezeichnet den König als Sohn des Gottes oder der Göttin: „Enkis Sohn", „Su'ens Sohn", „der vom großen Berge (= Enlil) Erzeugte", „der, den Ninlil geboren hat"[101]. Dieser Gedanke erhält zuweilen einen sehr konkreten Ausdruck. Von Eannatum heißt es, daß „Inanna ihn in ihre Arme nahm, seinen Namen aussprach und ihn in Ninchursags gutem Schoß sitzen ließ; Ninchursag ließ ihn an ihrer heiligen Brust saugen"[102]. Von Schulgi sagt die Göttin Ninsuna:

Schulgi, den ich dem Bruder geboren habe,
Lugalbandas Same bist du.
In meinem heiligen Schoß habe ich dich getragen,
In meinem heiligen Pferch habe ich dein Schicksal bestimmt[103].

König Gudea sagt in seinem Gebet an die Göttin Gatumdug:

Ich habe keine Mutter; du bist meine Mutter.
Ich habe keinen Vater; du bist mein Vater.
Meines Vaters Samen nahmst du in deinen Mutterleib auf,
Du gebarst mich im Heiligtum[103a].

Wie ist dies nun zu verstehen? Man hat die Sohnschaft als ein Adoptiv-Verhältnis verstehen wollen, das dem besonderen göttlichen Schutz Ausdruck geben will, den der König genießt. Dagegen sprechen aber das recht häufige Beiwort „fleischlicher Sohn des Gottes x" und die eben angeführten Texte. Andererseits fällt es schwer zu glauben, daß die Sumerer diese Ausdrücke rein buchstäblich nahmen. Vielleicht finden wir die Lösung in einer Schilderung

---

[99] Römer a.a.O. 56.
[100] J. van Dijk, JCS 19, 1965, 15.
[101] Römer a.a.O. 56; A. Falkenstein, ZA NF 16, 1952, 65.
[102] Å. Sjöberg, Religion och Bibel 20, 1961, 14f.; vgl. Falkenstein, Cahiers d'histoire mondiale 1, 1953/54, 796.
[103] ZA NF 16, 74f. [103a] SAHG Nr. 32, 140.

von Schulgis Krönung, in der es u.a. heißt, daß Enlil im Tempel „ihm, der Hirte über alle Länder ist, das Herrschaftszepter gab“ und daß der König, gekleidet im „Königsgewand, das nicht zerstückelt werden kann, stolz sein Haupt zum Himmel erhob“, aber auch, daß eine Priesterin als Vertreterin der Gottheit das Königskind gebar[104]. Die Krönung wurde offenbar als eine symbolische Neugeburt angesehen. Diese Auffassung erhält ihre Stütze in der Beobachtung, daß ein und derselbe König sowohl Ans, Enlils wie auch Nannas Sohn sein kann: Das bedeutet, daß er sowohl in Nippur, Uruk und Ur gekrönt und bei dieser Gelegenheit als Sohn des Stadtgottes proklamiert worden war[105].

Von hier aus ist es nur ein kleiner Schritt bis zu dem Gedanken, daß der König göttlich ist. Tatsächlich schrieb auch eine große Anzahl von sumerischen Königen ihren Namen mit dem Götter-Determinativ, d.h., sie setzten vor ihren Namen das Zeichen, das sonst gebraucht wird, um einen Götternamen zu bezeichnen. Es gibt auch mehrere Beispiele dafür, daß ein König geradezu „Gott des Landes“, „Gott der Menschheit“, „Sonnengott von Sumer“ und dergleichen genannt wird[106]. Aber das bedeutet nicht, daß sie wirklich als Götter verehrt worden sind. Man hat angenommen – wahrscheinlich mit Recht –, daß die Rolle des Königs als männlicher Partner bei der Heiligen Hochzeit ihm das Recht gab, sich göttlich zu nennen. Wie dem aber auch sei, man kann sagen, daß die große Macht des Königs zur Folge hatte, daß er für seine Untertanen den Göttern gleich erschien und daß er durch seine göttliche Berufung und Erwählung, durch seinen ständigen Umgang mit den Göttern als Wächter des Kultus und schließlich auch durch die Heilige Hochzeit sich von anderen so sehr unterschied, daß er in das Reich der Götter zu gehören schien[107].

Im Einklang mit dem hier Gesagten erwartete man auch, daß der König außerordentliche Eigenschaften haben würde. Alle Weisheit, die sich auf Schrifttafeln findet, hat ihm die Göttin Nisaba gegeben, und im Rat besitzt er eine ungewöhnliche Klugheit[108]. Deshalb kann er auch darauf achten, daß Recht und Ordnung im Lande herrschen. Schulgi erklärt: „Das Recht liebe ich, das Böse verachte ich, feindliche Worte hasse ich.“ [109] Und Ischmedagan sagt:

> Utu hat das Recht, das feste Wort in meinen Mund gelegt,
> Urteile zu fällen, Beschlüsse zu fassen, das Volk recht zu leiten,
> Das Recht über alles gehen zu lassen,

---

[104] Å. Sjöberg, Or. 35, 1966, 288 f.
[105] Sjöberg, Religion och Bibel 20, 1961, 20. 25.
[106] Römer, Königshymnen 55 f.
[107] Ebenda 57.
[108] Ebenda 24 ff. 214; A. Falkenstein, ZA NF 16, 1952, 65, Zl. 12.
[109] ZA NF 16, 65.

Dem Guten die rechte Leitung zu geben, den Bösen zu behindern ...
Daß der Mächtige nicht tut, was er will ...
Und die Macht, das Böse zu vernichten, aber das Rechte wachsen zu lassen,
Das hat mir Utu, Ningals Sohn, als Los auferlegt[110].

Es handelt sich hier offenbar in erster Linie um Richterweisheit, aber natürlich auch um die Fähigkeit, Gesetz und Ordnung aufrechtzuerhalten. Mehrere Könige erklären in ihren Inschriften, daß sie sozialem Unrecht oder allgemeiner Gesetzlosigkeit im Lande ein Ende gesetzt und alles aufs Beste geordnet hätten. Sie halten sich also für Vertreter der guten Ordnung gegenüber allen Kräften der Unordnung. Dies erhält oft eine religiöse Begründung. So heißt es von Urukagina (um 2350 v.Chr.), daß bei seiner Thronbesteigung ganz unmögliche Zustände im Lande herrschten. Aber „als Ningirsu dem Urukagina das Königtum in Lagasch gab, stellte er für ihn die (göttlichen) Vorschriften früherer Tage wieder her". Er befreite das Land von Dürre, Diebstahl und Mord, befreite Gefangene und „schloß einen Bund mit Ningirsu, daß ein mächtiger Mann einem Waisen oder einer Witwe kein Unrecht zufügen dürfte"[111]. Es ist bemerkenswert, daß die Fürsorge für Witwen und Waisen uns schon hier begegnet; später sollte dies zu einer Königstugend im ganzen Alten Orient werden. Eine andere interessante Einzelheit ist der Gedanke an einen Bund mit dem Gott, der ja sonst für die Religion Israels typisch ist. Die Ähnlichkeit ist jedoch recht oberflächlich: In Israel ist es Jahwe, der dem Volke ein vorteilhaftes Übereinkommen anbietet – in Sumer ist es der König, der dem Gott verspricht, seinen Willen auszuführen.

Infolgedessen ist es auch der König, der das Gesetz verkündet. Das älteste „Gesetzbuch", das wir besitzen, ist Urnammus Gesetz[111a] von ca. 2100 v.Chr. Es beginnt mit einer Vorrede, die davon spricht, daß der Nationalgott von Ur, der Mondgott Nanna, Urnammu erwählt hat, um als sein Vertreter im Lande zu regieren. Mit Hilfe von Nannas Macht besiegte der König einen feindlichen Fürsten und nahm danach soziale und juristische Reformen in Angriff, schritt gegen Diebstahl sowie gegen falsche Maße und Gewichte ein, schützte die Schwachen gegen die Mächtigen usw. Danach folgen die Gesetzesparagraphen[112]. Ein anderer Gesetzeskodex stammt von Lipit-Ischtar von Isin (1934–1924). Auch dieser beginnt mit einem allgemeinen Prolog, auf den die Gesetzesbestimmungen folgen. Er schließt mit einem Segen über die, welche den Stein, auf dem das Gesetz eingeritzt ist, nicht beschädigen, und einem Fluch über den, der ihn beschädigt[113].

[110] ZA NF 16, 78ff.; vgl. Römer a.a.O. 25f. 36. 39. 45. 49 und G. Castellino, ZA NF 19, 1959, 121.

[111] H. Schmökel, HO II/3, 27; Kramer, Sumerians 317f.

[111a] ANET Suppl. 87 (= 523)f. [112] Kramer, Sumerians 83f.

[113] Ebenda 87f.; vgl. D. O. Edzard, Die „Zweite Zwischenzeit" Babyloniens, Wiesbaden 1957, 95f. Text mit Übers.: A. Falkenstein, Or. 19, 1950, 103ff.; ArOr 17/2, 174ff.

Der außenpolitische Aspekt der königlichen Verantwortung für die Ordnung zeigt sich, wenn der König beschrieben wird als der, der die Feinde des Landes niederwirft und seine Macht auch unter den fremden Völkern geltend macht. Von Lipit-Ischtar heißt es, daß er Weisheit erhalten habe, auch in allen fremden Ländern Urteile zu fällen, und daß er zwischen Wahrheit und Lüge im Herzen unterscheiden könne[114]. Iddindagan (etwa 1984–1975) ist ein Held im Streit und wirft das aufrührerische Land nieder; „das hat Dagan von Geburt an als sein Schicksal bestimmt“ [115].

Der König ist es ferner, der die Verantwortung für den Bau und die Erhaltung des Tempels trägt, ebenso für die Aufrechterhaltung des Kultes. Von Gudeas Tätigkeit als Tempelbauer haben wir bereits gesprochen. Inschriften und Königshymnen sprechen eine deutliche Sprache von der Fürsorge des Königs für verschiedene Heiligtümer. Es besteht ein Zusammenhang zwischen dieser Fürsorge und dem Wohlergehen des Königs:

> Für den Ekurtempel bist du der Mann,
> Deine Speisopfer mögen in Enlils Haus nicht aufhören!
> Ekurs Ziegelmauern mögen bei Enlil und Ninlil gut von dir
>   sprechen.
> Auf Ans und Enlils Wort hin möge dir hohe Kraft verliehen
>   werden, Iddindagan[116]!

Aber die Wirkungen der richtigen Gottesverehrung des Königs reichen weit über ihn selbst hinaus: Das Wohl des Volkes und des Landes hängen davon ab, und Fruchtbarkeit ist seine Folge. In einem längeren Hymnus stellt Lipit-Ischtar sich selbst als „Enlils geliebter Sohn“ dar, „der Ninlil Freude schenkt“, „dessen Ohr Enki geöffnet hat“, „Inannas geliebter Gatte“:

> Der den höchsten Hirtenstab erhebt, das Leben des Landes
>   Sumer bin ich,
> Der Landmann, der seinen Kornhügel aufspeichert, bin ich,
> Der Hirt, der Fett und Milch im Haus der Viehhürde ver-
>   mehrt, bin ich,
> Der im Sumpfe Fische und Vögel wachsen läßt, bin ich,
> Der den Wasserläufen fließendes Wasser im Überfluß gibt,
>   bin ich,
> Der den Gewinn für den großen Berg erhöht, bin ich,
> Der dem Enlil höchste Kraft verleiht, bin ich,
> Lipit-Ischtar, der Jüngling, der ihn scheu verehrt, bin ich,
> Der den Göttern ständig dient, bin ich,
> Der unablässig für Ekur sorgt, bin ich,
> Der König bin ich, der ein Zicklein als Opfer an der Brust
>   hält,

---

114 Römer, Königshymnen 26.
115 Ebenda 213, vgl. 35.
116 Ebenda 213.

Der (beim Gebet) in Demut die Hand zum Munde führt, bin
ich,
Der König bin ich, der zum Gebet vortritt,
Der wohlgefällige Worte zu Enlil spricht, bin ich,
Der mit seiner Anrufung Ninlil erfreut, bin ich,
Der unablässig bereit steht, Nusku zu dienen, bin ich [117].

Es ist offenkundig, daß der Verfasser einen Zusammenhang zwischen Opfern und Gebeten auf der einen Seite und dem Gedeihen des Landes auf der anderen sieht. Wir dürfen in diesem Zusammenhang auch nicht vergessen, was wir bereits über die Rolle des Königs bei der Heiligen Hochzeit und die erhofften Folgen gesagt haben.

So ist also der König gleichsam der Vermittler des Göttersegens an sein Volk. Er ist „wie Vater und Mutter" für sein Volk, er ist eine Schutzmauer, „Sumers Schutz, dessen lieblicher Schatten", heißt es in einer Selbstproklamation Ischmedagans [118]. An Iddindagan richtet sich ein Hymnus:

Dein Lob ist in aller Munde,
Dein Königtum ist gut für die Menschen.
Seitdem dein Hirtentum gut für die Herzen geworden ist,
Sollen sich die Menschen unter deiner Regierung vermehren,
Sollen sich die Menschen unter deiner Regierung ausbreiten,
Sollen alle Feindländer in Ruhe (wie auf einer Wiese) liegen,
Sollen die Menschen ihre Tage in Überfluß zubringen,
Soll der Blick der Schwarzköpfe sich auf dich richten,
Iddindagan, wie auf deinen Vater [119].

Hier wird die Aufgabe des Königs u.a. in dem Begriff Hirtenschaft oder Hirtentum zusammengefaßt. „Hirt" ist in der Tat ein ziemlich gewöhnliches Königsepitheton. In ihm vereinigen sich mehrere Motive: Die Führung des Königs, die Pflicht, seine Untertanen zu schützen, und seine Verantwortung für ihre Versorgung. Aber wir müssen uns immer daran erinnern, daß dies in göttlichem Auftrag geschieht, und zwar großenteils durch das kultische und sakrale Handeln des Königs. Es ist daher nicht verwunderlich, daß er mehr oder weniger in die göttliche Sphäre hineinragt, ja – wie wir gesehen haben –, manchmal geradezu als „Gott" angeredet wird.

Gott und Mensch. Frömmigkeit und Moral

Wie bereits erwähnt, waren die Sumerer der Ansicht, daß der Mensch von den Göttern mit der ausdrücklichen Absicht erschaffen sei, ihnen zu dienen und sie mit Speise, Trank und Wohnung zu versorgen. Die Opfer in den zahl-

---

117 Ebenda 34f.
118 Ebenda 51f.
119 Ebenda 213f.

reichen Tempeln waren daher die erste Pflicht des Menschen, und die Verantwortung dafür, daß sie in rechter Ordnung dargebracht wurden, lag auf dem König als dem Vertreter seiner Untertanen vor den Göttern. Der König war es auch, der dafür zu sorgen hatte, daß die Tempel in Ordnung gehalten wurden.

Der Zweck des Kultes kann auf zwei verschiedene Arten bestimmt werden. Teils handelte es sich um den erwähnten Dienst an den Göttern, der diese wohl irgendwie besser befähigen sollte, ihre Aufgaben zu Nutz und Frommen der Menschheit auszuführen. Opfer und Hymnen sollten sozusagen die Kraft oder die göttliche Potenz der Götter erhöhen. Teils hatten kultisch gebundene Handlungen, wie z.B. die Heilige Hochzeit, mehr den Zweck, die Kräfte der Natur durch Analogiewirkung zu steigern und die Lebensvorgänge in Gang zu halten.

Die Einstellung zu den Göttern weist eine gewisse Doppelheit auf. Auf der einen Seite haben wir das vertrauliche, gefühlsbetonte Verhältnis zu den Göttern vom Dumuzi-Typus, auf der anderen die respektvolle Haltung vor den meisten anderen Göttern, die manchmal fast in eine buchstäbliche Furcht vor ihrem „schrecklichen" göttlichen Glanz übergeht.

Der Mensch war von den Göttern abhängig. Das „Schicksal" *(nam-tar)*, das die Götter für ihn festgesetzt hatten, konnte er in der Regel nicht ändern. Daß der Mensch sterblich war, gehörte zu seinem Los. Ewiges Leben besaßen nur die Götter.

Der Wille der Götter wurde im allgemeinen für geheimnisvoll und unerforschlich gehalten. Aber es gab bestimmte Möglichkeiten, ihn zu erforschen. Es gibt schon aus frühsumerischer Zeit Zeugnisse über Orakelpriester [120]. Es gibt im Sumerischen keine systematischen Omentexte, aber wir kennen einen Fall, da man einen Oberpriester durch die Beobachtung von Eingeweiden eines Opfertiers auswählte [121]. Gudea übte diese Opferschau, als er seinen Tempel bauen wollte. Wir hören von Orakeln mit Hilfe von Schilfrohr und Gebet. Sie werden Enkis Orakel genannt, da er ja Herrscher über die Gewässer ist.

Im Falle Gudeas spielte auch eine Offenbarung im Traum eine wichtige Rolle. Es gab besondere Priester, die die Aufgabe hatten, Träume zu deuten. Einer der Mythen von Dumuzi spricht davon, wie er durch einen Traum von bösen Ahnungen erfüllt wurde:

> Mein Traum, meine Schwester, mein Traum!
> Dies ist der Kern meines Traumes:
> Schilf schießt um mich herum auf, Schilf wächst um mich herum auf,
> Ein Schilfrohr steht einsam und beugt sich vor mir.
> Von den Rohrstengeln, die paarweise dastehen, wird mir eins fortgenommen.
> Im Hain erheben sich hohe Bäume rund um mich her,

---

[120] C.-F. Jean, La religion sumérienne, Paris 1931, 216f.

[121] Oppenheim, Ancient Mesopotamia 210. 213.

Über meinen heiligen Herd wird Wasser vergossen.
Das Gestell meines heiligen Butterfasses wird fortgenommen,
Der heilige Becher, der an seinem Haken hängt, ist herabgefallen usw.[122].

Der Traum wurde dann als Hinweis auf Dumuzis bevorstehenden Tod gedeutet.

Der Lauf der Welt wurde gesteuert durch das von den Göttern regulierte Zusammenspiel von *me*-Kräften, die jede für sich das Wesen einer Erscheinung oder einer Beschäftigung bestimmten. Es gibt Anzeichen, die darauf hindeuten, daß es eine Vorstellung von einer universellen und kosmischen Ordnung gegeben hat, die sich dann im menschlichen Handeln verwirklichen sollte. Die Gesetze des Staates sollten der göttlichen Weltordnung entsprechen und Ausdruck dafür sein.

Von den ethischen Idealen der Sumerer erhalten wir eine Vorstellung in Texten, die von der Verantwortung des Königs für Recht und Gerechtigkeit handeln. Ehrlichkeit im Handel, Eintreten für das Recht der Schwachen, für Wahrheit und Recht sind Tugenden, die in diesem Zusammenhang betont werden. Als Wächter des Rechts treten mehrere Gottheiten auf, aber mit der Zeit erhält der Sonnengott Utu in dieser Rolle eine immer größer werdende Bedeutung. In einem Königshymnus aus Isin heißt es z.B., daß Utu dem König die Gerechtigkeit in den Mund gelegt hat, damit er den Guten begünstige und den Bösen vernichte,

So daß der Bruder dem Bruder die Wahrheit sagt, vor seinem Vater niederfällt,
Nicht gegen seine ältere Schwester redet, Respekt vor seiner Mutter hat,
So daß der Schwache nicht dem Mächtigen überlassen wird,
So daß der Mächtige nicht nach seinem Willen verfährt,
So daß der eine den anderen nicht verpfändet[123].

Eine andere Gottheit, die über das Recht wacht, ist die Göttin Nansche. Sie wird in einem Hymnus gepriesen als die,

Die den Vaterlosen kennt, die die Witwe kennt,
Die Bedrückung des einen durch den anderen kennt, die Mutter des Mutterlosen ist,
Nansche, die für die Witwe sorgt,
Die für die Ärmsten Gerechtigkeit sucht[124].

---

[122] Kramer, Sumerians 157; ders., Mythologies of the ancient world 111f.
[123] Römer, Königshymnen 45.
[124] Kramer, Sumerians 124f.

Ein anderer Abschnitt desselben Hymnus beschreibt, wie die Göttin die Menschen am Neujahrstage richtet. Da fällt sie ihren Urteilsspruch über Menschen,

> Die in vorsätzlicher Übertretung wandeln,
> Die geltende Normen übertreten, die Verträge brechen,
> Die mit Lust auf die Plätze des Bösen schauen,
> Die kleines Gewicht anstelle von großem Gewicht setzen,
> Die kleines Maß anstelle von großem Maß setzen,
> Die, wenn sie (etwas Verbotenes) gegessen haben, nicht sagen: Ich habe nichts gegessen ...

Von der Göttin wird sogar gesagt, daß sie „das Herz des Volkes prüft".

Man erhält den Eindruck, daß es sich vor allem um soziale Tugenden handelt und daß es in erster Linie darum geht, das Zusammenleben der Menschen untereinander zu regeln. Es handelt sich hier nicht um individuelle Verpflichtungen und noch weniger um persönliche Sünde. Überhaupt tritt ein Begriff wie Sünde im Sumerischen erst spät und nur selten auf. Wenn gelegentlich von nationalen Katastrophen als einer göttlichen Strafe gesprochen wird, so scheint es sich vor allem um kultische Vergehen oder Versäumnisse zu handeln, in erster Linie natürlich von seiten des Königs (vgl. z.B. den Fluch über Akkad). Ein Ausdruck wie dieser: „Niemals ist einer Mutter ein sündloser Sohn geboren worden"[125] steht in der sumerischen Literatur ganz vereinzelt da. Es ist bezeichnend, daß wir eine sehr große Anzahl von Hymnen haben, die die Götter preisen, und Gebete, die um Gesundheit, Fruchtbarkeit, Reichtum oder um Sieg bitten – aber nicht ein einziges Sündenbekenntnis oder Gebet um Vergebung haben entdecken können. Die sumerischen Beschwörungen enthalten nicht die geringste Andeutung, daß etwa Krankheit oder Unglück die Folgen von Sünde wären – dies ist ganz und gar das Werk von Dämonen.

Es ist deshalb auch nicht angebracht, das Gedicht „der Mensch und sein Gott" als den „Sumerischen Hiob" zu bezeichnen[126]. Denn in diesem Gedicht handelt es sich nicht um so etwas wie den „leidenden Gerechten". Es will eher den Gedanken vermitteln, daß man an seiner persönlichen Schutzgottheit festhalten und sie eindringlich anrufen muß, bis sie eingreift oder hilft. Der Mann, der hier als Vorbild hingestellt wird, wurde von Krankheit und Leiden betroffen und wandte sich dann mit Tränen und Gebet an „seinen Gott". Er beschreibt, wie er von seinen Mitmenschen verlassen und verhöhnt wurde und wie alles mißlungen ist, was er sich vorgenommen hatte.

> Tränen, Klage, Angst und Schwermut wohnen in mir,
> Das Leiden bedrückt mich wie einen, der nur zu Tränen auserwählt ist,

---

[125] „Der Mensch und sein Gott", s.u.

[126] Kramer, Geschichte 94ff.; ders., Sumerians 126ff.; Auszug: RTAT 164f.

Ein böses Schicksal hält mich in seiner Hand, führt meinen
Lebensgeist fort,
Bösartige Krankheit badet meinen Körper ...

So betet er:

Mein Gott, der du mein Vater bist, der mich geboren hat,
erhebe mein Angesicht.
Wie mit einer unschuldigen Kuh, hab' Mitleid mit meinem
Seufzen.
Wie lange willst du mich noch vernachlässigen, mich ohne
Schutz lassen?
Mich wie einen Ochsen ohne Leitung lassen?
Die Weisen sagen ein rechtes und aufrechtes Wort:
„Niemals ist einer Mutter ein sündloser Sohn geboren worden,
... einen sündlosen Jüngling hat es niemals gegeben."

Ob dies wirklich ein Sündenbekenntnis ist, ist schwer zu entscheiden. Ein paar Zeilen weiter unten findet sich eine Andeutung, daß der Mensch etwas Verwerfliches gegen den Gott getan hat, daß sich seine „Sünde" jetzt offenbart hat „und daß er sie bekennen will" – aber das Wort „bekennen" ist dem Herausgeber des Textes zufolge eine bloße Vermutung, und daß das Leiden Strafe sein soll, wird jedenfalls nicht gesagt. Vielleicht ist es eher ein Appell an das Mitgefühl des Gottes, mit dem Hinweis auf des Menschen Schwachheit und Unvollkommenheit. Jedenfalls erfolgt keine Vergebung, wohl aber wird das Gebet erhört und der Beter aufgerichtet:

Seine Klage und sein Gebet besänftigen das Herz seines
Gottes,
Seine aufrichtigen und reinen Worte nahm sein Gott an,
Und der böse Krankheitsdämon wich von ihm;
Das böse Geschick wurde abgewandt, und das Leiden in
Freude verwandelt.

Hier wird teils die Unterwerfung unter die Bestimmung der Götter, teils das treue Festhalten an dem persönlichen Schutzgott betont. Derjenige, der „seinen Gott" wirklich im Ernst anfleht, wird auch erhört.

Dieses Bild ändert sich auch nicht, wenn wir die reiche Spruchliteratur berücksichtigen, die im Laufe der letzten Jahrzehnte bekanntgeworden ist. Es ist auffallend, wie wenig das religiöse Element in diesen Sprüchen zum Ausdruck kommt. Soweit es sich nicht um reine Lebenserfahrung handelt, um Hinweise darauf, wie das Leben eines Menschen verläuft, sind es ganz allgemeine Ratschläge, begründet auf empirische Beobachtungen. Hier handelt es sich auch kaum darum, ob die einzelnen Ratschläge in einer allgemeinen göttlichen Ordnung verankert sind, und wenn Götter überhaupt erwähnt werden, so geschieht dies meistens nur im Vorbeigehen. Die sumerische Weisheitsliteratur hat keine tiefere religiöse Begründung.

Jenseitsglaube

Unser Wissen über die Vorstellungen der Sumerer vom Tod und von den Toten ist recht lückenhaft. Eine Vorstellung davon, wie man sich das Dasein der Toten dachte, können wir uns nur mittelbar durch Schlußfolgerungen aus dem Inhalt von Mythen und Epen machen. Wir wissen, daß das Totenreich *kur-nu-gi-a* genannt wurde, d.h. „das Land ohne Wiederkehr", und die Mythen bestätigen, daß es nur unter ganz außergewöhnlichen Umständen möglich ist, von dort wieder zurückzukehren. Im übrigen scheint es jedoch so, als ob die Vorstellungen vom Totenreich nicht ganz klar und einheitlich gewesen seien.

Halten wir uns an schriftliche Zeugnisse, so sind es vor allem fünf Texte, die in Betracht zu ziehen sind [127].

Der erste Text behandelt den Tod des Königs Urnammu (etwa 2111–2094) [128]. Da wird zuerst beschrieben, wie der König auf der Bahre in seinem Palast liegt, betrauert von seiner Familie und seinem Volk. Dann wechselt die Szene, und Urnammu ist in der Unterwelt, wo er ihren „sieben Göttern" Gaben darbringt und für hervorragende Tote Vieh schlachtet. Die Götter nehmen die Gaben in ihren Palästen entgegen. Dann gelangt Urnammu zu dem Platz, der ihm zugeteilt ist; er bekommt bestimmte Tote als Diener, und Gilgamesch erklärt die Gesetze des Totenreichs. Der nächste Abschnitt beschreibt, wie das Weinen und Klagen der Überlebenden „nach sieben Tagen, ja zehn Tagen" zu Urnammu dringt, der mit einem bitteren Klagegesang antwortet. Der Schluß des Textes ist leider zerstört, und deshalb wird es nicht klar, worauf das Ganze abzielt.

Der nächste Text ist ein Trauergesang, den S.N. Kramer auf einer Tafel im Puschkin-Museum in Moskau gefunden hat [129]. Er schildert u.a., daß die Sonne während der Nacht durch die Unterwelt fährt und ihren Bewohnern Licht schenkt – und daß der Mond seine „Ruhetage" (in denen er nicht zu sehen ist) ebenfalls dort zubringt. Es wird auch gesagt, daß der Sonnengott Utu über die Toten Gericht hält, und auch, daß der Mond „ihr Schicksal bestimmt". Leider wird aber nicht erkennbar, was man in diese Worte hineinlegte. Der Gesang schließt mit einem Gebet für den Toten.

Unser dritter Text ist das Epos von „Gilgamesch, Enkidu und der Unterwelt" [130]. Das Totenreich wird hier euphemistisch „die große Wohnung" genannt, und es wird erzählt, daß Gilgamesch zwei geheimnisvolle Geräte(?)

---

127 Kramer, Sumerians 129ff.

128 Ebenda 130f.; vgl. JCS 21, 1967, 100ff.; G. Castellino, ZA NF 18, 1957, 9ff. 17ff.; RTAT 165ff.

129 Kramer, Sumerians 210ff.

130 Ebenda 197ff., vgl. 132f.

verliert und daß sie in die Unterwelt hinunterfallen: Es gab demnach also eine Art Öffnung, die dort hinunterführte. Als Gilgameschs Diener Enkidu ins Totenreich hinabsteigt–wie, bekommen wir leider nicht zu wissen–, um diese Geräte zurückzuholen, wird er vom „Geschrei der Unterwelt" festgehalten und kann nicht zurückkehren. Schließlich ruft Gilgamesch Enkidus Geist an und befragt ihn über die Verhältnisse in der Unterwelt, aber dieser Teil ist in der sumerischen Fassung des Textes stark beschädigt (auf die akkadische werden wir später zurückkommen).

Als viertes gibt es einen Mythus von der Geburt des Mondgottes, in dem u.a. erzählt wird, wie Enlil zusammen mit seiner Gemahlin Ninlil ins Totenreich verwiesen wird. Da finden wir u.a. die Vorstellung, daß es einen „männerverschlingenden Fluß" gab, den man überqueren mußte, und daß ein Fährmann bereitstand, die Toten überzusetzen[131].

Schließlich ist der Mythus von Inannas Abstieg in die Unterwelt von Interesse. Da ist u.a. von einem Platz die Rede, der „Lapislazuli-Berg" genannt wird, mit Toren, die wohlverschlossen und sorgfältig bewacht sind. Es scheint so, als ob – nach den Gesetzen des Totenreiches – die Bewohner nackt waren[132].

Offenbar ist es nicht möglich, irgendeine einheitliche Auffassung vom Totenreich aus diesem verstreuten Material abzuleiten. Ein besonderes Problem ist mit der Angabe vom Gericht des Sonnengottes im Totenreich verbunden, da hier offenbar vorausgesetzt wird, daß dieser Urteilsspruch auch günstig ausfallen kann, daß der Tote also unter bestimmten Voraussetzungen – welchen, wissen wir nicht – mit einem erträglichen Dasein rechnen kann. Das ist insofern bemerkenswert, als die spätere akkadische Religion eine solche Vorstellung nicht gekannt zu haben scheint.

Noch sehr umstritten ist eine Reihe von Fragen, die durch archäologische Funde aufgeworfen worden sind. Es gibt in Ur Königsgräber aus der Zeit um 2600 v.Chr., in denen eine große Anzahl von Menschen auf einmal begraben wurde[133]. Es scheint so, als ob Könige und Königinnen im Tode von ihren Dienern und Dienerinnen begleitet worden wären, ganz abgesehen von allerlei persönlichem Eigentum. Aber die erhaltenen Texte wissen nichts von einem solchen Brauch, vielleicht mit einer einzigen Ausnahme. Das Epos von Gilgameschs Tod spricht in der Tat davon, daß Gilgamesch den Gottheiten des Totenreiches Gaben und Opfer darbrachte für alle, die in seinem gereinigten Palast in Uruk „mit ihm zusammenlagen": Gattin, Sohn, Nebenfrau, Musiker, Diener und Aufseher. Es ist möglich, daß es sich hier um Opfer für die handelt, die zusammen mit dem toten König begraben worden sind. Aber auch wenn dies so sein sollte – wir wissen nichts darüber, welchen Inhalt man mit diesem Brauch verknüpfte. Dasselbe Gedicht enthält übrigens in seinem späteren Teil

---

131 Ebenda 145ff.

132 Kramer, Geschichte 121ff.; ders., Sumerians 153ff., vgl. 133.

133 Kramer, Sumerians 129f.; Saggs 550ff.

einige sehr dunkle Aussagen über das Dasein nach dem Tode; sie sind bisher noch nicht mit Sicherheit gedeutet worden[134].

Noch rätselhafter sind die Tatsachen, die der Tammuz-Theorie Moortgats[135] zugrunde liegen. Er hat beobachtet, daß aus einem der Königsgräber in Ur die Leiche entfernt worden ist, ohne irgendein Anzeichen dafür, daß das Grab geplündert worden wäre. Dieses Grab ist mit zahlreichen Dumuzi-Symbolen geschmückt. Er zieht daraus den Schluß, daß es sich um irgendeine Art von Ritual handeln muß. Der König soll die Heilige Hochzeit gefeiert haben und danach mit Dumuzi gleichgesetzt worden sein; und die Entfernung seines Leibes aus dem Grabe bedeutete seine Befreiung aus dem Tode und dem Totenreich. Die Sumerer sollen mit anderen Worten mit dem Dumuzi-Mythus eine Art von Auferstehungsglauben verbunden und diesen dadurch symbolisch dargestellt haben, daß sie den Leichnam in ritueller Form wieder aus dem Grabe herausnahmen. Moortgats Theorie ist Gegenstand heftiger Kritik geworden und läßt sich nach dem jetzigen Stand der Dinge wohl kaum noch verteidigen.

---

134 Vgl. R. R. Jestin, Syria 33, 1956, 113 ff. (die Deutung scheint etwas spekulativ).

135 A. Moortgat, Tammuz, Berlin 1949.

III. Babylonische und assyrische Religion

Allgemeine Literatur: P. Dhorme, La religion assyro-babylonienne, Paris 1910. – M. Jastrow, Die Religion Babyloniens und Assyriens I–II/1,2, Gießen 1905–12. – B. Meissner, Babylonien und Assyrien I–II, Heidelberg 1920–25. – E. Dhorme, Les religions de Babylonie et d' Assyrie (Mana. Introduction à l'histoire des religions I, 2), Paris 1945. – J. Bottéro, La religion babylonienne (Mythes et religions), Paris 1952. – S. H. Hooke, Assyrian and Babylonian religion, London 1953. – H. W. F. Saggs, Mesopotamien. Assyrer, Babylonier, Sumerer, Zürich 1966. – A. L. Oppenheim, Ancient Mesopotamia, Chicago 1964. – J. Klima, Gesellschaft und Kultur des alten Mesopotamiens, Prag 1964. – T. Jacobsen, Treasures of darkness. A history of Mesopotamian religion, New Haven 1976.

Texte: RTAT, AOT, ANET. – R. Labat u. a., Les religions du Proche-Orient asiatique. Textes babyloniens, ougaritiques, hittites, Paris 1970. – M. J. Seux, Hymnes et prières aux dieux des Babylonie et d'Assyrie, Paris 1976. – Die Arbeit von Jastrow enthält zahlreiche Textübersetzungen.

Einleitung

Bereits zu Beginn der sumerischen Epoche gab es semitische Stämme im Zweistromland. Aber erst um 2340 v. Chr. treten sie mit dem Reich von Sargon und Naramsin in Akkad (Agade) als Machtfaktor auf. Diese Herrschaft war indessen nur von kurzer Dauer – ihr folgte eine sumerische Renaissance, zumindest in politischer und religiöser Hinsicht. Die semitische Infiltration schritt jedoch weiter fort, und während des 19. Jahrhunderts v. Chr. machten sich die Semiten von neuem ernsthaft bemerkbar.

In Mari, am oberen Euphrat, entstand ein Reich unter Führung westsemitischer (amoritischer) Beduinenhäuptlinge, und um den oberen Tigris herum entwickelte sich ein assyrisches Reich, das eine Zeitlang eine wichtige Rolle spielte, u. a. durch seine Handelskolonien auf kleinasiatischem Gebiet.

Mit Hammurabis amoritischer Dynastie in Babylon wurde jedoch die babylonische Herrschaft tonangebend. Im Norden übernahmen eine Zeitlang die Hurriter die Führung, und das gilt gewissermaßen auch für Religion und Kultur, während die Kassiten, die im 16. Jahrhundert in Babylonien einwanderten, recht bald Glauben und Sitte der dort lebenden Bevölkerung annahmen.

Allmählich erhoben sich die Assyrer wieder aus ihrer Erniedrigung, und vom 14. Jahrhundert ab können wir Assurs Weg zur Macht verfolgen – eine Macht, die in der damaligen Zeit als Weltherrschaft galt. Während des 9. und 8. Jahrhunderts erlebte das Assyrerreich eine wirkliche Glanzzeit, wenn sich auch jetzt im Nordwesten die Aramäer und weit im Süden eine wahrscheinlich mit ihnen verwandte Volksgruppe, die Chaldäer, bemerkbar zu machen begannen.

Die Chaldäer waren es, denen es schließlich mit Babylon als Stützpunkt und mit Hilfe der Meder gelang, Assyrien zu stürzen (612). So wurde das neubabylonische Reich geschaffen. Kulturell und religiös bauten die Chaldäer jedoch auf den alten einheimischen Traditionen auf.

Aber ihre Macht war nur von kurzer Dauer: 539 wurde Babylon durch den Perserkönig Kyros erobert, und das Zweistromland wurde ein Teil des persischen Imperiums. Kultur und Religion lebten wohl noch eine Zeitlang fort – wir haben noch ausführliche Ritualtexte aus seleukidischer Zeit (also 3. Jh. v. Chr.) –, aber allmählich geht die dreitausendjährige mesopotamische Kultur und damit ihre Religion unter.

Es versteht sich von selbst, daß es unter solchen Verhältnissen äußerst schwierig ist, eine scharfe Trennungslinie zwischen sumerischer und assyrisch-babylonischer (bzw. semitischer oder akkadischer) Religion zu ziehen. Im Lauf der Jahrhunderte hat ein ständiger Austausch zwischen beiden religiösen Traditionen stattgefunden, die sicher von Anfang an ganz verschieden gewesen sind. Das Ergebnis wurde eine Einheit, in der die ursprünglichen Bestandteile kaum noch zu unterscheiden sind. Wir müssen uns damit begnügen, ein paar allgemeine Hinweise zu geben.

1. Als das Sumerische mit dem Emporwachsen des altbabylonischen Reiches aufhörte, eine offizielle Sprache zu sein, wurde trotzdem ein Großteil der religiösen Texte weiter in sumerischer Sprache überliefert, oft mit einer interlinearen akkadischen Übersetzung (d.h. auf jede sumerische Zeile folgt die Übersetzung). Man verfaßte sogar noch neue Gedichte auf Sumerisch, als die Sprache bereits nicht mehr gesprochen wurde. Offenbar diente das Sumerische als eine Art heiliger oder ritueller Sprache, ähnlich dem Lateinischen in der römisch-katholischen Kirche.

Während der kassitischen Zeit (1530–ca. 1155) erfolgte eine Art von Kanonisierung der babylonischen Literatur, so daß gewisse Dichtungen und bestimmte Literaturarten ausgesondert wurden und in Vergessenheit gerieten, während andere weiter in einer normierten und allgemein anerkannten Form überliefert wurden. Man rechnet damit, daß dieser Prozeß um 1300 v. Chr. abgeschlossen war. Unter den ausgesonderten Werken befanden sich u. a. die meisten mythischen und epischen Texte, die Hymnen, die den König als göttlich besingen, sowie auch die meisten Dumuzi-Texte. Andererseits entstanden neue Literaturarten, wie etwa gewisse Formen von Psalmen und Gebetsbeschwörungen.

Schon in bezug auf die Text-Überlieferung zeigt sich also sowohl die Kontinuität in der religiösen Entwicklung als auch das neue Schaffen in der babylonisch-assyrischen Religion.

2. Man hat der sumerischen Religion zuweilen einen überwiegend chthonischen Charakter zusprechen wollen, d. h., sie soll in erster Linie an der Erde und ihren Kräften interessiert gewesen sein. Im Gegensatz dazu soll die semitische Religion mehr auf die himmlischen Mächte – Sonne, Mond, Sterne usw. – ausgerichtet gewesen sein. So behauptet z. B. Kramer, daß Inanna, Utu und Nanna – ja sogar Enki – ursprünglich semitische Gottheiten gewesen und in

einem sehr frühen Stadium in das sumerische Pantheon aufgenommen worden seien[1]. Dazu ist jedoch zu sagen, daß sich einerseits die erwähnten Götter bereits in den frühesten sumerischen Dokumenten finden, so daß keine wirklich zwingenden Gründe für eine solche Annahme vorliegen, und daß sich andererseits z.B. der Charakter des Sonnengottes im Lauf der Zeit unter semitischem Einfluß geändert hat.

Es ist die Frage, ob sich der Unterschied zwischen dem chthonischen und dem astralen Element nicht bereits in sumerischer Zeit feststellen läßt und auf den natürlichen Gegebenheiten beruht: Die südliche Ackerbaukultur betonte mehr das chthonische, erdgebundene Element, während die nördliche Hirtenkultur ihr Interesse mehr auf die Himmelserscheinungen gerichtet hatte.

Allerdings kann man nur in Ausnahmefällen beweisen, daß eine sumerische Gottheit fremden Ursprungs ist. Dies gilt um so mehr, als die Systematisierung des sumerischen Pantheons, die zum großen Teil auf die Zeit um etwa 2500 v.Chr. zurückgeht und ein Ergebnis der Wirksamkeit der sumerischen Priester ist, u.a. das Zusammenführen von lokalen Gottheiten zu einem allgemein-sumerischen Pantheon in sich schließt.

3. Was die Gottheiten betrifft, so sind sie im allgemeinen weiterhin unter neuen, akkadischen Namen verehrt worden. Es ist oft sehr schwer, irgendwelche wesentlichen Unterschiede ihres Charakters in sumerischen und akkadischen Texten zu entdecken. Bottéro hebt hervor, daß die akkadischen Götter in geringerem Ausmaß als die sumerischen Naturkräfte sind; sie sind weniger an Naturerscheinungen gebunden und werden zu universellen und kosmischen Mächten, gleichzeitig verstärkt sich ihr ethisch-moralischer Charakter[2]. Wir haben bereits gesehen, daß sich ein großer Teil dieser Entwicklung schon in sumerischer Zeit vollzogen haben muß. Dagegen müssen wir natürlich feststellen, daß eine Reihe von neuen Gottheiten auftritt, so die Nationalgötter Marduk und Assur und die westsemitischen Götter Dagan und Adad. Wir werden noch Gelegenheit haben, im Zusammenhang mit den individuellen Göttergestalten auf Einzelheiten zurückzukommen.

4. In der Kosmogonie fallen gewisse Unterschiede zwischen den sumerischen Vorstellungen und den Gedanken des babylonischen Schöpfungsepos auf. Es scheint, als hätten wir hier das Ergebnis eines bewußten Neudenkens von babylonischer Seite vor uns, großenteils jedoch auf Grund von übernommenem altem Material. Es ist nicht ganz ausgeschlossen, daß das Kampfmotiv des Schöfpungsmythos auf westsemitischen Einfluß zurückgeht.

5. Der Stil in der religiösen Dichtung ändert sich beim Übergang vom Sumerischen zum Akkadischen in mehreren Punkten. So wird z.B. der litanei-artige, aufzählende Stil, der die sumerische Hymnenliteratur in weitem Umfange beherrscht, von einem Stil ersetzt, der den alttestamentlichen Psalmen nahesteht und mehr unserem Geschmack entspricht. In Mythen und Epen, sofern sie weiter überliefert wurden, hat man erhebliche Umdichtungen zugunsten des

---

[1] Geneva. Bulletin du Musée d'art et d'histoire de Genève, NS 8, 1960, 277.

[2] Bottéro 22.

semitischen Stils vorgenommen. Noch auffallender sind aber bestimmte Veränderungen im Inhalt: Klagepsalmen und Gebete betonen jetzt die Sünde des Menschen und bitten die Götter um Vergebung[3].

6. Zu beachten ist auch, daß ein naturbedingter Unterschied zwischen babylonischer und assyrischer Religion besteht. Die Babylonier im Süden waren für ihren Lebensunterhalt von der Wasserzufuhr durch die Flüsse abhängig, und das prägte ihre Religion und verlieh ihr einen ruhigeren und statischen Charakter. Die Assyrer im Norden waren abhängig vom Regen, und deshalb legte ihre Religion mehr Gewicht auf die atmosphärischen Erscheinungen und hatte einen dynamischeren Charakter. Im Lauf der Zeit fand ein gewisser Austausch zwischen beiden Ländern statt[4].

Die Götter

Das akkadische Wort für Gott, *ilu*, ist allgemein-semitisch. Es ist bisher nicht gelungen, das Wort mit Sicherheit etymologisch zu erklären – man schwankt zwischen „mächtig“ und „erster“. Aber es ist leicht festzustellen, daß es in den verschiedenen semitischen Sprachen teils als Name für den höchsten Gott, teils als Bezeichnung für „Gott“ im allgemeinen angewandt wurde. Es wird in akkadischer Keilschrift – ebenso wie auch im Sumerischen – mit dem gleichen Zeichen geschrieben, das auch angewandt wurde, um den „Himmel“ und den Himmelsgott Anu zu bezeichnen; ursprünglich war es ein Stern.

Es herrscht demnach auch kein Zweifel darüber, daß die Götter – mag man sie auch in menschlicher Gestalt dargestellt und mit menschlichen Eigenschaften versehen haben – in der Regel eine besondere Beziehung zum Himmel und den Himmelserscheinungen hatten. Vielleicht ist dieser Zug bei den Semiten stärker als bei den Sumerern betont.

Anknüpfungen an den Himmel gehen auch aus der Stelle im Schöpfungsepos (V.2) hervor, an der die Sterne als „Abbilder“ oder Symbole *(tamšīlu)* der Götter bezeichnet werden. Wie das Verhältnis zwischen Göttern und Himmelskörpern gedacht ist, geht daraus nicht hervor, aber wir wissen auch aus anderen Quellen, daß Planeten, Fixsterne und Sternbilder als mit ganz bestimmten Gottheiten verbunden angesehen wurden. Daraus darf man aber nicht, wie es die sogenannte panbabylonistische Schule getan hat, die Folgerung ziehen, daß die babylonische Religion ausschließlich eine Astralreligion gewesen sei und daß alle Mythen das Geschehen am Sternenhimmel widerspiegeln würden. Es handelt sich nur um einen von vielen Aspekten der akkadischen Götterwelt.

Wenn man sagen kann, daß die Götter menschliche Eigenschaften besitzen, so unterscheiden sie sich doch von den Menschen durch ihre größere Vollkommenheit[5]. Sie sind „erhaben“, „mächtig“, „vollkommen“, sie sehen und wissen alles, sie sind unergründlich, und sie sind vor allem unsterblich:

---

[3] Vgl. Th. Jacobsen, PAPS 107, 482f.; ZA NF 23, 1965, 35.
[4] A. L. Oppenheim in: Forgotten religions, hg. v. V. Ferm, New York 1950, 66f.
[5] Bottéro 54ff.

Als die Götter das Menschengeschlecht schufen,
Bestimmten sie dem Menschen den Tod,
Behielten aber das Leben für sich selbst (Gilgamesch-Epos).

In dieser Weise werden die Götter jedenfalls in den Hymnen geschildert, und wenn einmal ein Mythus berichtet, daß ein Gott etwas nicht weiß oder sogar stirbt (wie z.B. Tammuz), so ist dies als Ausnahme zu betrachten und hat jedenfalls keine Auswirkung auf die Religiosität der Hymnen und Gebete gehabt. Oppenheim meint sogar, daß man in diesem Zusammenhang nicht allzu viel Rücksicht auf die Mythen nehmen darf: Die akkadischen Mythen, die wir besitzen, sind eher „schöne Literatur" als rein religiöse Texte und sollten eher vom Literaturforscher als vom Religionshistoriker studiert werden[6]. Dies ist zwar eine zugespitzte Formulierung, aber sie dürfte ein gutes Stück Wahrheit enthalten.

Ein hervorstechender Zug bei den Göttern ist der schreckeinflößende Glanz (*melammu*; das Wort ist sumerisch), der sie umgibt. Die Reaktion des Menschen ist Furcht oder Verehrung *(puluḫtu)*.

Die Anzahl der Götter war sehr groß. Die sog. „Große Götterliste", die in der Bibliothek Assurbanipals gefunden wurde, umfaßte mehr als 3000 Götternamen! Aber es versteht sich von selbst, daß so viele Gottheiten keine praktische Rolle gespielt haben können – sei es im offiziellen Kult oder im Volksglauben. In Wirklichkeit ist ein großer Teil dieser Namen als Epitheta zu den großen Göttern anzusehen. Andere sind Diener und Aufwärter, wie sie die großen Götter priesterlicher Spekulation gemäß benötigten. Wieder andere sind alte Ortsgötter, gute Geister und Halbgötter. Wenn Hammurabi im Vorwort zu seinem Gesetz etwas mehr als zwanzig Gottheiten aufzählt, so trifft er wohl ungefähr die Anzahl, die in der Praxis eine bedeutende Rolle gespielt hat.

An erster Stelle im assyrisch-babylonischen Pantheon steht Anu, dessen Name nichts anderes ist als eine notdürftige Semitisierung des sumerischen An. Er ist ganz einfach der personifizierte Himmel, und er gilt, zumindest theoretisch, als der höchste Gott. In Wirklichkeit ist er eine mehr oder weniger unprofilierte Figur, die sehr oft hinter anderen, aktiveren Göttern zurücktreten muß, besonders hinter Marduk und Assur. Anu ist vor allem der Gott des Königtums: Von ihm kommt die Königswürde, und er selbst ist König der Götter. Als Symbol für seine Macht trägt er – übrigens ähnlich wie Enlil – eine horngeschmückte Kopfbedeckung (das Horn ist wahrscheinlich ein Zeichen von Kraft). Er wird auch „Vater der Götter" genannt. Seltsamerweise leiten auch die Dämonen ihren Ursprung von ihm ab.

Anu hat die Göttin Antu zur Gemahlin, deren Name ganz einfach eine Feminінform seines eigenen ist; auch sie besitzt keine ausgeprägte Individualität. Hammurabi nennt statt dessen Inanna (Ischtar) als Anus Gemahlin, und ein mythologischer Text schildert, wie Anu Ischtar zu seiner Gemahlin erwählt, sie zum Himmel erhöht und ihr den Namen Antu gibt[7]. Der Mythus will Ischtar offenbar als Gemahlin des Himmelsgottes legitimieren.

---

[6] Oppenheim, Mesopotamia 177.
[7] AOT 252f.

Anus Stadt war Uruk, und hier hat er auch eine wirkliche Rolle im Kult gespielt. Uns sind noch aus so später Zeit wie der Seleukiden-Ära (312–64 v. Chr.) Rituale für seinen Tempel erhalten.

Enlil (oder Ellil) bewahrt im allgemeinen seinen sumerischen Namen; er kann aber auch unter dem akkadischen Beiwort Bel, „der Herr" (derselbe Wortstamm wie Baal), auftreten. Enlil war „König der Länder" (d.h. der Erde) und konnte ebenso wie sein Vater Anu „Göttervater" und „Götterkönig" genannt werden. Zusammen mit Anu verleiht er auch die Königswürde.

Enlil ist der starke und mächtige; eines seiner Epitheta ist „der Wildochse" *(rīmu)*. Die Sturmflut *(abūbu)* ist seine Waffe. Sein Befehl ist unwiderruflich.

Enlils Einstellung zu den Menschen ist doppeldeutig. Er war es, der die Sintflut über die Erde schickte, und die Hymnen beschreiben, wie sein Wort (der Orkan) auf Erden Verwüstungen anrichtet. Es wird auch erzählt, daß er einmal ein Untier Labbu schuf, um die Menschheit zu vernichten. Aber er wacht auch über die Ordnung. Ursprünglich war er es, der die Schicksalstafeln besaß, mit denen das Schicksal der Welt bestimmt wird. (Nach Oppenheim bedeutet *tupšīmāti* nicht „Schicksalstafel", sondern „amtliche Tafel oder Urkunde", aber der symbolische Inhalt bleibt derselbe: Wer diese Urkunde besitzt, ist Herrscher und im Besitz der Autorität.) Hammurabi ruft Enlil an gegen die, welche sein Gesetz verachten, und bittet den Gott, allerlei Strafen über den König zu senden, der es nicht respektiert.

Enlils Gemahlin war Ninlil; seine Stadt war Nippur, in der auch sein wichtigster Tempel lag.

Ea ist der sumerische Enki. Über den Ursprung des Namens ist man sich nicht einig: Im allgemeinen besteht die Ansicht, daß der Name eigentlich sumerisch ist und „Wasserhaus" bedeutet; aber Kramer hat letzthin geltend gemacht, daß er semitisch ist und darauf deutet, daß Enki kein ursprünglich sumerischer Gott ist[8]. Jedenfalls ist es die Namensform Ea, die in semitischem Zusammenhang angewandt wird.

Ea, die Stadtgottheit von Eridu, wurde einer der drei Götter, die für je einen Teil des Universums verantwortlich waren (Anu, Enlil, Ea), und seine Machtsphäre war der unterirdische Süßwasserozean, Apsu (sum. *ab-zu*). Das babylonische Schöpfungsepos läßt ihn in einem frühen Stadium Apsu, das Süßwasser, unterwerfen, während Tiamat, das Salzwasser, als Feind der Götter übrigbleibt und erst von Marduk bezwungen wird.

Ea ist ferner der Gott der Weisheit, „der König der Weisheit, der Verstand schafft", „der erfahrene *(apkallu)* unter den Göttern", „er, der alles kennt, was einen Namen hat". Er ist es, der dem König Weisheit gibt, und er ist auch der Gott der Beschwörungskunst. In seinem Tempel, „Apsus Haus", in Eridu gab es einen besonderen Baum, *kiškanu*, dessen Zweige bei rituellen Besprengungen verwendet wurden. Das Wasser, das bei Beschwörungszeremonien zur Reinigung von Kranken diente, wurde „Eas Wasser" genannt. Der Beschwörungspriester war Eas Stellvertreter.

---

[8] Genava NS 8, 276.

Handwerker und Künstler haben Ea als ihren Schutzpatron, und er ist selbst der große Künstler, „dessen Hände den Menschen geformt haben". Im Schöpfungsepos heißt es, daß er aus Kingus Blut „die Menschheit erschaffen und ihr auferlegt hat, den Göttern zu dienen".

Griechische Verfasser, die sich auf einen babylonischen Priester namens Berossus (ca. 270 v. Chr.) berufen, geben an, daß der Gott Oannes, der zur Hälfte Mensch und zur Hälfte Fisch war, die Menschen Baukunst, Handwerk und alle Arten von Kultur gelehrt habe. Es gibt Bilder von Ea mit Steinbockshaupt und Fischschwanz, und bei Tell Chalaf hat man ein Bild mit einer Kombination von Mensch und Fisch gefunden, das sehr gut Ea sein kann. Wir wissen auch, daß sein Priester in einer Art von Mantel auftrat, der die Illusion einer Fischgestalt vermittelte. Daß Ea Kulturbringer war, geht aus dem bereits Gesagten und aus den früher erwähnten Mythen vom sumerischen Enki hervor.

Als Eas Gemahlin wird Ninki (Femininform zu Enki) genannt, ferner Damgalnunna oder Damkina (letzteres wird erklärt als „Herrscherin des Himmels und der Erde").

Den drei kosmischen Göttern folgen zunächst drei Götter, die offenbar mit Himmelserscheinungen verbunden sind: Der Mondgott Sin, der Sonnengott Schamasch und die Göttin des Morgen- und Abendsternes Ischtar.

Sin entspricht dem sumerischen Nanna, und auch sein akkadischer Name scheint sumerischen Ursprungs zu sein *(su-en)*. Sein Charakter als Mondgott tritt in einer Mehrzahl von Symbolen hervor. Seine Kopfbedeckung hat vier Paar Hörner und wird von einer Mondsichel gekrönt. Die Hörner sind vielleicht eine Stilisierung der Mondsichel. Im Schöpfungsepos heißt es: „Zu Beginn des Monats, um über das Land zu leuchten, sollst du mit Hörnern leuchten, um sechs Tage abzugrenzen." Der Neumond wird begrüßt als „der starke Jungstier mit starken Hörnern". Eine Kombination von Symbolen, die sich besonders häufig auf Grenzsteinen *(kudurru)* findet, sind Mondsichel, Sonnenscheibe und ein Stern (Sin, Schamasch und Ischtar). Die Mondsichel konnte auch als ein Boot gedacht werden; daher wird der Gott zuweilen „glänzendes Boot des Himmels" genannt. Der abnehmende Mond wird dagegen zu einem alten Mann mit Bart, und in diesem Zusammenhang darf man wohl die Aussagen von Sin als dem weisen und unergründlichen Gott sehen, dessen „Pläne kein Gott kennt" und „der die Schicksale für weit entfernte Tage festlegt". Die Verdunkelung des Mondes ist ein schlimmes Zeichen. Ein magischer Text erklärt die Erscheinung als das Ergebnis eines Angriffs „der Sieben", der bösen Himmelsdämonen auf Sin. Man brachte Opfer dar, um den Gott zu stärken, und suchte ihm auf andere Weise zu helfen.

Über Sins Charakter als Mondgott hinaus ist es schwer, seinen Wirkungsbereich festzulegen. Es besteht in manchen Kreisen die Neigung, Sin zum höchsten Gott zu erheben und ihm eine Menge von verschiedenen Eigenschaften zuzuschreiben, die mit dem Mond direkt nichts zu tun haben. Er ist nicht nur der unergründlich weise Gott, sondern er ist auch der Urheber des Lebens, der

Wächter und Leiter der Menschen, Richter des Himmels und der Erde sowie der Herr der Schicksale.

> Herr, Götterfürst, der im Himmel und auf Erden allein erhaben ist ...
> Kräftiger Jungstier mit dicken Hörnern, mit vollkommenen Gliedmaßen,
> Mit blauem Barte, voll Üppigkeit und Fülle ...
> Barmherziger, gnädiger Vater, der das Leben des ganzen Landes in seiner Hand hält!
> Herr, deine Gottheit ist wie der ferne Himmel, ein weites Meer, voll Furchtbarkeit ...
> Gewaltiger Fürst, dessen weites Herz kein Gott durchschaut,
> Schneller Läufer, dessen Knie nicht ermüden, der den Weg der Götter, seiner Brüder, eröffnet,
> Der vom Grund des Himmels bis zur Höhe des Himmels glänzend einherwandelt,
> Der die Tür des Himmels öffnet, Licht schafft allen Menschen,
> Vater, Erzeuger aller, der auf die Lebewesen blickt, hinschaut,
> Herr, der die Entscheidung von Himmel und Erde fällt, dessen Befehl niemand verändert ...
> Im Himmel – wer ist hoch? Du allein bist hoch.
> Auf Erden – wer ist hoch? Du allein bist hoch[9].

Man hat diese „monotheistischen Tendenzen" gelegentlich mit der Religion Abrahams in Zusammenhang gebracht. Nach 1. Mose 11,31 kam Abraham aus Ur über Haran, und diese beiden Plätze waren die wichtigsten Zentren des Mondkultes. Aber damit muß man doch vorsichtig sein. Andererseits wissen wir, daß Nabonid (555–539), der letzte König in Babylon, bestimmte Reformen durchzuführen suchte in der Absicht, Sin zum obersten Gott zu machen, daß seine Bestrebungen jedoch auf harten Widerstand von seiten des Volkes und vor allem der Priester stießen.

Sins Gemahlin trägt den sumerischen Namen Nin-gal („die große Herrscherin"), auf aramäisch und phönizisch Nikkal genannt. Ihre Kinder sind Schamasch und Ischtar.

Schamasch ist ganz einfach der allgemein-semitische Name für Sonne, mit dem aber in der uns bekannten Sonnenverehrung der anderen semitischen Stämme, z.B. in Südarabien und Ugarit, eine Göttin bezeichnet wird. Daß wir hier eine männliche Gottheit vor uns haben, ist wohl dem Einfluß des sumerischen Utu zuzuschreiben. Aber der akkadische Schamasch ist ein weitaus wichtigerer Gott als sein sumerischer Vorgänger. Während Utu nur selten zum

[9] RTAT 129; AOT 241f.; ANET 385f.

Gegenstand eines Hymnus wird[10], ist die Anzahl der Schamasch-Hymnen imponierend!

Schamasch steht in erster Linie für die Sonne als Licht- und Lebensspender. Sein Symbol ist in Babylonien eine Sonnenscheibe mit einem vierzackigen Stern und davon ausgehenden Strahlen und in Assyrien eine Sonnenscheibe mit Flügeln. Es ist interessant, daß letzteres Symbol auch in Ägypten und – wahrscheinlich durch assyrischen Einfluß – in iranischen Bilddarstellungen von Ahura Mazdah anzutreffen ist. Außerdem findet es sich bei den Hethitern. Sonst wird Schamasch oft auf einem Thron sitzend als König dargestellt, der in seiner rechten Hand einen Stab (Zepter) und einen Ring als Symbol für das Gerade und das Vollständige, d.h. Recht und Gerechtigkeit, hält. Als Sonnengott denkt man sich ihn entweder als einen Helden, der zu Pferd ausreitet oder der im Boot oder im Wagen über den Himmel dahinfährt.

Schamaschs Eigenschaften und Funktionen sind leicht aus seinem Sonnen-Charakter abzuleiten. Er verjagt das Dunkel und breitet das Licht über die ganze Welt. Er schenkt Leben und „macht die Toten lebendig". Er steuert und lenkt das ganze Weltall. Als Sieger über die Nacht und den Tod ist er der Held vor allen anderen. Es ist bemerkenswert, daß dasselbe Bild von der Sonne im biblischen Psalm 19 angewendet wird.

Seine größte Bedeutung hat der Sonnengott jedoch als Repräsentant der Gerechtigkeit, als „Richter des Himmels und der Erde", der alles sieht und den Schuldigen bestraft. Schamasch ist es, der Hammurabi beauftragt, „das Recht im Lande leuchten zu lassen", und auf der Gesetzessäule erscheint er, wie er ihm symbolisch das Gesetz überreicht. Recht und Gerechtigkeit, *mēšaru* und *kettu*, sind die Begleiter des Sonnengottes, Personifikationen seiner vornehmsten Eigenschaften.

Aber die Sonne, die alles sieht, durchdringt auch alle Heimlichkeiten, und deshalb wird Schamasch auch zum Gott der Wahrsagekunst. Die Seher, *bārū*, haben in ihm – neben Adad – ihren Schutzpatron. Es ist bemerkenswert, daß der Sonnengott eine verhältnismäßig kleine Rolle in der Mythologie spielt; jedenfalls ist er in keine kompromittierenden Situationen verwickelt[11].

Die wichtigsten Kultzentren des Sonnengottes waren Larsa und Sippar. Seine Gemahlin heißt Aja, die durch ihre Epitheta insbesondere als Schamaschs „Geliebte" *(narāmtu)* und „Braut" *(kallatu)* auftritt (vgl. die Sonne, die aus dem Brautgemach hervortritt, Ps. 19,6).

Es folgen nun ein paar typische Zitate aus verschiedenen Schamasch-Hymnen:

> Schamasch, wenn du aus dem großen Berge herauskommst
> ...
> Wenn du aus des Himmels Grund herauskommst, wo Erde
> und Himmel sich treffen,

[10] Radau in: Hilprecht Anniversary Volume, Leipzig 1909, 418ff.; M.E.Cohen, ZA 67, 1977, 1ff.

[11] Oppenheim, Mesopotamia 195.

Da treten die großen Götter vor dich hin, um zu Gericht zu gehen,
Alle Völker und Menschen warten auf dich,
Tiere und Vieh, alles was sich auf vier Füßen bewegt,
Richtet seine Augen auf dein großes Licht[12].

Schamasch, König von Himmel und Erde,
Der droben und drunten alles in Ordnung hält!
Schamasch, den Toten zum Leben zu erwecken,
Den Gebundenen zu lösen, steht in deiner Hand.
Unbestechlicher Richter, der die Menschheit in Ordnung hält,
Hocherhabener Sproß des Herrn Namrassit!
Überlegen starker, herrlicher Sohn, Licht der Länder,
Der Schöpfer von allem und jedwedem im Himmel und auf der Erde,
Schamasch, bist du[13].

Ein langer Hymnus an Schamasch ist besonders interessant durch das Gewicht, das er auf die moralischen Eigenschaften des Sonnengottes legt[14].

Ischtar, mit der sumerischen Inanna gleichgesetzt, ist als astrale Gottheit der Planet Venus, der Morgen- und Abendstern. Aber das erschöpft keineswegs ihre Bedeutung, und es ist sogar ungewiß, ob der astrale Zug ursprünglich ist. Ihr Name ist etymologisch identisch mit der westsemitischen Astarte, über deren astralen Charakter wir keine sicheren Berichte haben, und mit der südsemitischen männlichen Gottheit ʿAthtar oder Astar, der zwar in Südarabien vielleicht der Venusstern, aber in Äthiopien jedenfalls der Himmelsgott im allgemeinen ist.

Der Vergleich mit dem männlichen Athtar in Südarabien wirft das Problem vom Geschlechtswechsel auf. In den ugaritischen Mythen gibt es sowohl eine weibliche Aschtar als auch einen männlichen Aschtar mit dem Epitheton *ʿArīz*. In Mari wird Ischtars Name manchmal mit einem Zeichen versehen, das ein männliches Wesen bezeichnet, und es gibt eine Stelle in einem Hymnus, die von dem „bärtigen Ischtar" spricht. Es ist möglich, daß es sich ursprünglich um eine zweigeschlechtige Gottheit handelte oder zum mindesten um eine Gottheit unbestimmten oder schwankenden Geschlechts, die später in verschiedener Weise differenziert wurde.

Ischtar tritt in mehreren, örtlich verschiedenen Gestalten auf, von denen man zumindest in gewissem Umfang annahm, daß sie eigene Individualität besaßen – etwa in der gleichen Art, wie örtliche Madonnen in der römisch-katholischen Welt. Es gab eine Ischtar von Ninive, eine Ischtar von Arbela und eine Ischtar von Bit-Kitmuri. Seltsamerweise wissen wir nur sehr wenig von der

[12] Jastrow I, 428.
[13] SAHG 321 Nr. 56; AOT 243.
[14] RTAT 126ff.; AOT 244ff.; ANET 387f.

Erstgenannten, obwohl sie eine der wichtigsten Gottheiten in Assyrien war und großes Ansehen außerhalb der Landesgrenzen, bei Hurritern und Hethitern, genoß. Man hat deshalb behauptet, daß ihr Kult in Ninive Mysteriencharakter gehabt haben und also heimlich vollzogen sein soll, aber es gibt keine positiven Beweise dafür.

Zwei Züge, dem Anschein nach ziemlich unvereinbar, sind das Kennzeichen Ischtars: Sie ist einerseits die Göttin der Liebe und Fruchtbarkeit, andererseits die Göttin des Krieges. Saggs sieht eine Verbindung zwischen diesen beiden Aspekten in dem Gedanken, daß da, wo Leben im Kampf vernichtet wird, und da, wo Leben im Zeugungsakt geschaffen wird, Ischtar gegenwärtig ist[15].

Als Kriegsgöttin war Ischtar besonders in Assyrien beliebt. Man glaubte dort, daß sie an der Spitze des assyrischen Heeres einherschritt und ihm den Sieg schenkte. In Hammurabis Gesetz wird sie „Herrscherin des Streites und Gefechtes" genannt; jeder, der das Gesetz nicht beachtet, wird von ihr mit Krieg, Niederlage, Revolution und Blutvergießen bedroht. Assyrische Herrscher nennen sie „die Tapfere im Streit, die Assyriens Feinde nicht verschont".

Auf einem Feldzug Assurbanipals (669–etwa 627) zeigte sie sich einem Seher; „sie hatte einen Krieger zur Rechten und zur Linken, sie hielt einen Bogen in ihrer Hand und hatte ein spitzes Schwert gezogen, um den Kampf zu eröffnen".

Assarhaddon (680–669) offenbarte sie sich in einer Theophanie und sagte: „Ich bin Ischtar von Arbela. Vor dir, hinter dir will ich gehen. Fürchte dich nicht." Solche Selbstvorstellungen sind übrigens bei Ischtar durchaus üblich; ebenso sind auch Hymnen, in denen die Gottheit sich selbst preist, bei ihr besonders häufig. In einem solchen Hymnus heißt es mit deutlicher Anspielung auf den astralen Zug:

> Ischtar, die Göttin des Abends bin ich,
> Ischtar, die Göttin des Morgens bin ich[16].

Als Abendstern ist sie vor allem Liebesgöttin, als Morgenstern überwiegend kriegerisch.

Der Liebes- und Fruchtbarkeits-Aspekt ist wohl hauptsächlich ein sumerisches Erbe. Am stärksten betont ist er vielleicht in Inannas alter Stadt Uruk, „der Stadt der Kurtisanen, der Dirnen und der Prostituierten", wie sie im Hinblick auf das Tempelpersonal der Göttin genannt wird. Die Tempelprostitution war nämlich ein wichtiger Teil ihres Kultes, und man glaubte, daß sie die Fruchtbarkeit im Land vermehren würde. Epitheta wie „Herrscherin der Liebe", „Königin des Vergnügens" und „die Genuß und Freude liebt" charakterisieren Ischtar in dieser Hinsicht. Im Mythus von Ischtars Abstieg in die Unterwelt wird beschrieben, wie alle Fortpflanzung auf Erden aufhörte, als sie fort war:

---

[15] Saggs 492.
[16] Jastrow I, 531.

Seitdem Ischtar in das Land ohne Wiederkehr hinabgestiegen ist,
Besteigt der Stier nicht mehr die Kuh,
Paart sich der Esel nicht mehr mit der Eselin,
Liegt der Mann nicht mehr bei dem Mädchen auf der Straße[17].

Dem Gilgamesch-Epos (VI, 7ff.) zufolge schlägt Ischtar dem Helden die Heirat vor, wird jedoch abgewiesen.

Ischtar dürfte auch die Gottheit sein, die in den babylonischen Psalmen Gegenstand der innigsten Hingebung und der vertrauensvollsten Gebete ist.

Deinen hehren Namen rühmen die Menschen,
Denn groß und erhaben bist du ...
Das Recht der Menschen richtest du in Recht und Gerechtigkeit.
Du siehst den Bedrückten und Geschlagenen an,
Du leitest in Recht Tag für Tag[18].

Wie schön sind doch Gebete an dich, wie nah ist dein Gehör!
Dein Blick ist Erhörung, dein Befehlswort Licht.
Erbarm dich meiner, Ischtar, und befiehl darum, daß ich gedeihe,
Getreulich blicke auf mich, nimm mein Flehen an!
Ich folgte deiner Richtschnur: Möge mein Gewinn von Dauer sein!
Dein Zugseil packte ich an: Möge mir rechte Freundlichkeit zuwachsen!
Ich nahm dein Joch auf mich: Schaffe mir Befriedigung[19]!

Ischtar war also eine außerordentlich vielseitige und beliebte Göttin. Sie besaß zahlreiche Tempel. In Babylon war ihr ein besonderes Tor geheiligt. Ihr Symbol, der achteckige Stern, erscheint häufig zusammen mit den Symbolen von Sonne und Mond. Die Folge von Ischtars großer Volkstümlichkeit war, daß eine größere Anzahl weniger bedeutender Göttinnen allmählich mehr oder weniger mit ihr identifiziert wurden. Das ging so weit, daß ihr Name im allgemeinen als Bezeichnung für „Göttin“ verwendet werden konnte.

Ein Gott, der oft mit Schamasch und Ischtar in Verbindung gebracht wurde, war Adad, der Gewittergott. Der entsprechende sumerische Gott Ischkur spielt eine untergeordnete Rolle, aber Hadad, sein westsemitisches Gegenstück, ist ein Gott ersten Ranges, und sowohl Hethiter als auch Hurriter rechneten den Gewittergott zu ihren wichtigsten Göttern. Adad trägt gewissermaßen ein

---

17 AOT 209; ANET 108.
18 RTAT 134; AOT 258; ANET 383ff.
19 SAHG Nr. 62.

Doppelgesicht: Das Gewitter kann sowohl wohltuend als auch zerstörend sein. In Hammurabis Gesetz wird davon gesprochen, was getan werden muß, wenn „Adad das Land überschwemmt", d.h. wenn heftige Gewitterschauer Verheerungen anrichten. Aber er wird auch beschrieben als „Herr des Überflusses, als Aufseher der Schleusentore des Himmels und der Erden"[20].

Oft ist es der zerstörerische Zug, der vorherrscht. Der assyrische König Adad-Nirari (1307–1275) spricht folgende Verwünschung aus: „Möge Adad ihn mit einer schweren Überschwemmung schlagen. Sturm, böser Wind, Revolution, Unruhe, Gewitter, Angst, Not, Dürre, Hungersnot mögen beständig in seinem Lande herrschen. Möge er so etwas wie eine Sturmflut in seinem Lande loslassen, möge er es in Ruinenhügel und Ruinen verwandeln."

Adads Symbol ist ein zangenförmiger Blitz; und der Blitz ist seine Waffe. „Möge Adad, mein Herr, ihn mit dem Blitz des Unglücks treffen, möge er Hunger in sein Land senden, möge er sein Heer schlagen", sagt Adad-Nirari über den, der sein Denkmal zerstört. Ein sumerischer Hymnus schildert Ischkur als den, der auf dem Sturmwind oder auf einem großen Wildstier reitet, der sich glänzend zeigt und durch seinen Ritt das Land in Schrecken versetzt[21]. Ähnliche Gedanken finden sich in einem zweisprachigen Hymnus, der davon redet, wie Himmel und Erde vor Adads Zorn erbeben und wie sich die Götter vor seinem „Donnern und Krachen" verstecken[22].

In späterer Zeit wurde Adad aus unbekannten Gründen mit Schamasch als Orakelkünder verbunden. Als seine Gemahlin finden wir Schala – ursprünglich die hurritische Göttin Schalasch, die dem babylonischen Pantheon eingegliedert wurde.

Ein anderer Sturmgott ist Ninurta, ursprünglich ein sumerischer Gott, der aber auch bei Assyrern und Babyloniern Verehrung genoß und besonders als Kriegs- und Jagdgott angesehen wurde. Es heißt, daß er es war, der Hammurabi „die erhabene Waffe" gab, die den Sieg verlieh. Seine Eigenschaft als Jäger wird am stärksten in mittelassyrischer Zeit betont, als er besonders in der Stadt Kalach verehrt wurde, einer Stadt, die jetzt den Namen Nimrud trägt. Der Nimrod, der nach 1. Mose 10,8 „ein gewaltiger Jäger vor Jahwe" war, ist wohl kein anderer als Ninurta. Seine Gemahlin war Gula, eine Göttin der Heilkunst.

Es gibt auch einen interessanten Hymnus auf Ninurta, in dem eine Reihe von Gottheiten mit verschiedenen Teilen seines Körpers identifiziert werden: Sein Antlitz ist der Himmel, seine Augen sind Enlil und Ninlil, sein Kinn ist die „Ischtar der Sterne", seine Ohren sind Ea und Damkina usw.[23]. Wir haben es hier offenbar mit einer Spekulation zu tun, die Ninurta als den Inbegriff aller göttlichen Kräfte fassen wollte[24]. Man kann auch von einer pantheistischen

---

[20] Saggs 494; vgl. Dhorme, Mana I/2, 97.

[21] SAHG 81ff. Nr. 14; AOT 248f.

[22] Jastrow I, 482f.

[23] AOT 250f.

[24] Ähnliche Gedanken in CT XXIV pl. 50: Ninurta ist Marduk als Gott der Pflanzung, Ilbaba ist Marduk als Gott des Herrentums und des Ratschlags, Nabu ist Marduk

Tendenz sprechen, da seine verschiedenen Körperteile mit den Naturerscheinungen identifiziert werden, die die einzelnen Gottheiten vertreten. Man wird auch daran erinnert, daß Ningirsu sich Gudea als ein Mann zeigte, „dessen Gestalt wie der Himmel war, dessen Gestalt wie die Erde war".

Ein mächtiger und gefürchteter Gott war Nergal, der Gott der Pest und der Unterwelt[25]. Es scheint, als sei er ursprünglich ein Sonnengott gewesen; es gibt nämlich einen Text, der feststellt, daß „Schamasch und Nergal eins sind". Es würde sich dann um die brennende Sommersonne und die verzehrende Hitze handeln. Nergal wird außerdem mit dem Pestgott Irra zusammengestellt, der die Hauptperson in einem Mythus ist, der berichtet, wie Anu verschiedene Städte bestraft, die sich gegen ihn aufgelehnt hatten[26]. Am wichtigsten ist Nergal aber als Herrscher der Unterwelt und des Totenreiches. Seine Gemahlin ist die Todesgöttin Ereschkigal. Dieser Name ist sumerisch, der akkadische ist Allatu.

In einem Mythus wird erzählt, wie Nergal der Herr der Unterwelt wurde[27]. Ereschkigals Bote wurde eines Tages bei seiner Ankunft in der Götterwelt von allen, außer von Nergal respektvoll begrüßt. Aus diesem Grunde mußte er in die Unterwelt hinabsteigen und wurde trotz aller Vorsichtsmaßnahmen von Ereschkigal dazu gezwungen sechs Tage bei ihr in ihrem Schlafgemach zuzubringen. Am siebten Tag gelang es ihm, die Erlaubnis zur Rückkehr zu erhalten, aber Ereschkigal vermißte ihn so sehr, daß sie ihn zurückverlangte – andernfalls würde sie alle Fruchtbarkeit und alles Leben auf Erden zum Stillstand bringen. Nergal kehrte auch zurück und machte sich zum König in der Unterwelt, und nach weiteren sechs Tagen im Schlafgemach der Göttin erhielt er die Erlaubnis der Götter, dort unten als Herrscher zu bleiben.

Man hat hinter diesem Mythus den Widerwillen der Semiten spüren wollen, eine Frau als Herrscherin zu akzeptieren; nach ihrer patriarchalischen Einstellung müßte der Herrscher des Totenreiches eine männliche Gottheit sein. Aber wir bemerken gleichzeitig den Fruchtbarkeits-Aspekt bei der chthonischen Ereschkigal – offenbar ein sumerisches Erbe.

Nergal wurde in der Stadt Kutha verehrt, deren Name sogar als Bezeichnung für das Totenreich verwendet wurde. Auch an vielen anderen Orten genoß er Verehrung. Es galt, sich mit einem so mächtigen und gefährlichen Gott gut zu stellen, denn auch sein Schutz galt als besonders wirkungsvoll.

Es gab auch einige Gottheiten, die mit dem Feuer in Verbindung gebracht wurden. Von ihnen werden Gibil und Girru bei Beschwörungen zur Bekämpfung von Zauberei und Hexerei angerufen. Nusku ist insbesondere das Opferfeuer, das das Opfer verzehrt und den Weihrauch zu den Göttern emporsendet. Er wird auch besungen, als der, der die Dämonen verjagt.

---

als Gott der Schicksale, Sin ist Marduk als der Gott, der das Dunkel auflöst, Schamasch ist Marduk als Gott der Gerechtigkeit, Adad ist Marduk als Gott des Regens; s. B. Hartmann, Nederl. Teol. Tijdschr. 20, 1966, 328ff.

25 E. von Weiher, Der babylonische Gott Nergal (AOAT 11), 1971.

26 L. Cagni, The poem of Erra, Undena 1977.

27 AOT 211, ANET 163f.

Ein besonderes Problem ist mit Tammuz (oder *Ta'ūzu*), dem sumerischen Dumuzi, verbunden. Hammurabi nennt ihn nicht unter den Göttern, die er als Garantie für sein Gesetz anruft, und er scheint auch sonst nicht in offiziellen religiösen Dokumenten vorzukommen. Aber man hat offenbar einen Teil der Tammuz-Texte weiter überliefert und diese mit einer akkadischen Übersetzung versehen. Im assyrischen Gilgamesch-Epos (VI, 46f.) spielt der Held in seiner Antwort auf Ischtars Einladungen auch auf das Schicksal des Tammuz an:

Für Tammuz, den Geliebten deiner Jugend,
Bestimmtest du Klage Jahr für Jahr.

Am Ende der akkadischen Version des Mythus von Ischtars Abstieg in die Unterwelt gibt es einige anscheinend nicht zusammenhängende Fragmente, von denen zwei mit dem Tammuz-Kult zu tun haben:

Tammuz, den Buhlen ihrer Jugend, wasche mit reinem Wasser,
Salbe ihn mit gutem Öl, bekleide ihn mit strahlendem Gewande!
Möge man auf der Flöte aus Lapislazuli spielen!
Mögen Dirnen sein Gemüt beschwichtigen!

Hier handelt es sich offenbar um die jährliche Trauer und Klage über den Tod des Gottes.

Das nächste Stück ist schwer übersetzbar; es könnte aber bedeuten:

Am Tage, da Tammuz emporsteigt (?),
Mit ihm die Lapislazuliflöte und der Karneolring emporsteigt (?),
Mit ihm Klagemänner und Klagefrauen emporsteigen (?),
Mögen auch die Toten aufsteigen und den Weihrauch riechen[28]!

So dunkel diese Zeilen auch sind – sie müssen sich doch wohl auf die Rückkehr des Gottes ins Leben beziehen. Aber damit ist unser Wissen zu Ende. Wir wissen, daß die Klage über Tammuz zur Mittsommerzeit stattfand, in dem Monat, der den Namen des Gottes trug. Die Klage selbst wurde am 2. Tage des Monats abgehalten: am 9., 16. und 17. fanden Prozessionen mit Fackeln statt. Während der letzten drei Tage im Monat wurde ein Bild des Gottes aufgestellt, das dann begraben wurde.

Diese Zeremonien stimmen sowohl mit den Klageriten überein, die die Sabier in Syrien in frühchristlicher Zeit ausführten, als auch mit der Klage über Adonis in Athen, Byblos und Alexandria. Die Klagen fanden zu der Zeit statt, da die Dürre und Hitze des Sommers einsetzten und das Wachstum verdorrte.

---

[28] AOT 210.

Es gibt zweisprachige Hymnen in Abschriften aus relativ später Zeit, in denen Tammuz offenbar in Zusammenhang mit verschiedenen Formen des Wachstums gebracht wird, z.B.:

Hirte, Herr, Tammuz, Ischtars Gemahl!
Fürst des Totenreiches, Bewohner des Hirtenschlosses!
Tamariske, die kein Wasser aus der Furche getrunken hat,
Deren Krone auf der Steppe keine Blüte hervorgebracht hat!
Sprößling, der nicht an seiner Wasserrinne gepflanzt ist,
Schoß, dessen Wurzeln abgeschnitten sind!
Kraut, das noch aus keinem Rinnsal Wasser getrunken hat!
Er geht, er zieht sich zurück an der Erde Brust,
Er eilt lebenssatt – seine Sonne ging unter – ins Land der Toten ...
Wie lange noch soll das Fruchtbringen gehemmt sein?
Wie lange noch soll das Grünen verhindert werden[29]?

Die letzten Zeilen weisen deutlich auf die Dürre, die die Hitze des Sommers verursacht. Dunkler sind ein paar Zeilen im gleichen Text, die lauten:

In seiner Jugend liegt er in einem sinkenden Schiff,
Im Erwachsenenalter ist er gesunken und liegt auf der Ernte.

Dies scheint auf einen uns unbekannten Mythus anzuspielen, aber es geht daraus hervor, daß Tammuz etwas mit Getreide zu tun hat. Es will also scheinen, als ob der Fruchtbarkeitsaspekt im Lauf der Zeit eine immer größere Rolle spielt, während das Hirtenmotiv zurückgetreten ist. Das entspricht wohl auch einer tatsächlichen Verschiebung der Produktionsverhältnisse.

Seit Frazers Arbeit „The dying god" galt es als selbstverständlich, daß Tammuz ein Beispiel für den Göttertyp war, der die Kräfte der Vegetation in sich verkörperte, und daß ihr Tod und ihre Auferstehung, in Mythus und Ritus gefeiert, den Wechsel der Jahreszeiten widerspiegeln. Man hielt es auch für sicher, daß eine Mehrzahl von Ortsgottheiten, u.a. Marduk, Offenbarungsformen von Tammuz darstellten und daß sie – ebenso wie Tammuz – im Kult litten, starben und wiederauferstanden, dargestellt vom sakralen König.

Die Darstellung, die hier vom sumerischen Dumuzi und seinem akkadischen Gegenstück gegeben wurde, ist in diesem Punkte absichtlich sehr zurückhaltend gewesen. Sie hat versucht, auf dem aufzubauen, was wir zum gegenwärtigen Zeitpunkt wirklich von Tammuz und seinem Kult wissen. Man kann, wie Kramer und andere es noch vor kurzem getan haben, Tammuz' Rückkehr zum Leben nicht einfach verneinen – aber es ist andererseits klar, daß sein Tod und die Klage darüber das alles Beherrschende im Tammuz-Kult waren. Dies ist

---

[29] H. Zimmern, Sumerische und babylonische Tamuzlieder, Leipzig 1907, Nr. 1.

auch das Motiv, das in diesen Gegenden bis in die christliche und islamische Zeit hinein hat weiterleben können. Wir werden Gelegenheit haben, noch auf die Frage von Marduks Tod und Auferstehung zurückzukommen. Eine Reihe von allgemeinen Fragen, die diesen Göttertyp betreffen, sind darüber hinaus im Kapitel über westsemitische Religion zu besprechen.

Zwei Götter haben ihre Machtstellung der politischen Entwicklung zu danken: die beiden Nationalgötter Marduk in Babylonien und Assur in Assyrien.

Marduks Ursprung ist in Dunkel gehüllt. Es scheint so, als würde sein Name „Sonnensohn“ oder „Sonnenstier“ bedeuten, aber irgendwelche besonderen solaren Züge läßt er nicht erkennen. Sein Tempel in Babylonien heißt Esagila, und wir wissen, daß dies einmal auch der Name eines Tempels in Eridu war. Da außerdem der babylonische Schöpfungsmythus, dessen Hauptperson Marduk ist, gewisse Berührungspunkte mit der in Eridu beheimateten Kosmogonie hat, liegt die Annahme nahe, daß Marduk ursprünglich in dieser Stadt zu Hause war. Er galt übrigens auch als Sohn von Enki (= Ea), dem Gott von Eridu.

Aber Marduk ist als Stadt- und Nationalgott von Babylon in die Geschichte eingegangen. Er wird bereits im Gesetz Hammurabis erwähnt, ohne allerdings eine bevorzugte Stellung einzunehmen. Offenbar hat er seine Machtposition in den noch recht unbekannten Jahrhunderten nach Hammurabi erlangt. In diesem Zeitraum ist wahrscheinlich auch das babylonische Schöpfungsepos *Enuma eliš* („Als droben“) entstanden. Es will u.a. zeigen, wie Marduk zum ersten Gott wurde, als er in einer kritischen Situation – die anderen Götter waren machtlos – der Repräsentantin des Chaos Tiamat entgegentrat, sie besiegte und dann die Welt erschuf. Das Epos schildert, wie die Götter ihre Macht auf Marduk übertragen und ihm die „Schicksalstafeln“ zum Zeichen der Herrschaft übergeben. Der Schlußabschnitt des Epos zählt die fünfzig Ehrennamen Marduks auf, die ihn als den obersten Gott darstellen.

Als Eas Sohn scheint Marduk von altersher ein Gott der Magie und Beschwörungskunst gewesen zu sein. Aber er erhielt im Lauf der Zeit immer mehr und immer wichtigere Funktionen. Man kann geradezu von einer monotheistischen oder, vielleicht richtiger gesagt, henotheistischen Tendenz sprechen, da eine große Anzahl von Göttern für verschiedene Manifestationen Marduks gehalten wurden. Er erhält den Beinamen Bel („Herr“) und wird so mehr oder weniger mit Enlil identifiziert. Zahlreiche Epitheta heben seine Allmacht, Weisheit und Unergründlichkeit hervor, sein kriegerisches Auftreten und seine Fähigkeit, Kranke zu heilen und „Tote lebendig zu machen“. Im Ritual für das Neujahrsfest in Babylon wird Marduk mit einer Reihe von Astralgöttern identifiziert, und das Gebet endet mit den Worten: „Mein Herr ist mein Gott, mein Herr ist mein Herrscher, gibt es einen Herrn außer ihm?“

Marduks Gemahlin heißt Sarpanitu, „die Glänzende“, die manchmal mit dem Planeten Venus verbunden wird. Durch ein Wortspiel wurde ihr Name als *zēr-bānītu*, „die Same-Schaffende“ gedeutet, wodurch sie mit der Göttin Aruru zusammengestellt wurde, die nach der Schöpfungslegende den Menschen hervorbrachte.

Eng mit Marduk verbunden ist auch sein Sohn Nabu in der Nachbarstadt Borsippa, der als Gott der Schreibkunst und als Schutzpatron der Schreiber und überhaupt als ein Gott der Weisheit aufgefaßt wird. Man kann in neubabylonischer Zeit die Tendenz feststellen, Nabu auf Marduks Kosten zu erhöhen. Seine Gemahlin war Taschmetu („das Hören"), die ganz einfach ihre Funktion als die Gebete Erhörende personifiziert.

Assur *(Aššur)* ist gleichzeitig der Name für den Gott, die Hauptstadt und das Land, und es ist jetzt nicht mehr möglich festzustellen, welcher Name primär gewesen ist. Vielleicht war Assur ursprünglich ein Stammesgott, der den Namen des Stammes trug. Wir finden ihn bereits in den ältesten assyrischen Dokumenten erwähnt, und durch die ganze Geschichte Assyriens hindurch ist er der oberste Gott des Pantheons, der oft sogar noch vor Anu und Enlil genannt wird.

Es ist interessant, zu beobachten, wie Assur in gleichem Maß an Ansehen gewinnt, in dem sich die Machtstellung der Stadt und des Landes verstärkt. Die enge Beziehung zwischen dem Gott und dem König als seinem Priester und Stellvertreter knüpfte Religion und Politik eng zusammen und identifizierte die Absichten des Gottes mit denen des Staates. Die Bedeutung des Gottes brachte es mit sich, daß er immer mehr Funktionen übernahm, die sonst anderen Göttern zukamen[30]. Es gibt eine assyrische Version des Schöpfungsepos, in dem Assur den Platz von Marduk eingenommen hat. Er spielt Anus und Enlils Rolle als derjenige, der die Königswürde verleiht. Er übernimmt die Funktion des Sonnengottes als Richter und Wächter des Rechts. Er ist der Kriegsgott, der dem König im Kampf Sieg verleiht. Er wird Göttervater, Schöpfer und Erzeuger. Er wird auch wegen seiner Barmherzigkeit gepriesen. Durch die Zusammenstellung seines Namens mit Anschar, einer der dunklen Gestalten in der Welt der Urzeit, wollte man hervorheben, daß Assur eigentlich älter und größer war als alle anderen Götter.

Dagan ist ein westsemitischer Gott, der bereits in neusumerischer Zeit Eingang in Mesopotamien fand. Wahrscheinlich war er eigentlich ein Fruchtbarkeitsgott, vielleicht identisch mit dem Korn (hebr. *dāgān*). Unter den Amoritern in Mari spielte er eine hervorragende Rolle, und es gibt Berichte darüber, wie er sich durch seinen Propheten in die Angelegenheiten des Staates einmischte. Wir kommen auf ihn als westsemitische Gottheit zurück.

Mythologie

Nimmt man das Wort „Mythus" in der Bedeutung von „Kultmythus", d.h. ein erzählender Text, der eine bestimmte Funktion in einem kultischen Ritus hat, so enthält die akkadische Literatur nur einen, dessen Funktion mit Sicherheit zu bestimmen ist – nämlich das Schöpfungsepos. Denn wir wissen, daß

---

[30] K. Tallqvist, Der assyrische Gott, Helsinki 1932; G. van Driel, The cult of Aššur, Stud. Sem. Neerl. 13, 1969.

dieses Epos sowohl rezitiert als auch beim Neujahrsfest „aufgeführt“ worden ist, und damit hängt wohl auch zusammen, daß Exemplare dieses Textes an mehreren Orten gefunden worden sind.

Eine Zwischenstellung nehmen ein paar andere kosmogonische Texte ein, die Bestandteil eines Tempelbau-Rituals oder Teile von Beschwörungstexten sind. Sie berichten in Kürze, wie die Dinge entstanden sind, mit der es die betreffende Zeremonie zu tun hat (Baumaterial und Arbeiter bzw. ein Wurm, der Zahnweh verursacht), und schaffen dadurch die Voraussetzungen für den kultischen oder magischen Akt.

Das Gilgamesch-Epos dürfte zweifellos eine literarische Schöpfung sein. Nichts deutet darauf hin, daß es eine kultische Funktion gehabt hätte. Der Mythus von Ischtars Abstieg in die Unterwelt ist eine Umdichtung des sumerischen Mythus, und er kann eine Funktion innerhalb des Tammuz-Ischtar-Kultes gehabt haben. Die unzusammenhängenden Fragmente, die eine der beiden akkadischen Rezensionen abschließen (siehe oben), können möglicherweise darauf hindeuten, ebenso wie die Tatsache, daß es in mehreren Exemplaren erhalten ist.

Es ist nämlich seltsam, daß andere mythologische Texte (Anzu, Etana, Adapa, Nergal und Ereschkigal) jeweils nur in einem einzigen Exemplar erhalten sind, die alle außerhalb Mesopotamiens gefunden wurden, und zwar in Susa, der Hauptstadt des alten Elam, und in Amarna (Mittelägypten). Es kann ein Zufall sein, aber es kann auch daran liegen, daß sie literarische Schöpfungen auf Grund von Motiven sind, deren kultische Funktion – wenn sie eine solche je gehabt haben – in Vergessenheit geriet oder keinerlei schriftlichen Ausdruck gefunden hat[31]. Eine weitere Schwierigkeit besteht darin, daß der Text des Mythus in mehreren Fällen nicht vollständig erhalten ist.

Unter den kürzeren kosmogonischen Texten ist vielleicht die sogenannte „chaldäische Kosmogonie“[32] die interessanteste. Es ist ein zweisprachiger Text aus dem 6. Jahrhundert v. Chr., der allem Anschein nach auf ältere Quellen zurückgeht. Er berichtet in der Einleitung von der Zeit, da es keinen Tempel, kein Schilfrohr, keinen Ziegel, kein Haus, keine Stadt und keinen Menschen gab, und da „alle Länder Meer waren“. Da entstand im Apsu (dem Ozean) die Stadt Eridu und ihr Tempel mit dem Gott Marduk sowie auch Babylon, die heilige Stadt. Marduk schuf eine Form von Schilfrohr und den Lehm – daraus entstand offenbar die Erde. Und „um die Götter in einer Wohnung wohnen zu lassen, die ihnen Behagen verschaffte, erschuf er die Menschen; (die Göttin) Aruru schuf mit ihm die Menschensamen“. Ferner erschuf er das Vieh und andere Tiere, Gärten und Wälder, Städte und Tempel.

Diese Kosmogonie setzt offensichtlich die Verhältnisse am Unterlauf von Euphrat und Tigris voraus; Marduk erschuf aus Schilf und Lehm den Grund zu einer Wohnstätte, so wie es die Bewohner dieser Gegenden zu tun pflegten. Die

---

[31] Oppenheim, Mesopotamia 177.

[32] AOT 130; S. G. Brandon, Creation legends of the ancient Near East, London 1963, 70.

Erzählung berichtet, wie all das, was es im Anfang nicht gab, allmählich entstanden ist. Daß die Menschen geschaffen wurden, um den Göttern zu dienen, ist ein Zug, der immer wiederkehrt. Dasselbe gilt auch von dem Bericht über die Schöpfung des Menschen, der im Atrachasis-Mythus enthalten ist, der später behandelt werden soll.

Der wichtigste kosmogonische Text ist jedoch das Schöpfungsepos[33], das nach den Eingangsworten üblicherweise *Enūma eliš* („Als droben“) genannt wird. Es handelt sich um eine Kompilation, wahrscheinlich mit dem Zweck, Marduks Überlegenheit über die anderen Götter zu zeigen. Seine ursprüngliche Funktion hatte es wohl im babylonischen Akitu-Fest, wenngleich es auch an anderen Orten bekannt war und übrigens auch in einer assyrischen Version mit Assur als Hauptperson überliefert worden ist.

Das Epos beginnt in ganz typischer Weise mit der Feststellung, daß es im Anfang – als es weder den Himmel da oben noch die Erde hier unten gab, als noch keine Tempel oder Götter vorhanden und „die Schicksale nicht bestimmt waren“ – nur Apsu, den Süßwasserozean, und Tiamat, den Salzwasser-Ozean, gab (eine dritte Figur Mummu spielt eine Nebenrolle). Diese beiden vermischten ihre Wassermassen miteinander, und da wurden die Götter Lachmu und Lachamu geboren, ferner Anschar und Kischar, und schließlich Anu und die anderen Götter. Ea wird dabei besonders erwähnt. Es ist offenkundig, daß diese Einleitung die Naturverhältnisse im Deltagebiet widerspiegelt, wo sich Süßwasser und Salzwasser treffen, auch wenn man nicht unbedingt so weit zu gehen braucht wie Jacobsen, der Lachmu und Lachamu mit dem Schlamm identifiziert, der sich ablagert und neues Land bildet. Daß Ea besonders genannt wird, deutet auf einen bestimmten Zusammenhang mit seiner Stadt Eridu hin.

Zwischen der jüngeren Göttergeneration und den Urahnen entsteht jedoch Uneinigkeit, die damit endet, daß Ea den Apsu (und Mummu) besiegt und seinen Tempel „auf ihm“, d.h. über dem Süßwasser, errichtet; offenbar handelt es sich um sein Heiligtum in Eridu. Damit hat er sich als der Herr über das Süßwasser erwiesen, und er bleibt für alle Zukunft der, der es unter seiner Kontrolle hat. „Im Apsu“ wird nun Eas Sohn Marduk geboren, dessen Vorzüge in begeisterten Redewendungen gepriesen werden.

Im nächsten Akt ist es Tiamat, die zum Angriff übergeht, um ihren Gatten zu rächen. Sie bringt elf gewaltige Ungeheuer hervor, setzt den Gott Kingu an die Spitze ihres Heeres und befestigt die „Schicksalstafeln“ auf seiner Brust – ein Symbol, das seinen Worten unbedingte Autorität verleiht. Die Götter zögern vor dem Ansturm. Weder Anu noch Ea wagen es, dem Feinde entgegenzutreten, die Herausforderung geht daraufhin an Marduk. Dieser übernimmt den Auftrag unter der Bedingung, daß er die Leitung in der Götterversammlung

---

[33] RTAT 106ff.; AOT 108ff.; ANET 60ff.; W.G. Lambert, Enuma eliš. The Babylonian epic of creation, Oxford 1966. Wichtige Gesichtspunkte: Th. Jacobsen in: Intellectual adventure, hg. v. H. Frankfort, 168ff.; ders., Treasures 167ff.; Brandon, Creation legends 90ff.

und uneingeschränkte Autorität erhält. So versammeln sich die Götter zum Gastmahl und bestimmen sein Schicksal: Er soll der erste Gott sein, sein Befehl soll absolute Gültigkeit haben, sein Wort soll sowohl vernichten als auch erschaffen. So huldigt man ihm mit dem Ruf: „Marduk ist König." Wir haben allen Anlaß zu glauben, daß diese Szene in irgendeiner Weise anschaulich im Kult dargestellt worden ist.

Marduk rüstet sich nun zum Kampf und geht Tiamat entgegen. Als sie ihren Mund öffnet, um ihn zu verschlingen, schickt er einen gewaltigen Wind gerade in ihren Rachen hinein, so daß sie ihn nicht mehr schließen kann, schießt ihr einen Pfeil in den Bauch und tötet sie. Ihr Gefolge fesselt er, und Kingus Schicksalstafeln befestigt er auf seiner eigenen Brust. Tiamats Körper spaltet er in zwei Hälften; die eine hebt er in die Höhe und setzt das Himmelsgewölbe als Schutz gegen „ihr Wasser" – die untere Hälfte ist offenbar das Meer hier auf Erden. Die Kampfszenen sind im Bild an einem Kupfertor im Akitu-Festhaus in Assur dargestellt; dort wurden die Ereignisse des Mythus (ebenso wie in entsprechenden Tempeln in Babylon) in einem Kultdrama aufgeführt. Es scheint, als ob Marduk (bzw. Assur) hier das Erbe des Windgottes Enlil oder das des Heldengottes Ninurta übernommen hätte.

Im Epos folgt nun eine Beschreibung, wie Marduk die Sternbilder des Himmels ordnet, und nach einer Lücke in dem erhaltenen Text folgt ein Abschnitt über die Schöpfung des Menschen. Marduk verkündet Ea seine Absicht, den Menschen aus Blut zu erschaffen, damit er den Göttern dienen solle. Es wird bestimmt, daß Kingu als stellvertretender Repräsentant für die aufrührerischen Götter getötet werden soll. Aus seinem Blute schafft Ea den Menschen. In Babylon wird Marduks Tempel, Esagila, erbaut, und Marduk richtet sich darin ein. Der Rest des Epos enthält eine erklärende Aufzählung von fünfzig Namen, die Marduk besaß. Obwohl es der weise Ea ist, der mit der Erschaffung des Menschen betraut ist, sehen wir also, daß das Epos die Erhöhung Marduks zum Ziele hat. Man könnte denken, daß einige Schlußfolgerungen aus der Tatsache gezogen worden seien, daß der Mensch das Blut des rebellischen Kingu in sich trägt, aber wir haben keinerlei Belege dafür. Es hat den Anschein, als habe statt dessen der Stellvertreter-Gedanke im Vordergrund des babylonischen Denkens gestanden.

Ohne direkt ein Mythus zu sein, gehört das Gilgamesch-Epos[34] zum Interessantesten, was die akkadische erzählende Literatur hervorgebracht hat. Von besonderem literaturhistorischem Interesse ist, daß wir sehen können, wie das akkadische Epos auf Grund von mehreren kürzeren sumerischen Texten zusammengestellt worden ist.

Das akkadische Epos besteht aus elf Tafeln mit einem Nachtrag. Sein Inhalt ist in Kürze folgender: Gilgamesch ist König in Uruk, zu zwei Dritteln ein Gott, zu einem Drittel ein Mensch. Er führt ein strenges Regiment. Um seine Aufmerksamkeit von seinen Untertanen abzulenken und um ihm einen würdigen

---

[34] AOT 150ff.; ANET 72ff.; Auszug: RTAT 118ff. A. Schott, Das Gilgamesch-Epos, neu übersetzt, Stuttgart 1958.

Mitbewerber zu geben, schafft eine Göttin einen Naturmenschen namens Enkidu. Dieser lebt zuerst unter den Tieren in der Steppe und ist mit ihnen vertraut, aber mit Hilfe eines Freudenmädchens wird seine sexuelle Begehrlichkeit geweckt, und er wird vermenschlicht, so daß die Tiere nichts mehr von ihm wissen wollen. „Nun bist du wie ein Gott“, sagt sie zu ihm. So kommt er nach Uruk und begegnet Gilgamesch. Nach einem spannenden Zweikampf versöhnen sich die beiden Helden und werden allmählich gute Freunde.

Es beginnt eine Reihe von spannenden Abenteuern. Zuerst beschließt Gilgamesch trotz Enkidus Abraten, sich in den „Zedernwald“ (Libanon?) zu begeben, um Chuwawa (Humbaba) zu töten, ein Ungeheuer, das Enlil als Wächter über den Wald eingesetzt hat. Er versichert sich der Hilfe des Sonnengottes und zieht mit Enkidu davon. An dieser Stelle ist die vierte Tafel unvollständig erhalten, aber auf der nächsten Tafel erfahren wir, wie die beiden Freunde in den Zedernwald eindringen, Zedern niederhauen und das Ungeheuer töten. Auf der siebten Tafel bietet Ischtar Gilgamesch ihre Liebe an, wird aber abgewiesen mit dem Hinweis auf das Schicksal, das frühere Liebhaber der Göttin erfahren haben. Um sich zu rächen, sendet Ischtar den Himmelsstier auf die Erde. Er richtet große Verheerungen an, wird aber schließlich von Gilgamesch und Enkidu getötet. Dadurch ist aber der Zorn der Götter erregt worden, und als Rache für den Tod Chuwawas und des Himmelsstiers lassen sie Enkidu sterben. Gilgamesch hält die Totenklage und beginnt zu fürchten, daß auch er das Schicksal seines Freundes wird teilen müssen. Er geht daher auf die Suche nach dem einzigen Menschen, dem ewiges Leben verliehen ist: dem Helden der Sintflut Ut(a)napischtim.

Nach großen Schwierigkeiten und vielen Abenteuern kommt er schließlich auf den Platz an der „Mündung der Ströme“, wo Utnapischtim wohnt. Dieser erzählt nun die Geschichte von der Sintflut – auf die wir noch zurückkommen – und auch, wie ihm ewiges Leben zuteil geworden ist. Er enthüllt ihm das Geheimnis eines Lebenskrautes, das „den Alten jung macht“, und Gilgamesch holt es aus der Tiefe des Meeres herauf. Zufrieden begibt er sich auf den Heimweg, aber während er bei einer Rast in einer Quelle badet, raubt ihm eine Schlange das Kraut, und Gilgamesch muß unverrichteter Dinge wieder nach Uruk zurückkehren. Die zwölfte Tafel, der Nachtrag, schildert schließlich, wie Gilgamesch den Geist Enkidus heraufbeschwört und eine Schilderung der trostlosen Verhältnisse im Totenreich erhält.

Das Gilgamesch-Epos enthält verschiedene Motive von religionsgeschichtlichem Interesse. Das Hauptmotiv selbst, das vergebliche Streben des Menschen, ewig leben zu können, finden wir auch im Adapa-Mythus (siehe unten), und es bildet in veränderter Form den Hintergrund der biblischen Paradiesgeschichte. Auch andere Motive aus dem Gilgamesch-Epos finden wir dort wieder. Die Rolle des Sexuellen beim Übergang des Menschen vom Naturzustand zum Kulturleben findet sich sowohl in der Erzählung von Enkidu als auch in der biblischen Geschichte vom Sündenfall. Ebenso finden wir die Rolle der Schlange als des „Schurken im Drama“ an beiden Stellen (dahinter liegt u.a. die Vorstellung, daß die Schlange ihr Leben erneuert, wenn sie sich häutet).

Und doch ist das Gilgamesch-Epos kein wirklich religiöser Text. Die Götter werden in einer seltsam respektlosen Art behandelt: Gilgamesch weist Ischtar mit Worten schärfsten Tadels ab, und der Sintflut-Bericht läßt die Götter vor Schreck über die Verheerungen der Flut an der Stadtmauer zusammenkriechen „wie Hunde". In der Gestalt, in der das Epos vorliegt, muß es in erster Linie als eine literarische Schöpfung angesehen werden. Aber eben in dieser Eigenschaft ist es dadurch besonders interessant, daß wir sumerische Vorlagen großer Teile des Epos in Form von selbständigen Episoden kennen[35], die nichts anderes gemeinsam haben als die Hauptperson:

1. Gilgamesch und das Land der Lebendigen. Diese Geschichte erzählt, wie Gilgamesch und Enkidu mit fünfzig Mann in den Zedernwald ziehen, um Chuwawa zu töten, und damit auch Erfolg haben. Doch stimmt diese Geschichte nur in großen Zügen mit der vierten und fünften Tafel des Gilgamesch-Epos überein.

2. Gilgamesch und der Himmelsstier, was im großen und ganzen der siebten Tafel zu entsprechen scheint: Inanna bietet ihre Liebe und ihre Gaben an, und nach einer Lücke im Text wird geschildert, wie der Himmelsstier herabkommt und auf der Erde wütet. Der Schluß ist zerstört.

3. Gilgamesch und der Chuluppu-Baum. Hier wird erzählt, wie Gilgamesch Inanna hilft, einen Baum zu fällen, der von einer Schlange, einem Winddämon und einem Adler bewacht wird, um daraus einen Thron und ein Bett anzufertigen. Aus Wurzeln und Zweigen fertigt Gilgamesch zwei Gegenstände an, die er unglücklicherweise in die Unterwelt fallen läßt. Als Enkidu sie heraufholen will, begeht er einen Fehler und bleibt unten. Zum Schluß erzählt Enkidus Geist dem Gilgamesch von den Verhältnissen im Totenreich. Der größere Teil dieser Erzählung ist ausgelassen, und nur die letzte Szene ist vom Verfasser des Gilgamesch-Epos genutzt worden.

4. Gilgameschs Tod, ein sehr fragmentarischer Text, der von Gilgamesch in der Unterwelt handelt. Bestimmte Sätze kehren in der Darstellung des Epos wieder, die beschreibt, wie sehr sich Gilgamesch ewiges Leben wünscht, aber im übrigen ist dieser Text nicht ausgewertet.

5. Gilgamesch und Agga, eine Erzählung vom Streit zweier Könige.

Schließlich ist von einer anderen Quelle

6. der Sintflutbericht eingefügt worden.

Die Kompositionstechnik ist interessant. Das Material, das sich der Gesamtkonzeption einfügen ließ, d.h. die Unerreichbarkeit des ewigen Lebens, ist benutzt worden, anderes ist ausgelassen und je nach Bedarf ist Stoff hinzugefügt worden, der ursprünglich gar nichts mit Gilgamesch zu tun hatte. Es handelt sich um eine bewußt literarische Schöpfung auf Grund von altem Material.

Die Sintflut wird in der akkadischen Literatur in zwei verschiedenen Zusammenhängen erwähnt: Teils im Atrachasis-Mythus, teils, wie wir gesehen haben, im Gilgamesch-Epos. Der erste, der erst in jüngster Zeit einigermaßen

---

[35] Kramer, Geschichte 140ff.

vollständig bekannt geworden ist[36], heißt auch nach den Eingangsworten *enūma ilū awīlum* („Als die Götter [wie] Menschen waren ..."). Der Mythus beginnt damit, daß die Götter im Anfang der Zeiten so schwer arbeiten mußten, daß sie schließlich beschlossen, den Menschen zu erschaffen, damit er die Arbeit für sie verrichtete. Die Göttin Mama (oder Mami) erschafft Menschen aus Lehm, den sie mit dem Blut eines Gottes vermischt, der geopfert wird (zumindest in einem Teil der Texte; vgl. das Schöpfungsepos). Die Menschen stören die Götter mit ihrem Lärm und Radau jedoch so sehr, daß Enlil sie im Zorn vernichten will. Er sendet zuerst die Pest und dann eine siebenjährige Dürreperiode über das Land, aber mit Eas Hilfe gelingt es Atrachasis („der überaus Kluge"), sie zu retten. Da schickt Enlil die Flut, aber Atrachasis rettet sich in das Schiff „Lebensbewahrerin".

Wir wissen, daß der ganze Text zumindest in assyrischer Zeit als Beschwörungstext bei Geburten angewandt wurde – und ein Abschnitt über fruchtbare und unfruchtbare Frauen scheint damit zusammenzuhängen –, aber es ist ungewiß, ob dies seine ursprüngliche Funktion war. Es sieht eher so aus, als wäre es eine Erzählung der Geschichte des Menschengeschlechts von seiner Erschaffung bis zur Flut und von Atrachasis' Rettungstat[37].

Der Flutbericht des Gilgamesch-Epos erinnert sehr stark an den biblischen. Er schildert, wie die Götter beschlossen, eine Überschwemmung über die Erde zu senden. Der Grund wird nicht angegeben. Ea warnt jedoch – wiederum ohne Motivierung – den Utnapischtim in Schuruppak, und dieser baut sich ein Schiff, auf dem er zu gegebener Zeit sein Hab und Gut, seine Familie und allerlei Tiere in Sicherheit bringt.

Dann kommt die Katastrophe: Eine Wolke steigt auf, „in ihrer Mitte donnert Adad", und Regen fällt. Die Götter selbst werden von Panik ergriffen, „sie kriechen zusammen wie Hunde". Ischtar schreit wie in Kindsnöten und bereut, daß sie sich an dem Beschluß beteiligt hat. Die Götter klagen mit ihr. Am siebten Tage beruhigt sich das Unwetter, und allmählich setzt das Schiff auf dem Berge Nisir (in den Zagrosbergen) auf.

Nach einigen Tagen sendet Utnapischtim eine Taube aus, die zurückkehrt, ferner eine Schwalbe, die ebenfalls zurückkommt, und schließlich einen Raben, der fortbleibt, nachdem der Wasserspiegel inzwischen gesunken ist. Da verläßt Utnapischtim das Schiff und bringt ein Opfer dar. Mit einem gewissen Humor wird erzählt, daß die Götter den angenehmen Duft spürten und sich wie die Fliegen um das Opfer sammelten – die Götter brauchen also Opfer! Der Schluß besteht darin, daß Utnapischtim ebenso wie die Götter ewiges Leben erhält und an der Mündung der Flüsse Wohnung nehmen darf.

Die Ähnlichkeit mit der biblischen Erzählung ist deutlich: Der Berg, auf dem das Schiff aufsetzt, die Anzahl der Vögel, die ausgesandt werden, das Opfer nach der Flut sind gemeinsame Züge. Aber die biblische Geschichte hat eine

---

36 W.G. Lambert–A.R. Millard, Atrachasis, Oxford 1969; RTAT 115ff.; vgl. ANET 104ff.

37 J. Laessøe, BiOr 13, 1956, 89ff.

Begründung, die im babylonischen Flutbericht fehlt: Die Sünde des Menschen und Noahs Gerechtigkeit (vgl. Atrachasis). Die Dauer der Flut und die Art der Vögel stimmen nicht überein, vor allem unterscheidet sich jedoch die Handlungsweise der Götter von derjenigen Jahwes.

Die Frage nach dem ewigen Leben beherrscht auch den Mythus von Adapa[38]. Adapa ist einer der sieben Weisen *(apkallu)* der Urzeit, von denen wir zwar wenig wissen, die aber in magischen Riten angerufen wurden[39]. Er galt als Eas Sohn und war in Eridu zu Hause. Auf einem Fischzug wird er vom Südwind überrascht und bricht dessen Schwingen. Er wird in Anus Himmel hinaufgerufen, um sich dafür zu verantworten. Da gibt Ea ihm den Rat, nichts von dem, was ihm angeboten wird, zu essen und zu trinken. Adapa tritt vor Anu hin und gibt vorbehaltlos zu, was er getan hat. Als Anu ihm „Lebensbrot" und „Lebenwasser" vorsetzen läßt, weigert sich Adapa, davon etwas zu sich zu nehmen. So verliert er die Unsterblichkeit.

Er kehrt zur Erde zurück, aber was danach geschieht, ist nicht klar; der Schluß der Geschichte ist verloren. Bestimmte Anzeichen deuten darauf hin, daß Anu dem Adapa statt dessen große Weisheit und die Fähigkeit verlieh, Krankheiten und Dämonen zu bekämpfen. Es gibt ein Textfragment, das die Vermutung nahelegt, daß eine Zusammenfassung des Adapa-Mythus als Einleitung zu Beschwörungen verwandt wurde, um diesen größere Kraft zu geben.

Der Mythus von Etana[40] ist leider nur unvollständig erhalten, aber soviel ist klar, daß das Hauptmotiv im Fortbestand des Königsgeschlechtes liegt. Etana ist König von Kisch. Er hat keine Kinder und sucht daher nach einem „Geburtskraut", um Nachkommenschaft zu bekommen. Der Sonnengott rät ihm, einen Adler ausfindig zu machen, der verwundet in einer Grube liegt.

Hier fügt die Erzählung eine Fabel vom Adler und der Schlange ein, deren Zusammensein damit endet, daß der Adler die Jungen der Schlange raubt und die Schlange den Adler zur Strafe dafür in einer Grube festbindet. Etana befreit nun den Adler, der bald wieder zu sich kommt und seinen Retter aus Dankbarkeit zum Himmel hinaufträgt, wo sich offenbar das Geburtskraut befindet. Hier bricht unser Text ab, und wir hören nichts darüber, ob dieses Unternehmen nun die Kräfte des Adlers überstieg oder ob Etana wirklich das Kraut und den gewünschten Erben erhielt. Eine andere Tradition erwähnt tatsächlich einen Sohn von Etana als König.

Der Mythus vom Sturmvogel Anzu[41] (oder Zu, wie man früher las)[42], von dem es übrigens auch sumerische Fragmente gibt, handelt davon, wie Anus Sohn Anzu[43] in Gestalt eines Vogels die Schicksalstafeln stahl und sogar die

---

38 AOT 143ff.; ANET 101ff.

39 E. Reiner, Or. 30, 1961, 1ff.

40 AOT 235ff.; ANET 114ff.; vgl. J. Kinnier Wilson, JNES 33, 1974, 237ff.

41 AOT 141ff.; ANET 111ff. mit Suppl. 78ff.

42 Zur Lesung s. B. Landsberger, WZKM 57, 1961, 1ff.

43 Th. Jacobsen, JNES 12, 1953, 167 Anm. 27, 168 Anm. 29: Personifizierte Gewitterwolke (zweifelhaft).

Existenz der Götter bedrohte. Ein Gott, der in verschiedenen Fassungen bald Ninurta, bald Lugalbanda, bald Ningirsu heißt, greift ein, besiegt Anzu und stellt die Ordnung wieder her. Wir haben hier offenbar eine Variante zu einem der Motive im Schöpfungsepos vor uns, und die Hauptabsicht der Erzählung ist, den siegreichen Gott zu verherrlichen. Gleichzeitig zeigt sie ein Gefühl der Unsicherheit gegenüber dem Bestand der Weltordnung: Es schien für einen rebellischen Gott ziemlich leicht zu sein, sich der Autoritätssymbole zu bemächtigen. Die Sicherheit, die Ordnung des Kosmos, beruhte auf der Kraft des siegreichen Gottes.

Das Epos vom Pestgott Irra (Erra)[44] ist eine ziemlich lose Komposition, die vor allem von der Wiederherstellung glücklicher Verhältnisse nach Krieg und Pest handelt. Irra wird von den „Sieben" (Dämonen) zu Taten angestachelt. Sein Herold Ischum sucht ihn zurückzuhalten. Aber er will kämpfen, da die Menschen seinen Kult vernachlässigt haben, und es gelingt ihm schließlich, Marduk dazu zu bewegen, auf die Weltherrschaft zu verzichten. Dieser muß seine Insignien im Feuer reinigen, er verläßt seinen Thron und steigt in die Unterwelt hinab. Als Marduks Stellvertreter mißbraucht Irra seine Macht und führt durch die Pest Chaos und Bürgerkrieg herauf. Schließlich gelingt es Ischum jedoch, ihn zu beruhigen, und er gibt seine Schuld zu. Der Text schließt mit Segnungen und dem Versprechen von Wohlstand und Glück. In die Komposition ist ein Klagelied über Babylon eingeflochten, das an die sumerischen Klagelieder über die Zerstörung von Städten erinnert. In der Schlußstrophe spricht der Verfasser davon, daß ihm dies alles in einem Traum offenbart worden ist.

Die Funktion des Mythus ist nicht klar ersichtlich. Liegt die Betonung auf dem Schutz, den die Anwesenheit des Stadtgottes in sich schließt? Oder soll die Notwendigkeit der Königsmacht für die Aufrechterhaltung der Ordnung betont werden. Besteht irgendein loser Zusammenhang mit dem Ras Schamra-Mythus von Baals Abstieg ins Totenreich und dem Ersatzkönig Aschtar Ariz? Gibt es einen rituellen Hintergrund, etwa den symbolischen Abstieg des Königs in die Unterwelt oder etwas Ähnliches? All das sind Fragen, die auf Grund des vorliegenden Materials nicht mit Sicherheit zu beantworten sind. So wie das Gedicht jetzt aussieht, macht es am ehesten den Eindruck einer Trost- oder Propagandaschrift, mit dem Versprechen besserer Zeiten für das unterdrückte Babylon.

Der Kult

Der Tempel

Die wirtschaftliche und soziale Rolle der Tempel scheint sich in altbabylonischer Zeit verändert zu haben, denn ihre beherrschende Stellung wurde zugun-

---

[44] F. Gössmann, Das Era-Epos, Würzburg 1956; L. Cagni, The poem of Erra, Undena 1977; vgl. AOT 212ff.

sten der Herrschaft des Königs eingeschränkt[45]. Ihre religiöse Bedeutung änderte sich dagegen nicht, und es ist auffallend, daß die Tempel bis in späte Zeiten hinein durchweg sumerische Namen tragen, die etwas von ihrer symbolischen Bedeutung ausdrücken, z.B. *E-temen-an-ki* „Tempel der Grundlage Himmels und der Erde", *E-kur* „Tempel des Berges (Enlils)", *E-sag-il(a)* „Tempel mit hohem Haupt". Ein Raum in Enlils Tempel heißt *Dur-an-ki* „Band zwischen Himmel und Erde" usw.

Wir haben gesehen, daß der erste Zweck des Tempels war, eine Wohnung für den Gott zu sein. Im Tempel war der Gott zum Besten der Stadt und des Reiches auf Erden anwesend. Seine Gegenwart wurde symbolisch durch das Götterbild dargestellt, das in einem Raume für sich stand, entsprechend dem Allerheiligsten des israelitischen Tempels. Die Gegenwart dieses Gottes im Bild dachte man sich scheinbar sehr konkret: Wenn das Bild in einer Prozession durch die Stadt oder in eine nahegelegene andere Stadt getragen wurde, so war es der Gott selbst, der in den Straßen der Stadt anwesend war oder einen anderen Gott in dessen Heiligtum besuchte. Und wurde das Götterbild vom Eroberer entführt, so bedeutete dies, daß der Gott seine Stadt im Zorn verlassen hatte.

Der Tempel war der Platz, an dem der Gott Hof hielt und die Menschen ihn bedienten. Das Götterbild wurde bekleidet, und es wurde ihm Essen gereicht. Dies war die Aufgabe des Tempelpersonals, das Volk hatte in der Regel zum Tempel keinen Zutritt. Mindestens in einigen Fällen konnte man das Götterbild durch eine Anzahl von Türöffnungen in seiner Nische stehen sehen. Nur an den großen Festen nahm das ganze Volk teil, und der Gott, d.h. sein Bild, wurde ihnen vorgeführt. Der Tempel diente also in erster Linie dem offiziellen Kult im Namen der Stadt und des Volkes. Wieweit die Tempel dem einzelnen zur Verfügung standen, ist nicht ganz klar. Wir wissen, daß Eide und Gottesurteile zum Aufgabenbereich des Tempels gehörten, während Wahrsagekunst und Beschwörungen von Fachleuten ausgeführt wurden, die sicher gelegentlich, aber nicht immer mit dem Tempel in Verbindung standen.

Genaues darüber, wie man sich die Gegenwart des Gottes im Bild dachte, wissen wir nicht. In den Mythen bewegen sich die Götter ja in kosmischen Bereichen. Man war sich bewußt, daß die Bilder Menschenwerk sind, aber sie wurden durch besondere nächtliche Riten eingeweiht und zu Gegenständen umgewandelt, in denen die Gegenwart des betreffenden Gottes zutage trat. Es wurde ihnen „Leben" verliehen, ihr Mund „wurde geöffnet" *(pet pī)* und gewaschen *(mes pī)*, so daß sie sehen und essen konnten und eine besondere heilige Qualität erhielten[46].

Zu den großen Tempelanlagen gehörte, wie wir gesehen haben, ein „Tempelturm", *zikkurrat*, der sich in Stufen zum Himmel erhob. Seine Bedeutung und Symbolik war Gegenstand langer wissenschaftlicher Diskussionen, ohne daß jedoch irgendein sicheres Ergebnis erzielt werden konnte. Wir wissen, daß

---

[45] Oppenheim, Mesopotamia 51. 187.

[46] E. Ebeling, Tod und Leben, Berlin 1931, 100ff.

im Zusammenhang mit dem Tempelturm von einem „hohen Tempel" an der Spitze und einem „unteren Tempel" die Rede ist, und man hat vermutet, daß der Gott normalerweise im oberen Tempel wohnte und zu bestimmten Gelegenheiten in den unteren Tempel herabkam. Außerdem wurde angenommen, daß der „hohe Tempel" eine Zwischenstation auf dem Wege des Gottes vom Himmel zum Tempel auf Erden war. In beiden Fällen wird der Turm gewissermaßen zu einer Treppe oder Steige (vgl. 1. Mose 11,3–5; 28,12). Gewisse Anzeichen deuten jedoch darauf hin, daß im oberen Tempel ein wirklicher Kult ausgeübt wurde, und daß der ganze Turm als ein gewaltiger Altar betrachtet worden ist. (Man hat darauf hingewiesen, daß Hes. 43,13–17 einen Altar als einen Zikkurrat en miniature beschreibt.) Andere Theorien betrachten den Turm als ein Bild des kosmischen Berges, wo ein sterbender und wiederauferstehender Gott „begraben lag", aber auch das ist ziemlich unsicher. Am meisten hat der Gedanke für sich, daß der Turm irgendwie eine Verbindung zwischen der Welt der Götter und der Welt der Menschen darstellen sollte[47].

Wie bereits erwähnt, gab es in Enkis Tempel in Eridu einen heiligen Baum, *kiškanū*, „gepflanzt über Apsu", der der Mittelpunkt bestimmter Riten war. Es wird auch von einem heiligen Hain im Tempel gesprochen. Widengren nimmt an, daß jeder Tempel einen heiligen Hain oder Garten mit einem „Lebensbaum" unter der Oberaufsicht des Königs besaß. Er fungierte als „Gärtner", der den Lebensbaum wässerte und auf diese Weise das Leben im Land erhielt[48]. Seltsamerweise kommt der Ausdruck „Lebensbaum" in keinem akkadischen Text vor. S. Smith hat behauptet, daß in einem assyrischen Brief von einer jährlichen Erneuerung des Lebensbaumes die Rede ist[49]. In Wirklichkeit wird aber gar kein Baum erwähnt, sondern nur bestimmte Kultgegenstände im Hause Nabus und Taschmetus, in dem das Akitu-Fest gefeiert wurde. Dagegen gibt es Bilddarstellungen des Königs, der bestimmte Riten mit einem stilisierten Baum ausführt, der in der modernen Literatur oft als Lebensbaum bezeichnet wird. Wahrscheinlich handelt es sich um Befruchtungsriten, aber leider gibt es keine Texte, die den näheren Inhalt dieser Bilder bestimmen[50].

Es sind uns Rituale zur Tempelrestaurierung erhalten[51]. Aus ihnen geht hervor, daß man bei solchen Anlässen zunächst während einer nächtlichen Zeremonie sozusagen alles Alte vernichten und es gewissermaßen in das Chaos zurückführen mußte, was u. a. Ausdruck in der Klage über die Tempelzerstörung fand. Ehe der Grundstein gelegt wurde, veranschaulichte eine neue Zere-

---

[47] Saggs 523 ff.

[48] G. Widengren, The king and the tree of life, Uppsala 1951, Kap. 1.

[49] Der Brief findet sich bei L. Waterman, Royal correspondence of the Assyrian Empire II, Ann Arbor 1930, 157 f. Für die Übersetzung s. S. Smith, BSOS 4, 1928, 72, wo alle (berechtigten) Fragezeichen in seinem früheren Artikel, RA 21, 1924, 84, verschwunden sind.

[50] Saggs 572.

[51] ANET 339 f.

monie, in der u.a. ein kosmogonischer Text rezitiert wurde, wie die Götter das Material erschufen, aus dem der neue Tempel gebaut werden sollte.

Ähnliche Erneuerungsriten scheinen vorgenommen worden zu sein, wenn der Tempel auf irgendeine Weise verunreinigt worden war, z.B. wenn ein Hund hineingelaufen war. (Die jährlichen Reinigungsriten im Tempel scheinen einen anderen Verlauf gehabt zu haben.) In diesem Zusammenhang ist folgender Klagepsalm zu beachten:

In Eulmasch, dein Heiligtum, ist der Feind eingedrungen,
Die heilige Kammer hat er befleckt,
Auf deinen heiligen Platz hat er seinen Fuß gesetzt,
Deine weitberühmte Wohnung hat er zerstört ...
Wie lange, meine Herrscherin, soll der Feind dein Heiligtum
plündern?
In deiner Stadt Uruk wird Klage angestimmt ...[52]

Man hat den Text nicht ohne Grund mit Psalm 74 verglichen. Es könnte sich in beiden Fällen um einen Reinigungsritus in der hier angedeuteten Art handeln.

Kultpersonal

Der Dienst im Tempel erforderte eine große Anzahl von Sachkundigen. Wir kennen viele verschiedene Priesterklassen, und es sind in manchen Fällen auch Rituale erhalten, die uns wertvolle Angaben über ihre Arbeit vermitteln.

Theoretisch gesehen, war der König Leiter des Kultes, und er hatte, wie wir in anderem Zusammenhang sehen werden, priesterliche Titel und priesterliche Funktionen. In der Praxis mußte er diese Funktionen natürlich den Priestern überlassen.

Die Priesterschaft war also eine Vereinigung von Fachleuten, die die Aufgabe hatten, den Kontakt zwischen Menschen und Göttern herzustellen. Sie bildeten aber kaum eine organisierte Hierarchie[53]. Verschiedene Fachgruppen bildeten eine Art von Gilde oder Kollegium; ihre Herkunft führten sie auf irgendeinen, nach Möglichkeit mythischen Urahnen zurück. Es gibt Zeugnisse, daß Väter ihre priesterliche Weisheit an die Söhne weitergaben, aber wir wissen nicht, ob die erbliche Priesterwürde die Regel bildete. In anderen Fällen sind es offenbar Einsicht und Tüchtigkeit, die den Ausschlag geben. Hinsichtlich der *kalū*-Priester haben wir außerdem Belege dafür, daß ihre Weisheit als ein Geheimwissen betrachtet wurde, das Uneingeweihten nicht mitgeteilt werden durfte.

---

[52] Oxford edition of cuneiform texts, hg. v. S. Langdon, VI, Paris 1927, 37; vgl. F. Willesen, VT 2, 1952, 292ff.

[53] Oppenheim, Mesopotamia 106. – Zum Folgenden vgl. J. Renger, ZA 24, 1967, 110ff.

Unsere Kenntnis der höchsten priesterlichen Würden ist leider unvollständig. *Enu* (sum. *en*) und *šangū* (sum. *sanga*) sind Titel, die ursprünglich dem Priesterfürsten oder König zukamen, aber in späterer Zeit auch von anderen hohen priesterlichen Würdenträgern getragen wurden. Der *enu* hat nach Oppenheim möglicherweise „das Verhältnis zwischen dem Tempel seiner Gemeinde und dem Gott in einer Weise reguliert, die von Heiligtum zu Heiligtum verschieden war". Der *šangū* soll – ebenfalls nach Oppenheim – die höchste administrative Würde innerhalb des Tempels innegehabt haben; nach anderen hatte er die Oberaufsicht über die Opfer. Jedenfalls nennen sich die Könige von Assyrien regelmäßig Assurs *šangū*. Ein anderer hoher Priester ist *maḫḫu* (sum. *maḫ* „hoch"), dessen Funktion indessen nicht näher bestimmbar ist.

Als allgemeiner Bezeichnung für „Priester" begegnen wir oft dem Ausdruck *ērib bīti*, eigtl. „der in den Tempel hineingehen darf". Den ersten Platz unter ihnen nimmt der *šešgallu*- (früher *urigallu* gelesen) Priester ein, dessen Name darauf hindeutet, daß er als eine Art von „Wächter" oder „Oberaufseher" fungierte. Marduks *šešgallu* in Babylon hatte im Ritus sogar die Macht, dem König dessen Insignien fortzunehmen, um sie ihm dann wieder zurückzugeben.

Zwei Priesterklassen hatten Beschwörungen und Reinigungszeremonien gegen die schädliche Wirksamkeit von Dämonen und Hexenmeistern zur Aufgabe: der *āšipu* scheint in der Hauptsache dem einzelnen zu Dienst gestanden und seine Riten in den Häusern ausgeführt zu haben; der *mašmašu* hatte außerdem eine Aufgabe im offiziellen Kult bei der Reinigung des Tempels usw. Die Aufgabe des *kalū*-Priesters war es, den Zorn der Götter durch Gesang und Musik zu besänftigen.

Ferner gab es Sänger, *nāru* und *zammeru* (auch weibliche), Handwerker *(māre ummāni)*, „Schwertträger" *(nāš paṭri)* usw.

Verschiedene Arten von Zukunftsschau (Divination) wurden wahrgenommen vom *bārū* („Schauer"), *šā'ilu* („Frager") und zumindest an manchen Stellen von den *muḫḫū* oder *maḫḫū* (ekstatischen Propheten).

Bei bestimmten Kultakten, besonders beim Ischtar-Kult, kamen kastrierte Priester, *kurgarū* und *assinnu*, vor. Zum Kultpersonal Ischtars gehörten auch „prostituierte" Frauen mit verschiedenen Titeln, deren genaue Bedeutung nicht klar ist: *qadištu* (hebr. *qedēšā* Tempelbraut), *nadītu* („unfruchtbar"), *zēr-mašītu* („die den Samen verbirgt", auch *kulmašītu* gelesen), *ḫarimtu* („Eingeweihte"), *šamḫatu* („Freudenmädchen"), *ištarītu* („Ischtar-zugehörig") usw.

Die Priester haben sicher bestimmte Amtstrachten getragen. Die rituelle Nacktheit ist außer Gebrauch gekommen, und es kamen nun Leinenkleider von verschiedener Farbe zur Anwendung. Bei Versöhnungszeremonien wurden purpurfarbige Kleider getragen. Bilddarstellungen zeigen Priester mit einer fezartigen Kopfbedeckung. Aus neuassyrischer Zeit gibt es Bilder, die nahezulegen scheinen, daß Priester bei gewissen Zeremonien Tiermasken trugen. Ein Ritual für die Weihe eines Enlil-Priesters gibt ein interessantes Bild von den Anforderungen, die man an den Priester stellte:

Wenn sein Leib so rein ist wie eine Statue aus Gold
Und Gottesfurcht und Demut in seinem Leibe vorhanden ist,
So darf er den Tempel des Enlil und der Ninlil betreten ...
Ein Blutbefleckter, wer bei Diebstahl oder Raub ertappt worden ist,
Ein Verurteilter, der Stockschläge oder Peitschenhiebe bekommen hat ...
Wer mit einem Mal behaftet ist ...
Er darf den Tempel des Enlil und der Ninlil nicht betreten[54].

Kulthandlungen

Wie schon mehrfach gesagt, war der Zweck des Kultes in erster Linie, den Göttern ihren Unterhalt zu gewähren und für ihr Wolhbefinden zu sorgen. Dies kommt auch in der allgemeinen Bezeichnung *dullu* „Dienst", „Arbeitsdienst", zum Ausdruck.

In der Regel wurden den Göttern zwei Mahlzeiten am Tage „serviert", eine Hauptmahlzeit am Morgen und eine kleinere am Abend. Jedes Mahl bestand aus zwei Gängen oder Gerichten, einem größeren Hauptgericht und einem kleineren. Dabei wurden alle Arten von Speisen und Getränken aufgetragen: Fleisch, Geflügel und Fisch, Früchte, Öl, Milch, Wein, Honig usw. Außerdem wurde Weihrauch verbrannt, denn man war der Meinung, daß den Göttern dieser Duft besonders angenehm sei. Vor dem Götterbild wurden Getränke ausgegossen. Wie der Gott die Speise zu sich nahm, wird nicht gesagt, aber wir wissen, daß ein Vorhang vor den Göttertisch gezogen wurde, während er „aß" – genau so, wie der König von den Blicken der Menschen nicht gesehen werden durfte, wenn er zu Tische saß. Es gibt Belege dafür, daß die Gerichte vom Tische des Gottes weiter an den König gesandt wurden, um von ihm gegessen zu werden, aber es ist möglich, daß dies nur bei bestimmten Gelegenheiten der Fall war; es ist undenkbar, daß der König all das, was als Opfer dargebracht wurde, verzehrt haben soll. Jedenfalls ist der Sinn deutlich, daß der König auf diese Weise am göttlichen Segen teilhatte. Die Priester hatten ihren Anteil an den Opfer-Lieferungen, aber es gibt keine Belege dafür, ob sie von dem, was vom Tisch der Götter übrig blieb, auch selbst aßen.

Man ist allgemein der Ansicht, daß das Blut der Tieropfer vor dem Götterbild ausgegossen wurde und daß die blutigen Opfer daher die Bezeichnung *niqû* (eigtl. „Ausgießen") trugen. Dagegen wendet Oppenheim ein, daß das Blut in der akkadischen Religion keine kultische oder magische Bedeutung besaß. Jedenfalls gibt es nicht einen einzigen Beleg, in dem das Wort *damu* (Blut) in diesem Zusammenhang vorkommt. Ein deutlicher Unterschied gegenüber Israel besteht auch darin, daß eine Verbrennung von Opfern als ein Mittel, sie in die Welt der Götter zu überführen, nicht vorkommt. Wenn das Feuer

---

[54] R. Borger, BiOr 30, 1973, 163ff.

einmal als für das Opfer notwendig gepriesen wird, so betrifft dies wohl nur die Verbrennung von Weihrauch, die zu jeder Opfermahlzeit gehörte.

Manche Tierarten oder Nahrungsmittel waren im Kult bestimmter Gottheiten verboten. So durften z.B. Vögel bei Opfern an chthonische Götter nicht vorkommen, Schafe waren für andere Götter verboten usw. Hier liegen offenbar alte Tabuvorstellungen zugrunde.

Einen ganz anderen Gedankengang finden wir bei bestimmten Sühne- und Beschwörungsriten: Ein Tier wird zu einem Ersatz *(pūḫu, dinānu)* für den Menschen. Der Zorn der Götter – oder Dämonen – ergießt sich auf das Opfertier. In einem Beschwörungsritual heißt es: „Gib das Schwein statt seiner (des Kranken), Fleisch für sein Fleisch, Blut für sein Blut; mögen sie (die Dämonen) es annehmen!" In einem Beschwörungsritus gegen die „bösen Dämonen" *(utukkē lemnūti)* heißt es: „Das Lamm ist ein Repräsentant *(dinānu)* für den Menschen; für sein Leben soll er das Lamm geben: Das Haupt des Lammes soll er für sein Haupt geben, den Hals des Lammes soll er für seinen Hals geben, die Brust des Lammes für seine Brust." [55]

Derselbe Gedanke kommt in einem Vertrag zwischen dem Fürsten Matti'ilu von Arpad und dem König von Assyrien zum Ausdruck. Ein Widder wird geopfert, und es wird erklärt, daß sein Haupt das Haupt von Matti'ilu ist, seine Schenkel die von Matti'ilu, seiner Söhne und seines Volkes sind; wenn sie die Bedingungen des Vertrages verletzen, soll es ihnen ebenso ergehen, wie dem Opfertier[56].

Die Opfermahlzeiten wurden den Göttern regelmäßig jeden Tag aufgetischt. Aber es gab besondere Tage, die besondere Opfer und besondere Zeremonien erforderten. Jeder Tag war einem bestimmten Gott heilig. Besondere Listen, sogenannte Hemerologien, verzeichnen sie und heben die Glücks- und Unglückstage hervor. Besonders unheilbringend ist der 7., 14., 19., 21. und 28. Tag eines jeden Monats. Man hat hier ein Vorstadium der Siebentage-Woche und des Sabbats sehen wollen, aber es ist bemerkenswert, daß, wenn man sich an diesen Tagen von einer bestimmten Tätigkeit fernhielt, dies nicht aus dem gleichen Grunde erfolgte wie beim israelitischen Sabbat: Diese Tage waren schlimm und gefährlich, während der Sabbat einen positiven Wert besaß. Besondere Festtage in jedem Monat waren z.B. der Neumond-Tag (der 1.) sowie der Vollmond-Tag (der 15.), der *šapattu* genannt wurde. Vielleicht besteht hier ein Zusammenhang mit dem hebräischen *šabbāt* „Sabbat"; es ist interessant, daß sich in den ältesten Teilen des Alten Testaments die Zusammenstellung „Neumond-Tage und Sabbate" findet.

Sonst hatte jedes Heiligtum seine besonderen Festtage, wie aus verschiedenen Festkalendern hervorgeht. Das vielleicht wichtigste Fest, jedenfalls das, das unter den Forschern das größte Interesse gefunden hat, ist das *akītu*-Fest[57],

---

[55] Dhorme, Mana I/2, 229. 253.

[56] E. Weidner, AfO 1932, 1ff.

[57] S. A. Pallis, The Babylonian akitu-festival, Kopenhagen 1926; A. Falkenstein in: Festschr. J. Friedrich, Heidelberg 1959, 147ff.

das zumindest in Babylon und wahrscheinlich auch in Assyrien ein Neujahrsfest war. Es gab auch andere *akītu*-Feste, aber über sie sind wir nicht so gut unterrichtet. Da der Verlauf des babylonischen und assyrischen Festes recht verschieden gewesen zu sein scheint, wollen wir hier jedes für sich behandeln.

Das babylonische *akītu*-Fest wurde während der ersten elf Tage des Monats Nisan bei der Frühlings-Tag-und-Nachtgleiche gefeiert. Für den zweiten und bis zum fünften Tag im Monat ist uns ein recht ausführliches Ritual aus seleukidischer Zeit (312–64 v. Chr.) erhalten[58], aber es handelt sich leider meist um vorbereitende Zeremonien. Für den 2. Nisan hören wir hauptsächlich über das Gebet des *šešgallu*-Priesters an Marduk, in dem er von Gottes Sieg über die Feinde spricht und ihn um seine Gnade für die Stadt, das Volk und den Tempel bittet. Am 3. Nisan wurden u. a. zwei Götterbilder aus Holz, Gold und Edelsteinen hergerichtet, die dann am 6. in einer Zeremonie Verwendung finden sollten. Am 4. Nisan begrüßte der *šešgallu* früh am Morgen den Aufgang eines bestimmten Sternbildes mit einer Beschwörung; am Abend sollte das Schöpfungsepos rezitiert werden.

Am 5. Tage wurde der Marduk-Tempel gereinigt. Ein Schaf wurde geschlachtet, und der Körper im Tempel herumgetragen – offenbar um alles Böse und Unreine in sich aufzunehmen; danach wurde er ins Wasser geworfen und nahm so alle Unreinheit mit sich. Man wird dabei etwas an den Sündenbock am israelitischen Versöhnungstage erinnert (3. Mose 16). Etwas später trat der König vor Marduks Statue hin, wo ihm der *šešgallu*-Priester seine königlichen Insignien abnahm und sie vor Marduk niederlegte. Der Priester gab dem König eine Ohrfeige und zog ihn an den Ohren; dann mußte der König vor Marduk die Knie beugen und die Versicherung abgeben, daß er bestimmte heilige Pflichten nicht versäumt habe (ein sogenanntes negatives Bekenntnis):

Ich habe nicht gesündigt, o Herr der Länder,
Ich bin nicht säumig für deine Gottheit gewesen.
Ich habe Babylon nicht zerstört,
Ich habe es nicht umstürzen lassen.
Ich habe Esagila nicht erschüttert.
Ich habe seine Riten nicht vergessen.
Ich habe keinen Untergebenen auf die Wange geschlagen,
Ich habe ihn nicht gedemütigt.
Ich habe auf Babylon geachtet.
Ich habe seine Mauern nicht zerstört.

Hier folgt eine Lücke im Text, und darauf hat der *šešgallu*-Priester das Wort:

Fürchte dich nicht ...
... wie Bel ...
Bel wird dein Gebet erhören,

---

[58] AOT 295 ff.; ANET 331 ff.

Er wird deine Herrschaft groß machen ...,
Er wird dein Königtum erhöhen,
Bel wird dich segnen für immer,
Er wird deine Feinde vernichten,
Er wird deine Widersacher niederwerfen.

Nach diesem „Sündenerlaß" erhielt der König seine Würde und seine Insignien wieder zurück. Der Priester sollte ihn noch einmal auf die Wange schlagen, und man meinte, es sei für die Zukunft von Bedeutung, ob er dann weine oder nicht.

Der Sinn dieser ganzen Zeremonie war offenbar, daß sich der König jedes Jahr vor Marduk zu verantworten hatte und daß das Königtum erneuert werden sollte. Man hat angenommen, daß die Erniedrigung des Königs ein stellvertretendes, sühnendes Leiden für die Sünden des Volkes darstelle, aber im Text des Rituals wird das nicht zum Ausdruck gebracht.

Darauf folgte am Abend eine Zeremonie mit einem Stier und einem Scheiterhaufen, der angezündet wurde – aber an dieser Stelle ist der Text leider beschädigt, und die Fortsetzung ist verlorengegangen. Für eine Rekonstruktion des Rituals der übrigen Tage sind wir auf Andeutungen in verschiedenen Texten angewiesen, die nicht direkt mit dem *akītu*-Fest zu tun haben. Wir wissen, daß Nabu (d.h. seine Statue) am 5. Nisan aus der Nachbarstadt Borsippa anlangte, um am Fest teilzunehmen, und daß er hier bis zum 12. blieb. Aus den Texten geht auch hervor, daß er am 6. Nisan irgendwie an einem Kultakt teilnahm, wobei die am 2. angefertigten Bilder wieder zerstört wurden. Wir wissen ferner, daß Marduk am 8. und am 11. Nisan auf dem „Schicksalsthron" *(parak šīmāti)* saß; man darf vielleicht annehmen, daß es sich hier um eine Zeremonie zur „Bestimmung des Schicksals" handelte, und man wird an die Schicksalsbestimmungs-Szenen im Schöpfungsepos erinnert.

Mehrere Texte spielen darauf an, wie der König „Marduks Hand ergreift", das bedeutet, daß er die Götterstatue in einer Prozession ausführt. Sie geht zum *akītu*-Haus außerhalb der Stadt (*ina ṣēri*, „auf dem Feld"), wo besondere Zeremonien stattfanden. Wir wissen, daß man sich am 10. dorthin begab und am 11. Nisan nach Esagila zurückkehrte.

Über das, was innerhalb des *akītu*-Hauses geschah, hat man alle möglichen Vermutungen angestellt. Drei jüngst gefundene Hinweise zeigen, daß man Marduks Triumph über Tiamat feierte[59], offenbar durch eine Art von Kultdrama. Diese Theorie wird dadurch gestützt, daß das von Sanherib errichtete *akītu*-Haus in Assur Bilddarstellungen des Schöfpungskampfes enthielt[60]. Es scheint so gewesen zu sein, daß Sanherib in der Rolle des Gottes Assur als Sieger über Tiamat dargestellt wurde. Daraus darf man wohl den Schluß ziehen, daß zumindest in Assur der König den Gott im Scheinkampf des Kultdramas darstellte.

---

[59] W.G.Lambert, Iraq 25, 1963, 189.
[60] Pallis a.a.O. 260ff.

Es gibt außerdem einen fragmentarischen Text, eine Art Festkalender, in dem über das *akītu*-Fest im Monat Nisan u.a. gesagt wird, daß Marduk vom *akītu*-Hause aus „zur Hochzeit eilte". Dies scheint darauf hinzudeuten, daß die Feier der „Heiligen Hochzeit" zum Bestand des Festes gehörte und daß diese im Haupttempel Esagila gefeiert wurde. Im Hinblick auf das sumerische Erbe liegt die Vermutung nahe, daß im Anschluß daran die zweite Schicksalsbestimmung erfolgte. Wir haben ausführliche Belege über die Heilige Hochzeit Nabus und Taschmetus, aus denen wir u.a. erfahren, daß sie vom fünften bis zum zehnten Tag des Monats im Schlafgemach weilten. Was Marduk betrifft, scheint eine so lange Zeit ausgeschlossen zu sein – es muß sich um eine einzige Nacht gehandelt haben.

Wir kommen schließlich zu einer sehr umstrittenen Frage, nämlich der von Marduks eventuellem kultischen Tod und seiner Auferstehung im *akītu*-Fest. Das Fest wird zuweilen „Marduks *tabē*" (d.h. Auferstehung) genannt. Man hat dies für eine Anspielung darauf gehalten, daß das „Tammuz-Motiv" mit Tod und Auferstehung des Gottes auf Marduk übertragen worden sei und in den Riten dieses Festes zum Ausdruck gekommen wäre. Indessen bedeutet das Verbum *tebū* ganz allgemein „sich erheben", „aufstehen", „sich in Bewegung setzen", und deshalb könnte damit ebensogut auf den Beginn einer Prozession angespielt worden sein (vgl. das Verbum *qūm* „steh auf" von Jahwe im Lade-Gesang, 4. Mose 10,35).

Eine weitere Stütze für die Theorie von Tod und Auferstehung Marduks hat man in einem eigenartigen Text gefunden, der den Anschein erweckt, ein Kommentar oder eine symbolische Auslegung gewisser Kultzeremonien zu sein, die vielleicht mit dem *akītu*-Fest zu tun hatten, und in denen Marduk und seine Gemahlin die Hauptrolle spielten[61].

Der Charakter des Textes geht aus folgenden Auszügen hervor:

> ... [Das ist Bel, der im „Berge"] festgehalten [wird] ...
> Der Bote seines Herrn: „Wer führt ihn hinaus?" ...
> [...] fährt; er geht zum „Berge" ...
> Nabu, der von Borsippa kommt;
> Er kommt wegen des Wohlergehens seines gefangenen Vaters [...]
> Die in den Gassen umherlaufen: sie suchen Bel:
> „Wo ist er gefangen?" [...]
> Die ihre Hände ausbreiten:
> Sie flehen zu Sin und Schamasch:
> „Mach Bel wieder lebendig" (oder: „Erhalte Bel am Leben")
> ...
> Die am Tore von Esagila stehen: Das sind seine Wächter,

---

[61] Ältere Übers. von H. Zimmern, Zum babylonischen Neujahrsfest II, Leipzig 1918; AOT 320f.; vgl. Hooke, Religion 111ff.; Neubearbeitung von W. von Soden, ZA NF 17, 1955, 130ff.

Sie sind über ihn bestellt, um ihn zu bewa[chen] ...
Seitdem die Götter ihn eingeschlossen hatten, ist er aus dem
Leben verschwunden ...
Sie haben ihn ins Gefängnis hinabgebracht ...
Nachdem Bel zum „Berge" gegangen ist,
Befindet sich die Stadt in Aufruhr gegen ihn; sie kämpfen
drinnen ...

Die *mašmašu*-Priester, die vor ihm hergehen und eine Beschwörung rezitieren:

Seine Leute sind es, vor ihm wehklagen sie.
Die *maḫḫu*-Priester, die vor Babylons Herrscherin hergehen:
Der Bote ist er, der vor ihr weint:
„Sie haben ihn zum ‚Berge' fortgeführt."
Sie ruft: „O mein Bruder! O mein Bruder!"
Enūma eliš, das im Monat Nisan vor Bel rezitiert wird:
Weil er gefangen gehalten wurde [...]
Er betet Gebete zu ihnen, ruft sie an.
... er sagt:
„Guttaten für Assur sind es, die er getan hat,
Was ist dann [seine Sünde?" ...]
Der zum Himmel schaut, betet zu Sin und Schamasch:
„Macht [mich] lebendig!" Der zur Erde sieht ...:
Er kommt aus dem „Berge" hervor.
[... der] nicht mit Bel zum *akītu*-Hause auszieht,
Trägt [...] eines Gefangenen: er sitzt mit ihm zusammen ...
[...] vor der man am 8. Nisan ein Schwein schlachtet ...
Die Gattin fragt man: „Wer ist der Verbrecher?" ...
Der Lauf, den man im Monat Nisan
Vor Bel und allen Kultstätten [veranstaltet]:
Als Assur Ninurta schickte, um Anzu zu fangen,
Sagte der Gott [...] vor Assur:
„Anzu ist gefangen." Assur [sagte]:
„Geh, verkünde es allen Göttern!"
Er verkündet es ihnen, und sie fr[euen sich] darüber ...
Der Wagen, der zum *akītu*-Hause fährt und kommt:
Sein Besitzer ist nicht darauf,
Ohne Besitzer stürmt er dahin ...
Er trat in das Haus ein und verriegelte die Tür.
Sie bohrten Löcher in die Tür und führten einen Kampf
darin aus.

Hier endet der eigentliche Text, und darunter steht eine Verwünschung über den, der seinen Inhalt dem Unkundigen nicht bekannt macht (dies ist bemerkenswert, da solche Texte in der Regel mit der Ermahnung schließen, Uneingeweihten ihren Inhalt nicht mitzuteilen).

Nachdem Zimmern 1918 die Aufmerksamkeit auf diesen Text gelenkt hatte, hatte man es für selbstverständlich gehalten, daß er davon handelt, wie Marduk in der Unterwelt (dem „Berge“) gefangengehalten wird, während seine Gattin und die Stadt ihn suchen, worauf er schließlich befreit wird und wieder zum Leben zurückkehrt.

Dieser Auffassung hat jedoch Wolfram von Soden in einem Artikel aus dem Jahre 1955 energisch widersprochen. Er weist darauf hin, daß der Text im assyrischen Dialekt geschrieben ist und also kaum in Babylon zu Hause sein kann. Ferner deutet er *ḫursānu* nicht als „Berg“ (was es allerdings bedeuten kann), sondern als „Ordalplatz“ und weist darauf hin, daß alle Stellen, die auf Marduks Tod hinweisen könnten, auch anders gedeutet werden können – und dies würde bedeuten, daß von einem abschließenden Triumph nicht die Rede ist. Statt dessen will er den Text als eine assyrische Propagandaschrift gegen die Einführung des Marduk-Kultes in Assyrien verstehen und meint, er deute auf ein Verfahren gegen die Gottheit hin, in dem Marduk der Angeklagte ist.

Man kann natürlich dagegen einwenden, daß es eine etwas ungewöhnliche Form für einen Propaganda-Text ist und daß diese Form kaum gewählt worden wäre, wenn es keine kultischen Realitäten gegeben hätte, auf die man anspielen konnte. Und wenn von Soden auch damit argumentiert, was in bezug auf einen babylonischen Gott möglich und denkbar ist und was nicht, so ist sein Gedankengang doch etwas apriorisch. Wahrscheinlich ist das letzte Wort über diesen Text noch nicht gesprochen, der – wenn er auch nicht von Marduks Tod und Auferstehung handelt – doch deutlich von seiner Erniedrigung spricht in Formen, die kultische Handlungen widerspiegeln können.

Es gibt ein paar andere ähnliche Kommentartexte, die in dunklen Redewendungen Kulthandlungen auslegen. Der eine spricht z.B. davon, wie Kingu im Feuer verbrannt wird und wie die feindlichen Götter Anzu und Aschakku besiegt werden, und es geht daraus hervor, daß der König Kulthandlungen ausführt, die das darstellen, was Marduk dem Mythus zufolge getan hat[62].

Der andere Text erwähnt u.a., daß ein Stier, der „lebendig in Asphalt geworfen wird“ (?), Kingu ist und daß eine Taube, die in zwei Hälften geteilt wird, Tiamat ist, die ja von Marduk zerspalten wurde. Es heißt auch, daß ein Wagen, der ohne Sitz fährt, Enmescharras Leiche trägt und von Pferden gezogen wird, die Anzu darstellen, während der Wagen vom König gefahren wird, der Ninurta „ist“[63]. Hier scheinen Elemente aus dem Ninurtamythus aufgenommen und mit dem Schöpfungsmythus vereint worden zu sein. Jedenfalls ist klar, daß der König sozusagen die Rolle des Gottes im Kultdrama spielt, das den Zweck hat, den Mythus zu aktualisieren und seine Resultate zu erneuern.

Was Assyrien betrifft, so haben wir Belege, daß das *akītu*-Fest in mehreren Städten und zu verschiedenen Zeiten des Jahres begangen wurde. Am besten unterrichtet sind wir über das Fest in Assur. Es wurde im Monat Nisan gefeiert, scheint aber mindestens zwanzig Tage lang gedauert zu haben. Daß das

---

[62] K. 3476, Pallis a.a.O. 213ff.; Hooke, Religion 113.
[63] KAR 307, Ebeling, Tod und Leben Nr. 7.

Schöpfungswerk eines der Leitmotive des Festes war, geht aus den bereits erwähnten Bildern im *akītu*-Haus hervor. Dagegen war – im Unterschied zum babylonischen Fest – eines seiner wichtigsten Bestandteile ein Gastmahl, *tākultu*, zu dem alle Götter mit Namensnennung feierlich eingeladen wurden; es endete mit einem Gebet um eine lange und glückliche Regierung für den König[64].

Die Stellung des Königs war übrigens hier eine andere als in Babylon: Er hatte die ganze Zeit über die Leitung, und eine Erniedrigung wie in Babylon ist undenkbar. Es gibt ein Ritual, das von seinem ersten Bearbeiter als Königsritual bezeichnet wurde[65], das aber vielleicht eher als ein Ritual zur Erneuerung des Königtums beim *akītu*-Fest angesehen werden muß[66]. Da wird zuerst eine Prozession geschildert, an der der König teilnimmt, während ein Priester ruft: „Assur ist König! Assur ist König!" (vgl. „Marduk ist König" im Schöpfungsepos). Darauf folgen Opfer, die der König darbringt, und eine Krönungszeremonie, bei der der Priester des Gottes Assur dem König Krone und Zepter gibt und einen Segenwunsch ausspricht. Danach treten die Beamten vor ihn hin und legen ihre Ämter nieder, worauf sie vom König wieder in ihre Würde eingesetzt werden (in Babylon muß sich der König selbst diesem Ritus unterziehen).

Aus Uruk haben wir schließlich eine Anzahl von Ritualtexten für die beiden *akītu*-Feste Anus, das eine im Monat Nisan, das andere im Monat Tischrit (September–Oktober)[67]. Da wird eine ganze Reihe verschiedener Zeremonien in allen Einzelheiten beschrieben, ohne daß irgendwelche Angaben über ihren Inhalt gemacht werden. Interessant ist eine Schilderung der großen Prozession mit Angaben darüber, welche Hymnen und Beschwörungen an den verschiedenen Abschnitten des Weges auszuführen sind: „Der König zieht aus", „König Himmels und der Erde", „Großer Anu, mögen Himmel und Erde dich segnen", „Anu, mein König, an dein gnädiges Herz" usw.[68].

Deutlich ist jedenfalls, daß das *akītu*-Fest ein Fest der Freude und des Triumphes ist, das mit dem Beginn eines neuen Zeitabschnittes, nämlich des Jahres, zu tun hat und im Zusammenhang damit die Erneuerung der Naturkräfte mit sich bringt. Hiermit ist der alte Ritus der Heiligen Hochzeit vereint worden, die ja auch den Sinn hatte, die Kräfte des Lebens zu erneuern und „ein Gottesreich" zu schaffen.

Beschwörungen

Opferkult und Festkult waren eine öffentliche Angelegenheit. Der König trug dabei die Verantwortung für das ganze Volk. Der Einzelne nahm nur

---

[64] R. Frankena, Takultu, Leiden 1954.

[65] K. Fr. Müller, Das assyrische Königsritual (MVÄG 41,3), 1937.

[66] Frankena a. a. O. 60 ff.

[67] AOT 309 f. 314 ff.

[68] AOT 313 f.; ANET 342 f.

indirekt daran teil. Dagegen gab es andere Kulthandlungen, die den Einzelnen direkt betrafen. Dazu gehörten die Beschwörungen und die Wahrsagekunst.

Man glaubte, das Leben des Menschen sei ständig von bösen Mächten oder Dämonen bedroht, die Krankheiten und Leiden verursachten. Normalerweise wurde der Mensch zwar von seinem Gott beschützt, doch wenn er sich dessen Zorn zuzog, hatten die Dämonen freies Spiel. Es konnte auch geschehen, daß er von Zauberei, also von magischen Künsten betroffen wurde, die von besonderen Zauberern ausgeübt wurden.

Der Dämonenglaube spielte also eine sehr wichtige Rolle. Selbst die Götter blieben von den Angriffen der Dämonen nicht verschont. Es gibt einen Text, der davon spricht, wie „die sieben bösen" Dämonen dem Mondgott Sin derart zusetzten, daß der Mond sich verdunkelte. Unter den unzähligen Dämonen unterschied man verschiedene Gruppen – man spricht z.B. von den „Sieben" oder den „Bösen Geistern" *(utukkē lemnūti)* –, ja, einem Teil von ihnen schrieb man geradezu eine wirkliche Individualität zu – so z.B. dem Lamaschtu, einem weiblichen Dämon, der Frauen in Kindsnöten angriff, ferner Namtaru, der Dämon der Pest, Pazuzu, der Südwestwind, der die Malaria hervorrief, Rabisu, „der Lauernde", Lilitu, die die Nachtruhe stört und die übrigens auch in der Bibel auftaucht (Jes. 34,14). Allgemeine Bezeichnungen sind *alu* und *gallu*, gesichtslose Ungeheuer, die den, welchen sie in ihre Hände bekommen, zerreißen. Ferner können die Totengeister, *eṭimmu*, allerhand Verdruß bereiten.

Von den sieben bösen Geistern heißt es anschaulich in einer Beschwörung:

> Sieben sind sie, sieben sind sie,
> In der unterirdischen Tiefe, sieben sind sie, ...
> In einer Höhle der unterirdischen Tiefe sind sie aufgewachsen,
> Sie sind weder männlich noch weiblich,
> Verheerende Wirbelwinde sind sie;
> Sie haben sich keine Frau genommen und haben keine Kinder gezeugt.
> Mitleid und Erbarmen kennen sie nicht,
> Auf Gebet und Flehen hören sie nicht.
> Auf Bergen aufgewachsen, Rosse sind sie,
> Feindlich dem Ea sind sie,
> Machtvoll unter den Göttern sind sie.
> Unheil erregen sie auf dem Wege, auf der Landstraße lauern sie,
> Böse sind sie, böse sind sie,
> Sieben sind sie, sieben sind sie, sieben und nochmals sieben sind sie[69].

Gegen die Dämonen wurden Amulette als Schutzmittel angewandt. War man aber trotz allem in ihre Gewalt geraten, so mußte man seine Zuflucht zu

---

[69] Jastrow I, 282.

einer Beschwörung *(šiptu)* nehmen. Ein Beschwörungspriester (*āšipu* oder *mašmašu*) wurde hinzugezogen und stellte zuerst einmal fest, welcher oder welche Dämonen den Betreffenden plagten; er führte dann die Zeremonien aus, die er für den jeweiligen Fall als notwendig erachtete[70].

Uns sind mehrere Sammlungen von Vorschriften und Ritualien für solche Gelegenheiten erhalten, wirkliche Handbücher der Beschwörungskunst. Die beiden bekanntesten heißen *Šurpu* und *Maqlū*[71]. Diese beiden Worte bedeuten „Brand" oder „Verbrennung" und weisen so auf die wichtige Rolle hin, die das Feuer bei diesen Ritualien spielte. Im ersten Falle diente das Feuer als ein Mittel, um Sünde und Unreinheit zu beseitigen, im zweiten ging es darum, die magischen Künste der Zauberer zunichte zu machen. Eine andere wichtige Sammlung heißt ganz einfach *utukkē lemnūti*, „die bösen Geister"[72], sie enthält Beschwörungen gegen bestimmte Typen von Dämonen. Aber es gab auch viele andere Texte. Ein Katalog darüber erwähnt Rubriken wie z.B. „Kopfschmerzen", „Zahnweh", „einen Fluch lösen", „Schlangenbiß", „Riten für Stadt, Haus, Acker, Garten und Fluß" usw.

Was die Beschwörungsmethode angeht, so ist es interessant zu beobachten, wie praktische Maßnahmen, verschiedene Arten von Magie und Gebete an die Götter miteinander vermischt werden. Eine Beschwörung gegen Zahnweh z.B. enthält erstens eine mythische Einleitung über den Wurm, der den Schmerz verursacht, zweitens eine Vorschrift, wie der Zahn zu ziehen ist, und schließlich den Wunsch, daß Ea den Wurm „schlagen" möge. Es ist offenkundig, daß die Babylonier selbst keinen Unterschied zwischen „Religion" und „Magie" machten, wie es die Religionshistoriker unserer Tage gern an ihren Schreibtischen tun – ja, nicht einmal zwischen rationalen (medizinischen) und irrationalen (magisch-religiösen) Maßnahmen läßt sich immer eine scharfe Grenze ziehen.

Die sympathetische Magie spielt eine wichtige Rolle. In der Vorschrift für einen Mann, der von einem *gallu*-Dämon geschlagen wurde und daher von „Schweigen, Verfluchung, Zauberei und Kopfweh" überfallen und von „seinem Gott und seiner Göttin" verlassen wurde, wird folgendes angeordnet:

> Führe ihn in das reine Waschhaus,
> Löse seinen Bann, befreie ihn von seinem Bann,
> So daß das drückende Übel seines Körpers –
> Sei es der Fluch seines Vaters
> oder der Fluch seiner Mutter
> oder der Fluch seines älteren Bruders
> oder der Fluch von Mord an einem Unbekannten –

---

70 Ausführliche Darstellung mit mehreren Beispielen bei Saggs 457ff.

71 E. Meier, Die assyrische Beschwörungssammlung Maqlû (AfO Beih. 2), 1937; vgl. dazu Tz. Abusch, JNES 33, 1974, 251ff.; E. Reiner, Šurpu (AfOBeih 11), 1958.

72 Oxford edition of cuneiform texts, hg. v. S. Langdon, I, Paris 1923, 13ff.; B. Meissner, Babylonien und Assyrien II, Heidelberg 1925, 216ff.

Durch Eas Beschwörung
Möge der Bann abgeschält werden wie eine Zwiebel,
Möge er abgeschnitten werden wie eine Dattel,
Möge er abgerissen werden wie eine Palmenrispe.

Für jeden einzelnen der drei Gegenstände, die während der Zeremonie vernichtet werden sollen, folgt dann eine besondere Beschwörung, z.B.

Wie diese Zwiebel, abgeschält und ins Feuer geworfen,
Die das Feuer verzehrt ...
Deren Wurzel nicht mehr den Boden erfaßt,
Deren Stengel nicht mehr wächst ...
Die nicht mehr auf den Tisch eines Gottes oder Königs kommt,
So möge Fluch, Bann, Pein und Qual,
Krankheit, Seufzen, Frevel, Sünde, Missetat, Vergehen,
Die Krankheit, die in meinem Leibe, meinem Fleisch, meinen Gliedern ist,
Wie diese Zwiebel abgeschält werden,
Möge das Feuer sie heute ganz verzehren,
Möge der Bann weichen, so daß ich das Licht schaue[73].

Der Hinweis auf das „Waschhaus" deutet darauf hin, daß diese Zeremonie in einem besonderen Heiligtum ausgeführt wurde. Im übrigen konnten die Beschwörungsriten je nach Bedarf daheim, im Krankenzimmer oder an einem anderen Platze stattfinden.

Bei anderen Zeremonien nimmt der bereits erwähnte Ersatzgedanke einen hervorragenden Platz ein. Ein Text aus Assur gibt z.B. folgende Vorschrift für einen Mann, „der von der Göttin des Todes begehrt wird": Bei Sonnenuntergang soll ein Zicklein in sein Bett gelegt werden. Am Morgen soll der Kranke das Zicklein in ein Haus tragen, bei dem eine Tamariske steht. Der Priester soll beide auf die Erde legen, den Hals des Kranken mit einem Holzmesser berühren und den Hals der jungen Ziege mit einem Messer abschneiden. Dann soll er das Zicklein wie einen Menschen bekleiden, soll ihm die Kopfbedeckung des Kranken aufsetzen und es wie einen Menschen behandeln, der gestorben ist. Der Kranke soll dem Priester seine Kleider geben und fortgehen, das Zicklein soll man beweinen und begraben. Auf diese Weise hat also die Todesgöttin das Zicklein als Ersatz für den Mann bekommen – das Zicklein hat sozusagen den Platz des Kranken eingenommen und ist an seiner Stelle gestorben[74].

In anderen Fällen suchte man den Dämon in einem Behälter einzufangen und ihn dann zu beseitigen. Man fertigte z.B. eine Lehmfigur des betreffenden Dämonen an und stellte diese eine Zeitlang neben dem Haupt des Kranken

---

[73] Vgl. Saggs 459; Jastrow I, 329.
[74] Saggs 460.

auf; dann entfernte man sie, indem man sie zerschlug und begrub. Offenbar rechnete man damit, daß der Dämon in diese Figur hineingegangen sei und bei ihrer Zerstörung mit ihr zugrunde gehen würde[75].

In einem anderen Fall wird einem Mann, der seinen Mund nicht öffnen kann, vorgeschrieben, daß eine Ziege an seinem Kopf hingestellt und dann zusammen mit einem Stock, einem Becher und einem Baumzweig aufs Land hinausgeführt wird, wo die Ziege getötet, abgehäutet und zubereitet wird, worauf der Baumzweig in das Fell eingewickelt wird, die Vorderbeine zusammengebunden werden usw. „Der Mann soll leben. Der Gott, der ‚auf' ihm ist, soll fortgehen; er soll seinen Mund öffnen und essen und trinken."[76] Der Krankheitsdämon wird also dadurch unschädlich gemacht, daß die Ziege mit Haut und Haaren aus der Welt geschafft wird.

Ein interessanter Aspekt findet sich in der sogenannten *Bīt-rimki*-Serie, die bestimmte Reinigungsriten behandelt, die der König im „Waschhaus" zu vollziehen hatte, um bestimmte Unglücksfälle abzuwehren. Dem Ritual zufolge sendet Ea seinen Priester als Gesandten zum Sonnengott mit der Bitte, dieser möge zwischen dem König und den Dämonen richten. Diese Darlegung der Sache des Menschen vor Schamaschs Richterstuhl, die auch in anderen Beschwörungen vorkommt, wird als ein „Sein auf dem Platz des Sonnengottes" *(ki-^{d}Utu-kam)* bezeichnet. Das ist eine Anspielung darauf, daß das Gerichtsritual angesichts der aufgehenden Sonne stattfand[77]. Der Gedanke ist also, daß der Sonnengott in seiner Eigenschaft als Weltenrichter den Menschen gegenüber dämonischen Mächten zu ihrem Recht verhilft.

Es ist zu erwähnen, daß man nicht nur mit bösen Geistern rechnete. Es gab auch gute Geister, Schutzgeister wie *Šēdu* und *Lamassu*, die den Menschen gegenüber wohlwollend eingestellt waren und sie vor allerlei Unheil beschützten. An den Pforten des königlichen Palastes und den Haustüren wurden oft Bilder solcher Schutzgeister angebracht; sie haben Tierleiber mit Menschenantlitz. In späterer Zeit wurden sie manchmal *Kuribu* genannt (vgl. die Cherubim der Bibel).

Divination

Divination (Zukunftsschau, Wahrsagekunst[78]) setzt den Gedanken voraus, daß die Götter das Schicksal der Menschen bestimmt haben und ihnen durch verschiedene Erscheinungen oder Zeichen ihren Willen und ihre Absichten kundtun. In der Regel sind solche Mitteilungen als Warnung gedacht, so daß

---

[75] Saggs 463f.

[76] Saggs 464f.

[77] J. Laessøe, Studies on the Assyrian ritual and series bit rimki, Kopenhagen 1955; vgl. Th. Jacobsen, PAPS 107, 480f.

[78] Über Zukunftschau im allgemeinen s. Oppenheim, Mesopotamia 206ff.; G. Dossin, La divination en Mésopotamie, 1960.

der Mensch einem drohenden Unglück ausweichen kann. Es handelt sich also nicht um ein unabänderliches Schicksal, sondern um Unglücksfälle, denen man aus dem Wege gehen oder die man abwenden kann und zwar durch besondere Reinigungsrituale *(namburbē)*. Oder man wird vor die Wahl zwischen zwei Möglichkeiten gestellt, von denen die eine Glück, die andere Unglück zur Folge hat.

Die Wahrsagekunst ist schon aus sumerischer Zeit bezeugt; Gudea (um 2144–2124) ließ den günstigsten Tag für den Beginn des Tempelbaus auf verschiedene Weise erforschen, und wir hören auch davon, wie er den Willen der Götter durch Träume erfuhr. Aber seltsamerweise haben wir erst von babylonischer und assyrischer Zeit an systematische Darstellungen von Methoden der Wahrsagerei – ganze Serien von Tafeln, die die Bedeutung verschiedener Zeichen erklären. Sie bestehen in der Regel aus langen Listen, in denen die Zeichen in Form von Wenn-Sätzen beschrieben werden und die Deutung im folgenden Hauptsatz gegeben wird, z.B.: „Wenn ein Mann auf eine Eidechse tritt und sie tötet, so wird er seinen Widersacher besiegen." Im großen und ganzen lassen sich die Methoden in zwei Kategorien einteilen: Nach der einen ruft man selbst die Zeichen hervor, von denen man Auskunft über den Willen der Gottheit erwartet, nach der anderen beobachtet man die Erscheinungen und Ereignisse, die ohne absichtliche Mitwirkung eintreten, und deutet sie als Botschaft der Götter.

Solche Deutungen erfordern natürlich Spezialisten. Es gab, wie bereits erwähnt, zwei Priesterklassen, die für die Zukunftsschau zuständig waren: *šā'ilu* („Frager") und *bārū* („Schauer")[79]. Wir wissen, daß sich der erste u.a. mit Traumdeutung befaßte, aber im übrigen können wir die Funktionen beider Klassen nicht im einzelnen abgrenzen. Die Orakeltechnik stand unter Schamaschs und Adads Schutz, und es gibt eine Anzahl von Orakelverfahren vorausgehenden Gebeten, in denen diese Götter um verläßliche und günstige Auskunft angerufen werden.

Die technischen Orakel, d.h. die, bei denen man irgendwie selbst die Zeichen hervorruft, die man dann deutet, können gewissermaßen als ein Mittel angesehen werden, die Gottheit um Rat zu fragen. Man formuliert eine Frage und läßt das Zeichen die Antwort geben. Gewöhnliches Losziehen oder Würfeln ist eine solche Methode. Sie kam auch im alten Mesopotamien vor, scheint aber keinen kultischen Status gehabt zu haben[80]. Hesekiel 21,21 wird gesagt, daß der König von Babel Pfeile beim Losen verwendet; aber obwohl es sich um eine weit verbreitete Technik handelte, hat man sie in babylonischen Quellen bisher nicht erwähnt gefunden.

Eine weitere technische Orakelmethode ist die Becher-Mantik. Man läßt Tropfen von Öl in einen Becher mit Wasser fallen und beobachtet dann die Figuren, die sich bilden.

---

[79] A. Haldar, Associations of cult prophets, Uppsala 1945, 1ff.

[80] Oppenheim, Mesopotamia 208.

Die Opferschau, d.h. die Beobachtung der Eingeweide des Opfertieres, nahm einen wichtigen Platz unter den Methoden ein, mit denen man die Zukunft ergründen wollte[81]. Sie war von zweierlei Art: Die eine konzentrierte sich auf die Leber, die andere zog alle Eingeweide in Betracht. Die erste, die u.a. durch Lebermodelle aus Lehm mit eingeritzten Erklärungen bekannt ist, war ziemlich weit verbreitet und kam bekanntlich auch bei den Etruskern vor, während sich der zweite Typ wahrscheinlich in Mesopotamien entwickelt hat. Bevor man ans Werk ging, bat man Schamasch und Adad, ihre Botschaft ins Innere des Opfertieres „zu schreiben".

Für den zweiten Haupttyp der Wahrsagerei, d.h. für die Beobachtung von Ereignissen, die der Mensch nicht selbst hervorgerufen hat, ist die Vogelschau von besonderem Interesse, da sie auch in Kleinasien, Syrien und Palästina verbreitet war und allem Anschein nach ein Substratphänomen ist, d.h., es war im Lande bereits vorhanden, noch ehe Sumerer und Akkader dorthin kamen[82]. Die Omenliteratur behandelt jedoch noch eine Vielzahl von anderen Beobachtungen, z.B. Tiere, denen man begegnet, und ihr Verhalten, mißgestaltete Tierjunge usw. Das ganze hat sich zu einer regelrechten Wissenschaft entwikkelt, die wohl Anspruch darauf erhebt, auf Erfahrungen zu beruhen. Wenn einer bestimmten Erscheinung einmal ein bestimmtes Ereignis folgte, rechnete man damit, daß die gleiche Reihenfolge jederzeit wieder eintreten würde, wenn sich die gleiche Erscheinung wiederum zeigte. In manchen Fällen zieht man nicht nur eine allgemeine Schlußfolgerung, sondern gibt ein historisches Ereignis an, das auf ein bestimmtes Omen gefolgt sein soll. Man rechnet offenbar damit, daß sich die Geschichte sozusagen wiederholen wird, so daß man aus dem lernen kann, was sich in der Vergangenheit ereignet hat. In anderen Fällen handelt es sich wohl auch um weitergehende Spekulationen auf Grund bestimmter Beobachtungen. Immer setzte man dabei eine bestimmte Gesetzmäßigkeit im Dasein voraus: das gleiche Phänomen würde immer die gleichen Folgen haben.

Zu diesen Vorzeichen kann man auch Beobachtungen des Himmels und des Wetters rechnen, wie Ringe um Sonne und Mond, Sonnenfinsternisse usw. Mit der Zeit entwickelte sich die Beobachtung von Himmelskörpern zu einem regelrechten astrologischen System[83]. Die Planeten werden mit ihrem jeweiligen Gott verbunden, und ihrem Gang am Himmel mißt man Bedeutung für die Ereignisse auf Erden zu. Der Sternenhimmel wird manchmal als „Himmelsschrift" *(šiṭir šamē)* bezeichnet – mit anderen Worten: als eine Schrift, die die Absichten der Götter kundtut. Im Schöpfungsepos wird festgestellt, daß die Erde ein Abbild des Himmels ist, so daß das, was oben geschieht, eine Entsprechung auf Erden hat. Wann und wo man die Theorie entwickelt hat, daß das Leben eines Menschen von der Stellung der Gestirne im Augenblick der Geburt bestimmt wird – also begonnen hat, Horoskope aufzustellen –, wissen wir zwar nicht, aber vieles spricht dafür, daß es in Babylonien der Fall gewesen ist, wo die ältesten bekannten Horoskope aus der Zeit um 410 v.Chr. stammen,

---

[81] Ebenda 212ff. [82] Ebenda 209. [83] Ebenda 224ff.

während Beispiele aus Ägypten und Griechenland nicht weiter als bis ins erste vorchristliche Jahrhundert zurückreichen.

Außerdem begegnen wir in den Texten dann und wann Sehern eines ekstatischen Typs, den *maḫḫū*[84]. Die meisten Beispiele kommen aus den westlichen Randgebieten (Mari am mittleren Euphrat, Kleinasien, Assyrien in später Zeit, vielleicht unter aramäischem Einfluß). Sie haben in der Regel eine niedrige soziale Stellung und oft mit Zauberei zu tun. Eine Ausnahme bilden die Prophetinnen der Ischtar, die den Willen der Göttin entweder in der dritten Person oder in Ich-Form verkünden; sie sind also das Sprachrohr der Göttin. In einer Reihe von Fällen scheint der *maḫḫū* seine Offenbarungen in Form von Träumen empfangen zu haben.

Von besonderem Interesse sind die *maḫḫū*-Orakel, die in Mari aufgefunden worden sind[85]. Wir haben hier Beispiele für „Propheten", die spontan Botschaften von einer Gottheit empfingen und sie dann an den Herrscher weiterleiteten. So wird z.B. in einem Brief von einem Manne berichtet, der sich im Traum in den Tempel Dagans versetzt glaubte und dort folgende Botschaft vom Gott empfing: „Geh! Ich sende dich zu Zimrilim (dem König); du sollst ihm sagen: Sende deine Boten zu mir und lege mir einen vollständigen Bericht vor. Dann werde ich die Häuptlinge der Benjaminiten in einem Fischkorb zappeln lassen und ihn vor dich hinstellen." In einem anderen Fall erzählt der Briefschreiber, daß ein *maḫḫū* mit der Botschaft gekommen sei: „Der Gott hat mich gesandt; gib dem König schleunigst Nachricht, daß man für den Geist Jachdunlims Totenopfer heiligen soll." Man beachte die formale Ähnlichkeit mit den Propheten des Alten Testaments, was vielleicht noch auffallender in folgendem Text ist:

> In Orakeln hat Adad, der Herr von Kallassu, folgendermaßen gesprochen: „Bin ich nicht Adad, der Herr von Kallassu, der ihn (den König) auf meinem Schoß großzog und ihn auf den Thron seines Vaterhauses setzte? Als ich ihn auf den Thron seines Vaters setzte, gab ich ihm außerdem eine Wohnstätte. Jetzt, wie ich ihn auf den Thron seines Vaters setzte, so kann ich jetzt auch den Besitz aus seiner Hand nehmen. Wenn er die Lieferung (von Opfertieren) nicht erfüllt, so bin ich Herr von Thron, Erde und Stadt, und ich werde ihm das abnehmen, was ich ihm gegeben habe. Aber wenn er meinen Wunsch erfüllt, werde ich ihm Thron über Thron, Haus über Haus, Gebiet über Gebiet, Stadt über Stadt geben, und ich werde ihm das Land von Sonnenaufgang bis Sonnenuntergang geben."[86]

Es ist interessant, daß der Gott hier durch den Propheten in derselben Weise die Initiative ergreift wie im Alten Testament und daß er Könige je nach ihrem Gehorsam oder Ungehorsam einsetzt oder absetzt.

---

[84] Ebenda 221; Haldar a.a.O. 21ff.

[85] F. Ellermeier, Prophetie in Mari und Israel, Herzberg a.H. 1968; RTAT 146ff.

[86] Ellermeier a.a.O. 51.

Rein technisch gesehen, kann man beobachten, daß Träume und direkte Offenbarungen zu wechseln scheinen. So träumt z.B. ein Mann, daß er mit einem anderen zusammen in Dagans Tempel geht und vor ihm niederfällt, daß darauf der Gott direkt zu ihm spricht und daß er danach ein Opfer darbringt. Das setzt also voraus, daß die Wortoffenbarung im Verlauf einer Kulthandlung empfangen wird[87].

Es sind eine Reihe von Orakelantworten erhalten, besonders aus Assyrien. Sie richten sich mit aufmunternden Worten an den König und sagen ihm göttlichen Beistand zu. Ob sie auf Grund einer Opferschau oder durch direkte Offenbarung im Zustand der Ekstase mitgeteilt worden sind, geht aus dem Text nicht hervor, aber in mehreren Fällen wissen wir, welcher Priester oder welche Priesterin das Orakel vermittelt hat. Die meisten werden durch die Einleitungsworte „Fürchte dich nicht" *(lā tapallaḫ)* charakterisiert. Einige Beispiele:

> Fürchte dich nicht, Assarhaddon! Ich, der Gott Bel, rede zu dir. Die Balken deines Herzens stärke ich wie deine Mutter, die dir das Leben gab. Sechzig große Götter stehen zusammen mit mir und schützen dich. Sin steht zu deiner Rechten, Schamasch zu deiner Linken; sechzig große Götter stehen ringsum dich, zum Kampf gerüstet. Verlasse dich nicht auf Menschen! Richte deine Augen auf mich, schaue mich an! Ich bin Ischtar von Arbela, ich habe Assurs Gunst dir zugewandt. Als du klein warst, erhielt ich dich. Fürchte dich nicht, preise mich!

> Fürchte dich nicht, Assurbanipal! So wie ich gesprochen habe, werde ich ausführen und dir geben. Über die Völker aller Sprachen wirst du herrschen ... Die Könige der Länder hielten Rat. „Kommt, laßt uns gegen Assurbanipal gehen ... Sie (die Assyrer) haben das Schicksal unserer Väter und Ahnen bestimmt; möge [seine Macht] keine Trennung zwischen uns hervorrufen!" Ninlil antwortete und sprach: „Die Könige der Länder werde ich stürzen, unterjochen, an deinen Füßen in [Fesseln] legen. Abermals verkünde ich dir, daß ich wie mit Elam und den Kimmeriern handeln werde. Ich werde mich erheben, die Dornen zerbrechen, meinen Weg durch Disteln hindurch bahnen. Ich werde das Land mit Blut erfüllen, zur Wüste machen, es mit Klagen und Weinen erfüllen ... Fürchte dich nicht, mein Sohn, den ich aufgezogen habe!"[88]

In diesem Zusammenhang muß erwähnt werden, daß es auch Orakel gibt, die ein König direkt im Traum empfangen hat. Der Form nach unterscheiden sie sich kaum von den Orakeln, die wir hier mitgeteilt haben.

Die Form der Prophetie haben einige Texte, deren Funktion lange umstritten gewesen ist. Es sind Voraussagen über das Auftreten ungenannter Könige und ihre gute oder schlechte Regierung. Hier ein paar Beispiele:

---

[87] Zur Traumdeutung im allgemeinen s. A.L. Oppenheim, The interpretation of dreams in the ancient Near East, Philadelphia 1956.

[88] Diese beiden in ANET 450f.; vgl. AOT 281f.

> Ein Fürst wird kommen und 18 Jahre regieren. Das Land wird in Sicherheit leben und gedeihen und das Volk Überfluß haben, die Götter werden für das Land gute Entscheidungen treffen, gute Winde werden kommen ... und die Furchen werden reichen Ertrag bringen. Der Gott der Tiere und der Gott der Saat werden ständig im Lande weilen. Es wird Regen und Flutwasser geben, das Volk wird ein Fest veranstalten. Dieser Fürst (aber) wird bei einem Aufstand durch die Waffe getötet werden.
> Ein Fürst wird kommen und 13 Jahre regieren. Es wird ein Angriff der Elamer auf Akkad erfolgen und die Beute von Akkad weggeschleppt werden. Die Heiligtümer der großen Götter werden zerstört werden, Akkad wird eine Niederlage erleiden, es wird Aufruhr, Verwirrung und Unordnung im Lande geben. Der Adel wird sein Ansehen verlieren, ein anderer, unbekannter Mann wird aufsteigen, sich als König des Thrones bemächtigen und seine Vornehmen ans Schwert liefern ...
> ... Am Stadtrand von Babel wird der Baumeister des Palastes sich grämen. Dieser Fürst wird Schlimmes erleben. Sein Herz wird nicht froh sein. Während seiner Regierung werden Schlacht und Kampf nicht aufhören, Bruder wird Bruder verzehren, und die Leute werden ihre Kinder für Geld verkaufen. Alle Länder werden in Verwirrung geraten. Der Mann wird die Frau verlassen, und die Frau wird den Mann verlassen. Die Mutter wird vor der Tochter ihre Tür verschließen. Das Eigentum von Babel wird nach Subartu und nach Assyrien wandern. Der König von Babel wird den Besitz seines Palastes, sein Eigentum, an die Fürsten von Assur in Assyrien senden[89].

Man hat in einigen Fällen feststellen können, daß es sich um wirkliche Ereignisse handelt, die in Form einer Prophetie dargestellt worden sind und auf diese Weise auch vom jeweiligen König zu propagandistischen Zwecken eingesetzt werden konnten. Aller Wahrscheinlichkeit nach gilt das auch für andere Texte, obwohl es oft schwierig ist, die konkreten historischen Ereignisse zu identifizieren. Wenn dem so ist, bildet diese Textgruppe eine interessante Parallele zur biblischen Apokalyptik.

Das zuletzt angeführte Beispiel erinnert durch die Schilderung der Auflösung von Gesellschaft und Familie an Micha 7,6.

Eine interessante Weiterentwicklung der Form der Omenliteratur haben wir in einem altbabylonischen Text vor uns, der von seinem Herausgeber Kraus als ein „Sittenkanon in Omenform" bezeichnet worden ist[90]. In dem Wenn-Satz, der hier der Angabe der Omentexte über das eintreffende Zeichen entspricht, wird ein bestimmtes ethisches Verfahren beschrieben, und im Nachsatz wer-

---

[89] AOT 283f.; ANET 451f.; weitere Beispiele JCS 18, 1964, 7ff.; Iraq 29, 1967, 120ff.; BiOr 28, 1971, 3ff., A.K.Grayson, Babylonian historical-literary texts, Toronto 1975, 24ff. Vgl. W.Hallo, IEJ 16, 1966. 231ff.

[90] ZA 43, 1936, 77ff.

den die Folgen der Handlung angegeben. Hier handelt es sich natürlich um eine rein literarische Nachbildung.

Von der Form der Omenliteratur beeinflußt ist auch der Text, den Böhl „den babylonischen Fürstenspiegel" genannt hat[91]. Ein paar Auszüge zeigen die Verfahrensweise:

Hat der König nicht auf das Recht geachtet,
Wird sein Volk in Verwirrung geraten, sein Land wird veröden.
Hat er nicht auf seine weisen Männer geachtet,
Werden seine Tage verkürzt werden.
Hat er auf Eas Botschaft geachtet,
Werden ihn die großen Götter durch Orakel auf den Wegen der Gerechtigkeit leiten.

Das Königtum

Mit der Regierung Hammurabis (1792–1750) hat sich die Anschauung über das Königtum insofern geändert, als der Brauch, den Namen des Königs mit dem Götterdeterminativ zu schreiben, erlosch. Dagegen blieb der König eine Person mit sakralen Pflichten und Funktionen, und auf den meisten Gebieten blieb seine religiöse Sonderstellung erhalten. Eine oft übersehene Tatsache ist, daß in der Anschauung über das Königtum gewisse Unterschiede zwischen Assyrien und Babylonien bestanden: Der assyrische König besaß eine stärkere und stabilere Stellung als der babylonische.

Ohne Zweifel wurde das Königtum als eine göttliche Institution angesehen. Der Etana-Mythus spricht von der Zeit, da Zepter, Krone und Stab im Himmel vor Anu lagen und noch kein König die Menschen leitete. So „kam das Königtum vom Himmel herab", das Volk erhielt seine göttliche Leitung[92]. Dies bedeutet wohl, daß es das Amt und nicht sein Träger ist, das göttlichen Ursprungs war.

Obwohl der Verlust des Götterdeterminativs beim Königsnamen darauf hindeutet, daß der König offiziell nicht mehr den Anspruch erhob, göttlich zu sein, so ist es doch nicht schwer, Beispiele dafür zu finden, daß er als eine besonders heilige Person angesehen wurde, die sich in vielfacher Weise von gewöhnlichen Sterblichen unterschied. Besonders von den assyrischen Königen wird oft erzählt, daß der übernatürliche (göttliche) Strahlenglanz *(melammū)*, der sie umgibt, den Feinden Schrecken einjagte[93]. Es gibt mehrere Beispiele dafür, daß Könige und Götter im gleichen Gewand abgebildet werden, und es

---

[91] F.M.Th. de Liagre Böhl, Der babylonische Fürstenspiegel (Mitteilungen der altorientalischen Gesellschaft 11,3), Leipzig 1937; W.G.Lambert, Babylonian wisdom literature, Oxford 1960, 110ff.

[92] Saggs 529; H.Frankfort, Kingship and the Gods, 1948, 237.

[93] Oppenheim, Mesopotamia 98.

ist nicht schwer, eine weitgehende Übereinstimmung zwischen den Epitheta zu finden, die Königen beigelegt werden, und denen, die verschiedenen Gottheiten zugehören[94]. Andere Königs-Epitheta betonen die unter solchen Verhältnissen selbstverständliche Forderung auf Weltherrschaft, z.B. *šar kiššati*: „König des Weltalls", und *šar kibrātim arba'im*: „König über die vier Himmelsrichtungen". In Übereinstimmung damit wird manchmal vom König gesagt, daß er vom „oberen Meere (Mittelmeer) bis zum unteren (dem Persischen Golf)" herrsche.

Oft wird hervorgehoben, daß der König von den Göttern zu seinem Amt auserwählt worden sei. Hammurabi sagt, daß Schamasch seinen strahlenden Blick auf ihn gerichtet habe, Salmanassar ist von Assur „mit einem strahlenden Blick herausgenommen (ausersehen) worden", Assarhaddon läßt die Götter mit Freude ihre Augen auf ihn richten und ihn zum König erwählen. In anderen Fällen heißt es, daß der König schon vor seiner Geburt für seine Aufgabe ausersehen sei. Assurbanipal sagt, daß Assur und Sin „seit fernen Tagen" seinen Namen als zur Herrschaft bestimmt genannt hätten; Nabonid versichert, Sin und Ningal hätten bestimmt, er solle König werden, als er noch im Leibe seiner Mutter war. Man hat geltend gemacht, daß diese und ähnliche Redewendungen ein „Erwählungsritual" widerspiegeln, nach dem der König zuerst „von den Göttern mit Gunst betrachtet worden ist", worauf „sein Name genannt wurde" und schließlich „sein Schicksal bestimmt wurde"[95]. Aber es ist wahrscheinlicher, daß diese Formulierungen die gleiche Bedeutung haben und verschiedene Aspekte der göttlichen Erwählung zum Ausdruck bringen. Man kann auch sagen, der König ist „von den Göttern gesandt"[96].

In einigen besonderen Fällen hat dieser Gedanke fast mythologische Formen angenommen. Von Sargon, dem Begründer des altakkadischen Reiches (um 2340), wird folgende Legende in Ich-Form erzählt:

> Ich bin Sargon, der starke König, König von Akkad. Meine Mutter war Priesterin (?), meinen Vater kannte ich nicht, mein Onkel liebte die Berge ... Meine Mutter, die Priesterin (?) empfing mich und gebar mich insgeheim, legte mich in einen Binsenkorb und verschloß ihn mit Asphalt. Sie setzte mich im Fluß aus, der nicht hoch war. Der Fluß trug mich zu Akki, dem Wasserschöpfer. Als Akki seinen Eimer eintauchte, zog er mich heraus. Akki machte mich zu seinem Sohn und zog mich groß. Akki machte mich zu seinem Gärtner. Als ich Gärtner war, liebte mich Ischtar, und ich übte [viele] Jahre lang das Königtum aus[97].

---

[94] Eine Zusammenfassung findet sich bei I. Engnell, Studies in divine kingship, Uppsala 1943, 178 ff.

[95] E. Labat, Le caractère religieux de la royauté assyro-babylonienne, Paris 1939, 54 ff. (zumindest nach Frankforts Auffassung, Kingship 406 Anm. 21. Labat drückt sich sehr vorsichtig aus).

[96] G. Widengren, The ascension of the apostle, Uppsala 1950, 19 f.

[97] Vgl. RTAT 123 f.; AOT 234 f.; ANET 119.

Es ist eigentümlich, daß dieses Legendenmotiv auf so viele Personen angewandt wurde. Wir kennen es aus der Bibel von Mose und aus der Geschichte Roms von Romulus und Remus[98]; Herodot erzählt es vom Perserkönig Kyros. Es will offenbar den göttlichen Schutz hervorheben, der dem Betreffenden zuteil wurde. Hier ist es außerdem vereint mit dem Gedanken an Ischtars Liebe und der Erwählung zum künftigen König.

Eine ähnliche Tendenz liegt den folgenden Worten zugrunde, die Assurnasirpal an Ischtar richtet:

> Ich bin geboren in den Bergen, die keiner kennt,
> Ich kannte nicht deine Macht und betete nicht zu dir.
> Die Assyrer kannten deine Gottheit nicht und beteten nicht zu dir.
> Aber du, Ischtar, furchterregende Herrscherin unter den Göttern,
> Du erwähltest mich für den Anblick deines Auges und bekamst Lust, mich als Herrscher zu sehen.
> Du holtest mich von den Bergen, du beriefst mich zum Hirten der Menschen,
> Du gabst mir das Zepter der Gerechtigkeit[99].

Sargon war nicht aus königlichem Geschlecht und konnte es also für notwendig halten, sich zu legitimieren. Aber Assurnasirpal war Königssohn. Offenbar war also die göttliche Erwählung von größerer Bedeutung als die königliche Abstammung.

Noch als der Perserkönig Kyros Babylon eingenommen hatte, begründete er seinen Herrschaftsanspruch in folgender Weise: Marduk „überschaute alle Länder, und als er sie gesehen hatte, suchte er einen gerechten König nach seinem Herzen, der seine Hand ergreifen konnte (d.h. sein *akītu*-Fest feiern konnte). Er nannte seinen Namen ‚Kyros von Anschan' und bestimmte seinen Namen zum Königtum über alles"[100].

Noch weiter gehen die Ausdrücke, die den König zum Sohn eines Gottes oder einer Göttin machen. Wie bereits erwähnt, erklärte Gudea, keinen anderen Vater und keine andere Mutter zu haben als die Stadtgöttin. Ähnliche Äußerungen finden wir z.B. auch bei Assurbanipal; er sagt: „Ich kannte nicht Vater und Mutter, ich wuchs in den (...) meiner Göttinnen auf." Derselbe König sagt zu Adad: „Ich bin dein Diener, ich bin der Sohn meines Gottes Assur und meiner Göttin Aschuritu." Ein andermal sagt er zu Ninlil: „Ich bin dein Diener, den deine Hände ohne Vater und Mutter gestaltet haben, den du, Herrscherin, ein reifes Alter hast erreichen lassen."[101]

---

98 Vgl. R. Drews, JNES 37, 1974, 387ff.

99 Dhorme, Mana I,2, 156; Frankfort, Kingship 239.

100 AOT 369; ANET 315.

101 Frankfort, Kingship 300.

Hammurabi erklärt einmal, der Sohn des Mondgottes Sin zu sein, ein anderes Mal der des Dagan, ferner der des Marduk. Dieser Wechsel läßt vermuten, daß das Sohnesverhältnis nicht rein physisch aufgefaßt wurde, sondern auf irgendeine Weise symbolisch war. Wenn es – wie üblich – heißt, daß eine Gottheit den König im Leibe seiner Mutter gestaltet hat, so liegt der Gedanke zugrunde, daß er mit göttlichem Beistand entstanden ist, aber dies braucht nicht als eine physische Empfängnis verstanden zu sein. In anderen Fällen kann man einen Vergleich mit den Personennamen ziehen, die den Menschen als Sohn einer Gottheit bezeichnen. Hier ist daran gedacht, daß er unter dem besonderen Schutz der Gottheit steht. Dasselbe gilt von einem Text wie dem folgenden, einem Zwiegespräch zwischen dem Gott Nabu und dem König Assurbanipal (669–ca. 627).

> Du bist klein, Assirbanipal, du, den ich der Königin von Ninive (Ischtar) anvertraut habe.
> Du bist ein Kind, Assurbanipal, du, der auf den Knien der Königin von Ninive sitzt.
> Ihre vier(!) Brustwarzen sind an deinen Mund gelegt;
> Du saugst an zwei von ihnen und verbirgst dein Gesicht in den beiden anderen[102].

Es gibt auch Beispiele dafür, daß der König das Abbild des Gottes (z.B. Marduks, Schamaschs) genannt wurde. Es heißt auch: „Gottes Schatten ist der Mensch, und die Menschen sind des Menschen Schatten. Der Mensch, das ist der König, der wie das Abbild des Gottes ist.“ [103]

Der König ist also vor seinen Untertanen ein Repräsentant der göttlichen Welt. Die akkadische Entsprechung des sumerischen Titels *ensi, iššakku*, gibt diesem Gedanken vielleicht Ausdruck; es wird nämlich mit „Statthalter“ oder ähnlich übersetzt[104] – auch wenn die Bedeutung nicht ganz sicher ist. Jedenfalls wird der König durch diesen Titel in eine bestimmte Beziehung zum Nationalgott gesetzt: Er ist „Assurs *iššakku*“.

Derselbe Gedanke kommt auch in vielen anderen Formen zum Ausdruck. Wenn der König an der Spitze des Heeres die Feinde des Landes bekämpft – und hier handelt es sich vor allem um den assyrischen König –, tut er es in göttlichem Auftrag und mit göttlicher Kraft. Der Sieger legt den unterworfenen Völkern „das Joch seines Gottes auf“; er bestraft grausam den, der „seinen Gott geschmäht hat“ [105].

Es ist der göttliche Strahlenglanz des Königs, der seinen Feinden Schrecken einflößt. In dem Bericht über Assarhaddons Kampf um den Thron heißt es, Ischtar habe die Bogen der feindlichen Soldaten zerbrochen. Assurbanipal hat auf seinen Feldzügen gegen die Araber Hilfe von der „Wildkuh Ninlil“ erhal-

---

102 Dhorme, Mana I,2, 168.

103 Ebenda 169.

104 Frankfort, Kingship 227. 229.

105 S. Fiore, Voices from the clay, Norman, Okl. 1965, 70.

ten, „die die Feinde mit ihren starken Hörnern stößt“. Assarhaddon sagt, daß die Feinde „auf ihre eigene Stärke vertrauten“, während er selbst sich „auf seinen Herrn Assur verließ“ und so den Sieg errang. Ein typischer Ausdruck für diese Gedankengänge ist das epische Gedicht *šar tamḫarim* („der König des Streites“), das von Sargons Heldentaten handelt, und die sogenannte Kutha-Legende von dessen Sohn Naramsin[106]. Sie zeigen, wie der König durch seine hervorragende Ausrüstung verzweifelte Situationen in Siege verwandelt.

Friedlichere Aufgaben werden durch das sehr häufige Königsepitheton „Hirt“ *(rē'ū)* angedeutet[107]. Der Titel geht auf sumerische Zeit zurück, als er vielleicht in Verbindung mit Dumuzi/Tammuz, dem Hirten, stand; er wurde während des ganzen Zeitraumes angewendet, um den es sich hier handelt. Hammurabi nannte sich „den Hirten, von Enlil genannt“. Assurnasirpal II. (883–859) sagt von sich, er sei von Ischtar als „Hirt der Menschen“ eingesetzt worden, und in einem Dialog aus neubabylonischer Zeit heißt der König „Hirte, Sonne(ngott) des Volkes“.

So wie der Hirte für seine Herde zu sorgen und sie zu schützen hatte, so war es auch die Pflicht des Königs, seine Untertanen zu versorgen und zu verteidigen. Hammurabi sagt:

> Ich bin ... der, der Lagasch und Girsu Weideland und Wasserstellen zuteilt ... ich bin der, der Wohnplätze für sie gründet ... der Schutz des Landes, der Isins zerstreute Völker sammelte ... Ich vernachlässigte die Schwarzköpfigen (scil. Menschen) nicht, über die Marduk mich als Hirten eingesetzt hat, ich suchte friedliche Gegenden für sie.

In einem Brief an einen assyrischen König wird aus einem Gesang zitiert: „Das ganze Volk vertraut auf dich, o Hirt, bei der huldvollen Rede deines Mundes.“

Es war die Pflicht des königlichen Hirten, Recht und Gerechtigkeit im Lande aufrechtzuerhalten. Die Texte sprechen von *mēšaru* und *kettu*, Gerechtigkeit und Recht (oder Wahrheit), und meinen damit sowohl die kosmischen Gesetze, die göttlichen Ursprungs sind, als auch die Gesetze, die unter Menschen gestiftet werden. Hammurabi spricht von sich selbst als „König der Gerechtigkeit *(mēšaru)*, dem Schamasch das Recht (Gesetz: *kettu*) anvertraut hat“. Er ist von Anu und Bel berufen, „um den Wohlstand der Menschen zu mehren, um im Lande Recht zu schaffen, um den Bösen und Böswilligen zu vernichten, auf daß der Starke nicht den Schwachen unterdrückt“. Ähnliche Aussagen sind von mehreren Königen belegt. Besonders betont wird die Pflicht des Herrschers, für das Recht der Witwen und Waisen zu sorgen. So kann sein Zepter auch ein „Zepter der Gerechtigkeit“ genannt werden. Wenn der König manchmal „Sonne(ngott) seines Landes“, „Sonne(ngott) der ganzen Menschheit“ und ähnlich genannt wird, so handelt es sich vielleicht auch um seine Gerechtigkeit, da ja der Sonnengott u. a. der Wächter des Rechts ist. Aber Hammurabi

---

106 Oppenheim, Mesopotamia 151; Text AOT 231ff.

107 M. J. Seux, Epithètes royales sumériennes et accadiennes, Paris 1967, 244ff.

kann auch sagen: „Ich bin Babylons Sonne(ngott), der Licht über das Land von Sumer und Akkad leuchten läßt."

Als erwählter Diener der Götter soll der König auch die Harmonie zwischen der menschlichen Gesellschaft und der Natur aufrechterhalten[108]. Er ist der, „der das Leben des Landes aufrechterhält", heißt es. Der Schreiber eines Briefes sagt schmeichelnd: „Wir waren tote Hunde, aber unser Herr König gab uns Leben, indem er uns das Lebenskraut unter die Nase hielt." Damit will er offenbar sagen, daß der König, symbolisch gesehen, das Kraut des Lebens oder der Unsterblichkeit besitzt, das Gilgamesch suchte und das bewirkt, daß das Leben seiner Untertanen in seiner Macht steht.

Ob es irgendeinen direkten Zusammenhang zwischen diesem Gedanken und dem an einen „Lebensbaum" gibt, ist aus den Texten nicht zu belegen. Aber der König kann das „Leben des Landes" nur aufrechterhalten, wenn er darauf achtet, daß das Volk den Göttern den Dienst und die Verehrung angedeihen läßt, die ihnen zukommen. Des Königs treuer Dienst bringt Wohlstand und Wohlbehagen im Lande mit sich. So sagt Assurbanipal:

> Nachdem Assur, Sin, Schamasch (u.a.) mich voll Freude auf dem Thron meines Vaters haben Platz nehmen lassen, sandte Adad seine Regenschauer, öffnete Ea seine Quellen, die Saat wurde fünf Ellen hoch auf ihrem Halm, die Ähre wurde fünf sechstel Ellen lang, die Ernte war gut, das Getreide war reich, der *giparu*-Baum trug ständig Frucht, die Gärten gaben reiche Frucht, das Vieh hatte Glück bei der Geburt. Unter meiner Regierung fließt Reichtum über, in meinen Jahren ist der Reichtum gehäuft[109].

Damit soll gesagt werden, daß Assurbanipal, der „auf Befehl der großen Götter König wurde, die er anrief und deren Ehre er vermehrte", sozusagen als ein Kanal für den Segen der Fruchtbarkeit wirkte, den die Götter dem Lande – offensichtlich seinetwegen – schenkten.

Man kann in diesem Zusammenhang auch den Brief eines Beamten an Assarhaddon zitieren, in dem es heißt:

> Schamasch und Adad haben durch ihr zuverlässiges Orakel meinen Herrn zur Königsherrschaft über die Länder bestimmt. Günstige Regierungszeit, richtige Tage, rechte Jahre, reichlicher Regen, gewaltige Hochwasser, gute Preise. Die Götter sind freundlich, die Gottesfurcht ist weit verbreitet, die Tempel strotzen ... Die Greise tanzen, die Jünglinge singen, die Mädchen freuen sich, der Mann nimmt eine Frau, sie bekommen Kinder ... Das Werfen verläuft glücklich ... Die viele Jahre gefangen waren, hast du befreit. Die lange Zeit krank

---

[108] Frankfort, Kingship 309f.

[109] Engnell, Studies in divine kingship 44; G. Widengren, Religionsphänomenologie, Berlin 1969, 367f.

waren, sind gesund geworden. Die Hungrigen sind satt, die Mageren werden fett, die Nackten haben Kleider[110].

Dhorme, der als erster auf diesen Text aufmerksam gemacht hat, bemerkt dazu: „Man kann sich wohl keinen vollständigeren Messianismus denken.“[111] Frankfort wendet dagegen ein, daß der Brief aus den besonderen Umständen heraus zu verstehen sei, unter denen er geschrieben ist: Man muß mit Schönfärberei und Übertreibungen rechnen[112]. Aber die Tatsache bleibt bestehen, daß der sachliche Unterschied im Vergleich zu der Proklamation Assurbanipals nicht besonders groß ist. Dagegen ist es vollkommen richtig, wenn Frankfort darauf hinweist, daß der Wohlstand im Lande vom Wohlverhalten des Königs gegenüber den Göttern abhängt und daß er die Götter um diesen Segen bitten muß[113]. Er führt ein Gebet von Sargon von Assyrien an:

> O Ea, Herr der Weisheit, Schöpfer aller Dinge: Öffne deine Quellen für Sargon, den König des Weltalls, den König von Assyrien, den Vizekönig von Babylon, den König von Sumer und Akkad, den Baumeister deiner Wohnung. Mögen seine Quellen reichlich und im Überfluß Wasser hervorströmen lassen, seinen Äckern Wasser im Überfluß geben. Bestimme ihm raschen Verstand und offenen Sinn, laß sein Werk Erfolg haben, laß ihn das bekommen, was er sich wünscht!

Mit anderen Worten: Wenn alles zusammenkommt, so ist die Macht des Königs, die Harmonie der Natur aufrechtzuerhalten, eine Gabe der Götter, und sie hängt davon ab, wieweit der König dadurch, daß er ihnen dient, ihre Gunst behalten kann.

Wir kommen hiermit zu dem anderen Gesichtspunkt der Funktionen des Königs: Er repräsentiert das Volk vor der Götterwelt. Er ist der oberste Priester seines Landes und derjenige, der letzten Endes für den Tempelbau und den Tempeldienst verantwortlich ist.

Wir haben gesehen, wie der sumerische König für den Bau neuer Tempel und für die Instandsetzung der alten zu sorgen hatte. Diese Verpflichtung galt in vollem Umfang auch für die assyrischen und babylonischen Könige. Es war notwendig, die Tempel in gutem Zustand zu erhalten; verwahrlosten sie, konnten sie von den Göttern verlassen werden, und das hatte schicksalsschwere Folgen für die Stadt und das Land. Infolgedessen setzten auch die Könige ihre Ehre darein, Tempel zu bauen und zu restaurieren, und zahlreiche Inschriften legen davon Zeugnis ab. Nicht zuletzt Babylons letzter König, Nabonid (555–539), zeichnete sich in dieser Hinsicht aus.

---

[110] Waterman, Royal correspondence I,2; Engnell, Studies 43f.; AOT 328.
[111] Dhorme, Mana I,2, 173.
[112] Frankfort, Kingship 407f.
[113] Ebenda 310.

Die Könige, besonders die assyrischen, legten sich gern priesterliche Titel zu. „Assurs Priester“ ist ein häufig vorkommender Königstitel; oft spricht der König von sich selbst als von dem, „dessen Priestertum deiner Gottheit angenehm ist“, oder von „dem höchsten Priester, dessen Priestertum den großen Göttern angenehm ist“. Dem Titel nach ist der König das Oberhaupt der Orakelpriester, und er selbst kann z.B. Traumorakel einholen, wenn er die Nacht im Tempel zubringt (Inkubation). Wie bereits erwähnt, wenden sich die Götter durch Orakel manchmal auch direkt an den König.

Welche priesterlichen Dienste der König in der Praxis ausübte, können wir nicht in allen Einzelheiten feststellen. Wir wissen jedoch, daß der assyrische König bestimmte rituelle Funktionen innehatte, sowohl regelmäßig wiederkehrende als auch außergewöhnliche, die durch besondere Umstände veranlaßt wurden. Der babylonische König mußte beim *akītu*-Fest „Gottes Hand ergreifen“, um ihn (d.h. seine Statue) in der Prozession herumzuführen. War der König nicht anwesend, konnte das Fest nicht gefeiert werden. Wahrscheinlich hat der König auch beim Neujahrsfest in gewissen Abschnitten des Kultdramas die Rolle des Gottes gespielt. So tritt z.B. der assyrische König bei der Darstellung des Schöpfungsmythus in der Rolle Assurs auf.

Der König war den Göttern für seine Amtsführung als Repräsentant des Volkes verantwortlich. Der babylonische König mußte – jedenfalls in späterer Zeit – am Neujahrsfest vor Marduk Buße tun und ihm beteuern, daß er sich nicht versündigt und auch den Tempeldienst nicht vernachlässigt habe. Die Inschriften, die vom Tempelbau und von Tempelrestaurationen handeln, sind in der Tat als Berichte an den Gott zu betrachten. In solche Berichte konnten dann auch Meldungen über Kriegszüge und andere Taten aufgenommen werden. Ein gutes Beispiel dafür, wie der König den Göttern in dieser Weise Bericht erstattete, bildet ein Brief Sargons II. von Assyrien (721–705) an den Gott Assur, in dem der König von einem größeren kriegerischen Unternehmen erzählt[114]. Er beginnt:

> Möge es Assur, dem Vater der Götter, dem großen Herrn, der im großen Tempel Echursaggal-kurkurra wohnt, wohlergehen! Möge es den Schicksalsgöttern und -göttinnen, die im großen Tempel wohnen, wohl ergehen ... möge es der Stadt und ihrem Volke wohl ergehen! Möge es dem Palast in seiner Mitte wohl ergehen! Es steht gut mit Sargon, dem reinen Priester, dem Diener, der deine große Gottheit verehrt, und mit seinen Gesetzen.

Besonders ernst wurde die Verantwortung des Königs, wenn ungünstige Vorzeichen ihm und seinem Volke Unglück verkündeten. Man konnte dann einen „Ersatzkönig“ *(šar pūḫi)* auswählen, der hundert Tage lang die Königsherrschaft ausüben mußte und der dann allem Anschein nach getötet wurde. Von einem solchen Ersatzkönig heißt es in einem Brief, daß er „die Vorzeichen

---

114 Saggs 546.

des Himmels und der Erde auf sich nahm", d.h., er übernahm die Verantwortung, die sonst auf dem König ruhte, und damit das Unglück, das ihn bedrohte[115]. In einem Falle wissen wir, daß ein solcher Ersatzkönig die Macht für sich beanspruchte, weil der richtige König während der kritischen Zeit gestorben war.

Dies alles zeigt, wie sehr man der Ansicht war, daß der Wohlstand des Landes von der Person des Königs abhängig war. Aber es liegt doch wohl kaum ein Grund vor, im letztgenannten Fall Reste der „primitiven" Sitte anzunehmen, daß der König getötet wurde, wenn seine Kräfte abnahmen und er deshalb nicht länger die Verantwortung für das Wohlergehen seiner Untertanen tragen konnte. Man könnte in diesem Zusammenhang an eine Bemerkung des griechischen Schriftstellers Athenaios (1. Jh. v.Chr.) denken, nach der der babylonische Priester Berossos mitgeteilt haben soll, daß man in Babylon ein Fest Sakaia (Sacaea) gefeiert habe, bei dem ein Verbrecher eine Zeitlang die Rolle eines Königs zu spielen hatte und dann getötet wurde[116]. Lange Zeit nahm man an, daß dieses „Sacaea-Fest" mit dem babylonischen Neujahrsfest (also *akītu*) identisch sei, aber soviel wir wissen, hat eine solche Zeremonie keinen Platz darin gehabt. Andere griechische Verfasser scheinen Sacaea eher als ein iranisches Fest zu betrachten, aber auch auf iranischem Boden liegen uns keine Zeugnisse über ein solches Fest aus dieser Zeit vor. Vielleicht handelt es sich um eine Verwechslung.

Gott und Mensch. Frömmigkeit und Moral

Eine Vorstellung vom innersten Wesen einer vor langer Zeit untergegangenen Religion zu erhalten, ist natürlich überaus schwer. Wenn es um die babylonisch-assyrische Religion geht, erhöhen sich diese Schwierigkeiten, da die uns zur Verfügung stehenden Dokumente sich zum überwiegenden Teil auf etwas beziehen, was wir „Staatsreligion", d.h. die offizielle Ausübung der Religion, nennen können.

Aber wir müssen doch wohl damit rechnen, daß z.B. die reiche Psalmenliteratur, auch wenn sie im offiziellen Kult der Tempel verankert war, irgendwann einmal Ausdruck einer echten religiösen Überzeugung gewesen sein muß. Es gibt aber auch noch andere Quellen. Literarische Werke verschiedener Art geben oft beiläufig Aufklärung über Lebensanschauung und religiöse Gedanken. Briefe berühren oft religiöse und kultische Themen vom Standpunkt des Einzelnen aus. Und die theophoren Eigennamen geben in der Regel religiös begründeten Wünschen und Hoffnungen Ausdruck, die man mit dem Neugeborenen verbindet; indirekt weisen sie so darauf hin, was man von den Göttern erhalten zu haben glaubte oder noch von ihnen erwartete.

---

[115] Saggs 535ff., Lit. 759f.; J.Gray, Palestine Exploration Quarterly 87, 1955, 180ff.

[116] Die Angabe stammt vom babylonischen Priester Berossos, der von Athenaios XIV, 44 und von Dio Chrysostomos, Orat. IV, 66f. zitiert wird.

Wie bereits erwähnt, zeigen mehrere mythologische Texte, daß der Mensch sich selbst durch einen göttlichen Schöpfungsakt begründet sieht[117]. Dabei handelt es sich jedoch sozusagen um den ersten Menschen bzw. den Menschen als Gattung. Die Eigennamen zeigen, daß jedes neugeborene Kind als das Werk oder die Gabe einer Gottheit angesehen wurde: *Ilu-bānī* = „Gott ist der Schöpfer", *Marduk-apla-iddina* (Merodachbaladan) = „Marduk hat einen Sohn gegeben", *Aššur-aḫa-iddina* (Assarhaddon) = „Assur hat einen Bruder gegeben", *Aššur-bānī-apla* (Assurbanipal) = „Assur erschafft einen Sohn".

Das Leben ist also eine Gabe der Götter, und Gebete um langes und glückliches Leben sind sehr häufig. „Mögen die Götter ihm ein Leben von vielen Tagen schenken, Jahre von Überfluß und Fruchtbarkeit", kann es heißen. Oder: „Mögen Bel und Belit ihm ein Lebensschicksal bestimmen!" Oder: Sin ist es, „der das Leben des ganzen Landes in seiner Hand hat"[118].

Die Vorstellung vom Leben als einer göttlichen Gabe fand seinen Ausdruck in Symbolen wie dem Lebenskraut, das Gilgamesch suchte, dem Lebenswasser oder der Lebensspeise, die Adapa im Himmel angeboten wurde. Aber das „Lebenskraut" wird auch sonst erwähnt und zwar als Symbol für irgend etwas sehr Angenehmes. Lebenspendendes Wasser kommt oft auf Bilddarstellungen vor; man betet, die Götter „möchten Leben wie Wasser ausgießen".

Aber: Haben die Götter dem Menschen das Leben gegeben, so können sie es ihm auch wieder nehmen. Ewiges Leben ist, wie wir sahen, den Göttern vorbehalten. Auch Gesundheit und Krankheit liegen in den Händen der Götter, und zahlreiche Gebete legen Zeugnis davon ab, daß man von ihnen die Heilung von allerlei Leiden erwartete. Das steht wahrscheinlich hinter dem Götterepitheton *muballiṭ mītē*, „der die Toten lebendig macht". Eine Auferstehung von den Toten kennt die babylonische Religion nicht. Jedoch kann Krankheit als möglicher Tod angesehen werden; in einer Anzahl von Klagepsalmen stellt sich ein Kranker vor, er wäre bereits in der Hand des Todes.

Wir sind im Vorhergehenden mehrere Male dem Gedanken der Schicksalsbestimmung begegnet: Beim Neujahrsfest wird ein gutes Schicksal für das neue Jahr bestimmt, eine Gottheit bestimmt ein gutes Schicksal für den König usw. Es gibt auch die Vorstellung, daß jeder Mensch sein von den Göttern bestimmtes Schicksal hat. Das akkadische Wort für „Schicksal", *šīmtu*, bedeutet eigentlich „das Gesetzte", „das Festgesetzte". In den meisten Fällen scheint es sich um eine bestimmte Lebenslänge zu handeln, denn von dem Menschen, der eines vorzeitigen Todes stirbt, heißt es, daß „er an einem Tage entrückt wurde, der nicht seines Schicksals war". Aber es gibt andere Beispiele, die darauf hindeuten, daß *šīmtu* ein vorausbestimmter Anteil von Glück und Unglück ist, der die Einrichtung und Gestaltung des ganzen Lebens bestimmt[119].

---

[117] Vgl. G. Pettinato, Das altorientalische Menschenbild und die sumerischen und akkadischen Schöpfungsmythen, AHAW 1971/1.

[118] Dhorme, Mana I,2, 188f.

[119] Oppenheim, Mesopotamia 201f. 204f.; vgl. auch Chr. Fichtner und F. Jeremias, Schicksalsglaube bei den Babyloniern (MVÄG 27,2), 1922.

Assurbanipal spricht von seinen Siegen und Eroberungen als von einem Teil des Schicksals, das ihm die Götter zugesprochen haben und das deshalb notwendigerweise verwirklicht werden muß. Zuweilen nimmt *šīmtu* die Bedeutung von „Natur" oder „Charakter" an, so z.B. in der akkadischen Version des alten Ninurta-Mythus, da der Gott jeder Steinart ihr *šīmtu*, d.h. ihre Natur und Eigenart, gibt. Wir verstehen dann auch, wie „Schicksal" die Zusammenfassung alles dessen bildet, was den Menschen und sein Leben gestaltet – auch wenn der Akzent in den meisten Fällen auf die Länge des Lebens und den Tod gelegt ist. Wie man den logischen Gegensatz zwischen einem im voraus bestimmten Schicksal und einem vorzeitigen Tode gelöst hat, erfahren wir leider nicht. Aber solche Inkonsequenzen sind beim Schicksalsglauben etwas ganz Natürliches. Es ist möglich, daß „Schicksal" in dem Satz, um den es sich hier handelt, am ehesten das bezeichnet, was einem Menschen „normalerweise" zugemessen ist. Jedenfalls ist festzuhalten, daß niemals von irgendeiner absoluten Schicksalsmacht unpersönlicher Art die Rede ist, sondern daß das Schicksal des Menschen immer als von den Göttern gesandt aufgefaßt wird.

Ein Studium der Eigennamen zeugt von einer recht positiven Einstellung zu den Göttern. „Sin/Schamasch/Adad ist seine Kraft", „Sin/Schamasch ist mein Licht" heißt es. Der Name kann auch einen Wunsch oder vielleicht geradezu die Vergewisserung, von einem bestimmten Gott geliebt zu werden, bedeuten. *Narām-Sīn* bedeutet „der von Sin Geliebte"; andere Namen bedeuten „der Gott NN liebt" oder „ist wohlwollend", oder „Ich vertraue auf Sin/Schamasch/Marduk" [120].

Der Gedanke an einen persönlichen Schutzgott jedes Menschen, den wir bereits in sumerischer Zeit fanden, ist auch bei Babyloniern und Assyrern in vollem Maße lebendig. In Beschwörungen und Gebeten um Heilung eines Kranken oder um Reinigung von Sünden wird der Patient oft „der Mensch, Sohn (oder Kind) seines Gottes" genannt. Damit wird offenbar die Hilfe und der Schutz seines eigenen Gottes auf ihn herabgerufen. „Möge der Mensch, der Sohn seines Gottes, rein, glänzend, strahlend sein", heißt es. Oder man spricht zu dem krankheitserregenden Dämon: „Nähere dich nicht, plage den Menschen, das Kind seines Gottes, nicht". Ja, es scheint aus den Texten hervorzugehen, daß, wenn der Schutzgott sich aus irgendeinem Anlaß von dem betreffenden Menschen abgewandt hat, die Dämonen freies Spiel haben und ihm Leid zufügen können. „Der Gott eines Menschen ist ein Hirte, der die Nahrung des Menschen sucht." [121]

Von der Einstellung zu den Göttern erhalten wir einen Begriff durch die Gebete, die man an sie richtet. In der Regel sind es die Gebete der Könige, die erhalten sind, und sie bitten am häufigsten um langes Leben, glückliche Regierung und um den Sieg über alle Feinde. Aber dann und wann tauchen auch andere Gesichtspunkte auf. So betet z.B. Nebukadnezar II. (605–562) bei seiner Thronbesteigung zu Marduk:

---

[120] Dhorme, Mana I,2, 195f.

[121] Ebenda 201.

Ewiger Herr, Herr über alles, was da ist,
Laß dem König, den du liebst und dessen Namen du nennst,
Das zuteil werden, was dir wohlgefällig ist.
Bewahre ihn auf dem rechten Weg!
Ich bin der Fürst, dein Günstling,
Ein Geschöpf deiner Hand:
Du hast mich geschaffen und mir die Herrschaft
Über alle Völker anvertraut.
O Herr, laß mich nach deiner Gnade,
Die du über sie alle fließen läßt,
Deine erhabene Macht lieben,
Und schaffe in meinem Herzen
Furcht vor deiner Gottheit [122].

Derselbe König betet zu Schamasch um „ein gerechtes Zepter, ein gutes Hirtentum, einen rechtmäßigen Hirtenstab, der es den Menschen wohl ergehen läßt“ [123]. Nabonid, der letzte König von Babylon, betet zu Sin für die, die im Tempel Dienst tun: „Lege in ihre Herzen die Furcht vor deiner hohen Gottheit, so daß sie nicht gegen deine hohe Gottheit sündigen mögen und ihr Grund fest sein möge wie der Himmel!“ Und für sich selbst und seinen Sohn betet er: „Befreie mich von Sünde gegen deine hohe Gottheit, und gib mir ein Leben von langen Tagen. Mein ältester Sohn, Bel-schar-usur (d.i. Belsazar in Daniel 5), der von meinem Herzen ausgegangen ist – leg ihm die Furcht vor deiner hohen Gottheit ins Herz! Möge er keine Sünde begehen, möge er mit der Fülle des Lebens gesättigt werden.“

Eine Seite der assyrisch-babylonischen Frömmigkeit, die seltener zum Ausdruck kommt, ahnen wir in folgendem Auszug aus einem assyrischen Prozessionspsalm:

Gewiß ist es gut, immer hinter Ischtar herzugehen,
Es ist gut, ihr nachzufolgen, der Herrscherin Eannas.
Bevor ich Ischtar regelmäßig nachgefolgt bin,
Ging ich von Haus zu Haus wie ein Bettler,
Lag auf der Schwelle wie ein Hund,
Hatte Dornen in meinem Fuß und Stacheln in meinem
Kleid [124].

Hier äußert sich das Erlebnis einer positiven psychologischen Wirkung des Kultes. Fast hat man das Gefühl, vor einer „Bekehrung zu Ischtar“ zu stehen!

Man kann in diesem Zusammenhang darauf verweisen, daß in der einleitenden Anrufung der Klagepsalmen der Gott, an den man sich wendet, als der größte, erhabenste, unvergleichliche und einzige hingestellt wird. Man hat dies

---

122 Ebenda 252ff.; vgl. auch SAHG 283f.
123 SAHG 285.
124 BiOr 13, 1956, 144.

als Schmeichelei ausgelegt. Doch kommt man der Wahrheit näher, wenn man sagt, daß der Gott in diesem Augenblick die Gedanken und das Interesse des Beters ganz und gar ausfüllt, so daß er für ihn zum Einzigen wird [125].

Wir haben damit bereits eine andere Seite der Gottesvorstellung und des Gottesverhältnisses berührt. Der Mensch ward geschaffen, um „den Göttern zu dienen" – oder vielleicht eher: um sie zu betreuen. Der Gott ist der Herr *(bēlu)*, der Mensch der Diener oder Sklave *(ardu)*. *Aradka*, „dein Diener bzw. Sklave", ist in vielen religiösen Texten eine natürliche Umschreibung für „ich". Dem blendenden Glanz des Gottes (*melammu* – ursprünglich ein sumerisches Wort) entspricht die Furcht des Menschen *(pulu<u>h</u>tu)*.

„Die Götter fürchten" wird zum Ausdruck der rechten Einstellung zu ihnen. Könige rühmen sich, *pāli<u>h</u> ilāni rabūti* zu sein, „die großen Götter zu fürchten". Aber ebenso wie im Alten Testament wird der Ausdruck im Lauf der Zeit abgenutzt und erhält dann einfach die Bedeutung „Ehrfurcht und Respekt erweisen", ja, verehren und anbeten im allgemeinen. Man kann sogar sagen: „Der Tag, da man die Götter fürchtete, war meines Herzens Freude" [126]–oder: „Von ganzem Herzen liebe ich die Furcht vor ihrer Gottheit, ich fürchte ihre Herrschaft" [127]. Wer die Götter nicht fürchtet, ist ein ehrloser Verbrecher.

Dienst an den Göttern war nach der Schöpfungsgeschichte vor allem kultischer Dienst: Opfer, Gebete und Feste. Wenn der „Babylonische Hiob" über sein Unglück und sein Leiden klagt, so sagt er:

> (Ich war) gleich einem, der Trankopfer dem Gotte nicht geweiht hat,
> Und beim Gastmahl die Göttin nicht angerufen hat,
> Das Antlitz nicht gebeugt, Niederwerfung nicht gekannt hat.
> (Ich war) wie einer, in dessen Mund Beten und Flehen aufgehört haben,
> Bei dem der (Fest-)Tag des Gottes aufgehört hat, die Feiertage verringert wurden,
> Der säumig war und ihre Riten verachtete,
> Der seine Leute weder Ehrfurcht noch Andacht lehrte [128].

Die Pflichten scheinen hier in erster Linie von kultischer und ritueller Art zu sein. Ähnliche Gedanken enthält der folgende Abschnitt einer Sammlung von Weisheitssprüchen:

> Täglich huldige deinem Gott
> Mit Opfer, Gebet und Weihrauch.

---

125 O. Ravn in: Illustreret Religionshistorie, hg. v. J. Pedersen, Kopenhagen 1948, 179.

126 Dhorme, Mana I, 2, 202.

127 Ebenda 214.

128 RTAT 163; AOT 275; ANET 435.

Zu deinem Gotte sollst du Herzensneigung haben,
Das ist das, was sich für die Gottheit geziemt.
Beten, Flehen, Niederwerfen aufs Antlitz sollst du morgens ihm darbringen,
So wird deine Kraft gewaltig sein,
Und im Übermaß wirst du mit Gott Gelingen haben.
Ehrfurcht erzeugt Wohlergehen,
Opfer verlängert das Leben,
Und Gebet löst die Sündenschuld.
Wer die Götter fürchtet, der ruft sie nicht vergebens an,
Wer die Annunaki(-götter) fürchtet, wird langes Leben erhalten[129].

Wir stellen fest, daß die Furcht vor den Göttern die Grundeinstellung ist, die im kultischen Dienst – Opfern, Gebeten usw. – ihren Ausdruck findet. Alles zusammen schlägt zu guter Letzt zum Vorteil des Menschen aus, da es ihm das Wohlwollen der Götter und langes Leben erwirbt.

Fast sieht es so aus, als bestünde das Motiv aller Frömmigkeit darin, eigenen Vorteil zu erlangen. Aber es ist möglich, daß dieser Gesichtspunkt gerade in diesem Text besonders betont worden ist, der vieles mit ägyptischen und biblischen Weisheitstexten gemeinsam hat, in denen gerade die guten Folgen des rechten Handelns hervorgehoben werden. Dieser Aspekt ist jedoch auch anderen Texten nicht fremd. So sagt Tiglatpileser I. (1115–1077) von einem Ahnen, daß „sein Leben und seine Opfer den großen Göttern wohlgefällig waren, so daß er ein hohes Alter erreichte", und wenn Assurnasirpal einen Altar weiht, tut er dies, „auf daß mein Leben lang und meine Tage zahlreich werden mögen"[130]. Es steht also fest, daß Erfolg und langes Leben als eine Belohnung der Götter für denjenigen angesehen werden, der seine Pflichten ihnen gegenüber genau erfüllt.

Aber jeder Mensch hatte auch Pflichten gegenüber seinen Mitmenschen, und auch diese Pflichten hatten mehr oder weniger religiösen Charakter. Einer der Gründe dafür, daß die Götter dem König Macht schenkten, ist ja, daß er darauf achten soll, daß „Recht und Gerechtigkeit" im Lande herrschen. Die beiden akkadischen Worte, um die es sich hier handelt, *mēšaru* und *kettu*, bedeuten eigentlich „Geradheit, Richtigkeit" bzw. „Festigkeit, Wahrheit"; sie haben sich im Lauf der Zeit zu den grundlegenden Tugenden entwickelt, auf denen das menschliche Leben beruhen muß.

Man hat zu zeigen versucht, daß *kettu* eigentlich „die Summe der kosmischen Wahrheiten göttlichen Ursprungs" bezeichnet, die dann ihren Niederschlag in konkreten gesetzlichen Vorschriften erhalten kann, während *mēšaru* der Prozeß (oder vielleicht richtiger das Prinzip für den Prozeß) ist, wodurch

[129] AOT 293; ANET 426f.; Lambert, Babylonian wisdom literature 105.
[130] Dhorme, Mana I, 2, 217.

die Gesetze in die Praxis umgesetzt wurden und wirksam werden konnten[131]. Aber auf der anderen Seite gibt es Beispiele, die darauf hindeuten, daß *mēšaru* auch eine kosmische Seite hatte: Die Ordnung der Natur, die im richtigen Wechsel der Jahreszeiten zum Ausdruck kommt usw.[132]. Es ist aber zweifelhaft, ob man je diesen Gedanken zu Ende gedacht hat und das richtige Handeln des Menschen als eine Anpassung an das Weltall und die Naturgesetze angesehen hat.

Fragen wir nun konkreter nach dem Inhalt der ethischen Forderungen, so erhalten wir eine gewisse Anleitung durch den „Beichtspiegel", der auf der zweiten Tafel der Beschwörungsliste Schurpu enthalten ist[133]. Hier gilt es herauszufinden, welche Sünde ein von Leiden betroffener Mensch begangen haben kann, um das Böse dann mit Hilfe der richtigen Riten austreiben zu können. Wir erhalten hier eine reichhaltige Musterkarte von Handlungen, von denen man glaubte, daß sie den Zorn der Götter erregen würden, und damit indirekt auch eine Vorstellung von dem, was als wohlgefällig und gut angesehen wurde.

Hat er den Sohn vom Vater getrennt,
Hat er den Vater vom Sohn getrennt,
Hat er die Tochter von der Mutter getrennt ...
Hat er den Bruder vom Bruder getrennt,
Hat er den Freund vom Freunde getrennt,
Hat er den Genossen vom Genossen getrennt?

Die gegebenen Gemeinschaftsformen müssen also respektiert werden, in erster Linie die Familie; Sünde ist aber auch, Unfrieden zwischen Freunden zu stiften.

Hat er den Gefangenen nicht losgelassen,
Hat er den Gebundenen nicht befreit,
Hat er den Eingekerkerten nicht das Licht sehen lassen?

Wir wissen, daß es zu den Pflichten eines Königs gehörte, unschuldige Gefangene zu befreien. Es scheint jedoch auch eine allgemeine Forderung gewesen zu sein.

Ist es eine unbewußte Sünde gegen einen Gott,
Ein unbewußtes Vergehen gegen eine Göttin?
Hat er einen Gott gekränkt, eine Göttin verachtet?
Besteht seine Sünde gegen seinen (Schutz-)gott,
Besteht sein Vergehen gegen eine Göttin?

---

131 A. Speiser, JAOS Suppl. 1954, 12; B. Landsberger in: Studia et documenta ad jura orientalia ... 2 (Festschr. Koschaker), Weimar 1939, 220f.

132 G. Widengren, Religion och Bibel 2, 1943, 75.

133 Vgl. oben Anm. 71. Dieser Abschnitt auch AOT 325.

Hier wird also ein rein religiöser Maßstab angelegt, vielleicht handelt es sich insbesondere um kultische Übertretungen und Versäumnisse.

Sind es Kränkungen wider (seine) Ahnen,
Feindschaft gegen einen älteren Bruder?
Hat er Vater und Mutter verachtet,
Die ältere Schwester gering geschätzt?

Achtung und Ehrerbietung müssen also sowohl den toten wie den lebenden Familienmitgliedern entgegengebracht werden.

Hat er „Ja“ gesagt statt „Nein“?
Hat er „Nein“ gesagt statt „Ja“?
Hat er Unlauteres gesagt, Unbesonnenes getan?

Das Ideal ist offenkundig die wahre und aufrichtige Rede – ebenso wie in Jesu Bergpredigt. Die nächste Frage betrifft Verleumdung und kränkende Worte. Es geht weiter mit Ehrlichkeit im Handel:

Hat er eine falsche Waage gebraucht?
Hat er falsches Geld genommen,
Hat er richtiges Geld nicht genommen?
Hat er einen rechtmäßigen Erben verstoßen,
Einen unrechtmäßigen Erben eingesetzt?
Hat er einen falschen Grenzstein aufgestellt,
Einen rechten Grenzstein nicht aufgestellt?
Hat er eine Grenze, eine Markscheide oder einen Grenzstein verrückt?

Der Respekt vor den Eigentumsgrenzen scheint im ganzen Alten Orient groß gewesen zu sein; auch ägyptische und israelitische Bestimmungen widmen dieser Sache große Aufmerksamkeit. Der Grenzstein, *kudurru,* stand unter der Aufsicht der Götter.

Ist er ins Haus seines Nächsten eingedrungen?
Hat er sich der Frau seines Nächsten genähert?
Hat er das Blut seines Nächsten vergossen?
Hat er die Kleidung seines Nächsten genommen?

Leben und Eigentum des Menschen – dazu gehört auch die Ehefrau – sind also durch die religiös motivierte Sitte geschützt. Die nächste Frage betrifft das Versäumnis, einem Armen in seiner „Nacktheit“ zu helfen. Das ist insofern bemerkenswert, als es sich nicht um die Übertretung eines Verbots, sondern um das Unterlassen einer Hilfe handelt. Nach zwei weiteren Fragen, die noch einmal die Einheit und den Zusammenhalt der Familie berühren, heißt es: „Hat er sich einem Vorgesetzten widersetzt?“

Es handelt sich also wieder um größere soziale Einheiten. Zuletzt taucht sogar die Frage nach Vorsatz und Beweggrund auf:

War sein Mund wahr, aber sein Herz falsch?
Sagte sein Mund „ja", aber sein Herz „nein"?

Nach einigen allgemeinen Sätzen scheint eine Zusammenfassung zu kommen:

Ist er dem Weg des Bösen gefolgt?
Hat er die Grenzen der Wahrheit überschritten?
Hat er Unpassendes getan?

Einige (später hinzugefügte?) Zeilen erwähnen dann Magie und Hexenkünste sowie den Bruch von Tabu-Gesetzen.

Man muß zugeben, daß die Aufzählung recht vielseitig ist. Sie zeigt nicht zuletzt, daß man im Prinzip keinen Unterschied zwischen kultischen, sozialen und moralischen Übertretungen machte – alle konnten den Zorn der Götter in gleicher Weise hervorrufen.

Einige positiv formulierte Lebensregeln finden wir in dem Weisheitstext, den wir bereits zitiert haben:

Tu deinem Widersacher nichts Böses,
Vergilt dem, der dir Böses tat, mit Gutem,
Laß deinem Feinde Gerechtigkeit widerfahren ...
Laß dich nicht dein Herz verleiten, Böses zu tun ...
Gib Brot zu essen, gib Wein zu trinken,
Bekleide den, der um Almosen bettelt.
Darüber freut sich sein Gott.
Das ist Schamasch wohlgefällig, er vergilt es mit Gutem.
Schaff Hilfe, tu Gutes[134].

Der Text kommt den Gedanken der Bergpredigt wirklich sehr nahe, aber leider kennen wir seine Herkunft und seine Absicht nicht näher. Er gehört zur gleichen Gattung wie das Buch der Sprüche in der Bibel und stammt mit Sicherheit aus der Zeit vor 700 v. Chr.

„Das Gesetz kommt von den Göttern, das Recht (oder die Gerechtigkeit) steigt vom Himmel herab, die Pflichten sind durch göttliches Gebot auferlegt. Übertretungen des Gesetzes, Verletzung des Rechtes (der Gerechtigkeit), Vergessen des Gebotes sind Sünde" (Dhorme)[135]. Unter den Worten für Sünde fällt zuerst das allgemein semitische *ḫitu* (hebr. *ḥet'*) auf, was eigentlich „Mißgriff" oder „Fehltritt" bedeutet, ferner *annu* oder *arnu* mit der Grundbedeutung „Aufruhr", und *qillatu,* das auch „Verwünschung" bedeuten kann. Der Gesichtspunkt des Aufruhrs scheint eine erhebliche Rolle gespielt zu haben:

---

134 ANET 426f.; Lambert, Babylonian wisdom literature 101. 103.

135 Dhorme, Mana I, 2, 231.

Sünde ist Aufruhr gegen die Götter. Manchmal begegnet man dem Gedanken, daß Sünde die Eigenwilligkeit des Menschen ist, „auf eigene Faust" *(ina ramā-nišu)* leben zu wollen, ohne sich um die Götter zu kümmern. Aber man kann auch sagen, daß Sünde das ist, was den Zorn der Götter hervorruft, und das schließt ein, daß ihr Zorn den Menschen in Form von Krankheit oder Unglück trifft. Es ist nicht schwer, Belege für diesen Gedanken zu finden. In einem Klage- und Bußpsalm heißt es:

> Mein Herr hat mich in seinem Herzenszorn angeblickt,
> Der Gott ist mir im Grimm seines Herzens entgegengetreten,
> Die Göttin hat über mich Unmut empfunden und mich einem Kranken gleichgemacht[136].

In einer Beschwörung beschreibt der Priester den Unglücklichen wie folgt:

> Krankheit, Siechtum, Elend, Verwünschung, Drangsal,
> Die ihn befallen haben, haben sein Seufzen geschwächt.
> Einkerkerung, Schuld, Schrecken, Verdüsterung,
> Die ihn niedergebeugt haben, haben seine Klage verstummen gemacht[137].

Und wenn der Kranke selbst zu Worte kommt, bekennt er:

> Viel sind meiner Sünden,
> Die ich gesündigt allesamt.

Ist man in eine solche Situation hineingeraten, so gibt es nur einen Ausweg: Sich mit dem Gebet um Vergebung an die erzürnte Gottheit zu wenden. „Gebet löst Sündenschuld", hieß es ja in einem Text, den wir bereits zitiert haben, und die akkadische religiöse Literatur ist reich an Gebets- und Bußpsalmen. Es ist nicht schwer, Beispiele für ein tiefes Sündengefühl, aber auch für Vertrauen auf die Barmherzigkeit der Gottheit zu finden. So heißt es z.B. in einem Gebet „an jedweden Gott":

> Herr, meine Missetaten sind viel, groß meine Sünden,
> Mein Gott, meine Missetaten sind viel, groß meine Sünden,
> Meine Göttin, meine Missetaten sind viel, groß meine Sünden.
> Gott, den ich kenne, nicht kenne, meine Missetaten sind viel, groß meine Sünden,
> Göttin, die ich kenne, nicht kenne, meine Missetaten sind viel, groß meine Sünden[138]

[136] AOT 261; ANET 391f.
[137] Jastrow II, 86.
[138] AOT 261.

In einem Gebet an Marduk heißt es:

Wer hat sich nicht versündigt, wer nicht gefrevelt?
Wer kann den Weg Gottes erkennen?
Ich, dein Knecht, habe gewiß schwere Sünde getan,
Habe die von Gott gesetzte Grenze gewiß überschritten.
Was ich seit meiner Kindheit wissentlich oder ohne Wissen getan habe,
Vergiß es, daß dein Herz nicht erregt klopfe!
Meine Sünde tilge, meine Missetat löse[139]!

Besonders in Klageliedern an Ischtar kommt eine starke Gefühlsbewegung zum Ausdruck, z. B.:

Ich harre auf meine Herrin, auf dich ist mein Sinn gerichtet.
Ich flehe dich, ja dich, an; löse meinen Bann!
Löse meine Schuld, mein Vergehen, meine Missetaten und meine Sünde!
Vergiß meine Missetat, nimm an mein Flehen!
Löse meine Fesseln, und bewirke mir Befreiung!
Lenke meinen Schritt, daß ich strahlend als Herr
Mit den Lebenden die Straße ziehe!
...
Nimm an meine kniefällige Verehrung, höre an mein Gebet!
Schau mich in Gnaden an [...]
Wie lange, meine Herrin, zürnst du, ist dein Antlitz abgewandt,
Wie lange, meine Herrin, grollst du, ist voll Grimm dein Gemüt?
Wende zurück deinen Nacken, den du abgewandt hast!
Zu einem Wort der Gnade richte dein Antlitz[140]!

Man kann die „biblische" Diktion in diesem Psalm kaum übersehen. Und in der Tat ist es offenkundig, daß biblische und akkadische Psalmendichtung Anteil an derselben poetischen Tradition haben. Am deutlichsten tritt das vielleicht in den Klagepsalmen hervor.

Das zeigt sich sowohl im Aufbau der Psalmen wie auch in deren Bildersprache[141]. Sowohl die akkadischen als auch die israelitischen Klagepsalmen enthalten nämlich in der Regel folgende Elemente: Die Anrufung des Gottes, die Beschreibung der Leiden, die Bitte um Hilfe, eventuell ein Sündenbekenntnis und die Bitte um Vergebung sowie das Versprechen von Dankopfern. In der

---

[139] SAHG 299.

[140] AOT 259f.

[141] G. Widengren, The Accadian and Hebrew psalms of lamentation, Stockholm 1936.

Beschreibung des Leidens gibt es Gemeinsamkeiten: Der Betende sagt, er sei von Feinden angegriffen, von wilden Tieren oder von Dämonen angefallen, oder er sagt, er versinke im Wasser oder Schlamm (Bild für den Tod und das Totenreich).

Ein besonderes Problem bildet der recht häufig vorkommende Hinweis auf unbekannte Sünden: „Die Sünde, die ich begangen habe, kenne ich nicht." Der Gedanke ist offenbar der, daß man gegen ein göttliches Verbot oder gegen ein Tabu verstoßen kann, ohne es zu wissen, sich aber trotzdem den Zorn und die Strafe der Götter zuziehen kann. Es kommt dann darauf an festzustellen, welche Sünde es ist, die man begangen hat, und um Vergebung zu bitten.

Es ist bemerkenswert, wie selten irgendwelche konkreten Sünden in den Klagepsalmen genannt werden. Statt dessen begegnen wir allgemeinen Wendungen: „Meine Übertretungen sind unzählbar", „siebenmal sieben Sünden habe ich begangen". Diese Psalmen sollten wahrscheinlich bei verschiedenen Gelegenheiten und von verschiedenen Personen angewandt werden können – sie bildeten sozusagen Formeln, die auf unterschiedliche Begebenheiten passen sollten. Es ist auch möglich, daß man sich gleichsam versichern wollte, keine Sünde in seinem Bekenntnis vergessen zu haben. Kein Mensch ist ohne Sünde, und es ist leicht, gegen ein Gebot zu verstoßen, ohne es zu wissen. Aber wenn es „das Gebet ist, das die Schuld löst", so gilt es alle eventuellen Sünden in sein Gebet und sein Bekenntnis aufzunehmen.

Auch wenn es kein formuliertes Dogma gegeben hat, haben Babylonier und Assyrer mit einer göttlichen Vergeltung gerechnet. Es galt als selbstverständlich, daß die Sünde bestraft und der Gehorsam belohnt wurde.

Der Vergeltungsgedanke erstreckt sich auch auf das Volk und seine Geschichte. In der sogenannten Weidner-Chronik wird von einer Reihe von Herrschern berichtet, die auf Grund eines Fehltritts die Macht verlieren und gestürzt werden. Der Untergang einer Dynastie wird als Marduks Strafe für kultische Verfehlungen angesehen. Wer Marduk und seinen Kult nicht respektiert, wird dafür bestraft. Die Beurteilung ist anachronistisch, aber nichtsdestoweniger bezeichnend. Mehrere Beispiele zeigen, wie Krieg und nationales Unglück als Strafe der Götter betrachtet und wie die Könige Werkzeug der Götter zur Rettung ihres Volkes werden [142].

Für den einzelnen gab es jedoch Schwierigkeiten, die Regel auf die Realitäten des Lebens anzuwenden.

Ebenso wie in Israel haben wir Texte, die das Problem vom Leiden des Gerechten behandeln, in erster Linie den sogenannten „Babylonische Hiob" oder – wie es auch nach den Einleitungsworten genannt wird – *Ludlul bēl nīmēqi* („Ich will den Herrn der Weisheit preisen") [143]. Strenggenommen ist das Gedicht kein Problemgedicht, sondern ein Dankpsalm, der auf überstandenes

---

142 B. Albrektson, History and the gods, Lund 1967.

143 RTAT 160ff.; AOT 273ff.; ANET 434ff. mit Suppl. 160f.; Lambert, Babylonian wisdom literature, 21ff. Ein Fragment mit ähnlichen Motiven bei J. Nougayrol in: Revue biblique 59, 1952, 242ff.; Or. 26, 1957, 315ff.

Leiden zurückblickt. Aber die Schilderung dieses Leidens nimmt einen so großen Raum ein, daß das Gedicht schon aus diesem Grunde bemerkenswert ist. Der Dichter beschreibt, wie er von einem schweren Leiden betroffen wurde: „Ich sehe um mich: Unglück auf Unglück! Meine Plage verschlimmert sich, Recht kann ich nicht finden. Ich betete zu meinem Gott, aber er wandte sein Angesicht nicht her.“ Keine Hellseher konnten die Ursache seines Leidens finden. Woher kommt das Unglück überall? fragt er. Es ist ja, als ob ich die Verehrung der Götter versäumt hätte. Und doch:

Ich dachte doch selbst an Bitten und Flehen.
Flehen war mein Sinnen, Opfer meine Regel.
Der Tag der Verehrung der Götter war meine Herzensfreude,
Der Tag der Prozession der Göttin war Gewinn für mich, ja Reichtum,
Huldigung des Königs, das war meine Freude ...
Ich lehrte mein Land, die Gebote Gottes zu halten,
Den Namen der Göttin zu ehren, brachte ich meinem Volke bei.
Die Majestät des Königs stellte ich Gott gleich.

Offenbar ist die Wertskala der Götter eine andere als die der Menschen. „Wer kann den Rat der Götter im Himmel verstehen? Gottes Plan ist wie tiefes Wasser, wer kann ihn verstehen?“ Das Menschenleben ist kurz und vergänglich:

Wer gestern lebte, ist heute tot,
Flugs ist er düster, eilends ist er zerdrückt.
Im Augenblick singt er ein Jubellied,
Einen Schritt weiter jammert er wie ein Klagemann.
Wie Tag und Nacht ändert sich ihr Sinn.
Wenn sie hungrig sind, gleichen sie einem Leichnam;
Wenn sie satt sind, stellen sie sich ihrem Gott gleich.
Im Glück sprechen sie vom Hinaufsteigen in den Himmel,
Wenn sie betrübt sind, reden sie vom Hinabsteigen in die Unterwelt.

Es folgt eine lange Beschreibung von Krankheit und Leiden in einem recht überladenen Stil, und es wird noch einmal betont, daß kein Orakelpriester die Ursache herausfinden konnte und kein Gott half oder sich erbarmte.

Dann kommt der Wendepunkt: In drei Träumen erhält der leidende Mann das Versprechen von Vergebung, Reinigung und Aufrichtung. So greift Marduk ein: Er läßt den Wind seine Übertretungen forttragen und sendet den Sturm, um die Dämonen zu vertreiben, die ihn geplagt haben. „Von Unglück errettete er mich, aus dem Unterweltstrom Chubur zog er mich herauf, Marduk nahm meine Hand und hob mein Haupt empor.“ So konnte er, „der ins

Grab niedergestiegen war", wieder in Marduks Tempel gehen, um dort seine Danksagung darzubringen. Es wird beschrieben, wie er durch die zwölf Tore des Tempels eintritt und sein Dankopfer darbringt. Das Gedicht schließt mit einem Lobpreis auf Marduk und seine Gemahlin, die allein imstande sind, „aus dem Grabe aufzuerwecken und vom Untergang zu befreien" und deshalb Lob und Preis verdient haben.

Die Frage ist, welche Absicht dieses Gedicht hat. Es wird im allgemeinen behauptet, daß es keine kultische ist (so zuletzt Oppenheim), aber im Hinblick auf das Gewicht, das auf die Schilderung des Dankopfers in Marduks Tempel gelegt wird, kann man diese Auffassung mit Recht in Frage stellen. Andererseits läßt sich kaum (z.B. mit Engnell) geltend machen, daß es ein königlicher Dankpsalm nach dem Leiden des Königs am Neujahrsfest ist, denn teils ist der König an ein paar Stellen offensichtlich ein anderer als das „Ich" des Gedichtes, teils paßt die Klage über das unverschuldete Leiden kaum in den Gedankengang des Neujahrsfestes hinein. Wie es sich auch verhalten mag – wir dürfen nicht außer Acht lassen, daß der Höhepunkt des Gedichtes das Dankopfer in Marduks Tempel und die Verherrlichung der erlösenden Macht des Gottes ist.

In der sogenannten „Babylonischen Theodizee" [144] oder dem „Babylonischen Kohelet" wird dasselbe Problem behandelt. Sie ist in einer kunstvollen Form geschrieben – so ist z.B. der Name des Verfassers in die Anfangsworte der Strophen eingeflochten – und ihren Inhalt bildet ein Dialog zwischen einem Skeptiker und einem frommen Mann. Ersterer nimmt immer wieder das Thema vom Erfolg des Bösen und dem Unglück des Gerechten auf, während sein Freund den traditionellen Standpunkt verteidigt: Wer leidet, muß das Gebot der Götter übertreten haben (Strophe 8), wer sich ungerecht behandelt glaubt, tut den Göttern Unrecht, denn ihren Ratschluß können wir Menschen doch nicht verstehen (Strophe 24). Zu irgendeinem Ergebnis gelangt man eigentlich nicht; die letzten Strophen scheinen anzudeuten, daß der Mißvergnügte die Gabe der Rede mißbraucht hat, die die Götter den Menschen gegeben haben, und daß er sich deshalb in demütigem Gebet um Hilfe an Ninurta und an Ischtar wendet.

Ein drittes Gedicht ist der „pessimistische Dialog" [145] zwischen einem Herrn und seinem Sklaven. Nimmt man ihn ganz ernst, so ist er tief pessimistisch, aber vieles deutet darauf, daß er als Scherz gemeint ist. Der Herr gibt Befehl auf Befehl, und der Sklave antwortet dienstbereit mit sprichwortartigen Wendungen, die zeigen, daß die Idee des Herrn gut ist. Da ändert sich der Herr und will es umgekehrt machen, und der Sklave hat sofort eine neue zustimmende Antwort bereit. Die Absicht würde nach Oppenheim darin bestehen zu zeigen, daß man nicht auf die Weisheit von Sprichwörtern bauen kann [146]. Bezeichnend für eine religiöse Einstellung ist der Dialog jedenfalls nicht.

---

[144] RTAT 158f.; AOT 287ff.; ANET 439f.; ZA NF 9, 1936, 32ff.

[145] AOT 284ff.; ANET 437f.

[146] Oppenheim, Mesopotamia 274.

Jenseitsglauben

Die assyrisch-babylonischen Texte enthalten nur wenige Aussagen über den Zustand des Menschen nach dem Tode. Man weiß, daß das Leben oder der „Lebenshauch" eine Gabe der Götter ist – sie haben auch die Macht, es zurückzunehmen. Der Tod ist das Schicksal, das alle Menschen erwartet. Wie an so vielen anderen Orten der Erde versuchen die Mythen auch hier zu erklären, wie es kommt, daß der Mensch sterben muß: Dem Adapamythus zufolge ist es ein Mißverständnis, nach dem Mythus, auf dem das Gilgamesch-Epos aufbaut, ein Mißgeschick, das bewirkt, daß der Mensch das ewige Leben verloren hat, das nur den Göttern zukommt. Über diesen Mythen liegt eine gewisse Resignation.

In Einklang damit steht, daß die Vorstellungen vom Dasein nach dem Tode ein recht negatives und pessimistisches Gepräge haben. Ein Mensch ohne den gottgegebenen Lebensgeist ist ein schwaches und kraftloses Schattenwesen, ein *eṭimmu* oder eine Spukgestalt, welche die Lebenden wie ein Dämon plagen und belästigen kann und dann mit Beschwörungen fortgejagt werden muß.

Man hat auch die Vorstellung von einem Totenreich, das wie bei den Sumerern „Land ohne Wiederkehr" *(erṣet lā tāri)* heißen kann. Darüber heißt es in der akkadischen Version des Mythus von Ischtars Abstieg in die Unterwelt:

Das Haus, aus dem niemand herauskommt, der es betrat,
Die Straße, deren Bahn sich nicht wendet,
Das Haus, dessen Betreter des Lichtes entbehrt.

Und von den Toten, die dort weilen, heißt es:

Erde ist ihre Nahrung, Lehm ihre Speise,
Sie sehen kein Licht, sie sitzen in Finsternis.

Fast dieselben Sätze kommen an einer Stelle im Gilgamesch-Epos (VI 33 ff.) vor, wo der sterbende Enkidu schaut, was ihn erwartet. Dort heißt es weiter:

Im Haus des Erdstaubes, wo ich eintrat,
Sind gestürzt die Throne, liegen am Boden die Kronen,
Die Fürsten, die Träger der Krone,
Die seit der Vorzeit das Land beherrschten.
Die Stellvertreter von Anu und Enlil tragen auf gebratenes Fleisch,
Tragen Gebäck auf, kredenzen kühles Wasser aus Schläuchen.

Er sieht auch Priester verschiedener Grade, und er sieht die Herrscherin des Totenreiches Ereschkigal, die bei seiner Ankunft ihren Blick erhebt und fragt: „Wer hat den da hierher geführt?" Man muß an die Schilderung in Jes. 14 denken, wo die Schatten im Totenreich gestört werden, als Babylons König zu ihnen herunterkommt.

Eine etwas ausführlichere Schilderung vom Zustand der Toten haben wir am Ende der zwölften Tafel des Gilgamesch-Epos, wo der Held Enkidus Geist heraufbeschworen hat und ihn darüber befragt, wie es im Totenreich aussieht: „Ich will nicht erzählen", sagt Enkidu, „denn wenn ich es tue, wirst du dich hinsetzen und weinen." In der Fortsetzung ist leider ein großer Teil des Textes verlorengegangen, aber wir sehen doch, daß von Staub und Würmern die Rede ist, die den Leib verzehren. Dann dreht es sich offenbar um die Schicksale verschiedener Toter: Ein Teil scheint ein relativ erträgliches Dasein zu haben, denn man erkennt Sätze wie „er ißt Brot", „er trinkt Wasser", „sein Herz freut sich". Am Schluß heißt es, daß derjenige, der eines plötzlichen Todes gestorben ist, „auf einem Bett liegt und reines Wasser trinkt", und daß bei dem, der im Kampf gefallen ist, „sein Vater und seine Mutter sein Haupt hochheben und seine Gattin über ihn weint". „Aber wessen Leiche hinaus in die Steppe geworfen ist, ... dessen Geist findet keine Ruhe in der Unterwelt", und „der, dessen Geist niemanden hat, der nach ihm schaut, ... der ißt Brotkrümchen und Abfall auf der Straße". Es ist klar, daß die beiden letzten Beispiele auf Menschen hinweisen, die kein rechtes Begräbnis erhalten haben und deren Gräber nicht (mit Grabgaben oder Grabopfern) gepflegt werden, und daß es Menschen sind, die wie Gespenster umherirren. Aber aus dem Zusammenhang wird deutlich, daß auch das Schicksal der anderen, selbst wenn es besser und erträglicher war, als wenig beneidenswert galt.

Es gibt einen einzigartigen Text aus dem 7. Jahrhundert v. Chr., der davon erzählt, wie ein assyrischer Kronprinz im Traum in die Unterwelt hinabsteigt[147], wo er sich von schrecklichen Dämonen umgeben sieht, die ihrer Gestalt nach seltsame Mischungen aus Löwe, Stier, Vogel, Schlange usw. sind. Mitten unter ihnen thront Nergal als König der Unterwelt, umgeben von den 600 Annunaki, den Richtern des Totenreichs. Er wird Nergal vorgeführt und fühlt sich von seinem prüfenden Blick durchschaut. Er erwartet seinen Urteilsspruch, aber Ischum legt Fürbitte für ihn ein: „Töte ihn nicht." Er darf ins Leben zurückkehren mit dem Versprechen, daß der, der das *akitu*-Fest feiert, „einen Garten des Überflusses hat" und „ein Gott ist, der vor allerlei Gefahren geschützt ist".

Der Text läßt uns leider im Ungewissen darüber, was sein eigentlicher Zweck ist – daß er nicht in erster Linie Mitteilungen über das Totenreich machen will, ist klar. Sein letztes Wort ist jedoch *namburbē*, ein Ausdruck für bestimmte Reinigungs- und Sühneriten, und es ist möglich, daß dies ein Hinweis auf die Rolle des Textes ist. Es gibt nämlich Beschwörungstexte, die ein Gericht in der Unterwelt erwähnen. Ihr Zweck ist offenbar der, daß ein kranker Mensch, der eigentlich in der Gewalt des Totenreiches ist und dessen Schicksal durch einen Urteilsspruch entschieden werden soll, auf Grund der Beschwörung einen Freispruch erwirkt. Die Texte, um die es sich hier handelt, sind jedoch spärlich und dunkel, weshalb es schwer ist, bestimmte Schlußfol-

[147] Ebeling, Tod und Leben 1ff., neubearb. ZA NF 9, 1936, 1ff.

gerungen daraus zu ziehen. Daß es sich nicht um ein Gericht im christlichen Sinne oder um Auferstehung handelt, ist jedenfalls klar.

Es gibt allerdings einige Tafeln aus dem 6. und 5. Jahrhundert v. Chr., die man in Gräbern in Susa gefunden hat und die von einer Art Gericht sprechen. Sie geben den Guten gewisse Vorrechte gegenüber den Bösen [148], aber sie spiegeln kaum echte babylonische Anschauungen. Wahrscheinlich handelt es sich um iranische Ideen – jedenfalls bilden diese Dokumente eine Ausnahme und können nicht die Grundlage irgendwelcher Schlußfolgerungen über den assyrisch-babylonischen Jenseitsglauben im allgemeinen bilden.

---

[148] Bottéro 105.

IV. Hethitische Religion

Allgemeine Literatur: O.R. Gurney, The Hittites, London 1952. – A.Goetze, Kleinasien (Handbuch der Altertumswissenschaft III, 1,3), München ²1957. – H.G.Güterbock, Hittite mythology, in: Mythologies of the ancient world, hg. v. S.N.Kramer, Garden City 1961. – H.Otten, Die Religionen des alten Kleinasien (HO VIII, 1,1), Leiden 1964. – E. und H.Klengel, Die Hethiter und ihre Nachbarn, Leipzig 1970. – J.E.Macqueen, The Hittites and their contemporaries in Asia Minor, London 1975. – O.R.Gurney, Some aspects of Hittite religion (Schweich Lectures 1976), Oxford 1977.

Texte: RTAT, ANET.

Einleitung

In der ersten Hälfte des 3. Jahrtausends v.Chr. drangen indogermanischsprechende Stämme in den westlichen Teil von Kleinasien ein. Sie breiteten sich in südlicher und östlicher Richtung aus. In der Zeit zwischen ungefähr 1940 und 1780 finden sich in den Dokumenten der assyrischen Handelskolonie Kanes (heute Kültepe) mehrere indogermanische Namen. Im 18. Jahrhundert wurden die Kontakte zwischen den Kolonien und Assyrien durch das Eindringen der Hurriter abgebrochen, und in der Mitte des 17. Jahrhunderts erhebt sich ein einheimisches Reich, das sogenannte althethitische Reich, mit Hattusa (Boghazköy) als Hauptstadt. Der ungefähr gleichzeitige Anitta-Text spricht von einem noch älteren Reich in Kussara (weiter östlich). Die Geschichte des klassischen hethitischen Großreichs erstreckt sich von ungefähr 1460 bis 1200 v.Chr. Die Sprache der offiziellen Urkunden dieses Reiches wird von uns als hethitisch bezeichnet und gehört der indogermanischen Sprachfamilie an. Die Bezeichnung hethitisch sollte aber eigentlich mit einem anderen Volk und einer anderen Sprache verbunden werden, nämlich Hattu. Ob dies die Urbevölkerung des Gebiets war oder ob sie ebenfalls eingewandert ist, ist umstritten. Jedenfalls ist ihre Sprache nicht indogermanisch.

In der Religion des hethitischen Großreichs, die uns hier vor allem interessiert, mischen sich Elemente verschiedenartiger Herkunft. Da die Götter immer in der ihnen eigenen Sprache angerufen wurden, ist in den religiösen Texten eine Mehrzahl von Sprachen repräsentiert: außer hethitisch (eig. nesisch) auch hattisch, luwisch, assyrisch und hurritisch. Eine Form des Luwischen (das auch indogermanisch ist) wird seit etwa 1500 mit sogenannten hethitischen Hieroglyphen geschrieben, eine Schriftform, die später nach dem Fall des Großreichs in den hethitischen Kleinstaaten im syrischen Raum verwendet wurde.

Die Götterwelt

Hethitische Texte sprechen von den „tausend Göttern des Hattireiches“. Aufzählungen finden sich in Staatsverträgen, wo die Götter des Reiches als Zeugen angerufen werden. So heißt es z.B.:

> Sonnengott des Himmels, König der Länder, Hirte der Menschheit; Sonnengöttin von Arinna, Königin der Länder ... mächtiger Wettergott, König der Länder; Wettergott von Hatti, König der Länder ... Wettergott von Zippalanda, Wettergott von Nerik, Wettergott des Heerlagers, Wettergott von Halap ... Der Stier Seri, der Stier Hurri, Namni und Hazzi; Hebat, Königin des Himmels; Schutzgott, Schutzgott von Hatti, ... Allatum, Ea, Telipinu ... Ischtar, Ischtar des Feldes, Ischtar von Ninive, Ischtar von Hattarinna, Ninatta, Kulitta, Ischchara, die Königin des Eides; Zababa ... die männlichen Götter, die weiblichen Gottheiten insgesamt, Nara, Napsara, Ammunki, Turhusi, Ammizadu, Alalu, Kumarbi, Anu, Antum, Enlil und Ninlil ... die Berge, Flüsse, Quellen des Landes Hatti, das große Meer, Himmel und Erde [1].

In dieser Liste werden also zuerst die großen Götter des Hethiterreichs genannt: der Sonnengott des Himmels, die Sonnengöttin von Arinna, der Wettergott. Vom letztgenannten gibt es dann verschiedene lokale Manifestationen. Ferner ist zu bemerken, daß hurritische Gottheiten wie Hebat und Kumarbi und akkadische Gottheiten wie Ischtar, Anu und Enlil mit aufgezählt werden, was den komplexen Charakter des hethitischen Pantheons deutlich zeigt. Schließlich werden (wie in Jes. 1,2) Himmel und Erde angerufen, ebenso wie Berge, Flüsse und Meer (vgl. Ps. 96,11f.; Jes. 44,23; 49,13).

Ein anderes Zeugnis für das offizielle Pantheon ist die Bilddarstellung im Felsenheiligtum von Yazilikaya, wo Götter und Göttinnen in einer Prozession dargestellt sind. Hier ist der hurritische Einschlag besonders deutlich.

Auffallend ist, daß das indogermanische Element so wenig vertreten ist. Kaum ein einziger Gott ist eindeutig mit einer indogermanischen Gottheit zu identifizieren. Die einzige Ausnahme bildet der Name *Šiušmi/Šiušummi* „unser Gott“ im Anitta-Text, denn *šiu* ist mit den Namen Zeus und Juppiter zusammenzustellen [2]. Möglicherweise ist damit der Sonnengott (vgl. luwisch Tiwat) als Gott des lichten Himmels gemeint.

Der wichtigste Gott des Pantheons ist der Wettergott, „König des Himmels, Herr des Hethiterlandes“. Sein Name wird meistens mit dem sumerischen Ideogramm IM geschrieben; wir wissen aber, daß er protohattisch Taru, hethitisch Tarhu, luwisch Tarhunt, hurritisch Teschub hieß. Er ist der Gott des

---

[1] Vertrag des Muwatalli mit Alaksandu in J. Friedrich, Staatsverträge des Hatti-Reiches in hethitischer Sprache II, Leipzig 1930, 78ff.; Otten, HO 105; Gurney, Aspects 4ff.

[2] Gurney, Aspects 9f.

Regens, des Sturmes und des Gewitters. In Yazilikaya wird er zwischen zwei Stieren (Seri und Hurri) dargestellt; unter sich hat er zwei Berggötter (Namni und Hazzi)[3]. Auf dem Felsrelief von Imamkulu fährt sein mit Stieren bespannter Wagen über drei gebeugte Berggötter hin. Nach einer Bildbeschreibung in einem Kultinventar hält er in der rechten Hand eine Keule, in der linken ein Heilssymbol aus Gold[4].

Zur Seite des Wettergottes steht die Sonnengöttin von Arinna, die auf hethitisch den Namen Wurusemu trägt; im Hurritischen entspricht ihr die Gemahlin des Wettergottes Heba(t). Sie ist die hethitische Staatsgöttin, „Königin des Hethiterlandes", aber auch „Königin aller Länder". Ihre Identifizierung mit der hurritischen Göttin wird in einem Gebet des Puduhepa folgendermaßen ausgedrückt:

> O Sonnengöttin von Arinna, meine Herrin, Königin aller Länder, im Land der Hatti trägst du den Namen „Sonnengöttin von Arinna", im Lande aber, das du zum Land der Zedern gemacht hast, trägst du den Namen Hebat[5].

Es gibt aber auch einen männlichen Sonnengott, der außerdem in einen Sonnengott des Himmels und einen Sonnengott der Erde (d.h. der Unterwelt) differenziert worden ist.

Der junge Gott Telipinu gilt als Sohn eines Wettergottes. Von ihm heißt es: „Dieser mein Sohn ist tüchtig, er bricht die Schollen und pflügt. Wasser leitet er herbei, das Getreide läßt er wachsen." Er scheint also ein Fruchtbarkeitsgott zu sein. In einem Mythus wird erzählt, wie sein Verschwinden Dürre und Hungersnot verursacht und wie er gesucht und gefunden wird. Das ist nur zum Teil eine Parallele zu den Mythen vom Sterben und Wiederauferstehen des Vegetationsgottes: Telipinu stirbt nicht, und derselbe Mythus wird, wie wir sehen werden, auch von anderen Göttern erzählt. Einen anderen Sohn des Wettergottes kennen wir in hurritischer Gestalt unter dem Namen Scharruma. In Yazilikaya wird er auf einem Raubtier stehend abgebildet.

Vom Mondgott Kasku wird in einem Mythus erzählt, daß er einmal vom Himmel gefallen sei, vom Wettergott mit mächtigen Regenschauern verfolgt. Die Heilsgöttin half ihm mit Beschwörungen gegen den Verfolger, und offenbar hat er wieder seinen Platz im Himmel einnehmen können[6].

Es gab auch verschiedene Unterweltgottheiten, einen Gott des Krieges und der Pest, einen Gott Halmasuitta, der den vergöttlichten Königsthron darstellt und schon im Anitta-Text erwähnt wird, und Pirwa, den Gott auf dem Pferde.

Die Götter werden wie Menschen vorgestellt[7]. Sie essen und trinken, sie arbeiten und können krank werden und sogar sterben; letzteres kommt aber

---

[3] Otten, HO 103.
[4] Otten, HO 104.
[5] ANET 393; Gurney, Aspects 18.
[6] ANET 120; vgl. Güterbock, Mythology 143; Otten, HO 99.
[7] Klengel 139.

nur ausnahmsweise in bestimmten Mythen vor. Im Grunde sind die Götter unsterblich, was u.a. daraus hervorgeht, daß „unter den Sterblichen“ und „unter den Göttern“ als Gegensätze erscheinen[8]. Die Götter besitzen menschliche Leidenschaften, Vorzüge und Schwächen, ihre Ansprüche waren dieselben wie die der Menschen. In einem Text heißt es: „Was den Göttern und den Menschen erwünscht ist, ist keineswegs verschieden; auch was unerwünscht ist, ist dasselbe.“[9] Charakteristisch für die Götter ist ihre Gerechtigkeit oder göttliche Kraft *parāḫand(and)ātar*, die sie ihren treuen Knechten schenkten[10].

Mythologie

Die mythologische Literatur in hethitischer Sprache ist unterschiedlicher Herkunft und unterschiedlicher Art. Die einheimischen Mythen sind echte Mythen mit Verwendung in religiösen oder magischen Ritualen. Es gibt aber auch Bearbeitungen akkadischer Mythen und Epen, wie z.B. des Gilgamesch-Epos, sowie kanaanäischer und vor allem hurritischer Mythen.

Unter den einheimischen Mythen verdient vor allem der Mythus vom verschwundenen Gott unsere Aufmerksamkeit. Dieser liegt in mehreren Fassungen vor[11]. Die Hauptperson des Mythus ist entweder Telipinu, der Wettergott, der Sonnengott, Inara, die Tochter des Wettergottes, oder zwei kleinere Gottheiten. Der Verlauf der Handlung ist in den beiden ersten Fällen ungefähr derselbe, in den anderen Fassungen kommen abweichende Motive vor, oder der Text ist beschädigt oder dunkel.

Die Telipinufassung erzählt, daß der Gott verschwunden war und infolgedessen das Korn nicht mehr wuchs und das Vieh sich nicht vermehrte, daß das Land von Dürre heimgesucht wurde. Die Götter suchen den verschwundenen Gott, finden ihn aber nicht. Dann holt man die Biene herbei, und die Göttin Hannahanna erteilt ihr Instruktionen. Die Biene findet den Gott schlafend in einem Hain in Lihzina und sticht ihn. Der Gott wacht auf, bringt aber in seinem Zorn nur schlimmere Verheerungen über das Land. Die Götter nehmen ihre Zuflucht zu magischen Beschwörungen; sie zwingen den Gott zur Rückkehr, und die normalen Verhältnisse werden wiederhergestellt.

Der Mythus ist deutlich als Teil eines (magischen) Rituals konzipiert. Dieses Ritual wurde zur Beschwichtigung einer zürnenden Gottheit verwandt. Obwohl gewisse Ähnlichkeiten mit den Mythen vom sterbenden und wiederauferstehenden Fruchtbarkeitsgott vorliegen, sind die wesentlichen Unterschiede zu beachten: Der Gott stirbt nicht, und das Ritual hat nichts mit dem Wechsel der

---

[8] Otten, HO 100. Zur Gottesvorstellung im allgemeinen s. G. Steiner, Gott. Nach hethitischen Texten, RLA 3, 1966, 547ff.

[9] Götze, Kleinasien 145.

[10] Otten, HO 115.

[11] RTAT 181ff.; ANET 126ff.; Güterbock, Mythology 140; Götze, Kleinasien 143f.

Jahreszeiten, sondern mit Naturkatastrophen, also einer gestörten Ordnung, zu tun.

Ein anderer einheimischer Mythus handelt vom Kampf des Wettergottes mit dem Drachen (*illujanka* ist kein Eigenname, sondern heißt einfach „Drache" oder „Schlange")[12]. Die Einleitung des Texts stellt fest, daß der Mythus mit dem Purulli-Fest zum Gedeihen des Landes zusammengehört. Merkwürdigerweise wird der Kampf in zwei Fassungen erzählt. Nach der ersten wird der Wettergott vom Drachen besiegt und bittet die anderen Götter um Hilfe. Die Göttin Inara bereitet ein Gastmahl und verschafft sich den Beistand eines Mannes, dem sie ihre Liebe verspricht. Der Drache wird trunken gemacht, der Mann fesselt ihn, und der Wettergott kehrt zurück und tötet ihn. Der Mann aber, der die Liebe der Göttin genossen hat, soll bei ihr bleiben und nicht zum Fenster hinausblicken. Er tut es aber trotzdem und will nach Hause gehen; ob er bestraft wird, bleibt offen (der Text ist hier beschädigt).

Die zweite Version wird durch eine dunkle Aussage über den regenspendenden Berg Zaliyanu und den Kultort des Wettergottes zu Nerik eingeleitet, wodurch vielleicht ein Zusammenhang mit der Regenzeit angedeutet wird. Auch hier wird der Wettergott vom Drachen besiegt. Er beraubt ihn seines Herzens und seiner Augen. Der Wettergott heiratet eine junge Frau, die ihm einen Sohn gebiert. Dieser wächst auf und will die Tochter des Drachen heiraten. Als Brautpreis verlangt er das Herz und die Augen seines Vaters. Der Wettergott erhält seine Kräfte zurück und tötet den Drachen. Sein Sohn aber nimmt als loyaler Schwiegersohn die Partei des Drachen und verliert sein Leben.

Kanaanäischen Ursprungs ist der Mythus von Ilkunirsa und seiner Gemahlin Asertu, d.h. *El qonæh æræs* „El, dem Schöpfer der Erde" und Aschera[13]. Der Text ist leider nur bruchstückhaft erhalten, aber soviel geht aus ihm hervor, daß der Sohn des Ilkunirsa, der Wettergott, d.h. Baal-Hadad, sich bei seinem Vater beklagt, daß Asertu gewisse Annäherungsversuche gemacht hat, und von seinem Vater den Rat erhält, sie zu bedrohen. Zum Epitheton Els ist 1. Mose 14, 19 zu vergleichen.

Besser erhalten sind die mit hurritischem Material arbeitenden Kumarbi-Texte. Einer von ihnen schildert den Kampf um das Königtum im Himmel[14]. Alalu war König im Himmel, im neunten Jahr aber wurde er von Anu entthront. Nach neun weiteren Jahren wurde Anu von seinem Sohn Kumarbi kastriert und vom Thron gestürzt. Kumarbi verschluckt die Testikel seines Vaters und wird schwanger mit dem Sturmgott, dem Fluß Tigris und drei Göttern. Der Rest des Textes ist schwer beschädigt, so daß der weitere Verlauf dunkel bleibt. Es ist von der Geburt des Wettergottes die Rede, und da dieser jetzt der mächtigste Gott ist, ist anzunehmen, daß der Mythus irgendwie auf seine Machtübernahme abzielte. – Von besonderem Interesse ist, daß dieselben

---

[12] RTAT 177ff.; ANET 125f.
[13] Güterbock, Mythology 155.
[14] RTAT 175ff.; ANET 120f.

Göttergenerationen in Hesiods Theogonie (Ouranos–Kronos–Zeus) auftreten und bei Philo Byblius als phönizische Mythologie gelten (Elioun-Hypsistos, Ouranos und El-Kronos).

Auch ein anderer Kumarbi-Mythus hat es mit dem Königtum im Himmel zu tun, nämlich das Lied von Ullikummi [15]. Hier schafft Kumarbi ein steinernes Ungeheuer Ullikummi, um die Himmelsherrschaft des Wettergottes zu stürzen. Ullikummi wird auf die Schulter eines Riesen, der wie Atlas Himmel und Erde trägt, gepflanzt. Zunächst ist er im Meer verborgen, aber bald wächst er und wird vom Sonnengott entdeckt, der dem Wettergott Bericht erstattet. Dieser eilt zum Berge Hazzi (d.h. Mons Casius-Zaphon), um das Ungeheuer zu betrachten. In großer Furcht werden allerlei Maßnahmen ergriffen, um Ullikummi zu hindern weiter zu wachsen. Ischtar versucht ihre Liebeskünste, siebzig Götter kämpfen gegen ihn, aber ohne Erfolg. Schließlich läßt Ea die Säge holen, mit der einmal Himmel und Erde getrennt wurden, um ihn von der Schulter des Riesen abzusägen. Der Schluß des Textes fehlt, aber es ist anzunehmen, daß Ullikummi so kraftlos geworden ist, daß der Wettergott seine Herrschaft hat sichern können.

Der Kult

Über die zahlreichen lokalen Kulte geben uns die sogenannten Kultinventare Aufschluß. Es sind offenbar Berichte von Beamten, die vom König Tudhalija IV. (Ende des 13. Jh.s) ausgesandt wurden, um sich nach dem Stand der lokalen Heiligtümer zu erkundigen [16].

Es stellt sich heraus, daß in den meisten Heiligtümern Kultbilder in menschlicher Gestalt eine durch königliche Gunst eingeführte Neuerung waren. Vorher wurde die Gottheit entweder durch ein Symbol oder durch eine Stele, hethitisch *ḫuwaši*-Stein genannt, repräsentiert. Nur der Wettergott wurde in den meisten Fällen als Stier dargestellt.

An vielen Kultorten gab es einen *ḫuwaši*-Stein nicht nur im Tempel, sondern auch außerhalb der Stadt, auf offenem Feld, gewöhnlich in einem Hain, an einer Quelle oder auf einem Berg. Der *ḫuwaši*-Stein ist mit dem hebr. *maṣṣebā* und heth. *ištananaš* mit der alttestamentlichen Aschera verglichen worden. *Ištananaš* bezeichnet aber einen steinernen Altar oder das Postament eines Kultbildes und ist folglich nicht mit der Aschera vergleichbar. Dagegen ist die Ähnlichkeit zwischen *ḫuwaši* und *maṣṣebā* auffallend: In beiden Fällen handelt es sich um einen Kultgegenstand, der sowohl in Tempeln als auch im Freien errichtet wurde [17].

In den Kultinventaren werden auch lokale Feste beschrieben. Diese finden meist im Frühling und im Herbst statt. Ein solches Fest wird wie folgt beschrieben:

---

15 RTAT 174f.; ANET 121f.

16 Gurney, Aspects 25; C.G. Brandenstein, Hethitische Götter nach Bildbeschreibungen in Keilschrifttexten (MVÄG 46,2), 1943.

17 Gurney, Aspects 36f.

> Wenn es die Zeit des Herbstfestes des Wettergottes ist, waschen sie sich, der Priester trägt den Gott zum *ḫuwaši*-Stein und salbt ihn. Sie setzen den Gott vor dem *ḫuwaši*-Stein nieder. Der Priester opfert ein Schaf dem Jarri und ein Schaf den sieben Göttern. Sie schlachten sie an dem *ḫuwaši*. Sie setzen Fleisch, [Brot] und Bier vor den Kultstand. Sie brechen Brot und füllen die Rhytonen. Sie essen, sie trinken ... Sie teilen die jungen Männer in zwei Gruppen und benennen sie; die eine Gruppe nennen sie „Männer von Hatti", die andere „Männer von Masa". Die Hatti-Männer haben Bronzewaffen, die Masa-Männer Rohrwaffen. Sie kämpfen, und die Männer von Hatti siegen. Sie nehmen einen Kriegsgefangenen und weihen ihn dem Gott. Dann nehmen sie den Gott und bringen ihn in den Tempel zurück[18].

Dieses Fest, wie die meisten anderen, besteht also aus Opfern, einer Opfermahlzeit und Unterhaltung *(duškaraz)*. Das Kampfspiel kommt nicht immer vor, aber es gibt mehrere Beispiele.

Die Opfer werden kurz mit den beiden Verben *šipant-* und *ḫuek-* beschrieben. Das erste ist mit griech. *spendō* verwandt und bezeichnet das Ausgießen eines Trinkopfers oder das Weihen eines Tieropfers (wahrscheinlich nicht das Ausgießen von Blut). Das zweite Verb bezeichnet das Schlachten des Opfertieres. Oft steht aber *šipant-* für die ganze Opferhandlung[19].

Blut spielt nur selten eine Rolle im hethitischen Opfer. Vor allem wird Blut an Unterweltgottheiten geopfert, um Blutschuld zu entfernen („laß das Blut in ein Tongefäß fließen und stelle es vor den Blutgott ... was immer es an Blutschuld (in diesem Haus) gibt, nehmt sie und gebet dem Blutgott, möge er sie in die dunkle Unterwelt bringen und sie dort festnageln")[20].

In einem Sonderfall wird Blut beim Bundesschließen verwendet. Eine Ziege wird getötet, die Vertragschließenden kosten die Leber und das Blut und essen dann Leber, Herz und Fleisch zusammen. Diese Sitte findet sich auch in westsemitischen Texten, z.B. in Mari und Alalach (vgl. 2. Mose 24, 5–8)[21].

Wir wenden uns nun dem Reichskult zu.

Der Tempel galt als die Wohnung des Gottes. In Boghazköy sind fünf Tempelanlagen ausgegraben worden, u.a. der große Tempel des Wettergottes. Normalerweise kommt man durch eine große Toranlage in einen Tempelhof, wo das eigentliche Tempelgebäude errichtet ist. Durch eine Vorhalle *(ḫilammar)* betritt man das Allerheiligste; dort stand die Gottestatue. Das Allerheiligste hatte mehrere Fenster, so daß das Gottesbild in hellem Licht stand. Dort gab es auch einen Herd und einen Thron, die man für Kulthandlungen benötigte. Neben dem Allerheiligsten lag eine Bettkammer der Gottheit[22].

---

[18] Ebenda 27.
[19] Ebenda 28f.
[20] Ebenda 29.
[21] Ebenda 29f.
[22] Macqueen 124ff.; Klengel 144f.

Das Felsheiligtum in Yazilikaya entspricht diesem allgemeinen Tempeltypus, ist aber mit großen Reliefdarstellungen der Gottheiten verbunden. Wahrscheinlich wurde hier das große Frühlingsfest gefeiert[23].

Kleinere Lokalheiligtümer waren natürlich überall im Lande vorhanden, unter anderen auch an Quellen.

In den Tempeln tat eine reich gegliederte Priesterschaft Dienst. Die Priester durften keine körperlichen Mängel haben, denn das machte sie unfähig zur Ausübung des Kultes. Neben den Priestern gab es Sänger, Köche, Handwerker usw., die alle strenge Reinheitsvorschriften zu beachten hatten[24].

Im täglichen Kult wird der Gott gewaschen und gespeist und abends zu Bett gelegt[25]. Höhepunkte des kultischen Lebens bildeten die Feste, die im allgemeinen an bestimmte Jahreszeiten (Neujahr, Frühling), an den bäuerlichen Lebensrhythmus (Feldbestellung, Ernte) oder an die königliche Inspektionsreise während der Winterzeit gebunden waren.

Das wichtigste Fest war das Frühjahrsfest, das den Namen einer Pflanze, *AN.TAḪ.ŠUM*, trug. Bei einer solchen Kultfeier nahmen König und Königin an einer Prozession teil. Opfer wurden allen großen Gottheiten dargebracht. Ein kultisches Mahl und eine Festversammlung im Tempelhof gehörten auch zum Fest[26].

Ein Kultfest wird in einem Text folgendermaßen geschildert:

> Dem Wettergott wurde zum Jahresanfang ein gewaltiges Fest des Himmels und der Erde gefeiert. Alle Götter versammelten sich und traten in das Haus des Wettergottes ... Nun esset bei diesem Feste, trinket! Sättiget euch, und stillet euren Durst. Des Königs und der Königin Leben sprechet aus! Des Himmels und der Erde Leben sprechet aus! Des Getreides Leben sprechet aus[27]!

Die letzten Sätze beziehen sich offenbar auf eine Schicksalsbestimmung: Gutes für das kommende Jahr wurde von den teilnehmenden Gottheiten bestimmt und verkündigt. – Von einer Festprozession ist in einem anderen Text die Rede:

> Am Morgen steht ein geschmückter Wagen vor dem Tempel bereit. Drei Tuchstreifen, weiß, rot und blau, wickeln sie ineinander und knüpfen sie an den Wagen. Dann bringen sie den Gott aus dem Tempel heraus und lassen ihn auf dem Wagen Platz nehmen ... Frauen gehen voran, auch Tänzer und Tempeldirnen laufen voran; sie halten

---

23 Macqueen 129ff.; Klengel 139ff.; K. Bittel u.a., Das hethitische Felsheiligtum Yazilikaya, Berlin 1976.

24 Klengel 150.

25 Otten, HO 110.

26 Gurney, Aspects 35ff.; H. G. Güterbock, Outline of the Hittite AN.TAḪ.ŠUM festival, JNES 19, 1960, 80ff.

27 H. Otten, OLZ 51, 1956, 101ff.; vgl. HO 111.

> eine brennende Fackel, sprengen ... davor aus. Hinterher kommt der Gott. Man bringt den Gott zum Walde herab zum Tawinija-Tore ...[28]

Bei einer ähnlichen Gelegenheit ist von einem Kampfspiel die Rede.

Besondere Aufmerksamkeit wurde den kultischen Reinigungen gewidmet. Manchmal handelt es sich um die Abwehr schwarzer Magie oder um die Beseitigung ihrer Folgen, aber als Anlässe werden außer kultischer Unreinheit auch Krankheiten, Unfruchtbarkeit bei Mensch, Tier und Boden, Feinde und böse Geister und allerlei Unheil genannt. Dabei wurden Beschwörungen und Symbol- und Analogiezauber verwendet. Alles, was bei der kultischen Reinigung benutzt worden war, mußte fortgeschafft werden; es galt als unrein[29].

Ausnahmsweise kamen Menschenopfer vor. Von der Reinigung einer vom Feinde geschlagenen Truppe heißt es:

> Einen Menschen, eine Ziege, ein Hündchen und ein Ferkel schneiden sie mitten durch; die eine Hälfte legen sie auf diese, die andere auf jene Seite, die Truppe marschiert hindurch, und wird am Flusse noch mit Wasser besprengt[30].

Das äußere Verfahren erinnert an Abrahams Bundesopfer 1.Mose 15, 9–11.

In den Beschwörungsritualen spielt das lebende Substitut eine große Rolle. Eigentlich handelt es sich um zwei grundsätzlich verschiedene Prozeduren. Im einen Fall wird einem fremden Gott, der eine Seuche oder anderes Unheil verursacht hat, ein Tier als Ersatz *(nakkušši)* geboten, und das Tier wird ins fremde Land getrieben. Der Gott erhält also einerseits ein Tier als Ersatz für die Menschen, das Tier trägt andererseits das Unheil fort auf eine ähnliche Weise wie der Sündenbock in 3.Mose 16[31]. – Im anderen Fall wird ein Tier oder ein Mensch als Substitut *(tarpalli)* des Menschen der Gottheit, die ihn angreift, angeboten. Der *tarpalli* ersetzt wirklich den Betreffenden ebenso wie bei dem akkadischen *pūḫu*-Ritus. So heißt es in einem Ritual: „... so habe ich dem Sonnengott des Himmels und den Göttern der Erde (d.h. Unterwelt) an meiner Stelle Substitute gegeben. Nun nehmt diese, mich aber laßt frei!"[32] Wenn es um den König geht, wird ein Mensch als Ersatzkönig gewählt.

Wenn es sich um die Beschwichtigung von Unterweltgottheiten handelt, wird manchmal ein Loch in den Boden gegraben, um die Gottheiten heraufzu-

---

[28] Otten, HO 110f.

[29] Klengel 149.

[30] Otten, HO 112f.; O. Masson, A propos d'un rituel hittite pour la lustration d'une armée, RHR 137, 1950, 5ff.

[31] Gurney, Aspects 47ff.

[32] Ebenda 62ff.; Rituale: RTAT 196ff.; H. Kümmel, Ersatzrituale (Studien zu den Boğazköy-Texten 3), Wiesbaden 1967; ders., Ersatzkönig und Sündenbock, ZAW 80, 1968, 298ff.

locken. Solch ein Loch heißt *api*, was mit hebr. *'ōb* (also nicht „Totengeist“, sondern das Loch, wo dieser erscheint) verglichen worden ist[33].

Bemerkenswert ist, daß nach hethitischer Auffassung das Böse nicht von Dämonen verursacht wird, sondern als „Unreinheit“, „böse Zunge“ oder dergleichen bezeichnet wird[34].

Um die Ursache von etwas Bösem zu ermitteln oder um den Willen der Götter zu erforschen, gab es allerlei divinatorische Praktiken: Losorakel, astronomische Omina, Leberschau, Vogelschau, auch Träume. Die Omenliteratur ist stark von der akkadischen beeinflußt[35].

Der König

Schon im alten Anitta-Text heißt es vom König: „Er war dem Wettergott des Himmels lieb, und als er dem Wettergott lieb war, da wurde der König von Nesa dem Könige von Kussara Gefangener.“[36] Dieser König genießt also die besondere Gunst des Wettergottes und besiegt seine Feinde mit dessen Hilfe. Im hethitischen Reich heißt es: „Den Großkönig Tabarna, den Geliebten der Sonnengottheit: auf ihren Schoß setzte sie ihn, seine Hand ergriff sie und lief (im Kampfe) vor ihm her.“[37] Der König verdankt hier der Sonnengöttin seine Würde und wird von ihr im Kampf unterstützt. Der König steht unter dem besonderen Schutz der Nationalgottheiten, des Wettergottes und der Sonnengöttin von Arinna. Oder mit den Worten eines Textes: „Das Land gehört dem Wettergott; Himmel und Erde wie auch die Leute gehören ebenfalls dem Wettergott. Er machte den Labarna, den König, zu seinem Regenten und gab ihm das ganze Hatti-Land. So soll der Labarna das ganze Land mit seiner Hand regieren.“[38]

Demgemäß ist der König für das Wohlergehen seines Landes und seines Volkes verantwortlich. Ihm obliegt es, die Götter durch Opfer und Feste günstig zu stimmen[39]. Bei den wichtigsten Kultfeiern war die persönliche Anwesenheit des Königs nötig. Jährlich besuchte er bei den großen Festen die verschiedenen Kultorte des Landes, und bei dem *AN.TAḪ.ŠUM*-Fest verehrte er die Gottheiten der verschiedenen Reichsteile. Dadurch wurde wahrscheinlich auch die politische Einheit des Reiches gefördert. Die kultische Reinheit des

---

[33] Gurney, Aspects 53 nach H. Hoffner, JBL 86, 1967, 385 ff.

[34] Otten, HO 113.

[35] Otten, HO 114 f.; Klengel 146 f. Text: ANET 497 f. Vgl. A. Krammhuber, Orakelpraxis, Träume und Vorzeichenschau bei den Hethitern, Heidelberg 1976.

[36] H. Otten in: Fischer Weltgeschichte 3, Frankfurt a. M. 1966, 109. Zum Königtum im allgemeinen O. R. Gurney, Hittite Kingship, in: Myth, Ritual, and Kingship, hg. v. S. H. Hooke, Oxford 1958, 105 ff.

[37] Otten, Fischer Weltgeschichte 3, 115.

[38] Götze, Kleinasien 88; Otten, HO 109.

[39] Macqueen 123.

Königs wurde durch ein ausgebildetes Hofzeremoniell erhalten. Wurde der König unrein, nahmen seine Kräfte ab, was dem Reiche schaden konnte. Schon seine Thronbesteigung war mit Reinigungsriten verbunden, danach wurde er gesalbt, beim Namen gerufen, eingekleidet und gekrönt[40].

Alljährlich hatte der König den Göttern Bericht über seine Regierung zu erstatten. Er war der Sachwalter der Götter und zugleich oberster Priester. Dagegen ist er nie als göttlich bezeichnet worden, obwohl er gelegentlich „(meine) Sonne" genannt wird. Erst nach seinem Tode „wurde er Gott"; dann wurde seine Statue kultisch verehrt.

Die Rechte und Pflichten der Vasallen des Königs wurden durch Verträge geregelt. Ein solcher Vertrag wurde durch einen historischen Rückblick auf die Gunst früherer Könige den Vorfahren des Betreffenden gegenüber eingeleitet und mit einer Aufzählung der Götter, die gegen jeden Bruch des Vertrags einschreiten sollten, abgeschlossen[41].

Gott und Mensch

Nach hethitischer Auffassung waren die Götter die Herren, und die Aufgabe des Menschen war es, den Göttern treu zu dienen. Als Gegenleistung erwartete man Schutz vor Krankheit, Hungersnot und Feinden. Ein säumiger Diener wurde bestraft.

Über das Verhältnis des einzelnen zu seinem Gott erfahren wir nicht viel. In den gefundenen Quellen ist vorwiegend der König die Hauptperson. Hier begegnen wir aber Zeugnissen einer persönlichen Religiosität, die wohl in vieler Hinsicht auch die allgemeine Einstellung spiegeln.

Interessant sind vor allem die Gebete[42]. Hier wird um Schutz, um Leben, Gesundheit und reiche Nachkommenschaft gebetet. Man appelliert dabei an die Barmherzigkeit der Götter, man fügt Lobpreisungen in die Gebete ein, man erinnert die Götter an die eigenen Verdienste und die Einhaltung der kultischen Vorschriften. Man konnte auch besondere Opfer oder Gaben zum Dank für die Erfüllung der Wünsche geloben[43].

Die völlige Abhängigkeit von den Göttern ist überall deutlich. Dabei gibt aber der Betende oft seinem Vertrauen Ausdruck: „Vater und Mutter habe ich nicht, du, mein Gott, bist mir wie Vater und Mutter."[44] Man betont seine Notlage und appelliert an das Mitleid der Gottheit: „Bei den Menschen geht die Rede: Einer Frau in Kindesnöten erfüllt die Gottheit eine Bitte. Ich, Puduhepa, bin eine Frau in Kindesnöten, so erfülle meine Bitte, Sonnengöttin von Arinna, meine Herrin!"[45] Man beruft sich auf seine Verdienste: „Hattusili,

---

[40] Klengel 112.

[41] Macqueen 116; Beispiel ANET Suppl. 93 (= 529) ff.

[42] Beispiele: RTAT 187ff.; ANET 393ff. Zum Gebet im allgemeinen: P.H. Houwink ten Cate, Hittite royal prayers, Numen 16, 1969, 81ff.

[43] Klengel 146.

[44] Otten, HO 107.

[45] Ebenda.

dein Diener, hat sich abgemüht im Dienste der Gottheit. Er hat Leib und Seele eingesetzt für die Wiederherstellung von Nerik, der geliebten Stadt des Gottes meines Herrn. So sei du, o Gott, mein Herr, gnädig gegenüber Hattusili, deinem Knechte!"[46]

In Bußgebeten bekennt man seine Sünden – oder die Sünden der Väter. So heißt es z.B. in einem der sogenannten Pestgebete des Mursilis:

> Wettergott von Hatti, mein Herr, ihr Götter, meine Herren! Es ist nur zu wahr, daß der Mensch sündig ist. Mein Vater sündigte und verstieß gegen das Wort des Wettergottes von Hatti, meines Herrn. Aber ich habe in keinem Fall gesündigt. Es ist jedoch nur zu wahr, daß die Sünde des Vaters auf seinen Sohn fällt. So ist meines Vaters Sünde auf mich gefallen. Ich habe nun gestanden vor dem Wettergotte von Hatti, meinem Herrn, und vor den Göttern, meinen Herren: Es ist wahr, wir haben es getan. Und da ich meines Vaters Sünde gestanden habe, möge die Seele des Wettergottes von Hatti und der Götter, meiner Herren, wieder besänftigt sein![47]

In einem anderen Gebet wird dagegen eine individuelle Verantwortlichkeit vorausgesetzt:

> Wer auch immer den Göttern (Anlaß zu) Ärger und Zorn (ist), und wer etwa ihnen keine Ehrfurcht erwiesen hat: laßt nicht den Guten mit den Schlechten zugrunde gehen! Wenn es eine Stadt, ein Haus oder ein Mensch ist, o Götter, laßt diesen einen zugrunde gehen[48].

Totenglauben

Von den Jenseitsvorstellungen der Hethiter, jedenfalls von denen des Einzelnen, wissen wir wenig. Sowohl Erdbegräbnis als auch Feuerbestattung sind bezeugt, gelegentlich sogar nebeneinander am gleichen Platze. Die Grabbeigaben sind spärlich[49].

Über das Dasein im Jenseits erfahren wir nichts. Wie oben erwähnt, wurden die Könige nach dem Tode als Götter betrachtet. In einem Ausnahmefall ist der Ausdruck „Gott werden" als Synonym für „sterben" auf einzelne Menschen bezogen: „Wenn ein Knabe oder ein Mädchen Gott wird."[50] Einmal ist auch die Vorstellung belegt, daß die Mutter den Toten an der Hand nehme und ihn geleite; deshalb heißt auch der Todestag „Tag der Mutter". Kontakt mit den Totengeistern, ihrer Speise, dem Personal der Mausoleen macht kultisch unrein[51].

---

[46] Ebenda.
[47] RTAT 194f.
[48] Otten, HO 108.
[49] Macqueen 134ff.
[50] Otten, HO 114.
[51] Ebenda.

Über den König sind wir besser unterrichtet. Eine besondere Textgruppe bildet nämlich das Totenritual für den verstorbenen König[52]. Die Riten dauerten vierzehn Tage lang. Der Leichnam wurde verbrannt, begleitet von den magischen Handlungen und Sprüchen der „weisen Frau". Die Gebeine wurden gesammelt, mit Öl getränkt und in ein Tuch von Leinen gelegt. Dann fand das Totenmahl statt. Die Gebeine wurden dann im „Steinhaus", d.h. in einem Mausoleum, beigesetzt. Sie wurden auf ein Bett gelegt, eine Lampe wurde daneben aufgestellt, und Opfer für die Seele des Toten und für die Götter der Ober- und Unterwelt wurden dargebracht. Ein Bild des Toten wurde umhergefahren und Klageweiber stimmten die Totenklage an. Am zwölften Tag wurde ein tragender Weinstock symbolisch abgeschnitten. Ackergerät, Wiesen und Vieh wurden dem König gegeben – offenbar bestand die Vorstellung, daß er im Jenseits seine Herden auf einer Wiese weiden läßt. Ob eine ähnliche Vorstellung hinter dem Brauch liegt, die Leichen zusammen mit Schädeln von Pferden und Hunden zu begraben, ist nicht ganz sicher.

---

[52] Klengel 152f.; L. Christmann-Frank, Le rituel des funéraires royales hittites, RHAs 29, 1971, 61ff.; H. Otten, Hethitische Totenrituale, Berlin 1958.

V. Westsemitische Religion

Allgemeine Literatur: F. Jeremias, Kanaanäer, Syrer und Phönizier, in: P. D. Chantepie de la Saussaye, Lehrbuch der Religionsgeschichte I, Tübingen [4]1925. – R. Dussaud, Phéniciens, Syriens, in: Mana I, 2, Paris 1945. – J. Starcky, Palmyréniens, Nabatéens et Arabes du Nord avant l'Islam, in: Histoire des religions 4, hrsg. v. M. Brillant – R. Aigrain, Paris 1957. – R. Largement, La religion cananéenne, ebenda. – O. Eißfeldt, Kanaanäisch-ugaritische Religion, HO VIII, Leiden 1964. – J. Gray, The Canaanites, London 1964. – Ders., The legacy of Canaan, Leiden [2]1965. – D. B. Harden, The Phoenicians, London 1962. – H. Gese, Die Religionen Altsyriens, in: Die Religionen der Menschheit 10, 2, Stuttgart 1970.

Texte: RTAT, ANET, KAI. – J. Aistleitner, Die mythologischen und kultischen Texte aus Ras Schamra (Bibliotheca Orientalis Hungarica 8), Budapest 1959, [2]1964. – G. R. Driver, Canaanite myths and legends, Oxford 1956.

Einleitung, Quellen

Zu Beginn des 2. Jahrtausends v. Chr. traten westsemitische Stämme im Gebiet am oberen Euphrat auf und gründeten dort u. a. ein Reich um die Stadt Mari. Auf akkadisch hieß dieses Volk Amurru, in verdeutschter Form – im Anschluß an die *'æmōrī* des Alten Testaments – Amoriter. Babylons großer König Hammurabi war von westsemitischer (amoritischer) Herkunft.

Ungefähr gleichzeitig wanderten verwandte Stämme in das heutige Palästina ein. Es ist nicht undenkbar, daß die Patriarchenerzählungen der Bibel Erinnerungen an diese Ereignisse bewahren. Die Bibel macht im allgemeinen einen Unterschied zwischen den Amoritern im Hochland und den Kanaanäern an der Küste und in den Ebenen, aber man hat in jüngster Zeit mit guten archäologischen Gründen geltend gemacht, daß es sich nicht um zwei verschiedene Völker handelt, sondern um eine Sonderentwicklung der amoritischen Kultur im Küstengebiet – der Küste, die nach dem aus der Purpurschnecke gewonnenen Farbstoff den Namen Kanaan (akk. *kinaḫḫu*) erhalten hat.

Am Nordteil dieser Küste entwickelte sich noch eine Kultur von eigenem Gepräge, die phönizische – so genannt nach der griechischen Bezeichnung für purpurrot. Wann wir die Grenze zwischen der allgemein kanaanäischen Kultur und der speziell phönizischen genau ziehen sollen, ist umstritten und hängt davon ab, ob die ugaritische Kultur um die Mitte des 2. Jahrtausends v. Chr. frühe phönizische Kultur genannt werden soll oder nicht. Die ältesten Inschriften mit phönizischem Alphabet und in der besonderen phönizischen Sprache datieren aus der Zeit um 1000 v. Chr.

Die Phönizier waren ein Handelsvolk mit den Städten Tyrus, Sidon und Byblos als Hauptorte, aber mit Kolonien um das ganze östliche Mittelmeer. Besonders zahlreich sind die Denkmäler auf Zypern. Aber die wichtigste Kolonie war Karthago („Neustadt“), die bald eine selbständige Rolle spielen sollte und die auch verschiedene Besonderheiten in ihrer Religion aufweist. Das Volk dort hieß im Unterschied zu den Phöniziern des Mutterlandes Punier (lat. Poeni).

Östlich des kanaanäisch-phönizischen Siedlungsgebietes finden wir andere westsemitische Stämme, die Aramäer, mit einer von den kanaanäischen Dialekten deutlich unterschiedenen Sprache. Seit dem 12. Jahrhundert v. Chr. werden sie oft in den assyrischen Inschriften erwähnt, und um 1000 bildete eine Reihe von aramäischen Staaten mit Damaskus als Mittelpunkt eine Macht, mit der man rechnen mußte. David besiegte sie und gliederte sie in sein Reich ein, aber Israel konnte das Gebiet nur eine kurze Zeit halten, und in der späteren israelitischen Geschichte waren die Aramäer in Damaskus ein gefürchteter Feind. Die aramäische Sprache erlangte weite Verbreitung. Sie wurde nach dem Exil allmählich auch die Sprache der Juden, und sie wurde die gemeinsame Verwaltungssprache für die westlichen Teile des Achämeniden-Reiches.

Die aramäische Religion lebte noch während der Jahrhunderte um die Zeitenwende, wenn auch häufig stark mit hellenistischen Elementen vermischt. Dies gilt z. B. von der Religion, die in den in einem aramäischen Dialekt abgefaßten Inschriften von Palmyra bezeugt ist. Auch die Nabatäer östlich vom Toten Meer und dem Jordan schrieben ihre Inschriften in einem aramäischen Dialekt, aber ihre Religion trägt zum überwiegenden Teil arabisches Gepräge. Es würde zu weit führen und unsere Darstellung allzu ungleichartig machen, wenn wir auch diese späten und stark gewandelten Religionsformen behandeln würden. Schließlich ist daran zu erinnern, daß auch die Israeliten zu den westsemitischen Volksgruppen gehören, obwohl sich ihre Religion in einer ganz besonderen Weise entwickeln sollte.

Es handelt sich also um einen langen Zeitraum und ein geographisch sehr ausgedehntes Gebiet, das wir zu berücksichtigen haben. Wie wir sahen, machen sich auch bedeutende kulturelle Unterschiede bemerkbar. Hinzu kommt, daß die Quellen spärlich und unvollständig und von sehr verschiedener Art sind.

Lange Zeit hindurch war unsere wichtigste Quelle für die kanaanäische Religion ganz einfach das Alte Testament. Auf Grund seiner polemischen Einstellung kann man nicht erwarten, ein objektiv richtiges Bild der Verhältnisse zu erhalten. Es handelt sich ja auch nicht um eine systematische Darstellung, sondern um einzelne, durch die Umstände bedingte Notizen.

Die einzige Ergänzung bildeten lange die Schilderungen der westsemitischen Religion bei den klassischen Autoren. An erster Stelle ist der aus Samosata (am Oberen Euphrat) gebürtige griechische Schriftsteller Lukianos (gest. 185 v. Chr.) zu erwähnen, der in seiner berühmten Schrift „Über die syrische Göttin“ eine Schilderung des Tempels und Kultes der Astarte in der syrischen Stadt

Hierapolis gibt. Obwohl diese Quelle spät und oft deutlich von hellenistischen Gedankengängen beeinflußt ist, gibt sie verschiedene wertvolle Aufschlüsse. Eine andere wichtige Quelle ist das Werk, das Philo von Byblos (Philo Byblius, ca. 100 n.Chr.) über die phönizische Religion schrieb[1]. Nach seinen eigenen Angaben, die man nicht zu bezweifeln braucht, baut er darauf auf, was ein phönizischer Priester namens Sanchunjaton in einer jetzt verlorenen Schrift mitgeteilt hatte. Die Entdeckungen der letzten Jahrzehnte haben im großen und ganzen seine Angaben bestätigt; aber man muß immer daran denken, daß er dazu neigt, sein Material zu systematisieren und daß er ihm seine eigene, euhemeristische Deutung gibt, d.h., daß er die Götter als Menschen darstellt, die auf Grund ihrer Verdienste um die Menschheit Verehrung genossen.

Auch die Schrift Plutarchs „Über Isis und Osiris" enthält eine Reihe von interessanten Notizen, ebenso wie verschiedene andere griechische Schriftsteller Mitteilungen über den Adoniskult geben. Über phönizische Schöpfungsvorstellungen macht der Philosoph Damaskios (ca. 458–533 n.Chr.) einige Angaben. Für die punische Religion in Karthago sind auch die Notizen in der römischen Literatur (z.B. Plautus' Poenulus) von Wert.

Dazu kommen aber in immer größerem Umfang auch die Zeugnisse der Archäologie. Funde von Tempeln und Kultgegenständen geben wertvolle Hinweise, aber solange sie nicht durch schriftliches Material ergänzt werden, ist ihr Wert für eine vertiefte Kenntnis der Religion natürlich begrenzt. Inschriften sind nunmehr in großer Anzahl sowohl aus dem phönizisch-kanaanäischen wie aus dem aramäischen Gebiet bekannt; infolge ihres Charakters und ihres Inhalts geben sie nur ab und zu Aufschluß über die religiösen Verhältnisse.

Die Keilschriftbriefe aus el-Amarna (Mittelägypten), Briefe kanaanäischer Vasallenfürsten an den ägyptischen Pharao, die in den Jahren 1887–88 entdeckt wurden, geben zwar ein ausgezeichnetes Bild der politischen Verhältnisse in Kanaan während der ersten Hälfte des 14. Jahrhunderts v.Chr., aber enthalten nur sporadische Notizen über die Religion. Sie können in gewissem Umfang auch ägyptischen Gedankengängen angepaßt sein.

In dieser Situation bedeutete die Entdeckung der Texte von Ugarit/Ras Schamra an der nordsyrischen Küste im Jahre 1929 eine Revolution. Hier erhielt man zum ersten Male authentische religiöse Texte, u.a. Mythen und Opferlisten, aus kanaanäischem Gebiet. Sie sind in einer bis dahin unbekannten alphabetischen Keilschrift in altertümlicher kanaanäischer Sprache geschrieben und geben einen außerordentlich guten Einblick in die religiösen Vorstellungen während der Blütezeit Ugarits, die in das 14. und 13. Jahrhundert v.Chr. fiel. Spätere Ausgrabungen haben das Material durch neue Urkunden ergänzt.

Der Vollständigkeit halber ist ferner zu erwähnen, daß auch ägyptische Quellen verstreute Angaben über die kanaanäische Religion machen. Teils

---

[1] RTAT 282ff. Vgl. O. Eißfeldt, Ras Schamra und Sanchunjaton, Halle 1939; ders., Sanchunjaton von Berut und Ilumilku von Ugarit, Halle 1952.

haben die semitischen Gruppen innerhalb der Hyksos – die eine Zeitlang (ca. 1730–1580 v.Chr.) Ägypten beherrschten – ihre Götter behalten, was durch Inschriften bezeugt ist, teils enthalten eine Anzahl von sogenannten Ächtungstexten, die in magischer Absicht u.a. gegen kanaanäische Feinde angewandt wurden, eine Reihe von Eigennamen, die oft theophorer Art sind, d.h. einen Götternamen enthalten.

Es versteht sich von selbst, daß eine vollständige Darstellung der Religion der westsemitischen Völker unter solchen Bedingungen unmöglich ist. Selbst an dem einzigen Punkt, wo wir mehr oder weniger ausführliche einheimische Texte besitzen – also in Ugarit/Ras Schamra –, haben wir von verschiedenen Seiten des religiösen Lebens keine Kenntnis. Es ist in der Regel nur die Außenseite, die wir erfassen können. Will man die örtlich ausgeprägten Gestaltungen westsemitischer Religion berücksichtigen und Verallgemeinerungen vermeiden, muß man mit großer Vorsicht zu Werke gehen. Andererseits ist zuzugeben, daß das zugängliche Material große Ähnlichkeiten und sehr viel Gemeinsames über das ganze Gebiet hin aufweist. Ein gewisser mesopotamischer Einfluß macht sich an vielen Punkten geltend (wenn er auch nicht überschätzt werden darf), aber andererseits hat auch die westsemitische Religion die babylonisch-assyrische beeinflußt. Eine gewisse gemeinsame semitische Grundlage ist eine wichtige Voraussetzung dafür gewesen.

Die kanaanäische Götterwelt

Die Götterwelt ist diejenige Seite der westsemitischen Religion, die wir am besten kennen. Eine große Anzahl von Götternamen ist bekannt, aber leider muß zugegeben werden, daß viele, wenn nicht die meisten, für uns bloße Namen bleiben und daß die Funktionen der Götter und ihr Verhältnis untereinander überhaupt nicht, oder zumindest nur höchst unvollständig, festzustellen sind.

Man sagt oft – und besonders von theologischer Seite –, daß die kanaanäische Religion eine Naturreligion ist und daß die Götter ganz an die Naturerscheinungen gebunden sind. Für den höchsten Gott El ist dies jedoch eindeutig falsch, und auch in einer Mehrzahl von anderen Fällen ist zu sagen, daß eine Gottheit, auch wenn sie eine klar ausgeprägte Naturseite hat, doch keineswegs mit der betreffenden Naturerscheinung identisch und ihr Wesen nicht durch einen Hinweis auf das Naturphänomen erschöpft ist. Daß die westsemitische Religion ein ausgeprägtes Interesse für die Fruchtbarkeit als solche hat, ist eine andere Sache.

Das allgemein übliche Wort für „Gott" enthält den Stamm *'ēl*, der übrigens auch der Name für die höchste Gottheit ist. Die Etymologie des Wortes ist nicht völlig klar. Man schwankt im allgemeinen zwischen den Bedeutungen „stark, mächtig" und „erster". Vielleicht wäre es auch denkbar, daß beide Bedeutungen in einer Bedeutung wie „Führer" zusammengefaßt werden[2]. In

[2] M.J. Dahood in: Le antiche divinità semitiche, hg. v. S. Moscati, Rom 1958, 74.

Ugarit/Ras Schamra ist *'il* die allgemeine Bezeichnung für „Gott", die auch im Plural vorkommen kann, und dasselbe gilt von der erweiterten Form *'iln*. Ähnlich ist das Verhältnis im Phönizischen (*'l* bzw. *'ln*). Die aramäischen Inschriften haben *'elāh*, was übrigens mit dem hebräischen *'elōah* bzw. mit seinem Plural *'elōhīm* übereinstimmt.

Sowohl im Ugaritischen wie auch in phönizischen Inschriften wird den Göttern das Epitheton *qdš* (heilig) beigelegt, dasselbe Wort, das im Hebräischen *(qādōš)* die Gottheit bezeichnet als die über alles Menschliche Erhabene, das ganz Andere, das zugleich Furchtbare und Faszinierende. Wieweit dieselbe Bedeutung für die Westsemiten im allgemeinen gilt, geht nicht aus unseren Belegen hervor, aber man dürfte vermuten können, daß der Unterschied nicht allzu groß gewesen ist. Es kann hinzugefügt werden, daß eine andere Wurzel mit der Bedeutung „heilig", nämlich *ḥrm* (die im Hebräischen beim Vernichtungsbann angewendet wird und im Arabischen u.a. im Namen für den heiligen Platz *ḥaram* vorkommt), z.Zt. nicht als Götterepitheton, sondern nur als Verb in der Bedeutung „heiligen", „weihen" belegt ist und in dem Namen *Ḥermōn* („heiliger Berg"). Es ist nicht unwahrscheinlich, daß dieses Wort primär nicht „göttlich", sondern eben „der Gottheit überlassen" bedeutet hat.

Wieweit es bei den verschiedenen westsemitischen Völkern ein regelrechtes Pantheon gegeben hat, können wir natürlich nicht entscheiden, aber in einem Fall, nämlich in dem von Ugarit, wissen wir, daß man einen speziellen Ausdruck für den Begriff „Götterversammlung" hatte, nämlich *pḫr 'ilm*, manchmal auch *mpḫrt bn 'il* „Versammlung der Göttersöhne" (wohl = der göttlichen Wesen), oder *dr 'il* „Gottes (Els) Geschlecht". Auch legen Opferlisten oder ähnliches durch Aufzählung einer Reihe von Gottheiten den Gedanken an ein Pantheon nahe. Eine ähnliche Passage findet sich übrigens in einer Inschrift aus Byblos aus dem 10. Jahrhundert v.Chr.[3].

An erster Stelle unter den Göttern steht in den ugaritischen Texten El[4]. Der Name ist identisch mit dem Wort für „Gott", aber hier ist es ein Eigenname: Der Gott vor allen anderen, „Gott". Er hat die höchste Autorität in der Götterwelt, wo er als König „an der Quelle der Flüsse" thront, was vielleicht der Platz ist, an dem sich die Wasser des Himmels und der Erde treffen, oder ein Platz wie das biblische Eden, von dem aus vier Ströme die ganze Erde bewässern. Es ist El, der das entscheidende Wort über Götter und Menschen spricht. Er ist „Vater der Göttersöhne", aber auch „Vater der Menschen" *('ab 'adm)*. Ein anderes Epitheton bezeichnet ihn als Vater von *šnm*, aber es ist ungewiß, ob *šnm* „Jahre" bedeutet[5] und El also „der Alte" oder der „Herr der Zeit" ist oder ob es sich um einen Ortsnamen oder etwas anderes handelt.

---

[3] KAI 4,4. Zur Frage vom Pantheon vgl. die Götterlisten: J.C. de Moor, UF 2, 1970, 187ff.

[4] M.Pope, El in the Ugaritic texts (Suppl. VT 2), Leiden 1955; O.Eißfeldt, El im ugaritischen Pantheon, Berlin 1951. Vgl. U.Oldenburg, The conflict between El and Baal in Canaanite religion (Suppl. Numen 3), Leiden 1969.

[5] Vgl. C.R.Gordon, JNES 35, 1976, 261f.

Eines der häufigsten Epitheta Els ist „der Stier", womit entweder seine Stärke oder seine Zeugungskraft hervorgehoben werden soll. Eine Bilddarstellung auf einer Stele aus Ras Schamra zeigt einen Gott mit einem Hornsymbol und Bart, der auf einem Thron sitzt, und es ist wahrscheinlich, daß er El darstellt. Der Bart erinnert möglicherweise an eine Textstelle, in der es heißt, daß „El groß und weise ist, und daß seine grauen Haare ihn unterweisen".

Zu Els ständigen Epitheta gehört auch *lṭpn 'il dp'id*, was ungefähr bedeutet: „Der Wohlwollende und Barmherzige". Er heißt auch „Schöpfer des Geschaffenen" und *qnj*, was entweder „Schöpfer" oder „Besitzer" bedeutet.

Es liegt etwas von entlegener Majestät und erhabener Ruhe über El in den Ras Schamra-Texten, und man hat oft daraus die Schlußfolgerung gezogen, daß es sich um einen sogenannten deus otiosus (d.h. untätigen Gott) handelte. Das ist aber nur zum Teil richtig. Man hat auch behauptet, daß El eher ein Beispiel für die Tugend sei, die die Araber *ḥilm* nannten, „eine Mischung von Güte, Freundlichkeit und Weisheit, die zu Beherrschung und Geduld führt, die aber letzten Endes auf Selbstvertrauen und Glauben an die eigene Kraft beruht"[6]. El ist der Repräsentant der Allmacht; aber es ist doch nicht zu leugnen, daß er in seiner erhabenen Majestät eine Allmacht mit einem gewissen Abstand zum Menschen ist, der nur bei entscheidenden Ereignissen eingreift. Er war jedenfalls Gegenstand einer regelrechten Verehrung: Opfer für ihn sind in die Opferlisten aufgenommen, und er taucht auch sonst in kultischen Texten auf.

Einen Gott Elos nennt auch Philo Byblius unter den Göttern der Phönizier und stellt ihn mit dem Kronos der Griechen zusammen. Zahlreiche Eigennamen, die das Element *'ēl* enthalten, können möglicherweise auf „Gott" im allgemeinen oder auf einen zufällig nicht benannten Gott hindeuten, aber es ist wahrscheinlicher, daß es sich wirklich um den Gott El handelt.

Die zweisprachige Karatepe-Inschrift nennt in ihrem phönizischen Teil einen *'l qn 'rṣ*, „El, Schöpfer (oder vielleicht „Herr, Besitzer") der Erde". Dasselbe Beiwort findet sich in einer späten punischen Inschrift und vielleicht (unter der Form *il kuniršа*) in einem kanaanäischen Mythus in hethitischer Übersetzung. Interessanterweise finden wir eine Variante zu dieser Götterbezeichnung 1. Mose 14, 19.22, wo Melchisedek von einem „El ʿEljōn, dem Schöpfer Himmels und der Erde" spricht *('ēl ʿeljōn qōnē šāmajim wā'āreṣ)*.

Melchisedek war „Priester des El Eljon (Gott der Höchste) in Salem", d.h. Jerusalem, und es ist offenkundig, daß er die kanaanäische Religion repräsentierte. Es ist richtig, daß die Patriarchenerzählungen in ihrer jetzigen Form *El ʿeljōn* als identisch mit Israels Gott Jahwe auffassen, aber daß er ein echter kanaanäischer Gott ist, zeigt sich u.a. auch darin, daß Philo Byblius unter den phönizischen Göttern einen „*Elioun*, der *hypsistos* (der höchste) genannt wurde", erwähnt und daß eine aramäische Inschrift (KAI 222; um 750 v.Chr.) davon spricht, wie ein Übereinkommen „vor El und Eljan, vor dem

---

[6] S. Mowinckel, Palaestina før Israel, Oslo 1965, 136. Vgl. F. Løkkegaard, A plea for El, the bull, in: Studia Orientalia J. Pedersen dicata, Kopenhagen 1953, 219ff.

Himmel, der Erde, der Meerestiefe, den Quellen und vor Tag und Nacht" als Zeugen geschlossen wurde. Überraschend ist, daß bei Philo Elioun nicht derselbe ist wie Elos und daß die zitierte Inschrift El und Eljan für zwei verschiedene Götter zu halten scheint. Jedoch sind Philos Göttergenealogien recht verwirrend, und man hat manchmal den Eindruck, daß ein und derselbe Gott an mehreren Stellen unter anderem Namen auftritt. Was die Zusammenstellung „El und Eljan" betrifft, so gibt es in den ugaritischen Texten mindestens zwei Beispiele dafür, daß ein Gott einen Namen trägt, der aus zwei Gliedern besteht, die mit „und" verbunden sind. Ganz klar ist diese Frage jedoch nicht.

Man hat bisweilen die Vermutung ausgesprochen, daß der „kanaanäische *El ʿEljōn*" ein Sonnengott gewesen sei. Irgendwelche stichhaltigen Belege für diese Behauptung gibt es jedoch nicht, und die mehr indirekten Indizien, die dafür angeführt worden sind, kann man kaum überzeugend nennen.

Offenbar besteht ein Zusammenhang mit den anderen mit El zusammengesetzten Gottesbezeichnungen, die das Alte Testament und besonders die Patriarchenerzählungen bewahrt haben: *ʾEl Šaddaj*, herkömmlicherweise übersetzt „Gott der Allmächtige", aber von ungewisser Bedeutung (vielleicht „El, Berggott"), *ʾĒl ʿŌlām* „Gott der Ewigkeit" (oder: des Zeitlaufes?), *ʾEl Bēthēl* „Gott von Bethel" bzw. „Gott in Bethel" usw. Die beiden erstgenannten sind nur im Alten Testament bezeugt, aber bei El Bethel liegen die Dinge etwas anders. Nach Philo ist nämlich Baitylos, d.h. Bethel, Els Bruder, also ein selbständiger Gott. Und als selbständiger Gott wird er auch in assyrischen und babylonischen Quellen erwähnt, u.a. in einem Vertrag zwischen Assarhaddon und einem König von Tyrus (etwa 676 v.Chr.), und aus den Papyrustexten von Elephantine in Ägypten geht hervor, daß die dortige jüdische Kolonie u.a. den Gott Bethel verehrte. Vielleicht ist es auch der Gott und nicht der Platz Bethel, der in Jer. 48,13 gemeint ist, da die parallele Verszeile den moabitischen Gott Kamosch erwähnt.

In all diesen Fällen kann es sich um lokale Formen ein und desselben „El" handeln, was ja gewissermaßen durch die Tatsache bestärkt wird, daß die Israeliten sie alle mit ihrem Gotte Jahwe identifizieren konnten. Wahrscheinlich hat El zu dem Typ von Göttern gehört, die man oft „Hochgötter" nennt: Allmächtige Götter mit einem Zug von Schicksalslenkern und einer gewissen Neigung zu Distanz und Passivität. Eine große Anzahl von Hochgöttern sind Himmelsgötter, aber es gibt keine direkten Belege dafür, daß El mit dem Himmel oder irgendeiner Himmelserscheinung identifiziert worden ist.

Der Gott, der die wichtigste Rolle in den ugaritischen Texten spielt, ist Baal[7]. Der Name bedeutet „Herr" oder „Besitzer", und es ist auch klar, daß das Wort zuweilen in appellativer Bedeutung angewandt wurde. Im Alten Testament hat es immer den bestimmten Artikel, und man kann es im Plural verwenden: „Die Baale". Es bildet auch den ersten Teil des Namens einer Reihe von lokalen Gottheiten – das zweite Glied ist dann häufig ein Ortsname,

---

[7] P.J. van Zijl, Baʿal. A study of texts in connection with Baʿal in the Ugaritic epics (AOAT 10), 1972.

z.B. *Baʿal-Ḥāṣōr, Baʿal Peʿōr, Baʿal Ṣidōn, Baʿal Lebanōn, Baʿal Ḥārān* (vgl. auch das phönizische *Baʿalat Gebal* „Herrscherin von Byblos"), vereinzelt auch ein anderes Wort, z.B. *Baʿal Berīt* „Herr des Bundes" (Ri. 9,4) und *Baʿal Marqōd* „Herr des Tanzes".

Eine alte Theorie besagt, daß jeder Platz und jede Erscheinung in der Natur oder im Menschenleben ihren Baal oder Herrn hatte und daß sich aus diesen Vorstellungen allmählich die Vorstellung von einem bestimmten Gott herauskristallisiert hat: der Herr vor allen anderen, Baal schlechthin. Unser Material reicht leider nicht aus, um die Beziehungen zwischen dem Baal der ugaritischen Texte und dem Baal des Alten Testaments näher zu bestimmen. Aber soviel ist doch klar, daß sowohl die erwähnten Texte wie auch die Amarnabriefe zeigen, daß es sich im 14. und 13. Jahrhundert v.Chr. bereits um einen Eigennamen handelt. Die genannten Baale können sehr wohl örtliche Ausgestaltungen dieses Gottes in seiner Eigenschaft als Schutzherr einer Stadt sein usw.

In den ugaritischen Texten wird Baal oft *ʿAlijan Baʿal* genannt, ein Beiname, der allem Anschein nach „der Starke, der Mächtige" bedeutet. Ein anderes Epitheton ist *rkb ʿrpt* „der auf den Wolken reitet". Dadurch wird Baal als Sturm- und Regengott charakterisiert (ein ähnliches Epitheton wurde für Jahwe in Ps. 68,15 verwendet; vgl. auch Ps. 18,11). Daß Baal mit dem Regen und der Fruchtbarkeit zu tun hat, geht auch aus einem Passus in einem der Ras-Schamra-Texte hervor. Wenn Baal seinen Tempel erhält, heißt es:

> Und nun wird Baal die Zeit seines Regens festsetzen ...
> Und er wird erschallen lassen seine Stimme in den Wolken,
> Indem er abschießt zur Erde die Blitze[8].

Und wenn der Tempel fertig ist und Baal sich dort einrichtet, heißt es:

> Seine heilige Stimme ließ Baal erschallen,
> Es wiederholte Baal die Äußerung seiner Lippen,
> Seine heilige Stimme; die Erde erbebte.
> ... die Felsen zitterten,
> ...
> Ost und West, die Höhen der Erde schaukelten,
> Die Feinde Baals nahmen Zuflucht in den Wäldern,
> Die Hasser Hadads im Inneren der Felsen[9].

In diesem Abschnitt scheinen Baal und der Gewittergott Hadad (geschrieben *Hd*, d.h. Hadd) identisch zu sein. Und das ist auch in einer Anzahl weiterer Stellen in den Ras Schamra-Texten der Fall. Tatsächlich kommt der Name Hadad (der natürlich derselbe ist wie akk. Adad) hauptsächlich in aramäischen Inschriften aus Zincirli vor. Es scheint also, als ob Baal, „der Herr", der Name

---

[8] II AB V, 68ff. (Bezeichnung von Ch. Virolleaud in den Erstveröffentlichungen); RTAT 227; ANET 133.

[9] II AB VII, 29ff.; ANET 135; vgl. RTAT 229.

der Kanaanäer für den Gott ist, der bei den Aramäern und in Mesopotamien Hadad (Adad) heißt.

Unter Baals Beinamen in den ugaritischen Texten findet sich auch *zbl*, das im allgemeinen mit „Fürst" wiedergegeben wird[10]. Einmal treffen wir auch die Zusammenstellung *zbl bʿl ʾarṣ* „Fürst, Herr der Erde". Es ist wahrscheinlich, daß *Baʿal-Zebub* „Herr der Fliegen", der in 2. Kön. 1 als Gott der Stadt Ekron genannt wird, eine absichtliche Verballhornung von *Baʿal-Zebūl* ist, daß also die neutestamentliche Teufelsbezeichnung Beelzebul die sprachlich richtigere Form (mit -l statt -b) bewahrt hat.

Ein anderes interessantes Epitheton hat Baal in einem der Keret-Texte, wo er *ʿlj*, d.h. *ʿali* oder ähnlich, genannt wird, was offenbar „der Hohe, Erhöhte" bedeutet.

> Für die Erde war der Regen Baals da,
> Und für das Feld der Regen des Erhabenen (d.i. Baals).
> Eine Wonne war für die Erde der Regen Baals,
> Und für das Feld der Regen des Erhabenen[11].

Dies stützt vielleicht den Versuch H.S. Nybergs, in einer Reihe von falsch verstandenen Stellen bei Hosea und anderswo im Alten Testament einen Gott ʿAl (= Eljon) zu finden[12]. Aber da sich Hoseas Kampf vor allem gegen Baal richtet und irgendein Gegensatz zu Eljon sonst im Alten Testament nirgends zu finden ist, ist es wahrscheinlicher, daß es sich um ein Baal-Epitheton handelt. Besonders interessant ist, daß es ein solches falsch gelesenes „ʿAl" in 1. Sam. 2, 10 gibt, wo es sich um ein Gewitter handelt. In Ps. 18, 14 heißt es dagegen „Eljon" in einem ähnlichen Zusammenhang. Daß Jahwe Züge eines atmosphärischen Gottes vom Typ Baals hat, ist wohlbekannt.

Baal wird in den Texten oft als ein Sohn Dagans (Dagons) bezeichnet, aber es gibt auch Stellen, wo er El für seinen Vater zu halten scheint. Sein Wohnort ist der Berg *Ṣapān* (Zaphon) nördlich von Ugarit, der Kasios der Griechen. Der Berg hatte für die Kanaanäer offenbar dieselbe Bedeutung wie der Olymp für die Griechen; er war nicht nur Baals Wohnung, sondern auch der Sitz der Götterversammlung. Ein Nachklang dieser Vorstellungen findet sich in Ps. 49, 3, wo der Berg Zion zu unserer Verwunderung „hoch in den Norden" verpflanzt wird – aber Norden heißt auf hebräisch *ṣāphōn*, und damit soll offenkundig auf den Götterberg Zaphon angespielt werden.

In einem Text wird geschildert, wie Baal – auch Hadd genannt – auf seinem Berge thront, der hier teils Ṣapān, teils „Berg des Sieges" genannt ist. Die folgende Beschreibung des Gottes enthält eine Reihe von unklaren Stellen, aber es ist sicher, daß er von sieben Blitzen umgeben ist, daß er Tau auf seiner Stirn

---

10 M. Tsevat, VT 4, 1954, 322.

11 II K III, 6–8; ANET 148.

12 Archiv für Rel.-wiss. 35, 1938, 329ff.; M. Dahood, Theol. Studies 14, 1953, 453ff.

hat, daß er zwei Hörner hat und daß sein Haupt „sich im Himmel bewegt". Es ist auch die Rede von einem Stier hinter oder unter(?) ihm[13].

Über Baals Rolle in den Mythen soll weiter unten ausführlicher gesprochen werden. Hier sei nur erwähnt, daß er in einem Kampf, der gewissermaßen mit dem Tiamat-Kampf des babylonischen Schöpfungsmythus vergleichbar ist, als Sieger über das Meer dargestellt ist – aber das Ergebnis ist keine Weltschöpfung, sondern die Übernahme der Königsherrschaft. Am wichtigsten unter den Mythen ist aber der von Baals Niederlage gegen seinen Feind Mut (wahrscheinlich „der Tod") und sein Abstieg in das Totenreich, von wo er jedoch nach dem Eingreifen seiner Schwester Anat wieder zum Leben zurückkehrt. Daß es sich hier um einen Vegetationsmythus handelt, ist offensichtlich. Baal ist eng verbunden mit der Fruchtbarkeit, und Mut ist offenbar die Dürre und die Sommerhitze, die das Wachstum zum Erliegen bringt. Baals Tod fällt mit dem Dahinwelken der Gewächse und sein Wiederauferstehen mit dem Eintritt der Regenzeit und der Erneuerung der Vegetation zusammen. Der Mythus muß seinen Ausdruck in Riten gefunden haben, die diesen Kreislauf der Natur aufrechterhalten sollten.

Es gibt mehrere Bilddarstellungen von Baal. Ein typisches Bild zeigt ihn als Gewitter- und Blitzgott: Er hat einen spitzen Bart und einen horngeschmückten Helm; in der einen Hand trägt er eine Keule, in der anderen eine Lanze – offenbar als Symbol für den Blitz. Das Horn scheint anzudeuten, daß Baal auch als Stier angesehen wurde, obwohl dies niemals in den Texten gesagt wird. Aber es gibt einen Mythus, der von Baals Liebe zu einer jungen Kuh berichtet, und an einer anderen Stelle heißt es: „Ein Stier ist dem Baal geboren, ein Stierkalb für ihn, der auf den Wolken reitet" (NAB III, 35f.).

Ein besonderes Problem ist Baalschamem, „der Himmels-Baal"[14]. Ist er ein besonderer Himmelsgott oder eine Form vom Sturm- und Gewittergott, der ja mit den Himmelserscheinungen verbunden ist? Philo Byblius gibt an, daß die ersten Lebewesen auf Erden bei Trockenheit ihre Hände gegen den Himmel zur Sonne emporstreckten, sie hielten sie für den alleinigen Gott und den Herrn des Himmels und nannten ihn Beelsamen, was dasselbe ist wie der Zeus der Griechen. Diese Angabe ist überraschend. Zeus und Baal-Hadad sind gewiß in ihrer Eigenschaft als Gewittergötter vergleichbar, und Hadad wurde in hellenistischer Zeit oft mit Zeus identifiziert, aber für einen Zusammenhang mit der Sonne gibt es bei Baal keinen Beleg.

Baalschamem ist in phönizischen Inschriften, in Assarhaddons Vertrag mit dem König von Tyrus, in Karthago, in Karatepe und bei dem römischen Komödiendichter Plautus erwähnt, außerdem (als Baalschamajin) in einer Reihe von aramäischen Inschriften, auch aus hellenistischer Zeit – aber keiner von diesen Belegen gibt irgendeinen Hinweis zur Beurteilung vom Charakter

---

[13] E. Lipiński, UF 3, 1971, 81ff.; H.M.Pope–J.H.Tigay, UF 3, 117ff.; vgl. JNES 28, 1969, 157ff.

[14] O. Eißfeldt, Baalšamem und Jahwe, ZAW 57, 1959, 1ff. = Kleine Schriften II, Tübingen 1963, 171ff.

des Gottes. Vielleicht kann die hieroglyphisch-hethitische Version der Karatepe-Inschrift helfen, denn dort entspricht dem Namen Baalschamajin die Bezeichnung für den hethitischen Sturm- und Gewittergott Tarhunt.

In Karthago wurde ein Baal Chammon verehrt (der Name wurde als „Herr des Räucheraltars“ gedeutet). Er ist aus unzähligen Widmungen bekannt. In den ältesten Inschriften steht er allein, in späteren meist mit der Göttin Tinnit zusammen, und dann ist er immer *nach* ihr genannt. Es gibt einige wenige Belege für seinen Kult im Mutterland (Kilamuwa-Inschrift) und in Palmyra. In lateinischen Inschriften heißt er „frugifer“ „der Fruchtbringende“ und „deus frugum“ „Früchte-Gott“, was auf einen Vegetationsgott hinweist. Später wurde er mit dem ägyptischen Ammon in der Oase Siwa zusammengestellt, was dazu führte, daß er mit Bart und Horn abgebildet wurde. Im Griechischen wird er mit Kronos gleichgesetzt, im Lateinischen mit Saturnus, doch manchmal auch mit Juppiter. Man hat ihn mit El identifizieren wollen, da dieser auf afrikanischem Boden nicht genannt wird, aber einen sicheren Beleg dafür hat man bisher nicht erbringen können.

Wie wir gesehen haben, wird Baal in den Texten oft „Dagans Sohn“ genannt. Aber Dagan (Dagon) selbst spielt in der Mythologie überhaupt keine Rolle, und sein Name kommt auch sonst relativ selten vor. Er findet sich jedoch in manchen theophoren Personennamen, in Opferlisten und in zwei Votiv-Inschriften. Wir wissen außerdem, daß er einen Tempel in der Nähe des Baal-Tempels in Ugarit besaß. Es gibt auch einen Ort Beth-Dagon („Dagans Haus“, d.h. Tempel) in der Küstenebene Südpalästinas, und 1.Sam. 5,1–2 spricht von einer Dagon-Verehrung in der Philisterstadt Asdod. Über die Funktion des Gottes sagen alle diese Angaben jedoch wenig aus, und man hat nur an Hand der Etymologie seines Namens auf einen Zusammenhang mit dem Getreide, das hebräisch *dāgān* heißt, schließen können (eine Ableitung von arab. *daǧn* „Regen“ ist weniger wahrscheinlich). Dagegen dürfte der Name mit *dāg* „Fisch“ nichts zu tun haben – ein Gott mit einem Fischschwanz ist jedoch auf Münzen aus Arados, einer Küstenstadt im nördlichen Phönizien, abgebildet.

Adonis ist der griechische Name für eine Gottheit, die nach griechischen Schriftstellern in Syrien-Phönizien verehrt und sogar von den Griechen mindestens seit dem 7. Jahrhundert v.Chr. übernommen worden ist. Der Name ist identisch mit dem phönizischen Wort *'ādōn* „Herr“, aber dies ist nicht als Eigenname für einen Gott, sondern nur als Epitheton belegt. Wir dürfen daher annehmen, daß Adonis sozusagen der griechische Deckname für irgendeine lokale Ausprägung von Baal ist.

Nach den griechischen Quellen soll Adonis als Junge sowohl von Aphrodite als auch von Persephone, der Göttin des Totenreiches, geliebt worden sein. Da letztere ihn aber nicht wieder loslassen wollte, stieg Aphrodite ins Totenreich hinab, um ihn zu befreien. Der Zwist wurde von Zeus gelöst, der bestimmte, daß sich Adonis ein halbes Jahr lang oben bei Aphrodite und ein halbes Jahr lang in der Unterwelt bei Persephone aufhalten solle. Schließlich soll Adonis von einem Eber getötet worden sein, bitter von Aphrodite beweint. Man erkennt in dieser Erzählung unschwer Elemente aus der Tammuz- und Baal-

Mythologie wieder, und es muß ein Zufall sein, daß es nicht möglich ist, diesen Zusammenhang mit Inschriften zu belegen.

Als wichtigste Kultorte des Adonis gelten Byblos an der syrischen Küste und Paphos an der Westküste von Zypern. Der erstgenannte Platz hatte nach Lukianos einen Tempel der Aphrodite (d.h. Astarte), wo heimliche Riten zu Ehren des Adonis gefeiert wurden. „Sie versichern, daß der Mythus von Adonis und dem wilden Eber wahr sei, und daß dies in ihrem Lande geschehen sei, aber zur Erinnerung an dieses Unglück schlagen sie sich an die Brust und klagen jedes Jahr ... Wenn sie ihr Klagen und Trauern beendet haben, opfern sie zuerst dem Adonis – wie jemandem, der gestorben ist ... Danach behaupten sie, daß er wieder lebendig sei, und zeigen dem Himmel sein Bild.“ [15]

Der Fluß, der bei Byblos ins Meer mündet, trug den Namen Adonis, und an seiner Quelle befand sich ein Astarte-Heiligtum bei Aphaca. Dort gab es u.a. ein Bild von Adonis, der von einem Bären (!) getötet wird, und der Göttin, die seinen Tod beklagt. Wenn sich im Frühling das Flußwasser durch bestimmte Arten von Erde rot färbte, brachte man dies mit dem Blut des Adonis in Zusammenhang. Zur gleichen Zeit blüht nämlich die rote Anemone, und es wurde erzählt, daß sie ihre Farbe vom Blut des Gottes erhalten habe. Der arabische Name der Blume „Nuʿmāns Wunden“ scheint einen Beinamen des Adonis zu enthalten: *nuʿmān* „der Liebliche“ [16]. Jesaja 17,10 wird mit dem Wort *na*^{ca}*mān* auf die schon bei Plato erwähnten Adonis-Gärten angespielt, Schalen mit Gewächsen, die gezüchtet wurden, schnell aufwuchsen und ebenso schnell verwelkten – ein Symbol für Adonis' Blüte und Tod.

Zur Kategorie der Fruchtbarkeitsgötter gehört wohl auch Eschmun, der in verschiedenen phönizischen Inschriften genannt wird und besonders in Sidon zu Hause war, aber auch in Karthago große Bedeutung gewann. Eine dreisprachige Inschrift aus Sardinien identifiziert ihn mit Asklepios (Aesculapius), was zeigt, daß er als Heilsgott angesehen wurde [17]. Dies dürfte jedoch ein sekundärer Zug sein. Man hat sogar gemeint, daß Eschmun mit Adonis identisch sein könnte. Soviel ist jedenfalls sicher, daß er – ebenso wie viele andere Götter – *ʾādōn* „Herr“ genannt werden konnte [18]. Es gibt auch bei Damaskios eine Erzählung, daß er als Jüngling auf einer Jagd von der Göttermutter Astronoë (= Astarte?) verfolgt wurde und sich auf der Flucht entmannte. Er stirbt, wird aber durch die lebenspendende Wärme der Göttin wieder auferweckt, wird ein Gott und darf – nach dieser Wärme – Eschmun heißen (vgl. hebr. *ʾēš* „Feuer“). Abgesehen davon, daß die Namensdeutung gekünstelt und sekundär ist, zeigt die Erzählung auch im übrigen einen derart komplizierten Charakter, daß es schwer ist, nur auf dieser Grundlage irgendwelche bestimmten Schlüsse daraus zu ziehen.

---

[15] De dea Syria 6.

[16] J. Frazer–Th. Gaster, The new Golden Bough, New York 1959, 288.

[17] KAI 66, vgl. S.21.

[18] D.B. Harden, The Phoenicians, London 1962, 86; F. Jeremias in: Chantepie de la Saussaye, Lehrbuch der Religionsgeschichte I, 638.

Rescheph (so im Hebräischen, andere belegte Formen sind Raschap, Raschpan, Raschpon)[19] ist aus den Mari- und Ras Schamra-Texten, aus punischen Inschriften von Karthago und aus ägyptischen Texten belegt. Das Wort bedeutet entweder „Feuer“ oder „Seuche“; im Hebräischen weist es auf den Blitz (Ps. 78,48), auf die Pfeile als „des Bogens Flammen“ (oder „Blitze“, Ps. 76,4) oder auf die Funken als Söhne Reschephs, oder es steht zusammen mit Hunger und Seuche wie 5. Mose 32,24 oder mit „Pest“ wie Habakuk 3,5. Rescheph ist einerseits der Gott der Pest, der Tod um sich verbreitet, und es heißt im Keret-Epos, daß er einen großen Teil von Kerets Geschlecht dahinraffte. Wenn einer der Amarna-Briefe sagt, daß Nergal das Volk im Lande getötet habe, sogar den eigenen Sohn des Briefschreibers, ist damit wahrscheinlich Rescheph gemeint. Rescheph wird manchmal *bʿl ḥṣ* „Herr des Pfeiles“ genannt, was, da er oft mit Apollo identifiziert wird, auf krankheitbringende Pfeile anspielen dürfte. Andererseits wird Rescheph auch um Heilung angerufen. Ein Omentext nennt ihn den „Torhüter“ der untergehenden Sonnengöttin, was auf eine Rolle als Wächter der Unterwelt und des Totenreiches hindeuten könnte – und dies um so mehr, als es sich um ein Zeichen handelt, das Unheil ankündet[20]. Ein anderes Mal wird Rescheph in seinem Hause unter elf Gottheiten erwähnt, die der Sonnengöttin assistieren[21]. Der *ršp ṣprm* (der Vögel? der Böcke?), von dem in Karatepe gesprochen wird[22], ist nicht mit Sicherheit phönizisch.

Bilder von Rescheph sind nur aus Ägypten bekannt. Sie stellen ihn in Kampfstellung mit Schild, Lanze und Streitaxt sowie einer Krone mit einem Emblem in Form eines Gazellenhauptes dar. Ein ähnliches Bild aus Beisan im Jordantal stellt nach der dazugehörigen Inschrift „Mekal, den Gott Beisans“ dar[23]. Der Name Mekal ist aber auch aus Zypern bekannt, wo er mit Rescheph zusammensteht. Obwohl eine dreisprachige Inschrift Mekal mit Apollo Amyklos identifiziert, darf man wohl davon ausgehen, daß Rescheph und Mekal zwei gleichartige Götter, aber nicht identisch sind.

Melqart (eigentlich *Milk-qart* „Stadtkönig“) war der Stadtgott von Tyrus, wurde aber auch in der Tochterstadt Karthago verehrt, sehr oft unter dem Namen Baal Melqart. Sein Name taucht zum erstenmal in Assarhaddons Vertrag mit dem König von Tyrus auf. Man hat gemeint, daß er ursprünglich ein Sonnengott gewesen sei, aber die solaren Züge scheinen relativ spät zu sein. Er hat aber auch eine Verbindung zum Meer und zur Seefahrt. Auf Münzen wird er abgebildet, wie er auf einem Seepferd reitet, und er scheint auf Felsenspitzen verehrt worden zu sein; ein Kap Melqart *(Rš mlqrt)* ist auf Sizilien bekannt. Frazer rechnete Melqart zu den sterbenden und wiederauferstehenden Göttern, aber seine Belege sind nicht völlig eindeutig. Wir wissen, daß Melqart mit

[19] F. Vattioni, Il dio Resheph, Istituto universitario orientale di Napoli, Annali NS 15, 1965, 39 ff.; zu Rescheph und Apollon W. Burkert, Grazer Beiträge 4, 1975, 51 ff.

[20] Gray, The Canaanites 126.

[21] Comptes rendus du groupe linguistique d'études chamito-sémitiques 9, Paris 1960–63, 50 f.

[22] RTAT 259; KAI 26 II, 10 ff.

[23] J. B. Pritchard, The Ancient Near East in pictures, Princeton 1954, Pl. 457; vgl. Burkert 69 f.

Herakles identifiziert wurde, und es gibt einige Quellen, in denen der Mythus, der von seinem Tod auf dem Scheiterhaufen auf dem Berge Öta berichtet, nach Tyrus verlegt worden ist[24].

Es gibt einen Beleg dafür, daß ein Fest mit dem Namen „Erwachen *(égersis)* des Herakles" im Januar gefeiert worden sein soll. Und ferner erzählt ein griechischer Schriftsteller, daß die Phönizier dem Herakles Wachteln opferten, da dieser auf seiner Reise in Libyen von Typhon getötet wurde, aber von Iolaos wieder zum Leben erweckt wurde, der ihm eine Wachtel (nach einer Variante: gebratene Wachteln) unter die Nase hielt – der Gott roch den Vogel und erwachte wieder zum Leben.

Es ist nicht so einfach, aus diesen verstreuten Angaben einen Mythus von Melqarts Tod durch Feuer, der im Kult durch das Verbrennen einer Puppe gefeiert wurde – der Beleg ist jedoch mehrdeutig –, und von seiner darauf folgenden Auferstehung zu rekonstruieren. Elemente aus der griechischen Mythologie sind mit Angaben aus der phönizischen Religion vermischt worden, ohne daß es irgendeine Sicherheit dafür gibt, daß sie wirklich etwas miteinander zu tun haben. Auf Münzen sind Adler und Löwe die Symbole Melqarts. In seinem Tempel soll kein Götterbild gestanden haben, aber auf dem Altar brannte ein Feuer, das niemals erlosch.

Choron ist eine kanaanäische Gottheit, die durch Personen- und Ortsnamen aus der Zeit von etwa 1900–etwa 600 v.Chr. bekannt ist. Nach dem Buch Josua gab es zwei Orte namens *Bēt Ḥōrōn* (das Haus, d.h. Tempel des Choron) in Ephraim. Ein Fürst mit Namen *Ḥauran-abum* („Choron ist Vater") wird in einem ägyptischen Text aus der 12. Dynastie verflucht. Ägyptische Texte nennen Choron zusammen mit Rescheph und der Göttin Anat. In Ugarit/Ras Schamra wird er von Keret in einer Verwünschung angerufen, ebenso in einer phönizischen Beschwörung aus Arslantasch (zwischen Harran und oberem Euphrat) aus dem 7. Jahrhundert v.Chr. Er ist ferner bekannt als der Schutzgott der Stadt Jabne, einer Stadt westlich von Jerusalem nahe der Küste, und ein Ostrakon (Tonscherbe), das unmittelbar nördlich von Tel Aviv gefunden wurde, spricht von „Gold für *Ḥōrōns* Tempel". Man vermutet, das Choron eine chthonische Gottheit war, aber sichere Belege dafür gibt es nicht.

Von dem Nationalgott der Moabiter, Kamosch (hebr. *k^{e}mōš*, Septuaginta und Vulgata *Chamos,* keilschriftl. *Kamōš*) wissen wir kaum mehr, als daß er ein paarmal im Alten Testament und in der Inschrift des Königs Mescha von Moab (KAI 181; um 840–30) genannt ist, und zwar meist in kriegerischem Zusammenhang. Ein paar Eigennamen, die den Namen des Gottes enthalten, geben keine wesentlichen Aufschlüsse; eine Götterliste setzt ihn mit Nergal gleich. Moabitische Münzen zeigen eine kriegerische Gestalt zwischen zwei Fackeln – das kann Kamosch sein.

Der Ammonitergott Milkom ist einige Male im Alten Testament genannt (2.Sam.12,30; 1.Kön. 11,5.7; 2.Kön. 23,13; Jer. 49,3; Zeph. 1,5). Der

[24] Diskussion bei C.M.Edsman, Ignis divinus, Lund 1949, 11ff.

Name ist eine Erweiterung von *mlk*, „König". Weitere Einzelheiten sind nicht bekannt.

Ein recht schwer deutbarer Text aus Ras Schamra spricht davon, wie zwei Götter, Schachar und Schalim, von „Els beiden Gemahlinnen" geboren wurden. Der Text gibt keine Auskunft über ihre Funktion, und man ist daher darauf angewiesen, aus den Namen selbst gewisse Schlußfolgerungen zu ziehen. Nun bedeutet *šaḥar* „die Morgenröte" und kommt in mythologischer Färbung auch ein paarmal im Alten Testament vor: Jes. 14,12 ist von einem *Hēlēl* (oder *Hillēl* od. *Hēlāl*, d.h. Mond), dem Sohn des *Šaḥar* die Rede – es muß sich also um eine ugaritische (männliche) Entsprechung zu Eos oder zu Aurora handeln. Schalim dürfte dann der Gott des Abends oder der Abenddämmerung sein, was vielleicht dadurch gestützt wird, daß „Sonnenuntergang" auf akkadisch *šalām šamši* heißt. Der Name könnte als zweites Glied in *Jerū-šālēm* enthalten sein, dessen erster Teil „Gründung" oder „Burg" bedeuten dürfte.

Wenden wir uns nun den weiblichen Gottheiten zu, so finden wir vor allem drei Varianten der großen Mutter- und Liebesgöttin, die untereinander ziemlich wenig differenziert sind, nämlich Aschirat, Aschtarat (Astarte) und Anat. Alle drei kommen in den ugaritischen Texten vor, sind aber auch jede für sich aus anderen Orten bekannt.

Daß die Verehrung einer weiblichen Gottheit seit ältesten Zeiten in Kanaan-Syrien hoch im Kurse gestanden hat, davon zeugen die unzähligen kleinen Frauenstatuen mit starker Hervorhebung des Sexuellen, die von den Archäologen gefunden sind. Aber diese Göttin war und bleibt anonym. Ob sie einen der drei Namen getragen hat, die wir jetzt durch schriftliche Quellen kennen, können wir nicht wissen. Aber daß die Verehrung dieser Göttin gut in den kanaanäischen Fruchtbarkeitskult hineinpaßt, ist offenkundig, und die Anzahl dieser Figürchen zeugt von der großen Beliebtheit, die sie genossen hat.

Man kann annehmen, daß die drei genannten Göttinnen verschiedene Formen der weiblichen Fruchtbarkeit darstellen, die für den Fortbestand des Lebens und der Gesellschaft wesentlich ist und die man daher für etwas Göttliches hielt.

Aschirat (Aschera) ist allem Anschein nach Els Gemahlin und die höchste Göttin in den ugaritischen Texten; in Opferlisten u.ä. werden sie in der Regel zusammen genannt. Manchmal wird sie ganz einfach nur *ʾilt* („Göttin") genannt, und damit wird vielleicht angedeutet, daß sie sozusagen das weibliche Element zu El darstellt. Ihr gebräuchlichstes Epitheton ist *rbt ʾaṯrt jm* „Herrscherin, Aschera des Meeres" – andere vorgeschlagene Deutungen, wie z.B. „die auf dem Meere geht", sind äußerst unsicher. Worin der besondere Zusammenhang der Göttin mit dem Meer besteht, geht aus den Texten nicht hervor. Sie wird auch *qnjt ʾilm* („Schöpferin oder Gebärerin der Götter") genannt, und übereinstimmend damit sind „Aschirats Söhne" gleichbedeutend mit „Götter" (*ʾilm*). Im Keret-Epos werden sie und Anat als die göttlichen Ammen bezeichnet, die das Königskind säugen[25].

[25] III K II, 25–28.

Außerhalb von Ugarit kennen wir Aschera bei den Amoritern zur Zeit der ersten Dynastie von Babylon (1830–1530 v. Chr.), wo sie die Gemahlin des Nationalgottes Amurru ist, genannt „Schwiegertochter des Himmelskönigs" und „Herrscherin der Üppigkeit und Wollust". Ein amoritischer König heißt Abdi-Aschirta, d.h. Diener der Aschera, und ein „Wahrsager der Aschirat" ist in einem Keilschriftbrief aus Taannek in Palästina genannt. Im Alten Testament wird *ašērā* (Pl. *ašērīm* und *ašērōt*) häufig erwähnt, und dabei ist in der Regel ein Kultgegenstand aus Holz, ein Pfahl oder dergleichen gemeint – offenbar eine Darstellung der Göttin auf dem Kultplatz.

Manchmal scheint es aber als Eigenname gedacht zu sein, wie in der Erzählung von Elia und den Baalspropheten in 1. Kön. 18, 19, wo von ihr ebenso wie von Baal gesagt wird, daß sie vierhundert Propheten in Israel habe, und in der Notiz von Manasses Aschera-Bild im Tempel von Jerusalem (1. Kön. 21, 7 und 23, 6).

Aschtarat (Aschtart, Astarte) wird in den ugaritischen Texten nur in formelhaften Wendungen und in kultisch-liturgischen Texten gebraucht. Eine ungleich größere Rolle spielt sie in den Notizen der klassischen Autoren, wo sie übrigens oft mit Aphrodite gleichgesetzt wird. Ebenso wie die assyrisch-babylonische Ischtar hat sie sowohl einen wohlwollenden als auch einen furchteinflößenden Aspekt: Sie ist sowohl Liebes- und Fruchtbarkeitsgöttin als auch Göttin des Krieges.

Im Keret-Epos erfahren wir, daß Aschtarat und Anat schön sind. Ein Zusammenhang mit dem Fruchtbarkeitsgott Baal wird durch das Epitheton *šm bʿl* („Baals Name" – kaum „Baals Himmel") angedeutet, das übrigens auch in einer phönizischen Inschrift vorkommt. Als Kriegsgöttin tritt Astarte in einer Notiz in 1. Sam. 31, 10 auf, nach der die Kriegsbeute ihr geheiligt ist und in ihren Tempel überführt wird, sowie häufig in ägyptischen Quellen. Dort wird sie „gewaltig zu Pferde", „Herrscherin der Pferde und Wagen", „Herrscherin der Schlachten" und „Göttin der Asiaten" genannt. In einem fragmentarischen mythologischen Papyrus aus der 19. Dynastie (1306–1186 v. Chr.) wird erzählt, wie sie dem tyrannischen Meeresgott zur Braut gegeben wird – ein Motiv, das im übrigen unbekannt ist.

Im Alten Testament wird Astarte ein paarmal als Göttin der Sidonier erwähnt (1. Kön. 11, 5.33; 2. Kön. 23, 13); wahrscheinlich ist sie auch mit der „Himmelskönigin" in Jer. 7, 18 und 44, 17 gemeint.

Nach Philo Byblius soll sich Astarte Stierhörner als Herrschaftssymbol aufgesetzt haben. Diese Notiz kann mit dem Ortsnamen Aschterot-qarnajim (1. Mose 14, 5, d.h. Astarte mit den beiden Hörnern) zusammenhängen. Ein Bild aus Beth Sean (zwischen der Jezreel-Ebene und dem Jordan) von einer Göttin mit Hörnern könnte vielleicht auch damit zusammenhängen. Die Identifizierung ist jedoch unsicher, wie auch auf einem anderen Bild von Minet el-Beida, auf dem eine Göttin, flankiert von zwei Ziegen, zu sehen ist – eine Umwandlung des alten *potnia-thērōn*-Motivs. In einem anderen Falle trägt Astarte eine Krone mit pflaumenartigen Verzierungen, offenbar ein Fruchtbarkeitssymbol. Es gibt Zeugnisse dafür, daß die Taube als ihr heiliger Vogel angesehen wurde. Auch die Schlange scheint von alters her das Symbol der Muttergottheit gewesen zu sein. Schlangen und Tauben zusammen finden sich auf einem Opfergestell von Beth Sean[26].

Ein besonderes Problem bildet der vergleichende Aspekt. Astartes Name ist identisch mit akkadisch Ischtar, obwohl die Feminin-Endung -t fehlt. In Südarabien ist Athtar eine männliche Gottheit, und tatsächlich gibt es jetzt auch in den ugaritischen Texten Belege für einen männlichen Aschtar, ebenso wie auch der Mescha-Stein den zusammengesetzten Namen Aschtar-Kamosch kennt. Der ugaritische Aschtar tritt während der Zeit, da Baal im Totenreich ist, als mißglückter Ersatz für ihn auf; er hat das Epitheton *ʿarīẓ* „der Grausame, Schreckliche". In der Deir-'Alla-Inschrift (um 700 v. Chr.) wird das Götterpaar Aschtar und Schagar erwähnt (vgl. 5. Mose 7,13; 28,7).

Offenbar haben wir es mit der Differenzierung einer Gottheit zu tun, die ursprünglich zweigeschlechtlich oder von unbestimmtem Geschlecht war (in Ugarit gibt es sogar Personennamen, die Aschtar sowohl als „Vater" wie auch als „Mutter" bezeichnen)[27]. Da Ischtar-Astarte jedenfalls sehr frühzeitig mit dem Planeten Venus in Verbindung gebracht wurde, hat man angenommen, daß es sich um ihre Rolle als Morgen- und Abendstern handelte. Aber dann wäre es schwer zu erklären, warum an bestimmten Orten nur einer dieser Aspekte zum Gegenstand der Verehrung geworden ist[28]. Eine andere Möglichkeit wäre, daß es sich um eine alte Himmelsgottheit gehandelt hat – es ist nicht ganz ungewöhnlich, daß solche Gottheiten kein bestimmtes Geschlecht haben – und daß Gott und Göttin verschiedene Ausgestaltungen davon bilden[29]. Mit dem Material, das uns jetzt zur Verfügung steht, läßt sich diese Frage noch nicht restlos beantworten.

Anat ist in den ugaritischen Texten die aktivste der drei Göttinnen[30]. Sie hat auch in Ägypten während der Hyksos-Zeit – also um 1600 v. Chr. – eine wichtige Rolle gespielt. Auf einer ägyptischen Stele aus Beth Sean heißt sie „Himmelskönigin, Herrscherin der Götter". Im übrigen ist sie relativ schwach bezeugt: In einer zweisprachigen Inschrift auf Zypern ist sie mit Athena gleichgestellt; eine Anat-Bethel ist durch ein Keilschrift-Dokument aus Tyrus bezeugt, und auch aus der jüdischen Kolonie Elephantine in Oberägypten, wo übrigens auch eine Anat-Jahu vorkommt, d.h. eine mit Jahwe verbundene Anat. Schließlich haben wir einen Samgar ben-Anat in Ri. 5,6 und Ortsnamen wie Beth-Anat (Jos. 9,32; Ri. 1,33).

In Ugarit/Ras Schamra hat Anat das Epitheton *btlt* („Jungfrau", vgl. hebr. *betūlā*), eine Tatsache, die ihrem Fruchtbarkeitscharakter indessen in keiner Weise im Wege steht. Eher betont dies, wie Eißfeldt bemerkt, ihre Jugendlich-

---

[26] Vgl. W.C. Graham–H.G. May, Culture and conscience, Chicago 1936, 81 ff.

[27] Dahood, Divinità 87.

[28] Diskussion ebenda 85 ff.

[29] H. Ringgren, Word and wisdom, Lund 1947, 173 ff.; A. Caquot, Syria 35, 1958, 45 ff.

[30] A.S. Kapelrud, The violent goddess, Oslo 1969.

keit und Lebens- und Gebärkraft. Das Beiwort *rḥm* scheint eine ähnliche Bedeutung zu haben, nämlich „Mädchen"; vielleicht hängt es zusammen mit hebr. *reḥem* „Mutterleib". Sie tritt als Baals Schwester auf, aber es ist nicht ausgeschlossen, daß dieses Wort hier, ebenso wie z.B. im Hohen Lied, die Bedeutung „Geliebte" oder „Braut" hat. Sexuelle Bedeutung hat sicher auch das Epitheton *jbmt l'imm*, „die *jbmt* der Völker", wo das erste Glied die Bedeutung „Schwägerin" zu haben scheint (Eißfeldt deutet es als „Mätresse", Röllig als „Witwe"). Als Amme des Königskindes haben wir sie schon kennengelernt. Es gibt Texte – leider recht fragmentarisch –, die sie in einer sexuellen Funktion zu zeigen scheinen. Ein Text spricht davon, wie sie ihre Liebe zu Baal besingt, aber da, wo wir die Worte des Liedes erwartet hätten, bricht der Text unvermittelt ab[31].

Ohne Zweifel überwiegt aber ihre kriegerische Funktion. Im Aqhat-Text wird sie von dem Wunsche ergriffen, den Bogen Aqhats zu besitzen. In den Gedichten des Baal-Zyklus trauert sie und begräbt ihren toten Bruder, greift aber dann ein und vernichtet Mut, den Mörder Baals. Eine andere Szene zeigt, wie sie gegen Feinde kämpft und in deren Blut watet. Sie wird abgebildet mit Helm, Streitaxt und Speer. In Ägypten erhält sie zuweilen die Symbole der Hathor.

In Karthago heißt die große Göttin Tinnit (früher Tanit gelesen). Sie hat einen so hohen Rang inne, daß sie in der Regel von allen Gottheiten zuerst genannt wird, vor Baal Chammon. Tinnit scheint die besondere karthagische Form von Astarte gewesen zu sein, aber seltsamerweise gibt es keinen Eigennamen, der mit Tinnit gebildet ist – wohl aber solche, die den Namen der Astarte enthalten. Eine Tinnit-Astarte kommt tatsächlich in einer Inschrift aus Sarepta vor. Der Name ist allem Anschein nach lokalen Ursprungs; seine Bedeutung hat man nicht erklären können.

Tinnit hat regelmäßig das Epitheton *pn b'l*, „Angesicht Baals". Was dies bedeutet, ist umstritten; man hat daran gedacht, daß ihr Kultbild „vor Baals Angesicht" gestanden haben könnte, daß das Beiwort „Widerspiegelung" oder „Offenbarungsform" Baals bedeutet oder daß es sie als Baals Gemahlin bezeichnen könnte. Keine Lösung kann aber zur Zeit als überzeugend gelten[32].

Nach den Gleichsetzungen mit griechischen und römischen Gottheiten zu urteilen, scheint Tinnit vor allem die Rolle der himmlischen Herrscherin gespielt zu haben. Es gibt Anzeichen dafür, daß sie ebenso wie Anat als Jungfrau gedacht war, aber sie wird auch „Mutter" und „nutrix" genannt. Ihre Symbole sind die üblichen der Fruchtbarkeitsgöttin: Granatäpfel, Ähre, Taube, ferner eine Hand in segnender oder schützender Haltung. Außerdem gibt es ein besonderes Tinnit-Symbol: eine Triangel mit einem horizontalen Arm an der Spitze, über dem eine Mondsichel sitzt. Die Bedeutung ist nicht sicher, aber eine Mondgöttin scheint Tinnit jedenfalls nicht gewesen zu sein.

Sonnen- und Mondsymbole kommen in dem neuerdings entdeckten kanaanäischen Tempel in Hazor (nördl. des Sees Genezareth) vor. Aber von einer

---

31 J.C. de Moor, UF 1, 1969, 180f.

32 KAI 78 mit Komm.

Sonnen- und Mondverehrung wissen wir auffallend wenig. In Ugarit/Ras Schamra gab es eine Sonnengöttin „Schapasch *(špš)*, die Leuchte der Götter“ [33]. Aber sie spielt keine besondere Rolle, und in Opferlisten oder ähnlichen Texten kommt sie nur selten vor. In der Küstenebene im Süden, zwischen Jerusalem und dem Meer, gibt es ein Beth-Schemesch („Sonnenhaus oder -tempel“), und ein Personenname wie Simson (*Šimšōn* = Sonnenmann) scheint auf einen Sonnenkult hinzudeuten. Das Alte Testament lehnt bekanntlich die Verehrung von Himmelskörpern ab, spricht aber von Pferden, die der Sonne heilig waren (2. Kön. 23, 11).

Ein Mondgott Jarich kommt in einem Ras Schamra-Text vor, wo von seiner Hochzeit mit Nikkal (der Göttername ist sumerisch, Ningal) die Rede ist. Ortsnamen, die auf einen Mondkult hindeuten, sind Beth-Jerach und Jericho *(Jerēḥō)*.

Mythologie

Unsere Kenntnis der kanaanäisch-phönizischen Mythologie war bis zur Auffindung der Ras Schamra-Texte äußerst gering. Es waren eigentlich nur ein paar Versionen der phönizischen Schöpfungsvorstellung, die bei klassischen Autoren vorlagen, teils bei Philo Byblius, teils bei dem Philosophen Damaskios.

Nach Philo (oder seinem Gewährsmann) gab es am Anfang aller Dinge eine dunkle, windartige Luft und ein dunkles, schlammiges Chaos. Dem Wind wurde jedoch „sein eigener Anfang lieb“, und als Pothos (Verlangen) brachte er ein Wesen Mut (wahrscheinlich „Schlamm“) hervor, das aber kaum identisch mit Baals Feind Mut sein dürfte. Aus diesem Wesen entstand so die übrige Schöpfung in Form eines Eis, das zusammen mit Sonne, Mond und Sternen „aufleuchtete“. Gleichzeitig entstanden auch vernünftige Wesen, die Zofesamin oder „Himmels-Schauer“ genannt wurden. Wer sie waren, bekommen wir leider nicht zu wissen. Nachdem die Luft hell und warm geworden war, entstanden „durch die Hitze des Meeres und der Erde“ Wolken und Regen, Gewitter und Blitze, so daß die vernünftigen Wesen erschreckt wurden und sich als männlich und weiblich auf dem Land und im Meer zu regen begannen [34]. Dem fügt Philo eine lange Ahnentafel mit Göttern hinzu und erklärt ihre Großtaten.

Damaskios hat zwei Versionen des Schöpfungsberichtes. Nach der einen gab es zuerst Kronos, Pothos (Verlangen) und Omichle (Dunkel). Aus diesen beiden entstand, später Aër (die Luft), „das unvermischte Geistige“, und Aura, „das Vorbild, das vom Geistigen in Bewegung gesetzt wurde“. Diese gebaren dann Otos, den geistigen Urgrund. Nach der anderen Version steht am Anfang der Äther und die Luft (oder nach einer Variante nur der Wind); dann folgen

[33] A. Caquot, Syria 36, 1959, 90 ff.

[34] RTAT 283 f.

Ulomus (offenbar *ʿōlām* = Ewigkeit) und Chusor, ein Gott des Handwerks, der auch aus Ugarit und durch Philo bekannt ist, sowie ein Ei, das zerbricht und Himmel und Erde hervorbringt.

Es ist offenkundig, daß diese Berichte deutliche Spuren einer Anpassung an hellenistische Gedankengänge aufweisen. Aber bestimmte Namen sind authentisch, und manche Grundzüge dürften auch echt phönizisch sein. Die Wasser des Chaos kennen wir auch als *tehōm*, das Urmeer des Alten Testaments. Der Wind entspricht wohl Gottes *rūaḥ* (Geist oder Wind) in 1.Mose 1,2. Auch das babylonische Schöpfungsepos kennt ja sowohl die Wasser des Chaos als auch den Sturmwind, der Tiamat besiegt. Das Ei ist sonst in der semitischen Vorstellungswelt unbekannt; dagegen ist es in manchen ägyptischen Schöpfungsvorstellungen und in der orphischen Kosmogonie belegt. Die Vorstellung vom Schöpfungsprozeß als einer Folge von Göttergenerationen hat ihre Parallelen in Ägypten und Babylonien. Auf Grund der Eigenart der Quellen lohnt es sich kaum, auf Einzelheiten einzugehen. Wichtig ist vor allem, daß der Ausgangspunkt für die Schöpfung in der phönizischen Kosmogonie wie auch in der israelitischen und babylonischen gleichartig ist.

Im Hinblick auf die Rolle des Meeres als ein Chaos-Element in Babylonien und Israel ist man versucht, auch den Abschnitt des Baal-Zyklus aus Ugarit zum Vergleich heranzuziehen, der von Baals Kampf mit Jam, d.h. dem Meere, handelt[35]. Die Vorgeschichte ist dunkel. Jedenfalls greift Jam mit Els Einwilligung Baal an. Er sendet seine Gesandten in die erschreckte Götterversammlung, und El gibt die Erlaubnis, Baal auszuliefern. Dieser greift jedoch zu den Waffen und greift zuerst die Gesandten und dann Jam selber an. Von dem handwerkskundigen Kuscharu-Chasisu erhält er magisch wirksame Waffen, und es gelingt ihm, seinen Feind damit zu besiegen. Der Schluß des Textes ist nur unvollständig erhalten. Bestimmte Wendungen scheinen darauf hinzudeuten, daß Baal Jam getötet hat oder zumindest hat töten wollen („Jam ist tot, Baal soll König sein"). Andere Wendungen wiederum deuten an, daß Aschtarat dazwischentrat und erklärte, daß Jam nur gefangen gehalten werden sollte. Er ist besiegt und muß sich daraufhin auf sein eigenes Gebiet beschränken, während Baal die Königswürde gewonnen hat.

Allem Anschein nach handelt es sich hier um einen Kampf um die Weltherrschaft. Im Alten Testament werden ähnliche Dinge von Jahwe und dem Meer (oder in anderen Versionen: einem Meeresungeheuer) angedeutet, aber dort ist das Ganze eng mit der Schöpfung verbunden. Daß das Meer in seine Grenzen verwiesen wird und sie nicht überschreiten darf, ist ein Bestandteil von Jahwes Ordnen der Welt. Daß wir es hier mit Varianten desselben Grundmotivs zu tun haben, erscheint unausweichlich.

Das Problem des hier behandelten Baal-Mythus betrifft dessen Verhältnis zu den anderen Episoden, von denen in dem sogenannten Baal-Zyklus aus Ugarit gesprochen wird, der acht größere Tontafeln und eine Anzahl von Fragmenten umfaßt. Es herrscht innerhalb der Forschung die Tendenz, all diese Episoden

---

[35] RTAT 222ff.; ANET 129f.

zu einer zusammenhängenden, epischen Serie zusammenzufassen, aber in bezug auf die Reihenfolge ist noch keine völlige Einigkeit erzielt worden. Teilweise liegt dies daran, daß gewisse Tafeln beschädigt sind und aus diesem Grunde nicht im ganzen gelesen werden können. Es ist aber auch der Gedanke aufgetaucht, daß es sich um mehrere selbständige Mythen handeln könnte. Möglich ist auch, daß wir es mit einer epischen Zusammenfassung ursprünglich selbständiger Motive zu tun haben, wie z.B. im Gilgamesch-Epos. Eines der drei Hauptmotive des Baal-Zyklus, den Kampf gegen das Meer (Jam) haben wir bereits behandelt. Die beiden anderen sind der Bau von „Baals Haus", d.h. des Tempels, und Baals Tod und „Auferstehung".

Von „Baals Hausbau" ist in zwei Texten die Rede[36]. In dem einen ist die Göttin Anat die Hauptperson, und wir hören u.a., daß sie einen gewaltigen Kampf austrägt und im Blut der niedergemachten Feinde watet, worauf ihr Baal eine Botschaft sendet, daß er Krieg und Blutvergießen mißbilligt. Es heißt:

> Siehe, einen Spruch gibt es bei mir, und ich will ihn dir sagen,
> Ein Wort, und ich will es dir mitteilen,
> Ein Wort des Baumes ist's und eine Beschwörung des Steins.
> Raunen werden die Himmel mit der Erde,
> Die Ozeane mit den Sternen:
> Ich will bauen einen Götterpalast, wie ihn die Himmel nicht kennen,
> Etwas, das die Menschen nicht kennen,
> Und nicht versteht das Gewimmel der Erde[37].

Man hat dies mit Psalm 19 verglichen, wo auch die Himmel die Ehre Gottes verkünden. Als die Gesandten sich Anat nähern, wundert sie sich, was dies zu bedeuten habe, und sagt: „Ich habe ja Jam bezwungen, ich habe ja den Drachen besiegt" usw.; sie schreibt sich also selbst den Sieg über alle Feinde Baals zu, u.a. über Jam, der ja in anderen Texten von Baal selbst besiegt wird. Dies deutet darauf hin, daß es sich nicht um eine zusammenhängende Erzählung handelt, sondern um Überlieferungsvarianten. Die Gesandten richten jedoch ihre Botschaft aus, und Anat verspricht, „den Krieg von der Erde fortzunehmen", begibt sich dann aber eilig zu Baal. Hier fehlt leider ein Stück im Text, aber als er wieder einsetzt, wird darüber geklagt, daß Baal kein Haus, keinen Palast wie die übrigen Götter besitzt, und Anat begibt sich zu El, um zu bewirken, daß eins gebaut wird. Offensichtlich kann Baal seine Königsherrschaft nicht ausüben, wenn er keinen Palast (Tempel) besitzt. Das letzte erhaltene Stück des Textes spricht davon, daß Boten zu dem handwerkskundigen Kuscharu-Chasisu gesandt werden, der offenbar den Bau betreuen soll.

---

[36] RTAT 215ff. 224ff.; ANET 136f. 131ff.
[37] V AB C 20–25; RTAT 216; ANET 136.

Der zweite Text beginnt direkt mit Baals Klage darüber, daß er kein „Haus" besitzt; deshalb wenden er und Anat sich an die Göttin Aschirat. Bei ihr klagt er außerdem darüber, daß er kein anständiges Essen bekommt:

> (Schande?) habe ich getrunken an meinem Tisch,
> Schmach habe ich aus dem Becher getrunken!
> Wahrlich, zweierlei Opfer haßt Baal,
> Ein drittes der auf Wolken Einherfahrende:
> Ein Opfer der Schande und ein Opfer des Zwistes
> Und ein Opfer, (auf dem) die Mägde (was) zu tuscheln
> haben[38].

Es ist nicht ganz klar, ob hier untaugliche Opfer gemeint sind oder eine schimpfliche Behandlung „in der Götterversammlung". Aschirat begibt sich jedoch, gefolgt von Anat, zu ihrem Gatten El und legt ihm die Sache dar, und er bestimmt, daß Baal „ebenso wie den anderen Göttern" ein Haus gebaut werden soll. Aschirat fügt hinzu, daß Baal sich jetzt in Gewitter und Blitz zu erkennen geben und reichlichen Regen spenden solle. Nun wird ein Bote zu Kuscharu-Chasisu geschickt – der Text dürfte also kaum eine direkte Fortsetzung des vorhergehenden sein –, und dieser kommt und geht sogleich ans Werk. Zedernholz wird beschafft, und in sechs Tagen schon „brennt Feuer im Tempel" (offenbar Schmiedefeuer). Aber am siebenten Tage wird das Feuer gelöscht, und das Haus steht fertig da. Mit einem gewaltigen Gastmahl für die Götter weiht Baal sein Haus ein.

Nach einem eigenartigen Zwischenspiel – Baal „nimmt" u.a. eine große Anzahl von Städten und Dörfern ein – erklärt er, daß er ein Fenster in seinem Hause haben will, obgleich er sich vorher geweigert hatte, es von Kuscharu-Chasisu anfertigen zu lassen. Sein Befehl wird ausgeführt, und Baal läßt einen Donner erschallen, daß die Berge erbeben und seine Feinde in die Wälder und in die Berge flüchten. Nun erklärt Baal stolz, daß ihm niemand den Rang als König streitig machen könne. Schließlich sendet er eine Botschaft an Mut, „Els Liebling", der offenbar als in der Unterwelt (dem Totenreich) wohnend gedacht ist, daß er nun sein Haus gebaut habe. Allem Anschein nach bedroht er auch Mut mit dem Tode. Der Name Mut ist sicher identisch mit hebr. *māwet*, was „Tod" bedeutet. Ein paar Zeilen weiter heißt es, daß Schapasch, „die Leuchte der Götter", d.h. die Sonne, Muts wegen ohne Regen so heiß brennt; ein Hinweis darauf, daß Mut gleichzeitig der Gott der Sommerhitze und der Dürre ist, der dem Leben der Pflanzen ein Ende macht.

Man hat diesen Mythus manchmal als eine Andeutung darauf verstehen wollen, daß Baal in der ugaritischen Götterwelt ein Neuankömmling ist und erst spät einen Tempel und regelmäßigen Kult erhalten hat. Das ist aber sehr ungewiß. Sicher ist dagegen das Grundmotiv, nämlich daß Baal als Sieger und

---

[38] II AB III, 15–21 (Übers. Aistleitner). Vgl. die numerische Steigerung, z.B. in Spr. 30, 18–31; Am. 1, 3. 6. 9. 11.

König einen Palast haben muß, der ihm zusteht, d.h. einen Tempel. Es handelt sich also um einen Tempelgründungs-Mythus, der sehr wohl seinen Platz in einer alljährlich wiederkehrenden Feier gehabt haben kann. Die Szene mit dem Öffnen des Fensters kann auf einen Regen-Ritus hindeuten. Jedenfalls ergibt der Zusammenhang klare Angaben über Baals Charakter als Gewitter-, Regen- und Fruchtbarkeitsgott.

Muts Auftreten am Schluß des eben erwähnten Textes leitet über zu dem dritten und vielleicht wichtigsten Motiv in den Mythen des Baal-Zyklus: Dem Tode des Gottes und seiner Rückkehr ins Leben. Diese Ereignisse werden auf zwei größeren Tafeln geschildert, die indessen nicht vollständig erhalten sind, so daß verschiedene Lücken im Text das Verständnis des Zusammenhanges erschweren.

Der Text beginnt ganz unvermittelt mit einer Botschaft von Mut an Baal, vielleicht als Antwort auf die Botschaft, die Baal nach der Vollendung des Tempelgebäudes an Mut sendet:

> Als du Lothan niederschlugst die flüchtige Schlange,
> Wie du ein Ende bereitetest der geringelten Schlange,
> Dem Machthaber mit sieben Köpfen,
> Wurden die Himmel schlaff und sanken hin;
> Wie der Gürtel deines Kleides
> Den Bauch schlitzend, würde ich dich durchbohren,
> Ich wurde wie frischblutende Bissen gefressen und starb.
> Wahrlich du sollst hinabsteigen in den Rachen des El-Sohnes, Mut,
> In den Schlund des Starken, des Lieblings Els[39]!

Dieser Abschnitt ist in vieler Hinsicht interessant. Lothan ist offenbar identisch mit dem Leviathan der Bibel, dem Untier, das von Jahwe bei der Schöpfung überwunden wurde und das in Jes. 27,1 mit genau den gleichen Worten wie hier beschrieben wird. Wahrscheinlich ist Lothan identisch mit – oder ist ein Repräsentant für – Jam, das Meer, das von Baal besiegt wurde. Das Besondere ist, daß Lothans Niederlage auch Muts Tod, d.h. seine Verweisung ins Totenreich bedeutet. Aber nun soll Baal an der Reihe sein, ins Totenreich hinabzusteigen, das bildlich als Muts schlammiger Rachen beschrieben wird (beachte den Zusammenhang des Totenreiches mit Schlamm und Wasser wie im Alten Testament).

Muts Botschaft enthält ferner einen langen Abschnitt, über dessen Deutung bisher keine Einigkeit erzielt worden ist. Es scheint, als hätte Baal ihren wirklichen Inhalt nicht verstanden, jedenfalls erklärt er, auf ewig Muts Diener zu sein. Einer erneuten Mahnung an Baal, „in die Tiefen der Erde hinabzusteigen und einer von denen zu werden, die in die Erde hinuntersteigen“, folgt eine kurze Notiz über Baals Verkehr mit einer jungen Kuh auf der „Todesebene“, was die Geburt eines Knaben (oder eines Stierkalbes?) zur Folge hat. Baals

[39] I* AB I, 1–8 (Übers. Driver).

Absicht ist offenbar, sich einen Nachkommen für den Fall zu sichern, daß seine Expedition in das Totenreich mißlingen sollte.

Als der Text nach einer längeren Lücke wieder einsetzt, trifft die Botschaft von Baals Tod ein:

Baal ist niedergesunken zur Erde,
Tot ist Alijan Baal,
Umgekommen ist der Fürst, der Herr der Erde[40]!

Als El diese Mitteilung erhält, steigt er von seinem Thron herab und vollzieht die Trauerriten: Er wälzt sich im Staube, zerreißt seine Kleider, zerfetzt sich die Brust und ruft:

Baal ist tot.
Was wird aus dem Volke des Sohnes Dagans?
Was wird aus den Vielen?
Hinter Baal will ich hinabsteigen in die Erde (vgl. 1. Mose 37,35)[41].

Anat verrichtet mit El die Trauerriten. Die Sonnengöttin führt Baals Leiche zurück, und Anat begräbt sie oben im Norden mit reichlichen Totenopfern.

El und Aschirat machen nun Aschtar Ariz, den „Schrecklichen", anstelle von Baal zum König, aber dieser muß bald anerkennen, daß er nicht imstande ist, Baals Platz auszufüllen. Nach einiger Zeit wird Anat von Sehnsucht nach Baal ergriffen; sie sucht Mut auf, greift ihn an und tötet ihn.

Nach einer längeren Lücke kommen wir mitten in den Bericht über einen Traum hinein:

In einem Traum des Freundlichen, El, des Gütigen,
In einem Gesicht des Schöpfers der Geschöpfe
Regnet der Himmel Öl,
Die Bäche führen Honig ...
Denn Alijan Baal lebt,
Der Fürst, der Herr der Erde, existiert[42]!

El nimmt die Botschaft mit Freuden auf, aber noch ist der Traum nicht Wirklichkeit. Nach einer Lücke im Text erfahren wir, daß Baal wieder seinen Königsthron besteigt, und nach einer weiteren Lücke folgt die Schilderung eines gewaltigen Zweikampfes zwischen Baal und Mut, der offenbar mit Muts Untergang endet.

Verschiedene Anspielungen im Text des Mythus machen deutlich, daß es der Wechsel der Jahreszeiten ist, der die Grundlage des Mythus bildet. Aber es handelt sich auch nicht um eine rein symbolische Erzählung, denn verschie-

---

[40] I AB VI, 8 f.
[41] I AB VI, 23–25; RTAT 234.
[42] I AB III–IV, 5–9; RTAT 236 f.

dene Züge im Text erklären sich am leichtesten, wenn man annimmt, daß ihren Vortrag Riten und Handlungen begleiteten, die das Erzählte konkret darstellten. Wir haben offenbar mit einem Kultdrama zu rechnen, in dem der Tod und die Auferstehung des Gottes in Riten veranschaulicht wurden und das gleichzeitig den Zweck hatte, den Kreislauf der Natur aufrechtzuerhalten, den der Mythus widerspiegelt, und auf diese Weise die Fruchtbarkeit im Lande zu sichern[43].

Ein weiterer Baal-Text hat keine direkte Verbindung mit einem der drei genannten Motive oder mit einem eventuellen Baal-Epos. Es ist eine fragmentarisch erhaltene Tafel, die erzählt, wie Baal auf einer Jagd die „Jungfrau Anat" trifft und mit ihr Verkehr hat. Es scheint, als sei das Ergebnis die Geburt eines Stierkalbs – jedenfalls wird in den Schlußzeilen die „frohe Botschaft" (*bšrt* = hebr. *b^eśōrā* = griech. *euangélion*) verkündet, daß „dem Baal ein Wildochse geboren ist, ein Büffel für ihn, der auf den Wolken reitet"[44]. Es ist höchst wahrscheinlich, daß der Text etwas mit einer Heiligen Hochzeit zu tun hat. Der oben erwähnte Text, der Anats Lobpreis von Baals Schönheit enthält, könnte in denselben kultischen Zusammenhang gehören.

Eine ähnliche kultische Situation wird auch in dem kleinen Text von der Geburt der „gnädigen Götter" vorausgesetzt[45]. Hier wird erzählt, wie El zwei Frauen begegnet und zuerst zwei Söhne, Schachar und Schalim („Morgenrot" und „Abenddämmerung"), zeugt und danach noch zwei weitere „gnädige und schöne Wesen". Es zeigt sich, daß sie einen rasenden Appetit haben, und sie werden hinaus in die Wüste geschickt, wo sie eine Zeitlang umherstreifen und den „Wächter der Saat" treffen. Der Text ist interessant durch die Art und Weise, wie er Szenen-Anweisungen, die einen Zusammenhang mit der Weinernte anzudeuten scheinen, mit mythisch-erzählenden Partien kombiniert. Er spiegelt also ein Kultdrama wider. Eindrucksvoll ist die Beschreibung vom gewaltigen Appetit der Götter:

> Sie saugen an den Zitzen der Brüste der Herrin
> Mit einer Lippe an der Erde,
> Mit der anderen am Himmel,
> Und es dringen ein in ihren Mund
> Die Vögel des Himmels und die Fische im Meer ...[46].

Eine ähnliche Passage wird ein anderes Mal[47] auf Mut oder das Totenreich angewandt, und es ist interessant, sie mit der Beschreibung des Vorgehens der Gottlosen in Ps. 73 zu vergleichen. Die Funktion der beiden Götter scheint aber so zu sein, daß die Bezeichnung „gnädig" am besten als Euphemismus aufzufassen ist.

---

[43] J.C. de Moor, The seasonal pattern in the Ugaritic myth of Ba'al (AOAT 16), 1971.

[44] IV AB.

[45] SS.

[46] SS R II, 29ff.

[47] I* AB II, 1ff.

Der Text von Nik(k)al und den Brautjungfern[48] ist recht fragmentarisch. Er handelt von der Hochzeit des Mondgottes Jarich mit Nik(k)al, der „Tochter des Sonnen-Königs", und vermittelt interessante Einblicke in die ugaritischen Hochzeitssitten. U.a. kommen hier als eine Art Brautjungfern die *kāthirāt* vor, „die Geschickten" (derselbe Wortstamm wie im Namen für den Gott Kuscharu-Chasisu), die auch „Schwalben, Töchter des Vollmondes *(hilāl)*" genannt werden. Der Text beginnt mit einer Voraussage: „Siehe, die junge Frau wird einen Sohn gebären." Dies zeigt, daß Jes. 7,14 eine alte, gängige Formel enthält, und es ist bemerkenswert, daß das Wort für „junge Frau" in beiden Texten dasselbe ist (ugar. *ġlmt*, hebr. *ʿalmā*).

Es gibt auch zwei andere längere Zyklen von epischem Charakter, aber man ist sich noch nicht ganz einig darüber, wieweit sie als Mythen oder etwas anderes anzusehen sind. Der eine, der Aqhat-Zyklus, besteht aus drei Tafeln, deren Zuordnung auf Grund des fragmentarischen Zustandes der Tafeln nicht recht klar ist[49]. Der wahrscheinlichste Gang der Erzählung ist folgender: Ein König namens Daniil (wahrscheinlich derselbe, der in Hes. 14,14 erwähnt ist) ist ein gerechter Richter, der sich der Sache der Witwen und Waisen annimmt. Aber er hat keinen Sohn. Schließlich verwendet sich Baal bei El für ihn, und dieser gibt ihm einen Sohn[50], der den Namen Aqhat erhält. Eines Tages, als Daniil „am Tore sitzt und richtet" (vgl. die Bibel[50a]), kommt der handwerkskundige Kuscharu-Chasisu vorbei, und Daniil lädt ihn zu einer Mahlzeit ein. Als Belohnung für diese Gastfreundschaft gibt er Aqhat einen wunderbaren Bogen. Auf der Jagd begegnet Aqhat der Göttin Anat, die es gelüstet, den Bogen zu besitzen. Sie bietet Aqhat Reichtum, ja Unsterblichkeit an, wenn er ihr seinen Bogen abtreten will. Aber Aqhat antwortet: „Wie kann ein Sterblicher ewiges Leben erlangen? Ich werde sterben wie alle anderen Menschen."

Anat wird rasend über diesen Trotz, und nachdem sie Els Erlaubnis erhalten hat, Rache zu nehmen, schickt sie den Krieger Jatpan in Gestalt eines Adlers aus, um Aqhat zu töten. Aber als Aqhat fort ist, verwelkt die Pflanzenwelt, und Baal ist untätig: Kein Gewitter, kein Tau, keine Quellen geben mehr Wasser. Seine Schwester Paghat beweint ihn und begibt sich auf eine Rache-Expedition. Sie findet sein Zelt, wird aber offenbar von dem Wein überwältigt, der ihr angeboten wird. Hier schließt der erhaltene Text, aber es ist höchstwahrscheinlich, daß die Fortsetzung erzählt hat, wie Paghat schließlich Erfolg hat und entweder Aqhat ins Leben zurückkehrt oder Daniil einen anderen Sohn bekommt.

Wie ist diese Erzählung nun zu verstehen? Sie ist offensichtlich kein Mythus im üblichen Sinne, da die Handelnden großenteils Menschen sind. Aber er kann auch nicht historisch sein. Was er erzählt, ist eher als typisch anzusehen.

---

48 NK.

49 I–III D; Auszug: RTAT 242f.; ANET 149ff.

50 Vgl. K. Koch, Die Sohnesverheißung an den ugaritischen Daniel, ZA 24, 1967, 211ff.

50a 5. Mose 21, 15ff.; 25,7–9; Rut 4,1–12.

Der König ist verantwortlich für Recht und Gerechtigkeit, und die Fruchtbarkeit hängt vom Königssohn ab. Bemerkenswert ist die Parallele zwischen Aqhats und Baals Schicksal: Beide sterben eines gewaltsamen Todes, beide werden von ihrer Schwester gerächt. Bedeutet dies, daß der König oder der Königssohn im Kult die Rolle des sterbenden und wiederauferstehenden Gottes spielte? Der Text erlaubt keine endgültige Antwort auf diese Frage, aber die enge Verbindung zwischen Aqhat und Baal steht jedenfalls fest.

Der dritte epische Zyklus handelt von Keret[51] (oder Karit oder Kuriti – die Vokalisation ist, wie immer im Ugaritischen, unbekannt). Auch dieser besteht aus drei Tafeln, von denen eine recht gut erhalten ist, die beiden anderen dagegen nur bruchstückhaft. Es ist nicht ganz sicher, ob die erste Tafel wirklich auch den Anfang der Geschichte enthält.

Keret, Els Sohn, ist ein gerechter König, der Frau und Kinder verloren hat. Während er darüber weint und klagt, erscheint ihm El im Traum und gibt ihm Bescheid darüber, was er tun soll: Er soll ihm Opfer darbringen, sich auf einen Feldzug gegen das Land Udum begeben und bei dessen König Pabil um die Hand seiner Tochter Hurai anhalten,

Deren Liebreiz ist wie der Liebreiz Anats,
Deren Schönheit ist wie die Schönheit Aschtarats,
Deren Haar wie Lazursteine schimmert,
[Deren Augen]lid wie eine Onyxschale ist,
Die [mit Ru]binen umgürtet ist[52].

Keret tut, wie ihm aufgetragen ist, und Hurai wird seine Gemahlin, und dank Baals Eingreifen gebiert sie „sieben Söhne, ja acht". Der jüngste von ihnen, Jasib, wird von den Göttinnen Aschirat und Anat gesäugt; er soll die gleiche Stärke erhalten wie sein Vater und ihn sogar noch übertreffen.

Keret wird jedoch krank und schwach und kann sein königliches Amt nicht ausüben. El greift ein, um ihn zu heilen, und es sieht so aus, als ob er sich wieder erholen würde – zumindest für eine Zeitlang. Jasib erhält eine Offenbarung, daß er den Platz seines Vaters einnehmen soll, und er macht seinem Vater schwere Vorwürfe, daß er seine königlichen Pflichten versäumt habe: Er hat das Recht von Witwen und Waisen nicht wahrgenommen, den Unterdrückten nicht geholfen usw. „Steig herab von deinem Königsthron, so daß ich herrschen kann." Hierauf folgt eine von Keret ausgesprochene Verwünschung, in der er Chorons und Aschtarats Strafe auf seinen rebellischen Sohn herabruft.

Die Fortsetzung, die die Auflösung der Intrige enthalten haben dürfte, ist leider verloren und damit auch der Schlüssel zu einem sicheren Verständnis des Textes. Die historische Deutung, nach der das Epos an Kriegszüge gegen Städte südlich von Ugarit (kaum Edom) erinnern sollte, ist nunmehr im großen und ganzen aufgegeben. Nach einer anderen Deutung soll es sich um einen „soziologischen Mythus" handeln, d.h. um eine Erzählung, die erklären will, warum

[51] I–III K; Auszug RTAT 240ff.; ANET 142ff.
[52] I K 143–147.

Semiten und Hurriter (der Name Hurai ist jedoch nicht mit dem Wort Hurriter verwandt) in Ugarit zusammen lebten, aber auch dies scheint wenig glaubhaft.

Eine dritte Deutung ist die kultische, nach der Keret das mythische Urbild für den sakralen König sein soll. Wenn auch diese Deutung vielleicht zu weit geht, bleibt doch die Tatsache bestehen, daß Keret die ganze Zeit als sakraler König auftritt und daß das Epos damit ein überaus wichtiges Zeugnis für die ugaritische Königsideologie ist und sowohl die sozialen als auch die kultischen, rituellen Funktionen des Königs zeigt. Von Interesse ist auch das Gewicht, das der Frage nach dem Fortbestand der Dynastie beigemessen wird.

Man hat die Aufmerksamkeit auf gewisse Analogien zwischen dem Keret-Text und den biblischen Patriarchen-Erzählungen (Kriegszüge, der Wunsch nach Nachkommen, das Versprechen in Träumen) und auf die Geschichte von David im 2. Samuelisbuch gelenkt (u. a. auf den Aufruhr Absaloms). Dies zeigt jedenfalls, daß historische Erinnerungen dahin tendieren, innerhalb eines bestimmten Rahmens von festen Motiven gestaltet zu werden, und daß der Keret-Text *ein* literarischer Niederschlag einer Kombination mehrerer solcher Motive ist. Daß das Hauptmotiv aber die Bedeutung des Königs und der Dynastie für den Bestand der Gesellschaft ist, braucht kaum besonders hervorgehoben zu werden.

Die Götter der Aramäer

Diese Überschrift vermeidet das Wort „Pantheon“ aus zwei Gründen: 1. dürfte es ein organisiertes gemeinsames aramäisches Pantheon nicht gegeben haben, sondern eher örtlich verschiedene Konstellationen von Gottheiten, und 2. können wir nicht damit rechnen, daß sich die aramäische Götterwelt konstant erhalten hat seit der Zeit des 12. Jahrhunderts v. Chr., als die Aramäer zuerst auftraten, bis zu den Jahrhunderten um Christi Geburt, aus welcher Zeit unsere letzten Zeugnisse der aramäischen Religion stammen.

Eine Reihe von Göttergestalten haben die aramäischen Inschriften mit den kanaanäisch-phönizischen gemeinsam. So tritt z. B. El auch hier auf, mag sein Charakter auch recht schwer zu bestimmen sein. Die meisten Belege sind theophore Personennamen, und man hat sogar die Möglichkeit erwogen, daß *'ēl* nur das Wort für „Gott“ im allgemeinen sei und nicht eine bestimmte Gottheit bezeichne. Eine selbständige Gestalt ist El dagegen sicher in den Zincirli-Inschriften[53], wo er an zweiter Stelle nach Hadad genannt wird, und im Sfire-Vertrag, wo wir die Kombination „El und Eljan“ antreffen[54].

Zu den Gottheiten, die die Aramäer mit den Phöniziern gemeinsam hatten, gehört auch der „Himmels-Baal“, aram. Baalschamajin. Sein Name findet sich auf der Zakkur-Stele[55] zusammen mit *'l wr* (Ilu-wer wahrscheinlich = Ha-

[53] KAI 214, 215.
[54] KAI 222, Zl. 11.
[55] RTAT 247 f.

dad) und in aramäischen Briefen zusammen mit einer Himmelsgottheit, deren Name leider fehlt. In hellenistischer Zeit ist die Verehrung dieses Baal reichlich bezeugt, ein Hinweis darauf, daß er von den Seleukiden begünstigt wurde. Wir haben Belege für seinen Kult aus Hauran im südlichen Syrien, aus Palmyra und Dura-Europos, und noch im 5. Jahrhundert n.Chr. erzählt Isaak von Antiochia, daß er in Edessa verehrt wurde. Leider liefern diese Angaben kaum irgendwelche wesentlichen Beiträge zu seiner Charakteristik, mit Ausnahme dessen, daß er in Palmyra besonders als der barmherzige und gnädige Gott bekannt ist. Ein „Atarsamain", d.h. Aschtar des Himmels, wird in assyrischen Quellen genannt, aber ob sich die Analogie weiter als bis zum zweiten Teil des Namens erstreckt, läßt sich nicht feststellen.

Der vornehmste der aramäischen Götter ist jedoch Hadad, der Adad der Akkader, den wir in den ugaritischen Texten in der Gestalt des Alijan Baal wiedergefunden haben. Es ist der westsemitische Sturm- und Gewittergott, der hier die Rolle des Nationalgottes spielt, der das Königtum eingesetzt und den König auf den Thron erhoben hat. Die Zincirli-Inschriften[56] deuten an, daß er Gebete erhört und alles Gute schenkt, aber auch ein Gott ist, der denen zürnt, die ihm mißfallen. Der Sfire-Vertrag ruft seine Strafe auf den herab, der das Übereinkommen bricht[57]. Könige von Damaskus in biblischer Zeit tragen den Namen Bar-Hadad, „Hadads Sohn", und auf einer Münze aus Hierapolis aus der Zeit Alexanders d. Gr. heißt ein Priesterfürst Abd-Hadad, „Diener Hadads".

Als Gewittergott tritt Hadad mit dem Epitheton Rammān „Donner" auf (in der Bibel Rimmon, 2.Kön. 5,18; erhalten ist auch die Zusammenstellung Hadad-Rimmon in Sach. 12,11). Die letztere Bibelstelle spricht von der Klage über den Tod des Gottes, was sonst von Hadad nicht bezeugt ist. Es muß sich um einen Kult handeln, in dem der Fruchtbarkeitsaspekt des Gottes hervorgehoben wird, ungefähr in der gleichen Art, wie wir ihn in Ugarit finden.

Wenn Lukianos aus Samosata (ca. 120–nach 180) Hadad mit Zeus identifiziert, so ist es wiederum der Aspekt des Gewittergottes, der hervortritt. Makrobios, der um 400 schreibt, sagt dagegen, daß Adad, der der „vornehmste und größte Gott der Syrer" sei und dessen Name „der Einzige" bedeutet (Irrtum oder Umdeutung?), die Sonne sei und daß sein Standbild von nach unten gerichteten Strahlen umgeben wäre. Wir haben hier ein deutliches Zeichen für die Bedeutung der Sonne und des Sonnengottes, der wichtigsten Gottheit der hellenistischen Kultur; vielleicht liegt auch ein gewisser Einfluß vom hethitischen Sonnengott vor. Als Sonnengott wurde Hadad u.a. in Heliopolis (Baalbek) verehrt. Wenn es auch Berührungspunkte zwischen Adad und Schamasch in Mesopotamien gibt und die beiden Götter oft gleichzeitig genannt werden, so besteht doch kaum ein Grund zu der Annahme, daß Hadad von Anfang an den Charakter eines Sonnengottes gehabt hätte. Die Gleichsetzung mit Zeus und Jupiter, die in hellenistisch-römischer Zeit reichlich belegt ist, weist auch auf einen Gewitter- oder Himmelsgott hin.

---

[56] KAI 214. 215.

[57] KAI 222 A, 36. 38.

Das mit einer Inschrift versehene Hadad-Standbild aus Zincirli zeigt ihn stehend, mit Hörnern auf dem Kopf. In der Nachbarstadt Doliche (Kommagene) wurde in späterer Zeit ein Jupiter Dolichenus verehrt, der auf einem Stier stehend und mit einem Blitzsymbol in einer Hand und einer Doppelaxt in der anderen abgebildet wurde. Lukianos gibt an, daß Hadads Bild im Tempel von Hierapolis auf Stieren ruhte, und Münzen aus dem 3. Jahrhundert v. Chr. zeigen ihn zusammen mit der Göttin Atargatis, auf einem Throne sitzend und von zwei Stiergestalten getragen[58]. Ein Jupiter Damascenus (also von Damaskus) wird stehend, von zwei Stieren flankiert und mit einer Axt in der linken Hand abgebildet. Hadads Verknüpfung mit dem Stier ist also wohl bezeugt; die anderen Symbole weisen auf Gewitter und Fruchtbarkeit.

Hadads Gemahlin war (jedenfalls in Hierapolis nach Lukianos und in Damaskus nach Justinus) Atargatis. Die aramäische Form des Namens, der auf vielen Münzen belegt ist, lautete *ʿtr ʿth* Attar-ate. Der erste Teil ist die aramäische Entsprechung zur kanaanäischen Aschtarat (Athtart), während über das zweite Glied geteilte Meinungen bestehen. Wahrscheinlich ist es aber eine zusammengezogene Form des Namens für die Göttin Anat (*ʿant* > *ʿatt*)[59] oder vielleicht ein weniger bekannter Name Ate. Sie ist eine typische Ausgestaltung der großen westsemitischen Göttin. Von Lukianos wird sie mit Hera identifiziert, „obwohl sie etwas von den Attributen der Athena, Aphrodite, Selene, Rhea, Artemis, Nemesis und der Moiren besitzt". Man könnte ebenso gut sagen, sie sei der weibliche Inbegriff göttlicher Macht.

In den Mythen scheint Atargatis keine Rolle gespielt zu haben. Es gibt jedoch Bilddarstellungen, die ihre Attribute erkennen lassen. Lukianos beschreibt ihre Statue im Tempel von Hierapolis (vorher Bambyke, am oberen Euphrat): Sie sitzt auf einem von Löwen getragenen Thron. In der einen Hand hält sie ein Zepter, in der anderen eine Spindel, und auf dem Haupt hat sie Strahlen und einen Mauerturm. Abbildungen auf Münzen bestätigen diese Beschreibung. Andere Münzen zeigen sie auf einem Löwen sitzend oder einfach nur ihr Brustbild. Wir erfahren auch, daß die Taube zu ihren Attributen gehört und Fische ihretwegen für heilig gehalten wurden.

Aller Wahrscheinlichkeit nach war Derketo, die mit einem Fischschwanz abgebildet wurde, eine Sonderform von Atargatis. In ihrem Tempel befand sich ein See mit heiligen Fischen. Es scheint, als ob diese Göttin am ehesten mit Aschirat verwandt wäre, die ja ebenfalls mit dem Meer verbunden war. Allerdings besaß ja auch Atargatis heilige Fische. Offenbar war man der Meinung, daß die Fische in irgendeiner Weise Lebenskraft und Fruchtbarkeit darstellen würden.

Diodorus von Sizilien (1. Jh. v. Chr.) erzählt, daß Derketo mit einem schönen Jüngling namens Simios die Tochter Semiramis bekam. Aus Scham über ihre sündhafte Liebe ließ sie den jungen Mann (der auch Ichthys, „Fisch" genannt wurde) ertränken und trieb das Mädchen hinaus in die Wüste, wo es von

---

[58] The Syrian Goddess, transl. by H. A. Strong–J. Garstang, London 1913, 70.

[59] KAI S. 295 mit Lit.

Tauben ernährt wurde. Schließlich stürzte sich die Göttin selbst in einen See bei Askalon. Daß ein Zusammenhang zwischen diesem Mythus und den heiligen Tieren der Gottheit besteht, ist deutlich, daß der Mythus außerdem bestimmten Gedanken über Leben und Fruchtbarkeit Ausdruck verleiht, ist höchstwahrscheinlich. Semiramis – sonst der griechische Name für eine legendäre assyrische Königin – wird nach Lukianos von einem Symbol oder einem Zeichen *(sēmeion)* dargestellt, das zwischen den Standbildern von Hadad und Atargatis im Tempel der Göttin stand und das „keine eigene Form hat, sondern an Kennzeichen anderer Götter erinnert". Zweimal im Jahre wurde dieses Symbol in einer Prozession zu einem See in der Nähe gefahren.

Andererseits kennen wir durch eine Inschrift von der Insel Delos eine hierapolitanische Dreiheit, die aus Hadad, Atargatis und „Asklepios" bestand, wo Asklepios allem Anschein nach den jungen Gott bezeichnet. Die Namensgleichheit *sēmeion* = Semiramis läßt uns an Simios im Derketo-Mythus denken, und die Gleichsetzung mit Asklepios führt die Gedanken zum phönizischen Eschmun – ein Name, der wieder ganz ähnlich wie Simios lautet. Man kann sich fragen, ob wir hier Spuren eines jungen Gottes Eschmun-Simios neben Hadad und Atargatis vor uns haben, aber es ist zuzugeben, daß es sich um eine Hypothese handelt. Es ist bemerkenswert, daß in diesem Fall ein solcher Gott weder in der Literatur noch in den Inschriften deutlicher belegt ist. Die späten Inschriften aus Hatra (nw. von Assur) kennen eine Dreiheit „unser Herr, unsere Herrscherin und Sohn unseres Herrscherpaares". Dies könnten späte Abkömmlinge der drei hier besprochenen Gottheiten sein.

Der Sonnengott Schamsch und der Mondgott Schahr sind in mehreren Inschriften genannt, u.a. in der Zakkur-Inschrift[60] und den beiden Nerab-Inschriften[61]. Im letzten Fall handelt es sich um Grabinschriften von Mond-Priestern; ein gewisser babylonischer Einfluß läßt sich übrigens in diesen Inschriften feststellen.

Von besonderem Interesse sind schließlich die nabatäischen Inschriften aus der Zeit um den Beginn unserer Zeitrechnung, die den „Gott einer gewissen Person" nennen und diesen manchmal mit Baalschamajin oder Zeus identifizieren. Alt fand hier eine Parallele zu den Patriarchengeschichten, die vom Gott Abrahams, Isaaks und Jakobs erzählen und ihn mit Jahwe gleichsetzt. Phänomenologisch vergleichbar ist der „Gott des Menschen" in der sumerischen Religion.

Der Kult

Kultplätze und Tempel

Der regelmäßige Kult der Götter vollzog sich teils im Freien, teils in regelrechten Tempeln. Im ersten Falle spricht das Alte Testament von der Gottesverehrung „auf Höhen und unter allen grünen Bäumen". Das deutet einerseits

[60] KAI 202.

[61] KAI 225. 226.

darauf hin, daß Bäume und Haine als heilig galten und besondere Kultstätten erhielten. In baumarmen Gegenden wie Palästina und großen Teilen von Syrien mußten Plätze, an denen Bäume wuchsen, eine besondere Lebenskraft besitzen und deshalb besonderen Schutz und besonderes Ansehen genießen. Andererseits wird auf Kultstätten hingewiesen, die auf Hügeln und Bergen lagen, sogenannte Opfer- oder Kulthöhen *(bāmā)*. Auf einer solchen Kulthöhe stand teils eine Steinsäule *(maṣṣēbā)*, die das Symbol für die männliche Gottheit war – in den meisten Fällen wohl Baal –, teils ein Holzpfahl *('ašērā)*, der die weibliche Gottheit darstellen sollte, und schließlich auch ein Altar für die Darbringung von Opfern. Die Steinsäulen sind wohlbekannt durch archäologische Funde – manchmal gibt es eine größere Anzahl an einer Kultstätte –, die Ascheren sind dagegen verlorengegangen. In den Fällen, in denen Tempel aufgeführt wurden, baute man oft an der Außenseite eine runde Erhöhung, die die Opferhöhe darstellen sollte. Gewisse Zeichen deuten darauf hin, daß das Wort *bāmā* in manchen Fällen einen Grabhügel bezeichnet haben kann. Es ist daher möglich, daß Opfer zuweilen auf Grabhügeln dargebracht und an die Toten gerichtet wurden.

Was die Massebe anbetrifft, so ist man versucht zu fragen, wie sie sich zu dem verhält, was griechische Schriftsteller *baitylos* oder *baitylion* nennen und was Philo von Byblos *lithoi empsychoi* („beseelte Steine") nennt[62]. Es handelt sich wahrscheinlich um Meteorsteine, die als heilig angesehen und u.a. für Orakel verwendet wurden. Im Hinblick darauf, daß das Wort dem westsemitischen *bēt-'ēl* „Gotteshaus" ähnlich ist und daß der Name Bethel 1. Mose 28 in Zusammenhang mit der Errichtung einer Massebe gebracht wird, haben mehrere Forscher hier einen Zusammenhang sehen wollen. Andererseits werden solche *baityloi* auch an Orten erwähnt, wo keine semitische Sprache gesprochen wird, sogar in Griechenland selbst, und es dürfte daher geraten erscheinen, bei Folgerungen Vorsicht walten zu lassen. Man neigt nun am ehesten zu der Annahme, daß es sich um ein älteres, weder griechisches noch semitisches Wort handelt, das auf westsemitischem Gebiet natürlich sekundär als „Gotteshaus" gedeutet werden konnte[63].

Auf sicherem Grunde stehen wir, wenn wir das Wort *maṣṣēbā* mit dem arabischen *nuṣb* vergleichen, das sich ganz unbestreitbar vom selben Stamm herleitet. Damit werden aufgerichtete Steine bezeichnet, die an einer heiligen Stätte *(ḥaram)* standen und mit Opferblut bestrichen wurden. 1. Mose 28 erzählt, daß Jakob Öl auf die Massebe gegossen habe, die er in Bethel errichtete. Hier liegt offenbar eine gewisse Parallele vor, aber eine Frage, die sich durch diese Beobachtungen nicht löst, ist die nach der Beziehung zwischen den Steinen und der Gottheit. Die uns vorliegenden Angaben zeigen ein eigentümliches Schwanken zwischen mehreren Auffassungen: Der Gott wohnt im Stein; der Stein stellt den Gott dar; der Stein ist ein Altar.

Die regelrechten Tempelgebäude stellen historisch gesehen ein späteres Stadium dar, auch wenn sie nicht die Kulthöhen ersetzten, sondern sie nur

---

[62] R. Largement in: Histoire des religions IV, 230f.
[63] Art. Baitylia, in: Der kleine Pauly I, 1964, 806ff.

ergänzten. Durch archäologische Funde und Abbildungen auf Münzen wissen wir, daß eine Tempelanlage in der Regel aus einer Einfriedung bestand, die einen Altar und eine Steinsäule sowie den Tempel selbst enthielt. Er besaß einen Innenraum, in dem das Kultbild (oder die Kultbilder) standen, und einen oder mehrere Außenräume, in denen allem Anschein nach bestimmte Kulthandlungen stattfanden. Eine Reihe von Tempeln zeigt einen Grundriß, der Ähnlichkeit mit Salomos Tempel in Jerusalem aufweist. Eine Ähnlichkeit im einzelnen besteht auch darin, daß zwei Pfeiler zu beiden Seiten der Tempeltore stehen – aber leider wissen wir nicht, was sie darstellen sollen. Lukianos gibt an, daß die Pfeiler in Hierapolis Phallus-Symbole sind, aber die Ornamentik auf den Säulen Jakin und Boas im Tempel von Jerusalem deuten eher auf eine Wachstumssymbolik, während die Namen aussehen, als ob sie einen Zusammenhang mit dem Bestand des Königsgeschlechtes andeuten wollen.

Eine ausführliche Beschreibung vom Tempel der Atargatis in Hierapolis gibt Lukianos in seinem Buche „Über die syrische Göttin". Der Tempel lag auf einer Anhöhe, von einer Doppelmauer umgeben. Der Verfasser unterscheidet zwischen „dem großen Tempel", der allen zugänglich war, und einem inneren Heiligtum, in das nur ausgewählte Priester Zutritt hatten. Im letzteren befanden sich Standbilder von „Zeus und Hera", d.h. von Hadad und Atargatis. Er spricht auch von anderen Götterstatuen im Tempel und von einem Thron für den Sonnengott, der jedoch leer war, da Sonne und Mond nicht abgebildet wurden.

Eine Vorstellung von der Bedeutung des Tempels erhalten wir auch durch den Baal-Mythus der Ras Schamra-Texte. Daraus geht ja hervor, daß ein Gott, um seine Autorität geltend zu machen, ein „Haus" oder einen Palast, d.h. einen Tempel brauchte. Dies zeigt deutlich, daß der Tempel in erster Linie als Wohnung des Gottes oder – wenn man so will – als seine Herrscherresidenz angesehen wurde. In einer aramäischen Inschrift aus Zincirli heißt es auch, daß König Panammuwa einen Tempel baute und „die Götter darin wohnen ließ" [64].

Opfer

Auf den Kulthöhen und in den Tempeln wurden regelmäßige Opfer dargebracht. Lukianos spricht von zweimal täglich, was übrigens mit dem Brauch im Tempel von Jerusalem übereinstimmt. Die Ras-Schamra-Texte geben Beschreibungen von Opfern bei besonderen Gelegenheiten, und punische Inschriften aus Karthago und Marseille, sogenannte Opfertarife, geben Vorschriften über den Anteil der Priester an verschiedenen Opfern [65]. Auch unter den Ras Schamra-Texten gibt es Opferlisten, die genaue Angaben darüber

---

[64] KAI 214. 19, ähnlich phönizisch KAI 14, 16f. (Eschmunazar).

[65] KAI 69. 74; dazu R. Dussaud, Les origines cananéennes du sacrifice israélite, Paris ²1941.

enthalten, was bei verschiedenen Gelegenheiten verschiedenen Göttern dargebracht werden soll[66].

Eine ausführliche Schilderung eines Opfers erhalten wir in der Erzählung des Keret-Textes von Kerets Vorbereitungen für das Unternehmen gegen Udum:

Wasche dich und schminke dich,
Wasche deine Hände, deine Arme,
Deine Finger, [bis] zur Schulter hinauf.
Tritt ein [in den Schatten des Zeltes],
Nimm ein La[mm in deine Hand],
Ein [Opfer-]Lamm [in die] Rechte,
Ein Zicklein [...]
All dein bestes Brot für Gäste;
Nimm ein Messer, einen Opfervogel,
Gieße [in eine] Silber[kanne] Wein,
In eine G[old]kanne Honig.
Steige auf den Turm,
Geh hinauf auf die Schultern der Mauer,
Hebe deine Hand himmelwärts,
Opfere dem Stier El, deinem Vater,
Huldige Baal mit deinem Opfer,
Dem Sohne Dagans mit deinem Speisopfer[67]!

Die Opferterminologie gibt Anlaß zu Beobachtungen. In den ugaritischen Texten begegnen wir außer dem allgemeinen Wort *dbḥ*, das dem hebr. *zæbaḥ* (Schlacht-)Opfer entspricht, solchen Ausdrücken wie *šlm kll* und *šrp*, von denen die beiden ersten sprachlich dem hebräischen *šᵉlāmīm* (Lutherbibel: „Dankopfer") und *kālīl* („Ganzopfer") entsprechen, und letzteres hat, wenn auch wohl nicht sprachlich, so doch sachlich seine Entsprechung im alttestamentlichen Brandopfer. „Opfern" heißt *šqrb* oder *šʿlj*, wörtlich „nahe bringen", „heranführen" bzw. „aufsteigen lassen", Ausdrücke, die auch in der israelitischen Opferterminologie ihre Entsprechungen haben[68].

Die punischen Opfertarife nennen drei Haupttypen von Opfern: *kalil*, *ṣewaʿat* und *šelem kalil*. Zwei von diesen Bezeichnungen haben sprachliche Verwandtschaften im Hebräischen, aber damit ist nicht gesagt, daß die verschiedenen Opfer genau demselben Zweck dienen wie die entsprechenden israelitischen Opfer. *Kalil* muß doch wohl ein „Ganzopfer" sein, d.h. ein solches, das ganz auf dem Altar verbrannt wird. *Šelem kalil* ist eine eigentümliche Kombination, da ja das hebräische *šᵉlāmīm*-Opfer ein Opfer ist, wo nur ein Teil Gott gegeben und der Rest bei einer Opfermahlzeit verzehrt wird. Der Ausdruck *kalil* würde dem ja widersprechen, und man hat sich daher gedacht, daß die Bedeutung „Abschlußopfer" oder „Ersatzopfer" oder dergleichen sein

---

66 J.C. de Moor, UF 2, 1970, 306ff.
67 I K 62–75 (Übers. Aistleitner); vgl. RTAT 241f.
68 O. Eißfeldt, HO VIII, 1, 89.

könnte. *Ṣewaʿat* scheint eine Art von Sünd- oder Bittopfer gewesen zu sein, das sachlich gesehen Ähnlichkeit mit dem alttestamentlichen *šᵉlāmīm* gehabt hat – soweit es mit einer Opfermahlzeit verbunden war, die eine Tischgemeinschaft zwischen den Teilnehmern und dem Gott schuf. Ferner nennen die punischen Texte *ʿolat*, das sprachlich gesehen dem hebräischen Wort für Brandopfer entspricht, und *minḥat*, das ebenso wie im Hebräischen das unblutige, vor allem das pflanzliche Opfer zu bezeichnen scheint.

Die sprachliche Ähnlichkeit in der Opferterminologie zwischen den ugaritischen, den alttestamentlichen und den punischen Texten ist also auffallend, während die Bedeutung der Ausdrücke und ihre Anwendung voneinander abzuweichen scheinen. Das Wahrscheinliche ist wohl, daß wir es mit einem ererbtem westsemitischen Wortschatz zu tun haben, dessen Anwendung sich örtlich verschieden entwickelt hat[69].

Über das Opfermaterial geben die Texte deutliche Auskünfte. Die ugaritischen Opferlisten erwähnen Rinder, Schafe, Jungziegen, bestimmte Gazellenarten, verschiedene pflanzliche Opfer sowie Trankopfer von Wein und Honig. Die punischen Opfertarife enthalten im großen und ganzen dieselben Angaben: Stier, Kalb, Widder, Lamm, Ziege, Jungziege, bestimmte Vögel, Backwerk und Milch.

Ein besonderes Problem betrifft das Menschen- oder vielleicht richtiger gesagt: das Kinderopfer. Das Alte Testament erzählt zu wiederholten Malen, daß die Israeliten in Zeiten des Abfalls nach kanaanäischem Muster „ihre Kinder durchs Feuer" zu Moloch gehen ließen. Man hielt den Moloch (so im Griechischen; hebr. *mōlek*) lange für eine herabsetzende Verballhornung der Gottesbezeichnung *melek* „König" und nahm an, daß es sich um Kinderopfer für einen Gott mit diesem Epitheton handelte. Dies wurde dann mit einer Angabe bei Diodorus Siculus zusammengebracht, nach der es in Karthago eine Götterstatue aus Bronze gab, auf deren ausgestreckte Hände man Kinder setzte, so daß sie in das zu Füßen der Götterstatue brennende Feuer fielen. Zwei Inschriften aus dem Tempelbezirk der Göttin Tinnit erwähnen solche Opfer ausdrücklich, während andere anzudeuten scheinen, daß das Kind auch durch ein Opfertier – ein Lamm oder etwas ähnliches – ersetzt werden konnte (KAI 104–110). Nach 2. Kön. 3,27 opferte auch König Mescha von Moab seinen erstgeborenen Sohn in einer kritischen Situation als Brandopfer. Gewisse archäologische Funde sind auch als Beweise für Menschenopfer in Kanaan gedeutet worden. In den Ras Schamra-Texten wird von solchen Opfern allerdings nichts erwähnt.

Es ist also offensichtlich, daß Menschenopfer vorgekommen sind, zum mindesten in besonderen Situationen. Dagegen ist es zweifelhaft, ob Moloch ein Gott ist. Im Punischen ist *mlk*, was nach lateinischen Transkriptionen *molk* ausgesprochen wurde, ein allgemeiner Ausdruck für „Opfer" oder „Darbringung", und die alttestamentlichen Notizen können sicherlich in vielen Fällen so gedeutet werden, daß man die Kinder durchs Feuer gehen ließ „zu

---

[69] S. Dussaud a. a. O.; H. Ringgren, Israelitische Religion, Stuttgart 1963, 160 f.

einem oder als ein *molek*-Opfer". In anderen Fällen haben zum mindesten die alttestamentlichen Verfasser *molek* als eine Gottesbezeichnung aufgefaßt[70].

Feste

Über andere Kultgebräuche und besonders über die großen Jahresfeste sind wir nur wenig unterrichtet. Das meiste, was sich darüber sagen läßt, muß man auf indirektem Wege erschließen. Vieles hängt davon ab, wie weit man die ugaritischen Texte als Kultmythen ansehen darf, die eine rituelle Handlung widerspiegelten.

Es dürfte schwer zu bestreiten sein, daß der Mythus von Baals Tod und seiner Rückkehr ins Leben auf irgendeine Weise seinen Ausdruck in einem Kultfest gefunden hat. Einerseits deutet alles darauf hin, daß der Mythus in enger Beziehung zum Kreislauf der Vegetation steht, andererseits berichten klassische Schriftsteller von Trauerriten über den Tod des Gottes Adonis, und es scheint keine andere Deutung möglich zu sein, als daß Adonis nur eine Sonderform von Baal ist. Verschiedene Einzelheiten im Mythus erklären sich am besten, wenn man sie im Zusammenhang mit einer rituellen Darstellung der Ereignisse sieht. Besonders deutlich ist der Abschnitt, der davon handelt, wie Anat Mut angreift und tötet:

Sie packte den Sohn Els Mut,
Sie spaltete ihn mit dem Messer,
Sie worfelte ihn mit der Schaufel,
Sie verbrannte ihn im Feuer,
Sie mahlte ihn in der Mühle,
Sie warf ihn auf das Feld.
Seine Überreste fraßen die Vögel,
Die Überbleibsel die Gefiederten[71].

Die Zeilen geben keinen Sinn, wenn sie einen persönlich gedachten Gott im Auge haben. Aber wenn man sich vorstellt, daß Mut im Ritus von einer Korngarbe dargestellt wurde, so erhält der Abschnitt sofort einen Sinn. Und wenn man außerdem weiß, daß solche Riten oft zu Beginn oder am Schluß der Ernte mit der Erstlingsgarbe (vgl. 3. Mose 2, 14) oder der „letzten Garbe" ausgeführt wurden, so wird es noch wahrscheinlicher, daß der Baal-Mythus zu einem Kultdrama gehört hat, das den Zweck hatte, den Kreislauf des Jahres und der Vegetation in Gang zu halten.

Wie man im übrigen den Verlauf des Festes (oder der Feste) im einzelnen rekonstruiert, hängt davon ab, wieweit man annehmen darf, daß Mythus und Ritus einander entsprochen haben – und da es keine allgemeine Regel dafür

---

[70] O. Eißfeldt, Molk als Opferbegriff im Punischen und Hebräischen und das Ende des Gottes Moloch, Halle 1935; M. Weinfeld, UF 4, 1972, 138 ff.

[71] I AB II, 31–37.

gibt, müssen wir bei Hypothesen stehenbleiben. Man kann sich z.B. denken, daß der König in den Riten die Rolle des Baal gespielt hat (es gibt gewisse Parallelen dazu), daß er also einen symbolischen Tod und eine symbolische „Auferstehung“ durchgemacht hat. Oder man kann sich vorstellen, daß Baals Kampf gegen Jam oder Baals und Muts Zweikampf in einem kultischen „Scheinkampf“ dargestellt wurden. Es wäre denkbar, daß die Einsetzung von Aschtar Ariz in Baals Abwesenheit die Sitte widerspiegeln könnte, in kritischen Situationen, eventuell auch bei gewissen Riten, in denen der König bestimmten (symbolischen) Gefahren ausgesetzt ist, einen „Ersatzkönig“ zu wählen. Aber in keinem dieser Fälle haben wir andere Kriterien, die direkt beweisen könnten, daß so etwas wirklich geschehen ist. Das einzige kleine Indiz, das wir z.Zt. besitzen, bildet eine zweisprachige Inschrift (punisch und etruskisch) aus Pyrgi in Süditalien, in der allem Anschein nach von „dem Tage, da der Gott begraben wurde“, gesprochen wird[72]. Der räumliche und zeitliche Abstand sowie der Umstand, daß das Milieu die Möglichkeit eines Synkretismus offen läßt, mahnt aber zur Vorsicht bei den Schlußfolgerungen.

Die Schilderung eines Kultfestes mit einer „Heiligen Hochzeit“ dürfte in dem Text von den gnädigen und schönen Göttern vorliegen. Er beginnt mit einer Proklamation: „Ich will die gnädigen und schönen Götter verkünden...“ und mit einer Einladung: „Kommt und eßt Brot, kommt und trinkt schäumenden Wein!“ König, Königin und zehn Arten von Priestern werden zum Fest begrüßt. Es folgt ein Gesang, der auf die Beschneidung der Weinstöcke anzuspielen scheint:

> Tod – und – Fäulnis thront
> Mit dem Zepter der Kinderlosigkeit in der einen Hand
> Und dem Zepter des Witwenstandes in der anderen.
> Sie beschneiden ihn wie eine Weinranke,
> Sie binden ihn auf wie eine Weinranke,
> Sie graben ihn aus dem Weingarten aus wie eine Weinranke.

Wenn diese Übersetzung richtig ist, so gibt sie an, daß das, was mit der Weinranke gemacht wird, gleichzeitig mit dem thronenden Gott geschieht und offenbar irgendwie das darstellt, was den Weinranken geschehen kann, wenn sie nicht gepflegt werden. Gaster zieht die Schlußfolgerung, daß es sich um ein Fest im Juni bei der Beschneidung der Weinstöcke handelt[73].

Im Folgenden erfahren wir u.a., daß ein Ziegenlamm in Milch und Minze in Sahne gekocht werden soll, und zwar siebenmal hintereinander, daß Aschirat und Rahmaja („Mutter“ und „Mädchen“) kommen und Sitze oder Throne vor die Götter hingesetzt werden. „Die Sonne läßt ihre Sprosse ... und Trauben tragen“, so heißt es, und es ist von Opfern für „Wohltaten“ die Rede, vielleicht Erstlingsopfern. Danach setzt die mythische Erzählung ein, in der das Haupt-

---

[72] RTAT 260f. mit Lit.

[73] Th. Gaster, Thespis, New York ^{2}1961, 407ff.

motiv die Zeugung und Geburt von Schachar und Schalim (= Morgenrot und Abenddämmerung), aber auch die der gnädigen und schönen Götter ist, die sich zuerst hinaus in die Wüste begeben und dann alles Brot aufessen und allen Wein austrinken, den ein Bauer (?) besitzt. Der Schluß ist verloren, aber es ist offenkundig, daß ein Volksfest wie dieses kein negatives Ende gehabt haben kann. Es muß irgendwie damit geendet haben, daß das Wachstum von Saat und Wein gefördert wurden. Der Text als Ganzes gibt uns eine Andeutung davon, welche religiösen Bräuche mit den verschiedenen Phasen des Weinbaus verbunden waren, und es ist interessant zu sehen, wie die tägliche Arbeit im Weingarten eine „mythologische" Deutung erhält. Interessant ist auch, daß der Brauch, ein Ziegenlamm in Milch zu kochen, im Alten Testament verboten ist (2. Mose 23, 19) – offenbar handelt es sich um die Abwehr eines kanaanäischen Ritus.

Ein neugefundener Text scheint auf einen eigentümlichen Ritus anzuspielen: Anat „ißt" das Fleisch ihres Bruders (Baal?) ohne Messer und „trinkt sein Blut ohne Becher". Man hat gemeint, daß wir hier ein Gegenstück zum griechischen Dionysos-Kult hätten, in dem ein Tier zerrissen wird, das die Gottheit repräsentiert. Andere meinen, daß es Baals männliches Glied sei, das die Göttin verzehrt, und daß sie daraufhin schwanger wird[74]. Infolge des fragmentarischen Zustands des Textes ist es jedoch unsicher, ob diese Deutung richtig ist. Es ist möglich, daß neues Material weiteres Licht in diese Frage bringt.

Einige Streiflichter aus dem Kult in Hierapolis gibt uns Lukianos in seinem Buch über die syrische Göttin (Kap. 13, 48). Er teilt u. a. mit, daß man zweimal im Jahre Wasser aus dem „Meer" (entweder dem Euphrat oder einem nahe gelegenen See) holt und es im Tempel ausgießt. An der Spitze der Prozession wurde das sogenannte Semeion (siehe oben) getragen. Lukianos bringt diesen Ritus in Verbindung mit der Version des Mythus von der Sintflut, den er wiedergibt (Kap. 12). Danach wurde die Erde wegen der Sünde der Menschen von einer Überschwemmung heimgesucht, aber Deukalion wurde mit seiner Familie und einem Paar von jeder Tierart in einem Schiff gerettet. Nach der Flut soll das Wasser in einer Kluft verschwunden sein, die sich im Erdboden auftat. Über dieser Kluft soll der Tempel in Hierapolis gebaut sein, und dorthin wurde im Verlauf des Ritus Wasser geschüttet. Es ist aber wahrscheinlicher, daß es sich um einen Regenritus handelte. Etwas Ähnliches kam auch beim jüdischen Laubhüttenfest vor: Aus der Gihonquelle wurde Wasser geholt und im Tempel ausgeschüttet (Mischna Sukka V, 1 ff.). Eine Stelle im Mythus von den gnädigen und schönen Göttern kann möglicherweise auf etwas Ähnliches anspielen: El geht hinab zum Meeresstrand und nimmt eine Handvoll nach der anderen „bis zum Rande der Schale" – aber der Zusammenhang ist unklar.

Lukianos erzählt, daß man die Statuen von Hadad und Atargatis Jahr für Jahr an den nahegelegenen See brachte, damit die Götter die heiligen Fische sehen könnten, und daß Hera (Atargatis) zuerst kam und dann Zeus (Hadad) daran hinderte, sie zu sehen. Man nimmt im allgemeinen an, daß es sich hier

---

[74] M. C. Astour, RHR 164, 1963, 1 ff.; E. Lipiński, Syria 42, 1965, 45 ff.

um eine Waschung der Götterbilder als Vorbereitung zu einer Heiligen Hochzeit handelte – aber Lukianos sagt darüber nichts. Er teilt ferner mit, daß das größte Opferfest des Jahres „Scheiterhaufen" oder „Lampe" genannt wurde. Man fällte hohe Bäume, stellte sie im Tempelhof auf und hing die Opfergaben daran auf. Dann wurde alles zusammen in Brand gesteckt, während die Götterbilder um den Scheiterhaufen herumgetragen wurden.

Über das ganze Gebiet verbreitet finden sich Notizen über eine Art von Gesellschaft oder Gilde, die gemeinsam einen besonderen Kult feierte. Die Bezeichnung dafür ist *mrzḫ* (hebr. *marzēaḥ*), und wir begegnen ihr schon in einem akkadischen Text aus Ras Schamra, wo von einem Hause von *marzēaḥ*-Mitgliedern die Rede ist. In einem Text wird geschildert, wie El in einem *mrzḫ* unmäßig trinkt–vielleicht ist es ein Kultmythus für eine solche Gilde[75]. Eine phönizische Inschrift aus Sidon spricht davon, daß am vierten Tage eines solchen Festes ein bestimmter Mann bekränzt wurde, und eine späte punische Inschrift erwähnt eine solche Gesellschaft, die einem Tempel Gaben geschenkt habe[76]. Besonders bekannt sind die Kultgesellschaften von Palmyra mit ihren Gastmählern, die als eine Mahlzeit mit dem Gott betrachtet wurden. Auch bei den Nabatäern in Petra haben diese sakralen Mahlzeiten eine wichtige Rolle gespielt.

Divination

Die Ras Schamra-Texte machen auch Angaben über divinatorische Riten. Wenn Baal ins Leben zurückkehren soll, so erfährt es Anat dadurch, daß El sich ihr in einem Traume offenbart und die große Neuigkeit verkündet[77]. Offensichtlich zeigt sich El dem trauernden Keret im Traum und gibt ihm Anweisungen, wie er sich eine Gattin verschaffen soll[78]. Im Aqhat-Text opfert Daniil sieben Tage lang und bringt die Nacht im Tempel zu; er erfährt – wie bleibt unklar –, daß Baal für ihn Fürbitte eingelegt hat und daß er einen Sohn bekommen soll[79]. Es handelt sich hier offensichtlich um den sogenannten Tempelschlaf (Inkubation).

Einmal ist auch von Sterndeutung die Rede: Aqhats Schwester Paghat wird angeredet als „die, die den Gang der Sterne kennt", während zwei andere Epitheta vielleicht eine Art von Zukunftsschau mit Hilfe von Regen und Tau andeuten[80]. Die Ausgrabungen der letzten Jahre haben auch Tonmodelle von

---

[75] S. E. Loewenstamm, UF 1, 1969, 71 ff.; J. C. de Moor, UF 1, 169 ff.; B. Margulis, UF 2, 1970, 131 ff.

[76] KAI 60,1; 69,16 und S. 73. Vgl. J. C. Greenfield, Acta Acad. Scient. Hung. 22, 1974, 451 ff.

[77] I AB III, 8–13.

[78] I K I, 35 ff.

[79] II D I, 1 ff.

[80] III D 50 f.

Leber und Lunge zutage gefördert, die mit Inschriften versehen sind, die zeigen, daß sie bei der Opferschau angewandt wurden, d.h. bei einer Divination an Hand der Eingeweide von Tieren[81].

Kultpersonal

Was schließlich das Kultpersonal anbetrifft, so sind die Angaben weitaus geringer. Die Ras Schamra-Texte erwähnen *khnm*, ein Wort, das der hebräischen Pluralform *kōhanīm* „Priester" entspricht. Wir kennen auch einen *rb khnm*, d.h. „Hoherpriester" bzw. Oberpriester. Dieser hat in einem Falle auch den Titel *rb nqdm*, also „oberster *nōqēd*" (um die hebräische Form anzuwenden), und dieses Wort wurde im allgemeinen als eine Bezeichnung für (Schaf-) Hirt angesehen: Amos heißt *nōqēd* (Am. 1,1; vgl. 7,14), und von König Mescha von Moab heißt es 2.Kön. 3,4, er sei *nōqēd* gewesen, der dem König von Israel Lämmer und Widder als Tribut gab. In akkadischen Urkunden ist *nāqidu* ein Hirt für die Tempelherden, und deshalb ist anzunehmen, daß *nqdm* auch in Ugarit mit den Tempelherden zu tun hatte. Was *kōhēn* anbelangt, so ist es auch in mehreren phönizischen und punischen Inschriften als Priestertitel belegt; auch Hoherpriester ist dort einmal belegt. Auch Priesterinnen, z.B. *khnt* der Astarte, werden erwähnt. In aramäischen Inschriften ist der übliche Priestertitel dagegen *kmr (kōmer, kumrā)*, ein Wort, das einige Male im Alten Testament vorkommt (2.Kön. 23,3; Hos. 10,5; Zeph. 1,4).

Die ugaritischen Texte erwähnen auch andere Kategorien von Kultdienern. Als nächstes nach den „Priestern" kommt oft *qdšm*, „Heilige" oder „Geheiligte", vor, deren Funktion nicht direkt erkennbar ist[82]. Im Alten Testament bezeichnen *q^{e}dēšīm* männliche Ausübende der Tempelprostitution, während der weibliche Teil von den *q^{e}dēšōt*, den Tempeldirnen, gebildet wurde. (In Ugarit heißen sie offenbar *'inšt*, „Frauen".) Ob dieser Ausdruck denselben Inhalt auch in Ugarit gehabt hat, wissen wir natürlich nicht, aber wir können sicher davon ausgehen, daß es diese Institution gegeben hat und daß sie eine wichtige Rolle im Fruchtbarkeitskult spielte. Die alttestamentlichen Propheten wenden sich mit scharfen Worten gegen diesen Brauch, z.B. Am. 2,7: „Sohn und Vater gehen zusammen zur Dirne"; Hos. 4,14: „Die Männer gehen abseits mit Huren und opfern mit Tempeldirnen"; Jer. 2,20: „Unter allen grünen Bäumen legtest du dich nieder, um Unzucht zu treiben." Klassische Schriftsteller wie Herodot, Strabo und Lukianos bezeugen ebenfalls, daß sakrale Prostitution zu ihrer Zeit im ganzen nordwestsemitischen Gebiet ausgeübt wurde. Ob ein Bräutigam (?) der Astarte, der in einer phönizischen Inschrift[83] erwähnt ist, hierher gehört, ist unsicher, aber immerhin möglich. Offenbar war man der Ansicht, der geschlechtliche Umgang würde die Lebenskräfte in der Natur

---

81 CRAI 1962, 93f. 202.

82 Vgl. W. von Soden, UF 2, 1970, 329f.

83 KAI 44,2 *(mtrḥ)*.

durch Analogiewirkung fördern: Die Kräfte, die im heiligen Bezirk des Tempels in Bewegung gesetzt würden, würden entsprechende Kräfte draußen im Lande freimachen.

Andere Klassen von Tempelpersonal, die in den Ras Schamra-Texten belegt sind, sind *šrm*, „die Sänger“, und *ʿrbm*, „die Eintretenden“ (die mit dem akkadischen *ērib bīti*, „der ins Haus Eintretende“ zu vergleichen sind) als Bezeichnung für eine Priesterklasse, die offenbar das Recht hatte, den Tempel oder bestimmte Teile davon zu betreten. Verschiedene Spezialisten und ihr Tempeldienst werden in einer phönizischen Inschrift aus Zypern genannt[84].

In einigen Fällen werden besondere Orakelpriester oder Propheten erwähnt. Die Propheten der Mari-Texte, die oft ganz spontan mit ihren Botschaften auftraten, haben wir schon im Zusammenhang mit der akkadischen Religion behandelt. Sie werden gelegentlich *āpilu*, „Beantworter“, genannt; es scheint die Übersetzung des westsemitischen Wortes *ʿōnæ* (oder ähnlich) zu sein[85]. In den Ras Schamra-Texten lassen sich besondere Fachleute für das Orakelwesen z.Zt. noch nicht unterscheiden. Dagegen gibt eine frühe aramäische Inschrift aus Hamat in Syrien eine interessante Schilderung eines Orakelverfahrens. Es ist König Zakkur, der spricht:

> Und ich hob meine Hände auf zu Baalschamajin, und Baalschamajin antwortete mir und (sprach) zu mir durch Seher *(ḥzjn)* und „Propheten“ *(ʿddn)*. Und er sagte zu mir: „Fürchte dich nicht, denn ich habe dich zum König gemacht ... und ich werde dich retten (von deinen Feinden).“[86]

Die „Seher“ entsprechen auch sprachlich den Sehern *(ḥōzæ)*, die in älteren alttestamentlichen Texten genannt sind, während der andere Ausdruck sonst nicht bekannt ist (wenn nicht *ʿōdēd* in 2.Chron. 15,1.8 hierher gehört)[87]. Der Mescha-Stein erwähnt zweimal, daß Kamosch mit dem König redete, macht aber keine Mitteilung darüber, wie dies geschah. Es ist wohl wahrscheinlich, daß eine Art von Orakelpriester die Botschaft vermittelte.

Eine interessante Mitteilung gibt der Ägypter Wen Amon in seinem Bericht über einen Auftrag in Phönizien im 12. Jahrhundert v.Chr.[88]: Als der phönizische König seinen Göttern opferte, ergriff der Gott einen seiner Männer und versetzte ihn in Ekstase. Dieser verkündete ein Orakel, das den König ermahnte, den Tribut zu zahlen, an den Wen Amon ihn erinnern sollte. Dieser Bericht bezeugt das Vorhandensein ekstatischer Propheten von ungefähr der gleichen Art, wie sie Saul nach 1.Sam. 10,10ff. begegneten.

---

84 KAI 37.

85 A. Malamat, JAOS 82, 1962, 149.

86 KAI 202, 11–15; RTAT 248f.

87 KAI 202, 12 mit Komm.; A. Haldar, Associations of cult prophets, Uppsala 1945, 175.

88 AOT 71ff.; ANET 25ff.; vgl. H. Goedicke, The report of Wenamun, Baltimore 1975.

Ein Zeugnis für die Bedeutung, die den visionär begabten Propheten beigemessen wurde, liefert die aramäische Inschrift aus Deir ʿAllā im Jordantal (um 700 v. Chr.). Hier wird erzählt, wie der „Seher“ *(ḥāzē)* Bileam, der Sohn Beors, (genau wie 4. Mose 22–24) eine nächtliche Vision hat und von den Göttern angesprochen wird. Bileam weint, da die Vision offenbar Unheil ankündet, und erzählt dann in dunkler Sprache – außerdem ist der Text stark beschädigt – mit Anspielungen auf Tiere und Vögel, was geschehen soll. Es könnte sich um die Wirren bei einem Thronwechsel handeln, denn im letzten Teil der Inschrift ist von einem „Sproß“ (*nqr*, was dem *nēṣer* Jes. 11,1 entspricht) die Rede, der von einer *ʿalmā* (wie Jes. 7,14) geboren wird und offenbar eine Zeit des Friedens und des Heils einleitet[89].

Beschwörung und Magie

Man darf es für selbstverständlich halten, daß auch magische Zeremonien und Beschwörungen bei den Westsemiten vorkamen, wenn wir auch nur wenige Belege dafür besitzen[90]. Zwei Beispiele sind jedoch einer besonderen Erwähnung wert. Ein neugefundener Text aus Ras Schamra enthält eine ausführliche Beschwörung gegen Schlangenbiß[91]. Er ist, ebenso wie viele andere ähnliche Texte, in einen mythologischen Zusammenhang eingeordnet: Eine sonst unbekannte Göttin Pahlat, die Tochter der Sonnengöttin, die aber auch „Tochter der Quelle, des Steines, des Himmels und der Tiefe *(thm)*“ genannt wird, gibt der Göttin Schapsch, der der Reihe nach elf andere Gottheiten assistieren, Vorschriften über die Ausführung der Beschwörung. In einem mythologischen Abschnitt wird davon gesprochen, wie der Gott Choron eine Stadt im Osten baut und einen „Totenbaum“ pflanzt, und schließlich folgt die Formel gegen den Schlangenbiß.

Ein anderer Beschwörungstext ist phönizisch und stammt aus dem 9. Jahrhundert v. Chr.; er wurde 1933 bei Arslan Tasch in Nordsyrien gefunden. Er findet sich auf einem Amulett, das auf einer Seite das Bild einer Sphinx und eines Wolfes mit Skorpionenschwanz zeigt, der ein Kind verschluckt, auf der anderen einen Gott mit einer Doppelaxt. Der Text beschwört einen weiblichen Dämon, genannt „die Fliegerin“ oder „die Würgerin des Lammes“, sich fernzuhalten, da der Besitzer mit allen Göttern verbunden ist[92].

Magische Wirkung dürfte man auch den Verfluchungsformeln zugeschrieben haben, die fast regelmäßig auf Grabinschriften zu lesen sind: Wenn je-

---

[89] Text: J. Hoftijzer–G. van der Kooij, Aramaic texts from Deir 'Alla, Leiden 1976; dazu A. Caquot–A. Lemaire, Syria 54, 1977, 189ff.; H. Ringgren, Religion och Bibel 36, 1977, 85ff.; H.-P. Müller, ZDPV 94, 1978, 56ff.

[90] S. außerdem M. Astour, Two Ugaritic serpent charms, JNES 27, 1968.

[91] JNES 28, 1969; E. Lipiński, UF 6, 1974, 69ff.; M. Dietrich–O. Loretz–J. Sanmartin, UF 7, 1975, 121ff.

[92] KAI 27; RTAT 264f. – Vgl. W. Culican, Phoenician demons, JNES 35, 1976, 21ff.

mand dieses Grab zerstört oder plündert, möge er vom Unglück durch die Götter betroffen werden. In der aramäischen Inschrift von Sfire (südöstl. Aleppo), die den Text eines Staatsvertrages zwischen zwei Fürsten enthält, gibt es ähnliche Verwünschungen für den Teil, der den Vertrag bricht. Hier scheint man auch gewisse magische Riten ausgeführt zu haben; es heißt nämlich:

> Gleichwie dieses Wachs im Feuer verbrennt, so soll Arpad (das eine Reich) und seine vielen Städte verbrennen. Und Hadad möge in ihnen Salz und Kresse säen, daß sie nicht mehr erwähnt werden. Dieser Schwanz und [...] ist Mattiel (der Fürst) und seine Person. Gleichwie dieses Wachs im Feuer verbrennt, so soll Mattiel im Feuer verbrannt werden, und gleichwie der Bogen und diese Pfeile zerbrochen werden, so sollen Inurta (?) und Hadad [Mattiels Bogen] und die Bogen seiner Großen zerbrechen usw.[93].

Wir können uns also denken, daß die Vorstellungen und Gebräuche nicht wesentlich verschieden waren von denen, die wir in Mesopotamien gefunden haben. Die negativen Urteile über Zauberei und Beschwörungskunst, die sich hier und da im Alten Testament finden, bestätigen diese Annahme, auch wenn sie uns nicht erlauben, genauere Schlußfolgerungen über konkrete Einzelheiten zu ziehen.

Das Königtum

Die Westsemiten haben niemals große Reiche gebildet, sondern waren hauptsächlich in einer wechselnden Anzahl von Kleinstaaten organisiert. Aber ihre Führer haben in der Regel den Königstitel getragen, und soweit wir informiert sind, haben sie als sakrale Könige fungiert.

Wenn wir bis auf weiteres von den Ras Schamra-Texten absehen, so ist das Material jedoch ziemlich gering. Die Amarna-Briefe, die sonst so wertvolle Einblicke in die Verhältnisse in Kanaan im 14. Jahrhundert v. Chr. geben, müssen gerade hier mit großer Vorsicht behandelt werden. Zwar finden sich verschiedene Aussagen über den König als göttlich und als Spender von Licht und Leben, aber es handelt sich hier um den ägyptischen König, und die Sprache kann vom ägyptischen Hofzeremoniell beeinflußt sein. Direkte Angaben über die sakrale Rolle der kanaanäischen Kleinfürsten erhalten wir dagegen kaum.

Aus dem späteren Inschriftenmaterial können wir jedenfalls so viel herauslesen, daß der König sein Amt von den Göttern erhalten hat. Jeḥimilk von Byblos bekennt, daß die Stadtgöttin Baalat Gebal ihn zum König gemacht hat[94], und ein aramäischer Fürst sagt, daß Baalschamajin ihm seine Würde verliehen

---

[93] KAI 222 A, 34ff.; JNES 35, 1976, 21ff.; vgl. RTAT 285f.

[94] KAI 10,2.

habe[95]. Panammuwa von Ja'udi sagt, daß Hadad, El, Rakib-el, Schamasch und Rescheph ihm das Zepter des Wohlstandes (?) gegeben hätten[96]. (Dagegen sagen Kilamuwa in Zincirli und Azitawada in Karatepe: „Ich setzte mich auf den Thron.")

Daß der König für den Bau von Tempeln verantwortlich ist, geht aus mehreren Inschriften hervor[97]. Ein paarmal nennt sich ein König „Astartes Priester"[98], aber ob dies die Regel oder nur eine Ausnahme ist, geht nicht direkt daraus hervor,

Die Gerechtigkeit des Königs tritt als besonders wichtig in der Jehimilk-Inschrift aus Byblos (um 920 v. Chr.) hervor: „Ein gerechter und rechtschaffener König vor Byblos' heiligen Göttern ist er."[99] Und in einer anderen Inschrift aus derselben Stadt von ungefähr 400 v. Chr. heißt es: „Möge Byblos' Herrscherin Jeḥimilk, den König von Byblos, segnen, ihm Leben geben und seine Tage und Jahre über Byblos lang machen, denn er ist ein gerechter König."[100] Wir sehen also, daß das Wohlergehen des Königs und Landes von der Gunst der Götter abhängt, die der König durch seine Rechtschaffenheit gewinnt.

Dagegen dürfte der Ausdruck *ṣmḥ ṣdq* in einer phönizischen Inschrift aus Zypern (um 275 v. Chr.)[101] nicht „gerechter Sprößling" lauten, wie es rein mechanisch übersetzt werden könnte (vgl. Jer. 23,5), sondern eher „legitimer (Thron-)Erbe".

Was man von einem guten König erwartet, geht aus einem Abschnitt der Kilamuwa-Inschrift (um 825 v. Chr.) hervor:

> Ich war dem einen Vater, dem anderen Mutter und dem dritten Bruder. Und wer nie ein Schaf gesehen hatte, machte ich zum Besitzer einer Schafherde; und wer nie ein Rind gesehen hatte, machte ich zum Besitzer einer Rinderherde und zum Besitzer von Silber und Gold. Und wer von Jugend auf kein Leinen gesehen hatte, war in meinen Tagen in feine Leinwand gekleidet. Und ich nahm die *mškbm* an der Hand, und sie empfanden für mich dasselbe wie der Waise für die Mutter[102].

Auch wenn in diesen vielleicht propagandistisch zugespitzten Formulierungen nichts spezifisch Religiöses zu liegen braucht, so sagen sie jedenfalls eine ganze Menge über das Königsideal und über die Verpflichtungen des Königs aus.

Ein umstrittenes Beiwort legt sich König Zakkur in Hamat zu, wenn er sich *'š 'nh*, „einen demütigen Mann", nennt[103]. Man hat dies mit dem Königsepi-

---

[95] KAI 202 A, 3.

[96] KAI 214,2f.; vgl. auch 244,24f.: die Götter haben die Dynastie wiederhergestellt.

[97] KAI 14, 15ff., vgl. 10,3 (Altar).

[98] KAI 13,1f.

[99] KAI 4, 6f.

[100] KAI 10, 8f.

[101] KAI 43, 11.

[102] KAI 24, 10–13.

[103] RTAT 248 (hier „ein niedergedrückter Mensch").

theton ʿānī in Sach. 9,9 verglichen, aber was konkret in diesem Ausdruck liegt und warum er für wichtig genug gehalten wurde, in einer Siegesinschrift genannt zu werden, hat man bisher nicht aufklären können.

Man hat behauptet, daß König Mescha von Moab „Sohn des Kamosch" genannt worden sein soll, aber es handelt sich um einen voreiligen Schluß. Der Text des Mescha-Steines ist nämlich zwischen *bn* (Sohn) und *kmš* beschädigt, und dies bedeutet, daß Meschas Vater einen Namen getragen hat, der mit dem Gottesnamen zusammengesetzt war, z.B. *ʿAbd-Kamōš* „Diener des Kamosch". Mescha ist also „Sohn des x-Kamosch".

Wenden wir uns nun den ugaritischen Texten zu, so stoßen wir noch einmal auf die Frage nach der Art und Funktion der Keret- und Aqhat-Texte: Sind sie mythologisch, oder handeln sie von wirklichen Königen? Für den Gegenstand, um den es sich hier handelt, ist die Frage vielleicht nicht so wesentlich, denn man darf wohl annehmen, daß auch mythische Könige in Kategorien geschildert werden, die der Wirklichkeit entnommen sind. Aber eine gewisse Unsicherheit muß unsere Schlußfolgerungen dennoch belasten.

Schauen wir nun zuerst auf das Keret-Epos, so finden wir, daß König Keret als Els Sohn angesehen wird, und wenn er selbst einen Sohn bekommt, so müssen ihn die Göttinnen Aschirat und Anat säugen. Ein Elfenbeinrelief vom königlichen Bett im Palast von Ugarit zeigt, wie eine Göttin zwei kleine Knaben säugt[104]. Entsprechende Vorstellungen kennen wir ja aus Mesopotamien. Sie beinhalten offenbar, daß der König Els Repräsentant auf Erden und von göttlichen Kräften genährt ist. Er wird also zum Vermittler göttlicher Kraft und göttlichen Segens für die Gesellschaft, und wenn er, wie im Falle Kerets, durch Krankheit gehindert wird, alle seine Verpflichtungen zu erfüllen, so leidet die ganze Gesellschaft darunter: Es fällt kein Regen, Saat und Getreide wachsen nicht, Öl und Wein versiegen im Lande[105].

Wie weit der König als göttlich angesehen wurde, ist umstritten. Eine neuerdings gefundene Tafel, die eine Liste von Königsnamen enthält, denen allen *ʾil*, „Gott", voransteht, kann möglicherweise darauf hindeuten, daß die ugaritischen Könige nach dem Tode als göttlich angesehen wurden[106].

Über Kerets Kriegszug nach Udum, um eine Frau zu gewinnen, ist bislang keine Einigkeit erzielt worden. Handelt es sich um einen symbolischen Brautraub, der zu den königlichen Hochzeitsriten gehört, oder ist es nur eine epische Erzählung aus fernen Zeiten? Die Entscheidung kann nur auf Grund einer bestimmten Auffassung vom Keret-Epos als Ganzem getroffen werden.

Aus dem Keret-Text ebenso wie aus dem Aqhat-Text lernen wir auch, daß es die Pflicht des Königs war, das Recht der Armen, Witwen und Waisen zu schützen – offenbar ein Herrscherideal, das für den ganzen alten Vorderen Orient gültig war, und zwar allem Anschein nach aus religiösen Beweggründen.

---

[104] Gray, The Canaanites Pl.9.
[105] II K III.
[106] CRAI 1962, 95.

Der Daniil des Aqhat-Textes heißt zwar nicht ausdrücklich König, aber er ist ein gerechter Richter und scheint im übrigen auch königliche Funktionen auszuüben. Der Wunsch nach einem Sohn und Erben wird hier ebenso stark betont wie im Keret-Text, und er wird durch Els Eingreifen verwirklicht. Der Tod des Sohnes hat dieselben Folgen wie Kerets Krankheit: Regen und Tau bleiben aus, und der Pflanzenwuchs stirbt ab. Einen Schluß kann man wohl in jedem Falle daraus ziehen: Ob beide Texte Ritualtexte sind oder nicht, es besteht ein enger Zusammenhang zwischen dem König, der in seinem gottgegebenen Amt wirkt, und der Fruchtbarkeit des Landes. Manche Forscher wollen den Schluß ziehen, daß der König im Kult die Rolle des Fruchtbarkeitsgottes Baal in Tod und Auferstehung spielte. Vieles deutet darauf, daß dies der Fall gewesen sein kann, aber eine eindeutige Aussage darüber gibt es nicht.

Von der Rolle des Königs im Kult erhalten wir dagegen eine Vorstellung in ein paar kürzeren Texten. Eine fragmentarische Tafel enthält im Anfang die Worte „Vergebung für die Seele" (*slḫ npš*), leider ohne daß der Zusammenhang klar wird, und gibt in der Fortsetzung Vorschriften für bestimmte Zeremonien im Monat Tischri, u.a. eine rituelle Waschung des Königs und verschiedene Opfer[107]. Es kann sich sehr wohl um ein Sühneritual mit dem König in der Hauptrolle handeln. Ein rituelles Bad im Meer am 14. eines jeden Monats wird übrigens in einem anderen Text erwähnt[108].

Ein weiterer Text[109], der sicher eine rituelle Funktion gehabt hat, spricht von Opfern an die Götter, weil geschehene Sünde für die Ursache einer militärischen Niederlage gehalten wurde. Der König wird zwar nicht ausdrücklich erwähnt, aber er muß in einem solchen Falle billigerweise so gehandelt haben, wie es das Volk von ihm erwarten konnte. Es sei in diesem Zusammenhang erwähnt, daß Ribaddi von Byblos in einem der Amarna-Briefe davon spricht, daß die Götter zürnen und daß er ihnen deshalb seine Sünden bekannt hat. Wir sehen hier einen Zusammenhang zwischen den religiös beurteilten Taten des Königs und dem Schicksal des Landes.

Gott und Mensch. Frömmigkeit und Moral

Der Versuch, auf Grund der Inschriften mit ihrem ganz besonderen und begrenzten Inhalt und den hauptsächlich mythologischen Darstellungen der Ras Schamra-Texte ein zusammenhängendes Bild davon zu zeichnen, wie sich die westsemitischen Völker das Verhältnis zwischen Gott und Menschen gedacht haben, ist untunlich. Wir müssen uns mit ein paar Einzelheiten begnügen, die an und für sich interessant genug sein können.

---

107 C.H. Gordon, Ugaritic Textbook, AnOr 38, 1965, 9; Gray, a.a.O. 137.

108 CRAI 1962, 97.

109 Gordon a.a.O. 2. Nach A. Caquot, Revue d'histoire et de philosophie religieuses 42, 1962, 201ff. ist der Text als ein Ritual für ein Sühneopfer aufzufassen. S. noch A. van Selms, UF 3, 1971, 235ff.

Wichtige Aufschlüsse geben hier in erster Linie die Personennamen[110]. In vielen von ihnen wird die Gottheit als ein Verwandter bezeichnet: Als Vater, Bruder und Enkel, z.B. Abibaal „mein Vater ist Baal", Achibaal „mein Bruder ist Baal", Ammibaal „mein Verwandter ist Baal". Daß hier ein Gefühl naher Zusammengehörigkeit und Geborgenheit zum Ausdruck kommt, ist unzweifelhaft. Dagegen ist nicht klar, wie weit die Verwandtschaft wortwörtlich aufgefaßt wurde. In manchen Fällen kann es sich um Stammesgötter handeln, die gleichzeitig als Ahnherren des Stammes angesehen wurden.

Ein Grundgedanke in vielen Eigennamen ist, daß Gott der Herr ist, z.B. Adon-baal „Baal ist Herr", oder erhaben und mächtig: Baalram „Baal ist erhöht", Achiram (Hiram) „mein Bruder ist erhöht", Addir-baal „Baal ist mächtig". In anderen Fällen werden diese Eigenschaften in Beziehung zum Menschen gesetzt, nämlich in Form von Gnade und Hilfe in verschiedenen Formen: Jehaw-milk „Milk (der König) gibt Leben", Jatonbaal „Baal gibt", Mattanbaal „Baals Gabe", Baalschamar „Baal behütet", Baalschama „Baal hört", Baalhilles „Baal befreit", Baaljahon „Baal ist gnädig", Jazan-el „El hört" usw. Viele Eigennamen bezeichnen den Träger als Diener *(ʿabd)* oder Magd *(ʾamat)* einer Gottheit: Abd-Aschtart, Abd-Melqart, Amat-Baal usw. In einigen Fällen kommt das Wort *kalb*, „Hund", als Ausdruck der Abhängigkeit des Menschen von der Gottheit vor[111] (oder ist es die Treue des Hundes, die betont werden soll?). Der Name des phönizischen Königs Ittobaal bedeutet „Baal ist mit ihm".

Sehen wir, was die Inschriften sonst noch enthalten, können wir zuerst den allgemein verbreiteten Wunsch feststellen, die Götter mögen langes Leben schenken[112]. Dies zeigt, daß das Leben als eine Gabe der Götter angesehen wurde und daß es in ihrer Macht stand, es zu verlängern oder zu verkürzen. Einen eigentümlichen Ausdruck in diesem Zusammenhang finden wir in der phönizischen Eschmun-azar-Inschrift, in der es heißt: „Ich wurde entrückt (oder abgeschnitten), nicht zu meiner Zeit", d.h. vorzeitig[113]. Man denkt unwillkürlich an die akkadische Redewendung von dem, der stirbt „an dem Tage, der nicht der seines Schicksals ist." Leider bekommen wir nichts Näheres über die Ursache zu hören.

Häufig findet sich in den Inschriften die Feststellung, daß man zu einer Gottheit gebetet hat, die das Gebet auch erhörte. „Ich betete zu Byblos' Herrscherin, und sie hörte auf meinen Ruf ... sie erhörte meinen Ruf und tat Gutes an mir."[114] Eschmun „hörte seinen Ruf und heilte ihn"[115]. Dem kann, wie in der Jeḥimilk-Inschrift, ein Wunsch um weiteren Segen und weitere Gnade hinzugefügt werden[116]. Eine der aramäischen Inschriften aus Zincirli spricht davon, daß die Götter Überfluß und große Dinge gegeben hätten[117]. Aber dieselbe

---

[110] Vgl. F. Jeremias in: Chantepie de la Saussaye I, 634f.
[111] KAI 8.
[112] KAI 4,3; 5,2; 6,2; 10,9 usw.
[113] KAI 14,2f.
[114] KAI 10,2f. 8.
[115] KAI 66,1f.
[116] KAI 10,8f.
[117] KAI 214,11.

Inschrift ruft auch Hadads Fluch auf den herab, der sich in irgendeiner Weise versündigt: „Er soll nicht an ihm Gefallen haben; worum er auch betet, soll Hadad es ihm nicht geben, und Hadad soll seinen Zorn über ihn ausgießen ... soll ihm in seinem Zorn nichts zu essen geben und ihm des Nachts den Schlaf fernhalten.“ [118]

Einen eigentümlichen Ausdruck enthält eine Inschrift aus Karthago, in der es heißt: „Wer diesen Stein fortnehmen will, ... über den Geist *(rūḥ)* des Menschen soll Tinnit Richterin sein.“ [119] Aber es handelt sich wohl kaum um ein Gericht über Tote, sondern „Geist“ hat die Bedeutung „Leben“ – also: Die Göttin soll das Leben des Übeltäters auslöschen.

Nehmen wir Aussagen in aramäischen Inschriften dazu, die darauf ausgehen, daß die Götter auf Grund der Rechtschaffenheit des Betreffenden ihm einen guten Namen und langes Leben schenken [120] bzw. daß er auf Grund der Gerechtigkeit des Vaters(!) gerettet wird [121], so erhalten wir das Bild einer Vergeltungslehre, die voraussetzt, daß Rechtschaffenheit mit Erfolg und langem Leben belohnt wird, während Ungehorsam gegen den Willen der Götter mit Unglück gestraft wird, und daß sich diese Vergeltung auch über mehrere Generationen hin erstreckt (ganz wie im Alten Testament).

Auf dem moabitischen Mescha-Stein wird dieser Grundsatz auf die politische Geschichte übertragen. König Omri von Israel „unterdrückte Moab“, während „Kamosch auf sein Land zornig war“. Mescha gewann die Gunst des Nationalgottes und siegte in seinem Auftrag sowohl über Israel als auch über andere Feinde. Zum Dank „weihte“ er (dasselbe Wort, das für die alttestamentliche *ḥērem*-Institution gebraucht wird) seine Kriegsbeute dem Kamosch.

Die ugaritischen Texte bestätigen dieses Bild. Auch dort scheint Sünde als Ursache der Verheerungen des Feindes (siehe oben) gegolten zu haben, und die Forderung auf Rechtschaffenheit des Königs darf wohl auch so verstanden werden, daß sie allgemeinen ethischen Wertungen Ausdruck verleiht. Für Sünde kennen die ugaritischen Texte mindestens zwei von den drei Worten, die im Hebräischen üblich sind: *pšʿ* „Übertretung, Aufsässigkeit“ und *ḫṭʾ* „Sünde, Fehltritt“ (für letzteres gibt es auch ein paar aramäische Belege). Dies deutet darauf hin, daß die religiöse Beurteilung der Sünde derjenigen ähnlich war, die wir im Alten Testament finden. Interessant ist, daß parallel zu *pšʿ* einmal *gʾn* [122] „Hochmut, Stolz“ steht, der also hier, wie oft im Alten Testament, als Kern der Sünde angesehen wird: Sich in Selbstherrlichkeit gegen Gott aufzulehnen.

Jenseitsglaube

Die Ras Schamra-Texte zeigen, daß die Toten- und Begräbnisriten im großen und ganzen dieselben waren wie in Israel. Nach Baals Tod werden die

---

[118] KAI 214,23 ff.
[119] KAI 79,10 ff.
[120] KAI 226,2.
[121] KAI 215,2.
[122] II D VI, 43.

Trauerriten geschildert, die El ausführt: Er steigt herab von seinem Thron und sitzt auf dem Boden, legt seine Kopfbedeckung ab und streut Staub auf sein Haupt, reißt seinen Gürtel entzwei, stößt laute Klagen aus und verletzt sich selbst Gesicht, Brust und Arme. „Baal ist tot", klagt er, „was soll aus dem Volk des Dagan-Sohnes werden? Ich will zur Erde hinabsteigen." Darauf folgt eine Mahlzeit und ein Opfer für oder an den Toten. Solche Opfer kennen wir auch durch eine Bilddarstellung auf dem Sarkophag König Achirams von Byblos sowie von aramäischen Inschriften. Gräber in Ras Schamra haben besondere Anordnungen für Grabopfer gehabt. Wie diese aufgefaßt wurden, wird nicht klar, aber eine Inschrift spricht davon, daß Panammuwas Seele mit Hadad essen und trinken soll[123]. Es sieht so aus, als ob der tote König zusammen mit dem Gott an den Opfern teilhaben soll. Das kann entweder bedeuten, daß der König nach seinem Tode für göttlich gehalten wurde oder daß es ein Dasein in einem Totenreich, vergleichbar der Scheol des Alten Testaments, gibt.

Die Ras Schamra-Texte haben im übrigen nichts weiter über ein Leben im Jenseits zu sagen. Im Gegenteil wird betont, daß der Tod des Menschen Lohn und Unsterblichkeit nur den Göttern eigen ist. Als Anat dem Aqhat anbietet, ihm ebenso wie Baal neues Leben zu schenken, weist er diese Möglichkeit von sich: „Ich sterbe den Tod aller, und werde sicher sterben."[124] Auch im Keret-Epos wird betont, daß Götter nicht sterben, und daß es schlecht um Kerets Göttlichkeit bestellt ist, wenn seine Krankheit droht, ihn ins Grab zu bringen[125].

Es gibt außerdem drei fragmentarische Texte[126] aus Ras Schamra, von denen zu erwarten gewesen wäre, daß sie Licht auf die Vorstellungen vom Totenreich werfen würden. Sie handeln von Lebewesen, die teils *rp'm* genannt werden, das sprachlich hebr. *r^{e}fā'īm*, Einwohner des Totenreiches *(še'ōl)*, entspricht, teils *'ilnjm*, das vielleicht „Gottwesen" oder „Geister" bedeutet. Aus den sehr schlecht erhaltenen Texten geht einerseits hervor, daß sie mit Dreschplätzen und Pflanzungen zu tun haben, andererseits, daß sie Opfer empfangen oder an einer Mahlzeit teilnehmen. Es könnte sich auch um chthonische Gottheiten handeln, die mit der Fruchtbarkeit der Erde zu tun hatten, aber es ist nicht ausgeschlossen, daß es Totengeister sein können. Vielleicht brauchen sich die beiden Alternativen nicht ganz auszuschließen, da die Toten und die chthonischen Wesen einander oft recht nahestehen. Rein sprachlich gesehen, ist jedenfalls so viel klar, daß *rp'm* auch in phönizischen Inschriften erwähnt werden, wenn davon die Rede ist, ob eine Ruhestätte unter ihnen, d.h. unter den „Schatten", den Totengeistern im Totenreich, gefunden wird oder nicht[127]. Interessant ist, daß der Ausdruck „in einem Grabe begraben werden" und der „eine Wohnung unter den *rp'm* erhalten" als mehr oder weniger gleichbedeutend aufgefaßt werden. Es ist klar, daß ein ordentliches Begräbnis als wichtig für die weitere Existenz des Toten angesehen wurde, welcher Art sie auch immer sein mochte.

---

[123] KAI 214,17. 21f. mit S.220. [124] II D IV, 37. [125] II K II, 42ff.

[126] Gordon a.a.O. 121–124, s. dazu M. Pope in: Memoirs of the Connecticut Academy of Arts and Sciences 19, 1977, 161 ff. [127] KAI 13,8; 14,8.

Stichwortregister

Alttestamentliches Stellenregister

In der Reihenfolge der Bücher im hebräischen Alten Testament